公司商标管理

商业逻辑与战略思维

袁真富　苏和秦◎著

知识产权出版社
全国百佳图书出版单位
—北京—

图书在版编目（CIP）数据

公司商标管理：商业逻辑与战略思维/袁真富，苏和秦著. —北京：知识产权出版社，2024.1
ISBN 978-7-5130-8992-0

Ⅰ.①公…　Ⅱ.①袁…②苏…　Ⅲ.①企业管理—商标管理　Ⅳ.①F760.5

中国国家版本馆 CIP 数据核字（2023）第 232728 号

内容提要

本书围绕商标和品牌，从法律和商业两个角度，结合国内外知名商标纠纷案例，深入浅出地论述了公司在商标管理实务中应有的法律常识和商业逻辑，是我国企业实行商标战略的"兵书"。

责任编辑：卢海鹰　王玉茂	责任校对：谷　洋
封面设计：杨杨工作室·张冀	责任印制：刘译文

公司商标管理——商业逻辑与战略思维

袁真富　苏和秦　著

出版发行：知识产权出版社有限责任公司	网　　址：http://www.ipph.cn
社　　址：北京市海淀区气象路 50 号院	邮　　编：100081
责编电话：010-82000860 转 8122	责编邮箱：lueagle@126.com
发行电话：010-82000860 转 8101/8102	发行传真：010-82000893/82005070/82000270
印　　刷：三河市国英印务有限公司	经　　销：新华书店、各大网上书店及相关专业书店
开　　本：787mm×1092mm　1/16	印　　张：24.75
版　　次：2024 年 1 月第 1 版	印　　次：2024 年 1 月第 1 次印刷
字　　数：440 千字	定　　价：128.00 元
ISBN 978-7-5130-8992-0	

出版权专有　侵权必究
如有印装质量问题，本社负责调换。

作者简介

袁真富，上海大学法学院副院长、知识产权学院院长、副教授、法学博士，先后兼任温州知识产权学院副院长、深圳大学知识产权学院特聘教授、复旦大学知识产权研究中心特邀研究员、上海知识产权研究所高级研究员、成都文理学院客座教授、上海市静安区人民法院知识产权审判咨询专家、泉州市中级人民法院知识产权专家咨询委员会委员、上海市知识产权研究会副秘书长、上海市创意产业协会知识产权专业委员会秘书长、中国法学会知识产权法学研究会理事、中国科学技术法学会理事、上海市法学会知识产权法研究会理事。入选或获得全国知识产权领军人才、IAM Strategy 300（2017—2019年）、2019年上海市育才奖、2017年上海市高等教育教学成果奖一等奖等奖励或荣誉。主持国家社科基金项目、各类政府或企业委托项目50余项，出版《公司知识产权管理：思路与策略》《诉讼方法论：知识产权律师执业思维与办案逻辑》等专著。

苏和秦，上海瓴慧律师事务所律师、合伙人；曾担任上海大学法学院（知识产权学院）兼职教授、中华全国律师协会知识产权法律专业委员会委员、上海市商标协会专家委员会委员。执业20余年，在商标、反不正当竞争保护和诉讼领域具有非常丰富的经验，代理的多起案件曾被评为最高人民法院及有关地方法院年度典型知识产权案例。出版合著《商标战略管理：公司品牌的法务支持》，参编中国

律师知识产权业务指南丛书《商标业务指南》，在《知识产权》《电子知识产权》《中华商标》等期刊上发表多篇知识产权文章。多次入选 The Legal 500 Asia Pacific 推荐知识产权律师榜单、钱伯斯大中华区榜单。

目 录

第1章 品牌竞争中的商标管理 ······ 1
1.1 品牌的价值 ······ 6
1.1.1 品牌价值排行榜 ······ 6
1.1.2 商标创造价值 ······ 8
1.2 品牌的力量 ······ 10
1.2.1 商品与品牌的关系模式 ······ 10
1.2.2 从品牌竞争到商标护身 ······ 12
1.2.3 商标强保护的趋势 ······ 14
1.3 商标管理：品牌优势的法务支持 ······ 15
1.3.1 王老吉背后的商标管理问题 ······ 16
1.3.2 规划公司的商标管理 ······ 19
1.3.3 商标管理的价值观察 ······ 21
1.4 "竹盐"商标：像管理学家一样思考 ······ 22
1.4.1 法学思维的分析方向 ······ 22
1.4.2 管理思维的分析方向 ······ 23

第2章 商标管理：从设计开始 ······ 27
2.1 商标设计的知识产权视角 ······ 31
2.1.1 "谷歌"还是"狗狗"？ ······ 31
2.1.2 商标设计的法律考量 ······ 33
2.2 商标设计的法律风险：被拒绝注册的绝对障碍 ······ 35
2.2.1 可识别的商标 ······ 35
2.2.2 拥有显著性 ······ 41
2.2.3 禁止使用的标志 ······ 52
2.3 商标设计的法律风险：拒绝注册的相对障碍 ······ 60
2.3.1 在先申请或注册商标的障碍 ······ 60
2.3.2 离驰名商标远一点 ······ 64

2.3.3　在先权利的冲突 …………………………………………………… 67
　　2.3.4　恶意抢注商标 ……………………………………………………… 71
2.4　商标设计的策略考虑 ………………………………………………………… 73
　　2.4.1　文字商标还是图形商标 …………………………………………… 73
　　2.4.2　文字商标独特设计的法律优势 …………………………………… 74
　　2.4.3　显著性有时不是问题 ……………………………………………… 76
2.5　职业注标人：投机致富？ …………………………………………………… 78
　　2.5.1　职业注标人的类型 ………………………………………………… 78
　　2.5.2　职业注标人投机的风险 …………………………………………… 83

第3章　商标注册规划与策略选择 …………………………………………… 85

3.1　发掘未受关注的商标 ………………………………………………………… 88
　　3.1.1　关注子/副商标 ……………………………………………………… 88
　　3.1.2　被忽略的简称 ……………………………………………………… 90
　　3.1.3　小心商标的别称 …………………………………………………… 93
　　3.1.4　反转的商标 ………………………………………………………… 98
　　3.1.5　商号也可是商标 …………………………………………………… 101
　　3.1.6　可商标化的广告用语 ……………………………………………… 102
3.2　核心商标的严密保护 ………………………………………………………… 107
　　3.2.1　联合商标：既要李逵也要李鬼 …………………………………… 107
　　3.2.2　组合商标的分拆 …………………………………………………… 109
　　3.2.3　商业标识一体化 …………………………………………………… 112
　　3.2.4　将程序进行到底 …………………………………………………… 112
3.3　如何指定商标的使用项目 …………………………………………………… 114
　　3.3.1　商品分类表及其使用 ……………………………………………… 115
　　3.3.2　不要浪费商品项目的指定数量 …………………………………… 119
　　3.3.3　把业务范围和商标注册对应起来 ………………………………… 124
　　3.3.4　核心商标覆盖的势力范围 ………………………………………… 128
　　3.3.5　全类注册的迷思 …………………………………………………… 133
3.4　全球化视野中的商标注册 …………………………………………………… 137
　　3.4.1　商标本土化的思维 ………………………………………………… 137
　　3.4.2　商标国际化的障碍 ………………………………………………… 142
　　3.4.3　商标国际注册的地域选择 ………………………………………… 145
　　3.4.4　商标国际注册的途径选择 ………………………………………… 148

3.5 商标注册的时机选择 ………………………………………… 158
  3.5.1 先来后到：商标注册的基本规则 ……………………… 158
  3.5.2 先注册后使用 VS 先使用后注册 ……………………… 160
  3.5.3 商标申请前的保密工作 ………………………………… 162

第4章 商标资产的经营利用 ……………………………………… 165

4.1 商标资产的价值维护 ………………………………………… 167
  4.1.1 被遗忘的商标财富 ……………………………………… 167
  4.1.2 商标名称的通用化 ……………………………………… 168
4.2 商标使用的规范管理 ………………………………………… 188
  4.2.1 商标标示的规范 ………………………………………… 188
  4.2.2 品牌变化的商标管理 …………………………………… 193
  4.2.3 商标使用的标准化 ……………………………………… 197
4.3 商标资产的价值利用 ………………………………………… 201
  4.3.1 驰名商标的加值策略 …………………………………… 201
  4.3.2 作为杠杆的商标资产 …………………………………… 221
  4.3.3 商标作价入股的问题 …………………………………… 223
  4.3.4 商标融资的困境 ………………………………………… 224
4.4 商标交易的风险管控 ………………………………………… 225
  4.4.1 商标交易的风险调查 …………………………………… 225
  4.4.2 商标转让的雷区 ………………………………………… 236
  4.4.3 商标许可的合同管理 …………………………………… 239
  4.4.4 断头许可的风险 ………………………………………… 249
  4.4.5 商标许可的后遗症 ……………………………………… 252

第5章 业务链上的商标管理 ……………………………………… 255

5.1 整合商标注册与产品开发 …………………………………… 256
  5.1.1 商标规划介入产品开发 ………………………………… 256
  5.1.2 新产品的商标战略储备 ………………………………… 260
  5.1.3 品牌延伸的商标风险 …………………………………… 264
5.2 广告营销的商标风险 ………………………………………… 268
  5.2.1 品牌传播中的商标意识 ………………………………… 268
  5.2.2 品牌推广的商标风险 …………………………………… 270
  5.2.3 广告的副产品 …………………………………………… 274
  5.2.4 比较广告中的商标问题 ………………………………… 275

5.2.5 埋伏营销的商标风险…… 277
5.2.6 互联网上的商标使用风险…… 283
5.3 生产销售中的商标管理…… 293
5.3.1 产品包装上的商标位置…… 293
5.3.2 商标印制的规范管理…… 294
5.3.3 经销商的商标控制…… 295
5.3.4 赠品上的商标使用…… 299
5.4 投资合作的商标陷阱…… 302
5.4.1 上市公司的商标风险…… 302
5.4.2 警惕合资中的商标陷阱…… 304
5.4.3 字号使用商标的谨慎许可…… 307
5.4.4 关联公司的商标隐患…… 308

第6章 商标诉讼攻防策略…… 311

6.1 商标诉讼的趋势与特点…… 313
6.1.1 商标案件数量日渐增多…… 313
6.1.2 天价索赔案件不断涌现…… 314
6.1.3 打假维权形势不容乐观…… 315
6.1.4 商标刑事案件占比较大…… 316
6.1.5 商标案件社会影响较大…… 316
6.2 商标侵权诉讼攻击的策略安排…… 318
6.2.1 如何发现商标侵权…… 318
6.2.2 诉讼与否的评估…… 319
6.2.3 商标侵权诉讼的目标…… 326
6.2.4 谁来做你的被告…… 327
6.2.5 到哪里去起诉…… 332
6.2.6 在什么时候起诉…… 333
6.2.7 选择什么诉讼理由…… 336
6.2.8 主张什么责任…… 338
6.3 商标侵权诉讼的防御…… 341
6.3.1 如何处理侵权指控…… 341
6.3.2 面对侵权指控的行动…… 342
6.3.3 诉讼程序上的争辩…… 343
6.3.4 找到侵权抗辩事由…… 346

6.3.5 反击侵权指控 …………………………………………… 354

6.3.6 如何降低侵权赔偿额 …………………………………… 357

6.3.7 围绕诉讼的预防性安排 ………………………………… 359

6.3.8 商标侵权的和解 ………………………………………… 361

附录 企业商标管理指南 …………………………………………… 367

第1章　品牌竞争中的商标管理

阅读提示：

重塑公司的商标观念

☞ 商标是企业最有价值、最为持久的资产
☞ 没有穿上商标保护的法律外衣，品牌可能一文不值
☞ "王老吉"系列争议展示了商标管理的丰富内容
☞ 要像管理学家一样思考商标管理的问题
☞ 将商标提升到公司的战略高度，可以带来无穷的利益
☞ 必须抛弃投机取巧的商标战略观

开篇案例

"王老吉"商标诉讼战

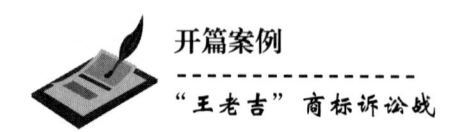

因"王老吉"商标许可而发生的一系列争议,自2010年开始登场,至今未见停歇。因此,回顾并整理"王老吉"商标系列事件,并不是一件轻而易举的事情。

"王老吉"创立于1828年,距今已有180多年历史。创始人是广东鹤山医者王泽邦老先生,其小名叫"阿吉",因此得名"王老吉"。1828年王泽邦在广州市十三行路靖远街开设了第一间王老吉凉茶铺,专营大水碗凉茶,成为王老吉品牌的起源点。

1956年,王老吉联合制药厂全面承接了王老吉凉茶祖业。几经变迁,王老吉联合制药厂后来易名改制为广州羊城药业股份有限公司(以下简称"羊城药业")。在20世纪90年代初,羊城药业利用传承了100多年的凉茶配方开创性地生产出盒装王老吉和罐装王老吉凉茶,可谓国内最早的凉茶植物饮料。1996年8月,广州医药集团有限公司(以下简称"广药集团")正式成立。1998年,经原国家工商行政管理局商标局核准,前述"王老吉"商标从羊城药业转让给广药集团。

从1995年到1997年,羊城药业与香港鸿道集团有限公司(以下简称"鸿道集团")先后签订数份商标许可使用合同。合同规定,鸿道集团及其投资企业取得独家使用"王老吉"商标生产销售红色纸包装及红色铁罐装凉茶饮料的使用权。鸿道集团先后成立广东加多宝饮料食品有限公司等(以下统称"加多宝公司")负责王老吉凉茶在中国内地的生产和经营。

2000年5月,广药集团与鸿道集团签订商标许可协议,约定鸿道集团对王老吉商标的使用期限自2000年5月2日至2010年5月2日。关于商标许可使用费,双方约定如下:第一年及第二年每年为450万元,第三年至第六年每年为472.5万元,第七年至第十年每年为491.4万元。

2001年后,看到凉茶市场蓬勃发展前景的鸿道集团董事长陈鸿道寻求再次续签协议,并最终如愿以偿。时任广药集团副董事长、总经理李益民在先后收受鸿道集团董事长陈鸿道共计300万元港币后,广药集团与鸿道集团分别于2002年11月、2003年6月签订《"王老吉"商标许可补充协议》和《关于"王老吉"商标使用许可合同的补充协议》,将"红罐王老吉"的许可使用期限延续到2020年。之后陈鸿道行贿案东窗事发,李益民因受贿罪被判刑,陈鸿道则保释外逃。从2000年至2011年,鸿道集团付给广药集团的商标使用费从450万元增加到506万元，10年间仅增加了56万元。

2004年广药集团旗下的羊城药业更名为广州王老吉药业股份有限公司（以下简称"王老吉药业"）并推出了绿盒装王老吉。经过多年的成功经营，加多宝公司将红罐王老吉从一个区域品牌打造成一个家喻户晓的全国品牌，与此同时，绿盒装王老吉的销量也节节上升。绿盒装王老吉还曾经借势红罐王老吉，推出广告语："王老吉，还有盒装。"同样取得了较大的成功。

2008年5月12日，四川汶川发生里氏8.0级特大地震。5月18日，在中央电视台和多个部委联合举办的"爱的奉献——2008抗震救灾募捐晚会"上，作为王老吉生产商的加多宝公司宣布捐款1亿元人民币，当即一夜成名。

2010年8月30日，广药集团向鸿道集团发出律师函，声明李益民签署的两个补充协议无效。

2010年11月10日，广药集团在人民大会堂举办"广药集团王老吉'大健康'产业发展规划新闻发布会"，北京名牌资产评估有限公司郑重宣布："王老吉"品牌价值评估为1080亿元。

2011年4月26日，广药集团向中国国际经济贸易仲裁委员会提出仲裁请求。经过调解失败后，2012年5月9日，中国国际经济贸易仲裁委员会仲裁裁决：广药集团与鸿道集团签订的《"王老吉"商标许可补充协议》和《关于"王老吉"商标使用许可合同的补充协议》无效，鸿道集团停止使用"王老吉"商标。鸿道集团于当年6月1日向北京市第一中级人民法院提交撤销该裁决的申请。

2012年7月13日，北京市第一中级人民法院裁定驳回鸿道集团提出的撤销中国国际经济贸易仲裁委员会于2012年5月9日作出的仲裁裁决的申请。这意味着广药集团从此收回了红罐王老吉的生产经营权。广药集团表示，将红罐王老吉的生产授权给其2012年成立的子公司广州王老吉大健康产业有限公司（以下简称"王老吉公司"）。

公开资料显示，加多宝公司的红罐王老吉在2011年的销售额已经达到160亿元人民币。在仲裁裁决出来之前，加多宝公司已于2012年初在"王老吉"红罐凉茶上同时启用"加多宝"品牌。在仲裁败诉后，加多宝公司将所有红罐凉茶包装的品牌都改为"加多宝"，正式开始另起炉灶，并推出了后来引发诉讼的"改名广告"："全国销量领先的红罐凉茶改名加多宝"。

2012年9月,广东省委领导在视察时,寄语广药集团要把品牌价值1080亿元的"王老吉"打造成为中国的"可口可乐",要学会与"百事可乐"形成良性竞争,取得进步。当年9月底,96岁高龄的国医大师邓铁涛在广药集团领导看望时,挥笔写下"广药王老吉,中国可口可乐"的题词。

从此以后,广药集团与加多宝公司的诉讼战,开始转向王老吉红罐包装以及广告语等系列纠纷,双方具有代表性的纠纷如下。

1. "红罐"包装之争。由于广药集团推出的红罐王老吉,与此前加多宝公司出品的老版王老吉在外观上相差不多。双方迅速就"红罐外包装、装潢"的权利归属展开了争夺。2012年7月,加多宝公司在北京市第一中级人民法院起诉王老吉公司擅自使用知名商品特有名称、包装、装潢,构成不正当竞争。而广药集团则在广州市中级人民法院起诉鸿道集团、加多宝公司擅自使用知名商品特有包装、装潢纠纷,构成不正当竞争。

2. "怕上火"广告之争。加多宝公司为推销红色罐装凉茶产品,设计了"怕上火喝王老吉"广告语,并与其关联公司投入巨资进行广告宣传。2012年5月,加多宝公司停止使用"王老吉"商标,并改用"加多宝"商标。此后加多宝公司推出广告语"怕上火,喝加多宝",沿用了与之前广告语相同的表达方式。在广药集团收回王老吉红罐商标使用权后,王老吉公司于2012年6月3日上市销售其生产的使用"王老吉"商标的红色罐装凉茶产品,并制作、推广了含有"怕上火就喝王老吉"广告语的广告。2012年7月,加多宝公司将王老吉公司告上重庆市第一中级人民法院,称王老吉公司直接抄袭"怕上火喝王老吉"广告语,构成不正当竞争行为,要求赔偿经济损失1000万元。与此同时,王老吉公司、广药集团又把加多宝公司诉到了广州市中级人民法院,称"怕上火"与王老吉已形成了特定的联系。只要一说"怕上火喝×××"的类似广告语,消费者很自然地会联想到王老吉凉茶。

3. "改名广告"之争。2012年12月,广药集团在广州市中级人民法院向加多宝公司提起了虚假宣传诉讼。广药集团称"王老吉改名加多宝""全国销量领先的红罐凉茶改名加多宝"等宣传行为系虚假宣传,要求侵权赔偿。同时还向法院申请诉中禁令,要求被告立即停止使用上述"改名广告"。

4. "10罐7罐"之争。2013年3月2日,在广州市中级人民法院对

"改名广告"下达"诉中禁令"之后,加多宝公司上线的新广告正式亮相,"全国销量领先的红罐凉茶改名加多宝"已在广告中消失,取而代之的是一项言之凿凿的数据——"中国每卖10罐凉茶7罐加多宝"。2013年4月,王老吉公司、广药集团向广州市中级人民法院状告加多宝公司及相关广告发布者,请求法院认定"中国每卖10罐凉茶7罐加多宝"等广告属于虚假不实宣传,构成不正当竞争,要求被告立即停止造假宣传行为,在曾经发布过这些广告的媒体上,以同样的方式、等同的时长或版面消除影响,在报纸上公开赔礼道歉,赔偿损失500万元和承担诉讼费。事实上,双方就"改名广告"和"10罐7罐"之争,并不只是在一个法院拼杀。

5. 商标侵权之争。2014年5月,广药集团对加多宝公司违法使用王老吉商标的侵权行为,向广东省高级人民法院提起诉讼。广药集团认为,根据中国国际经济贸易仲裁委员会于2012年5月9日作出的裁决,鸿道集团及加多宝公司能够合法使用"王老吉"商标的最终期限是2010年5月1日,从2010年5月2日之后,再使用"王老吉"注册商标就属于违法,侵犯原告"王老吉"注册商标权。因此,广药集团请求判令加多宝公司(及其关联公司)赔偿自2010年5月2日始至2012年5月19日止因使用"王老吉"注册商标而给广药集团造成的经济损失,索赔金额高达10亿元人民币,后索赔金额变更为29亿元人民币之巨。2018年,广东省高级人民法院判决加多宝公司赔偿广药集团共计约为14.4亿元。2019年,最高人民法院裁定,该案发回广东省高级人民法院重审。2023年7月,广东省高级人民法院一审判决再次认定加多宝公司共同侵权并需赔偿广药集团3.17亿元,对此判决结果,加多宝公司表示会向最高人民法院提起上诉。

6. "第一罐"广告之争。2014年6月,广药集团及王老吉公司向北京市第三中级人民法院起诉称,加多宝公司在店堂告示、电视媒体、报纸杂志、互联网及产品包装等各类途径发布、传播"加多宝凉茶连续7年荣获'中国饮料第一罐'"以及近似的广告内容,侵害了王老吉凉茶的商品声誉,构成虚假宣传,给原告造成影响,为此请求法院判令加多宝公司赔偿经济损失2000万元及合理维权费用100万元。

……

自2011年以来,加多宝公司与广药集团及其旗下王老吉公司等,已经在法庭上展开了数十次诉讼交锋,完全可以载入诉讼史册。双方仅仅围绕广告语就发生了10件左右不正当竞争案件,从"王老吉改名加多宝"到"怕上火喝加多宝",再到"10罐凉茶7罐加多宝"和"连续7年荣获

'中国饮料第一罐'",都陆续闹上了法庭,当事人之间如此众多复杂的广告语纠纷,在我国广告史上也实属罕见。

而这世纪诉讼大战的背后,可以发掘诸多商标管理的问题,比如许可合同设计、断头许可风险、商标诉讼营销、品牌使用规范、商品包装及广告语归属等。如果当初签订商标许可合同时能够预见这些风险和争议,并设计相应的合同条款,采取适当的管控措施,或许不会发生这么多的诉讼。当然,类似广告语归属之类的争议,当时可能也无法预见,但恰恰可以为后来的商标许可活动提供借鉴。

资料来源:

声明:正宗凉茶红罐王老吉从未更名[EB/OL].[访问日期不详].http://www.gpc.com.cn/news/2012/n31215472.html;王老吉商标权之争[EB/OL].[访问日期不详].http://wiki.mbalib.com/wiki/王老吉商标权之争#_note-.E7.8E.8B.E8.80.81.E5.90.89.E8.B4.BF.E8.B5.82;"红罐"之争引知识产权专家热议[N].中国知识产权报,2013-04-22;钟可芬.王老吉商标一年使用费仅五百余万 租赁合同曝光[EB/OL].[2011-12-28].http://ip.people.com.cn/GB/16736031.html;王茜.加多宝诉讼被驳回 王老吉延用怕上火广告[EB/OL].[2013-12-24].http://finance.sina.com.cn/chanjing/gsnews/20131224/122617733897.shtml;王老吉再告加多宝10罐凉茶到底7罐是谁?[N].广州日报,2013-08-07;陈小康,陈铜,贾友成.加多宝构成不正当竞争被判赔偿80万[N].人民法院报,2014-08-07;崔文宇,毛立国.王老吉与加多宝:广告语纷争"步步惊心"[N].中国知识产权报,2014-11-07.

1.1 品牌的价值

1.1.1 品牌价值排行榜

在知识经济时代,企业价值的重心逐渐由有形资产转向无形资产。品牌作为无形资产的核心要素,自然日益彰显其重要性。可口可乐公司前任总裁伍德拉夫曾宣称,即使整个可口可乐公司在一夜之间被烧光,化为灰烬,仅凭"可口可乐"的品牌资产,他就能在很短时间内东山再起,重建帝国。❶ 伍德拉夫的信心来源于可口可乐的品牌价值。由此可见,品牌虽

---

❶ 任悟察.品牌资产质押贷款遇红灯[N].市场报,2002-05-17(2).

然无形，却并非无价，甚至价值连城，成为企业最重要的无形资产之一。

> **资料链接**
>
> **《商标的世界》**
>
> "熙熙攘攘的海滨城市，正悄悄酝酿着一场混乱。某快餐店的门口停着一辆警车，两名米其林警察正坐在车里胡扯。正在这时，他们发现警方正在通缉的要犯罗纳德（麦当劳叔叔），两人迅速调转车头逼近，而狡猾的罗纳德也快速钻进他的红色卡车，与警察在车来车往的公路上展开惊险刺激的追逐战。一时间城市布下天罗地网，罗纳德走投无路，劫持人质闯入快餐店与警察对峙。突然，意外发生了……"
>
> 这一段描述是法国动画短片《商标的世界》（Logorama）的剧情简介。据不完全统计，短片中出现的商标超过3000个，由法国一家叫作H5的设计工作室，集合了45位创作者之力，用时两年半、耗资25万欧元制作而成。该片荣获2009年斯德哥尔摩电影节最佳短片奖和2010年第82届奥斯卡学院奖的最佳动画短片（见图1-1）。
>
> 图1-1 《商标的世界》剧照
>
> 在这个花花世界里，主角是商标，配角是商标，连跑龙套的也是商标，如果说植入广告常常会让你有砸电视机或者退票出场的冲动，这部《商标的世界》完全达到了"植入广告"的最高境界，不仅能让你看得津津有味，还可以体会到眼熟的商标不断冲击视觉的刺激享受。制片人尼古拉斯·苏莫尔金在领取"小金人"的时候幽默地说，"我必须感谢短片中出现的那3000多个非正式投资商，我可以保证，短片没有伤及任何一个品牌。"

> 2009年5月制作完毕的《商标的世界》，虽然只有短短的17分钟，也没有复杂的故事，不少网友却从中看到"商标"背后的寓意："如果说《2012》描写的是人类对自然的暴行造成的末日降临，那么《商标的世界》应该是诉说商品经济带来品牌之间的过度竞争最后导致的不良结果。"
>
> 资料来源：商标的世界 [EB/OL]．[2014-10-12]．http：//baike.baidu.com/view/3350159.htm?fr=aladdin．

闻名全球的 Interbrand 可谓品牌评估的先驱。Interbrand 设在英国伦敦，于1974年成立，是提供全方位综合性一站式品牌咨询服务的公司，在国际品牌咨询领域居于领导地位。该公司推出的品牌价值榜，正好反映了品牌的价值。

Interbrand 公布的2022年最佳全球品牌排行榜，评选了全球100个最具价值的品牌。苹果（Apple）和微软（Microsoft）占据排行榜前两位。其中，苹果的品牌价值为4822.15亿美元，同比增长18%，微软为2782.88亿美元，同比增长32%。亚马逊品牌价值2748.19亿美元，排名降至第三。其余排名进入前十的公司有：谷歌、三星、丰田、可口可乐、梅赛德斯－奔驰、迪士尼和耐克。中国品牌小米则首次上榜。

1.1.2 商标创造价值

商标的价值并不只是表现在纸上，它的确创造了令人惊讶的财富。美国香烟和食品业巨人 Phillip Morris（菲利普·莫里斯）公司购买了一奶酪制造商卡夫公司的同名商标 Kraft 以及其他系列商标，其总价值为129亿美元，该成交价为卡夫公司有形资产的4倍。中国女装上市公司维格娜丝2016年公告称，公司拟以现金方式收购衣恋集团持有的 Teenie Weenie 品牌及该品牌相关的资产和业务，交易预估值约为57亿元人民币。2018年12月，白云山公告拟支付价款13.89亿元人民币，协议受让控股股东广药集团所持"王老吉"系列商标专用权。

表1-1 2022年 Interbrand 全球最佳品牌排行榜前十强

排名	品牌名称	国别	行业	品牌价值/亿美元	品牌价值变化
1	Apple	美国	Technology	48.2215	18%

续表

排名	品牌名称	国别	行业	品牌价值/亿美元	品牌价值变化
2	Microsoft	美国	Technology	27.8288	32%
3	Amazon	美国	Retail	27.4819	10%
4	Google	美国	Technology	25.1751	28%
5	Samsung	韩国	Technology	8.7689	17%
6	Toyota	日本	Automotive	5.9757	10%
7	Coca-Cola	美国	Beverages	5.7535	0
8	Mercedes-Benz	德国	Automotive	5.6103	10%
9	Disney	美国	Media	5.0325	14%
10	Nike	美国	Sporting Goods	5.0289	18%

美国的苹果公司就在中国高价甚至是天价收购了两件商标，一件是从汉王科技手中收购的 iPhone 商标，另一件是从深圳唯冠手中收购的 iPad 商标。2009 年 7 月 18 日，苹果公司和汉王科技达成 iPhone 商标转让协议，协议金额为 365 万美元，折合人民币 2490.46 万元。而在 2012 年 7 月 2 日，据广东省高级人民法院官方透露，苹果公司与深圳唯冠就 iPad 商标案达成和解，苹果公司向深圳唯冠支付 6000 万美元，从而换取深圳唯冠手中的 iPad 商标。

与专利权、版权一样，商标权也可以作为向银行融资的工具。中国银行顺德分行曾对美的集团采取商标质押的方式，向美的集团提供可循环使用的商标质押贷款，质押金额为 18.5 亿元人民币，在 2013 年可循环使用的商标质押贷款额度约 8 亿元人民币。张家港广大特材股份有限公司的 3 个 "GD" 文字及图形商标在国内外均颇具品牌影响力，相关产品年销售额约为 13 亿元，该公司以其进行商标质押融资，获得建设银行苏州分行 10 亿元人民币授信。

事实上，在这个信息爆炸的时代，许多商标所有者都乐于承认商标是他们最有价值、最为持久的资产。纵观近年来国际上一些影响巨大的企业并购案，并购方看中的并非被兼并企业的有形资产价值，而是其商标等无形资产价值及其表现出来的市场潜力。而且，即使商业遭到经济危机的冲击，企业受到业绩下滑的影响，企业的品牌价值在短期内也未必会受到严重影响。全球最大传播集团 WPPPLC 旗下市场调研机构 Millward Brown 执行副总裁乔安娜·塞登（Joanna Seddon）表示："用户只会责难企业及其领导者，而不会针对品牌。品牌是维系用户情感的纽带，整体品牌价值是可持续的。"

1.2 品牌的力量

1.2.1 商品与品牌的关系模式

在今天，企业已经认识到：品牌是决定市场商战胜负的关键因素。当产品或服务的质量发展到一定阶段时，企业在竞争日剧的市场上赖以生存的不仅是产品本身及技术水准等，其品牌等无形资产更能让企业的产品及服务有别于竞争对手的一般产品或服务，从而成为竞争差异化的核心元素，成为竞争制胜的重要筹码，进而摆脱价格战的烦恼，创造出较高的利润。

在农业时代，品牌的概念尚在孕育，多数商品并无品牌的概念。在工业时代，品牌尽管脱颖而出，成为商战攻防之利器，但仍然依附于商品之上。在现代社会，品牌可以脱离商品的控制，发展为一种独立的营利模式。从品牌发展时期及其对应的商业行动－策略来看，我们把商品与品牌的关系发展模式分为有制造无品牌、商品主导品牌、品牌主导商品、品牌也是商品、有品牌无制造五个阶段（如图 1-2 所示）。

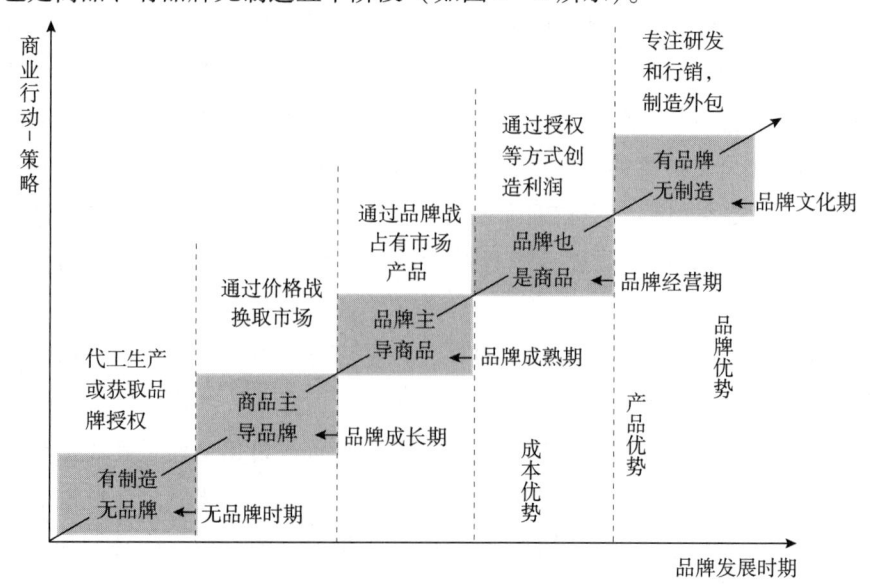

图 1-2 商品与品牌关系的发展模式

根据国家市场监督管理总局公布的数据，2021年底，全国登记在册的市场主体达到1.54亿户，其中企业4842.3万户，个体工商户1.03亿户。与此同时，截至2021年底，我国有效注册商标量3724.0万件。平均每4户市场主体才拥有1件有效注册商标。

由此可见，中国有不少企业还处于"有制造无品牌"或"商品主导品牌"的阶段，无论是商标意识还是品牌意识，都相当薄弱。21世纪是一个"中国制造"（Made in China）无处不在的时代。在2010年，中国超过美国成为制造业第一大国，制造业产出占世界的比重为19.8%。[1] 在制造业22个大类中，我国在7个大类中名列世界第一。作为制造业大国，我国已经具备很强的制造能力，但仍然不是制造业强国，总体上还处于国际分工和产业链的中低端。

对于任何企业来说，品牌优势都是最终的追求目标，而成本优势应是低级阶段的选择。一些跨国公司已经将品牌优势发挥到极致，像美国耐克公司，其总部从事鞋类的设计，在全球采购鞋料，委托加工质量好、加工成本低的鞋厂为其加工制造，然后使用耐克品牌在全球销售。耐克公司通过制造外包实际成为从事研发设计和销售的服务公司，[2] 从而通过品牌的力量，直接在利润最丰厚的价值链环节创造公司的财富。

需要强调的是，上述商品与品牌关系的五个发展模式并无高下之分，企业必须根据自己的现实情况、发展方向和战略规划，确立自己的商品-品牌发展模式。显然，后进入者或追随者往往只能以获得成本优势作为当前目标，因为在某种程度上，后进入者或追随者不是新产品或新技术的创造者，无法获得产品优势或品牌优势，只能先获得一定的成本优势，然后才能积累技术实力和资金实力，为日后建立品牌优势奠定基础，实现跨越式发展。

商品与品牌关系的五个发展模式往往是循序渐进的，即"有制造无品牌"或"商品主导品牌"的情形在前，"品牌主导商品"或"有品牌无制造"的情形在后。但企业的发展策略往往相时而动，因地制宜，未必总是循规蹈矩。

---

[1] 鲍晓倩. 从"中国制造"迈向"中国智造"[N]. 经济日报，2012-09-28.
[2] 王志乐. 跨国公司服务外包趋势与我国吸收外资[J]. 经济管理文摘，2005(10)：31-34.

1.2.2 从品牌竞争到商标护身

过度的市场竞争带来了商品的极大丰富，企业依靠品牌营销已经成为这个商业时代的选择。价格战偃旗息鼓，而品牌战方兴未艾。不过，在品牌竞争的过程中，如果品牌没有穿上商标保护的外衣，要么一文不值，因为人人可用，最终将被用滥；要么可能花落别家，被人夺走品牌的所有权。

"無印良品"自1980年在日本诞生以来，良品计画在包括日本在内的世界各地开设店铺，注册"無印良品"和"MUJI"商标。在中国大陆范围内，良品计画几乎在所有的商品和服务类别上注册了"無印良品"商标，但是仅在毛巾、床罩等商品类别的一部分上，被中国其他公司提前注册了"无印良品"商标。国产"无印良品"商标的注册时间在2001年，当时日本"無印良品"还没有进入中国大陆市场。后来，国产"无印良品"还曾以侵犯注册商标专用权为由，把良品计画的"無印良品"告上了法庭。2019年11月，北京市高级人民法院判决良品计画等被告在被诉的毛毯、床罩等侵权产品上使用的"無印良品"等标志，侵害了国产"无印良品"的注册商标专用权。良品计画在中国就毛巾、床罩等商品类别的商标申请晚了一步，不仅没有拿到商标专用权，还被诉讼侵权。

品牌竞争需要商标护身，评价品牌强度的影响因素如表1-2所示。那么品牌（Brand）与商标（Trade Mark）是什么关系呢？在知识产权法上，商标被认为是使用于商品或服务之上的用以区别商品或服务来源的识别性标记。❶ 而根据美国市场营销学会对品牌的定义，品牌是一种名称、术语、标记、符号或设计，或是它们的组合运用，其目的是借以辨认某个销售者，或某群销售者的产品及服务，并使之与竞争对手的产品和服务区别开来。❷

表1-2 评价品牌强度的影响因素

评价品牌强度的七个方面	最高的得分值
市场性质	10
稳定性	15

---

❶ 陶鑫良，袁真富．知识产权法总论［M］．北京：知识产权出版社，2005：106．

❷ 黄静．品牌管理［M］．武汉：武汉大学出版社，2005：3．

续表

评价品牌强度的七个方面	最高的得分值
市场地位	25
品牌趋势	10
品牌支持	10
行销范围	25
品牌保护	15
合计	100

由此可见,在某些情形下,商标与品牌在本质属性和功能作用上是异曲同工的。例如,"协力"既是一个经过核准注册的服务商标,也是一个法律服务的知名品牌。商标与品牌最根本的区别在于它们被置于不同的框架体系,受到不同视角的观察和解读。商标是一个法律概念,与法律保护须臾不离;而品牌是一个市场概念,与市场营销密切相关。

2013年5月,广东化州红冠化橘红饮料有限公司(以下简称"红冠公司")在广州召开新闻发布会,宣布因加多宝公司之前发布"全国销量领先的红罐凉茶改名加多宝"等宣传广告,涉嫌侵犯"红冠"商标权益,红冠公司已向法院起诉并获立案,将全面追究加多宝公司在全国各地侵权宣传的法律责任。当此之时,所谓"红冠"维权诉讼,即是一个商标问题。

当然,"红冠"能否"维权"成功,则要另当别论。不少业内人士都认为这并非单纯的维权诉讼,而是一次典型的"诉讼营销",即借助诉讼之名,吸引媒体和公众关注,以提升品牌的知名度。如今,诉讼营销已屡见不鲜,好像还有蔓延之势。当此之时,所谓"红冠"维权事件,其实是一个品牌问题。

由于品牌与企业的生产经营息息相关,围绕品牌衍生出很多管理和战略问题,比如品牌定位、品牌命名、品牌形象、品牌延伸、品牌传播、品牌文化、品牌资产等,可谓包罗万象。在很多品牌管理或品牌战略的教科书或其他著作中,当谈到品牌保护的内容时,其实已经涉及商标问题了。品牌保护或品牌资产保护的核心就是获得商标意义的权利保护。Interbrand在评估品牌强度时,也把品牌保护与商标保护联系在一起了。

因此,如果把品牌比作一个巨大的冰山,商标只是露出水面的冰山一角。从这个意义上讲,品牌管理或品牌战略的内容涵盖了商标管理中的一些内容。但这些内容远远不够,从事品牌研究的人员往往不具备法律知识,尤其缺乏知识产权的背景,使得他们在谈到品牌管理中的商标问题时,总是浅尝辄止,不能击中要害。

从知识产权管理及战略的角度,商标管理可以切入品牌管理中许多方面,无论是品牌设计、品牌营销、品牌保护,还是品牌评估、品牌国际化,都存在商标管理的策略运用与风险控制,可以从法律的视角加以剖析,从而在法律层面获得、维持或提升品牌竞争的优势。

1.2.3 商标强保护的趋势

2011年,暑期档上映的美国小成本喜剧电影《宿醉2》,在全球范围内拿下了超过5亿美元的票房,成为有史以来投入/票房差值最大,也就是最赚钱的喜剧电影。不过,法国奢侈品牌路易·威登(Louis Vuitton)对这部电影感到非常不满,并在当年12月将电影出品方华纳兄弟电影公司告上了法庭。

在《宿醉2》中有一幕情景:扎克·加利凡纳基斯饰演的角色在抵达泰国机场时携带大量"LV"行李包,并和其他人有一句对白:"小心点,这可是LV!"路易·威登公司认为,这句对白已经成为一句流行语——这可能是真的。事实上,这句流行语至少在2009年6月就穿越到了中国时光网的论坛上,有网友当时发帖说:"今天在拥挤的公交车上,一女的突然对我说:'小心点,这可是LV!'你猜我怎么做了?"

路易·威登公司的气愤当然不是因为这句电影对白,而是那个电影道具——LV行李包。因为它认为这些行李包并非真品,而是一家名为Diophy的公司所生产的"冒牌货"。路易·威登公司表示,它正在向这家公司追究法律责任。如果这些行李包是真品,也许路易·威登公司会大度地把它当作一次免费的植入广告。

路易·威登公司指责影片中的这一画面使其品牌形象受到伤害,要求销毁所有《宿醉2》中该行李包的复制品,并修改影片中这一画面,同时希望获得一定的金钱补偿。假设电影中的LV行李包真的是假冒,这样的电影情景是否构成侵权和不正当竞争,恐怕也会有一番争论。这不仅涉及法院如何看待电影道具的真假,更是涉及文学艺术的创作自由。

路易·威登公司的做法有些过于敏感,最终它未能如愿以偿,法院驳回了它的指控。经济学家汪丁丁说,对知识产权的过度保护,其实是运用权力操纵社会博弈以达成仅仅有利于知识产权所有者的均衡,也因此,应当叫作"霸权"。虽然"霸权"有些言重了,但纵观近年来的一些案件,可以发现一些权利人——特别是跨国公司——的确有些维权敏感，反应过度。❶ 但也让人感受到跨国公司对于知识产权，特别是商标权的强保护态度。

1.3 商标管理：品牌优势的法务支持

传统产业视野下的进入壁垒一般是基于厂商在生产领域内的非对称优势壁垒，如规模经济、产品差异化等；或制度性壁垒，如政策、法律等。但是，在供给过剩的条件下，生产领域中的非对称优势会被迅速模仿并最终失去壁垒作用，而基于消费者选择行为的品牌机制，将会成为一种新的壁垒形式，即品牌壁垒。❷ 由于消费者在转换品牌的过程中存在转换成本，理性的消费者在利益一定的条件下将不会选择新品牌。这种由在位品牌带来的消费者的心理认知就构成了品牌壁垒（Brand Barries）。

品牌作为消费者购物选择的识别符号，相对更具有持久性和排他性。企业一旦通过广告、质量、服务等构筑起品牌壁垒，将能够有效地抵御竞争对手或者新进入者的进攻。一旦利用品牌形成对产品的保护，消费者在想起或提到某个品类的产品时，就会首先联想到你的品牌。可以说，品牌壁垒是在消费者心智上形成的壁垒，是商业竞争中最牢固的竞争壁垒。

然而，品牌壁垒所建立的产品保护，只是在经济学或者认知心理上的保护，并不是法律上的保护。根据《商标法》的规定❸，构成品牌的标识必须向国家知识产权局商标局（以下简称"商标局"）申请注册，商标局在经过形式审查和实质审查后，认为合乎《商标法》规定的才给予核准注册。此时该品牌才享有受商标法保护的专用权，并可以禁止他人未经许可的使用。因此，如果品牌没有获得商标注册保护，竞争对手很容易冲破品牌壁垒，因为任何竞争对手都可能有机会分享品牌使用权。

当然，公司商标管理并不单是商标申请注册。回顾一下王老吉的系列争议，就可以发现有诸多商标管理问题值得思考。

---

❶ 袁真富. 敏感的知识产权 [J]. 中国知识产权，2012（1）.
❷ 任晓峰. 广告、品牌壁垒与消费者选择 [J]. 产业经济研究，2011（6）.
❸ 我国《商标法》分别于 2001 年、2013 年、2019 年进行了修正，本书无特别说明，均表述 2019 年修正《商标法》，具体案例以当时适用《商标法》为准。下文不再赘述。——编辑注

1.3.1 王老吉背后的商标管理问题

2012年5月，广药集团发布公告称："根据中国国际经济贸易仲裁委员会仲裁裁决，广州医药集团有限公司收回鸿道（集团）有限公司的红色罐装及红色瓶装王老吉凉茶的生产经营权。"该裁决让加多宝公司丧失了王老吉商标的使用许可，从而使其陷入公司有史以来最大的品牌灾难。

从此以后，广药集团与加多宝公司围绕王老吉品牌和加多宝品牌，拉开了商标纷争的长长战线，多年诉讼闹得家喻户晓，人尽皆知，甚至都让人有些审美疲劳。不过从商标管理的角度，这场品牌世纪大战倒是蕴藏了诸多商标管理的问题，值得反复揣摩，细细思量。这里我们不作详细讨论。

1. 市场分割

在商标许可实践中，权利人通过商标许可合同约束，可以按照不同的应用领域切分出多个不同的商标使用范围。但通常情形下，以地理区域或者商品种类作为划分不同使用人之间（包括许可人与被许可人之间、被许可人与被许可人之间）使用范围的依据，以避免利益冲突比较常见。

但是，当初广药集团与鸿道集团（实际使用者为其旗下的加多宝公司）签订的"王老吉"商标许可使用合同，竟然是以同一产品的包装（红色罐装和绿色盒装）作为双方划分同一品牌使用的市场界限，绝对罕见，让不明内情的外人甚为费解。因为这会使得许可人与被许可人在凉茶这个完全相同的商品上，要么直接近身肉搏，要么一方要搭另一方的便车，严格来讲，并不太符合一贯的独占市场的商业逻辑。

事实上，在加多宝公司的成功运营下，红色罐装王老吉凉茶红遍全国。这么多年来，广药集团的绿色盒装王老吉还真的搭上了顺风车，不知沾了加多宝红罐王老吉多少"光"。任凭加多宝公司一掷千金，卖力吆喝"怕上火喝王老吉"（红罐王老吉广告语），广药集团只需轻轻一句"王老吉，还有盒装"（广药集团曾经推出的广告语），就把加多宝公司的营销努力，来了个乾坤大挪移。

2. 使用费支付

商标许可使用费的支付有多种模式。有的是固定金额支付，比如每年支付人民币300万元；有的是提成支付，比如，以年销售额的8%支付；有的是计件支付，比如，每销售一件商品支付人民币6元；有的是固定金额另加提成支付等。不同的使用费支付模式各有利弊，须结合具体商业实际加以设计，以免利益失衡。

从媒体报道上看，王老吉商标许可合同所约定的商标许可使用费，基本上是以固定金额的方式支持，2000 年为 450 万元人民币，虽然每年约有 9‰ 的上浮，但从 2000 年至 2011 年，商标使用费从 450 万元仅仅增加到 506 万元人民币，相比之下，加多宝公司王老吉凉茶的销售额却从 2 亿元人民币蹿升到 150 亿元人民币。看起来广药集团吃了大亏，原因就在于使用费的支付没有与使用人的经营业绩锁定，所以没有享受到水涨船高的好处。

3. 断头许可

在 2002 年和 2003 年，广药集团原副董事长李益民收受鸿道集团董事长陈鸿道的贿赂后（鸿道集团以行贿方式续订商标许可合同，本身就存在合规管理问题），先后签署了《"王老吉"商标许可补充协议》和《关于"王老吉"商标使用许可合同的补充协议》，最终将商标许可使用期限延长至 2020 年。不过，从 2008 年开始，广药集团就与鸿道集团交涉，主张续签的补充协议无效，商标许可使用期限已于 2010 年 5 月到期。最终在 2012 年 5 月，中国国际经济贸易仲裁委员会裁决支持了广药集团的主张，补充协议无效。

加多宝公司遭遇了所谓的"断头许可"。"断头许可"，就是商标权利人商标许可期满后不再续签许可协议，甚至提前结束商标许可协议。很可能出现这种情景，今天还是合法销售，明天就变成非法产品，因为已经失去了商标许可。当初，加多宝公司一掷千金，巨资推广红罐王老吉，将红罐王老吉打造成一个家喻户晓的品牌。不知道它当时有没有想到过：有一天断头许可会从天而降。也许加多宝公司想到了，但它觉得好日子至少要到 2020 年才可能结束。

4. 其他品牌使用约束

在广药集团提起仲裁要求收回红罐王老吉的使用权后，加多宝公司于 2012 年初在"王老吉"红罐凉茶上同时启用"加多宝"品牌，罐身上一面是显著的"王老吉"，另一面是同样显著的"加多宝"，两者在字体、大小、位置等方面享受同等待遇，名副其实的双品牌战略。在仲裁败诉后，加多宝公司再顺势推出只有独立品牌"加多宝"的红罐凉茶，正式开始另起炉灶。

站在商标权人广药集团的立场来看，"加多宝＋王老吉"的双品牌战略显然是在攀附许可人的品牌，打造被许可人的自有品牌。作为商标权人却不得不从此事中得到启示，是否允许被许可人借你的品牌打造自有品牌？比如类似"加多宝+王老吉"的双品牌战略，或者在自己的品牌之下推出被许可人自己的子品牌或副品牌。今后的商标许可合同应该考虑是否要增加这方面的合同条款。

5. 关联商业标识归属

广药集团收回红罐王老吉之后，似乎意犹未尽，双方又开始争夺王老吉"红罐包装"，以及广告语"怕上火就喝王老吉"的权利归属。而广药集团在这次争夺战中，显然没有明确的合同依据，也难以找到明确的法律依据。但这是一个非常有趣的话题，学术界和实务界都众说纷纭。

不管法院最终如何判决前述红罐包装和广告语的归属，但红罐包装和广告语的争夺战却给商标权人敲响了警钟。以后在签署商标许可协议特别是终端消费品的商标许可协议时，最好事先在合同中明确：为被许可商标量身打造或存在紧密联系的商品包装、广告语等，是否在许可协议结束后应该停止使用或者归属于许可人所有。

6. 许可结束后的宣传约束

加多宝公司在推广自有品牌"加多宝"时，曾推出"全国销量领先的红罐凉茶改名为加多宝"等广告语，此即引爆诉讼的所谓"改名广告"。最终，广药集团通过向广州市中级人民法院提起诉讼，禁止了该"改名广告"的传播。不过，等到广州市中级人民法院的诉中禁令生效，要求加多宝公司撤回所有被禁止发布的"改名广告"时，时间已经到了2013年3月1日。此前一两年时间，加多宝公司已经为该广告投入了数以亿计的广告费用。覆水难收，该广告的宣传效果已经难以收回。

该案也让商标权人了解到，在商标许可合作结束后，并非就万事大吉了。最好事先通过合同条款约束被许可人在商标许可结束后，不得从事类似改名广告之类的有损于商标权人利益的宣传活动。

7. 诉讼营销

诉讼营销就是借诉讼之名，吸引媒体和公众关注，进而提升品牌的知名度。作为策划了汶川地震豪捐1亿元等事件的营销高手，加多宝公司当然深谙诉讼营销之道。2012年7月，在支持广药集团收回红罐王老吉商标使用权的仲裁裁决下达后仅仅2个月时间，加多宝公司就率先主动发难，分别在北京和重庆向广药集团旗下的王老吉公司，以不正当竞争的名义发起了"红罐包装"和"怕上火喝王老吉"广告语之争（背后实质是权利归属之争）。

此后，加多宝公司又先后推出"全国销量领先的红罐凉茶改名为加多宝""中国每卖 10 罐凉茶，7 罐加多宝""加多宝凉茶连续 7 年荣获'中国饮料第一罐'"等广告内容，惹得广药集团方面坐立不安，针对这些广告语又先后提起虚假宣传等不正当竞争之诉。

事实上，通过这一系列眼花缭乱的诉讼大战和广告策划，加多宝公司成功吸引了各路媒体和消费者的高度关注，也成功完成了从"王老吉"向"加多宝"的品牌商誉移植，再加上加多宝公司在广告、营销、渠道等方面的优势发挥，最终加多宝公司在断头许可之后，销量竟然不降反升。广药集团恐怕得思考一下，跟着加多宝公司或主动或被动地打了这么多场官司，是不是上了对方的当？

1.3.2 规划公司的商标管理

很多大公司都将商标视为宝贵的资产，并将商标管理工作置于相对优先的重要位置。商标管理拥有复杂而丰富的内容，不仅涵盖商标注册、使用、经营和保护等方面，而且更是在其中贯穿着具体的策略运用与风险控制。从公司品牌发展与产品经营的角度，公司商标管理的内容体系主要包括以下八个方面。

1. 品牌设计的商标风险防范

品牌设计或选择不仅仅需要考虑广告营销、消费吸引等问题，还要考虑商标上的风险和策略。公司在品牌设计或选择时，应当充分考虑满足《商标法》的注册要求，充分考虑如何加强品牌的商标保护强度，充分关注商标全球注册的可能性，并防止品牌设计出现侵犯他人著作权、商标权等的法律风险，或者出现商标权归属不明或存在争议的情形，等等。

2. 商标注册的策略规划与风险控制

商标注册不能简单地理解为委托代理机构将一个设计好的标志连同相关材料送交商标局。商标注册的过程充满了策略与风险问题，公司应当关注为哪些标志注册商标，如何为核心品牌设计最佳的注册规划，如何建立核心品牌的反商标抢注方案，如何有效地指定商品或服务项目，如何选择最优化的商标国际注册途径并节省商标国际注册的费用，等等。

3. 整合业务发展与商标管理

如何通过有效整合，使商标管理支持公司的业务发展与规划，应当是公司日益关注的重要问题。从产品开发、市场拓展等角度，公司应当及时制定商标规划，配合产品开发和业务发展；规划商标国际注册方案，支持全球化的发展目标；构筑防御性的商标注册使用项目，保护业务发展后的商标使用空间；制定驰名商标认定方案，支持市场拓展与商标保护；等等。

4. 品牌营销中的商标问题

品牌营销可能会注意如何吸引消费者，而忘记了其中的商标问题。公司在开展品牌营销时，应当检查是否存在商标侵权的法律问题，检查是否存在不当使用商标的情形，检查是否正确标注了注册商标的标记，检查是否强调了注册商标的存在，检查商标使用是否与其他标志作了适当区隔，等等。

5. 公司投资交易的商标风险控制

在公司投资、合作、收购、特许加盟、OEM/ODM 以及商标转让、许可、质押等过程中，必须注意商标风险的控制。公司应当开展商标尽职调查，防范其中的商标风险；从法律角度参与评估商标的价值，支持商标投资入股的开展；同时通过合同条款的设计，避免公司商标相关的合同风险，保障公司开展商标交易的合法利益，保障公司在投资合作中的商标控制权，等等。

6. 维护公司的商标权利

商标注册之后，并不意味着万事大吉。公司还需要采取行动，努力维护公司的商标权利。公司应当开展商标的续展注册，处理来自他人的商标异议与商标争议，并定期监控商标注册公告，防止他人注册与自己相同或相似的商标，达到鱼目混珠、"搭便车"的目的。

7. 设计打击商标侵权的策略与方案

为保护商标权而采取的法律行动包含非常丰富的内容，特别是侵权诉讼。公司可以发挥内部法务的作用，或者借助专业律师的经验，主动识别商标侵权行为，拟定侵权警告函或发表谴责声明，并为公司选择最佳的维权途径，选择合适的诉讼对象，制订适当的诉讼方案，提出适当的解决方案，等等。

8. 强化商标管理的执行力

如果公司没有一个具有执行力的机制，公司商标管理就只是"空中楼阁"。这要求公司内部建立一个使商标管理具有可执行力的机制，包括如何完善商标管理制度，如何建立商标管理的程序，如何教育培训员工理解并执行商标战略，如何实施商标档案管理以支持商标维权等工作，如何定期查核公司的商标管理事务，等等。

如果只是把商标管理视作一个平淡无奇甚至有些枯燥无味的事务性工作，而将其放置于公司发展战略的边缘位置，那么公司显然还没有体会到商标作为知识产权的巨大威力。跨国公司已经意识到，在制造规模及成本控制上它们难以遏制中国企业的发展，只能凭借商标品牌、专利组合等知识产权优势，通过发动商标诉讼、专利威胁等知识产权侵权指控来构筑新的贸易壁垒和竞争障碍，以牟取更大的商业利益，占据更多的市场份额。因此，我国企业也应与时俱进，将商标管理提升到公司战略的高度，打造自己的品牌优势与商标攻势。

1.3.3 商标管理的价值观察

随着商标的使用，公司的产品质量、服务信誉乃至公司文化等，都将沉淀在商标标识之上，进而建立起广泛的知名度、优良的美誉度以及较高的消费者认知度和忠诚度。商标是无声的推销员，是开拓市场的最佳利器，更是商誉的最佳表彰。如果能够妥善管理与运用，并将其提升到公司的战略高度，就可以为公司带来无穷的商业利益和持续的成长空间。那么，有效的商标管理可以为公司创造哪些价值或带来什么优势呢？

1. 支持公司的品牌建设与发展

品牌竞争需要商标护身。公司在品牌设计之初就要有商标注册的意识，通过商标注册将品牌变成受法律保护的专用资产；在企业发展壮大的过程中，更要注意商标注册的布局和商标注册的防御，通过有效的商标管理支持品牌的成长。

2. 维护公司商标的合法权益

通过商标监控、侵权处理等方式，全面维护商标的合法权益，制止商标仿冒与商标抢注等状况的发生。

3. 支持公司的业务发展战略

公司的业务领域总是随着市场的变化、公司的发展而不断地调整。然而，有的公司在新的业务领域使用原有的商标时，却出现了商标侵权的风险。商标管理将保证公司的商标注册规划与公司的业务发展相一致，防止出现商标侵权的风险。

4. 为公司创造利润和财富

作为吸引消费者注意的商业元素，商标的商业价值自然不可限量。在过去10余年中，无论是在发展中国家还是发达国家，商标许可或者说品牌授权被证明是一种行之有效的经营模式，被西方发达国家称为"21世纪最有前途的商业经营模式"。商标许可的管理有助于商标价值的维护和商业利益的保障。

5. 保持公司的差异化竞争优势

品牌是决定市场商战胜负的关键因素，是影响商业竞争制胜的重要筹码。在公司的经营过程中，尤其是在产品营销等环节，商标创造和强化了品牌营销的威力，成为差异化产品和提升附加值的核心要素之一。良好的商标管理将配合策略性的法律运用，使差异化的品牌竞争更具有法律保障。

6. 规范公司的商标使用

商标管理不规范，不仅在法律层面上可能削弱商标的保护范围或者引起商标注册被撤销的后果，而且在商业层面上可能导致商标功能无从发挥，致使品牌价值付之一炬。

1.4 "竹盐"商标：像管理学家一样思考

商标是一个来自法律视野的概念，所以商标的管理也主要是从法律层面来展开的。然而，尽管商标管理是建立在法律的基础之上，但商标管理的内容与方法，却不是传统商标法学的基本知识和思考方式。以下笔者通过"竹盐"牙膏商标的管理案例分析，分别讨论该案例的法学思维焦点与管理思维方向，进而展示如何像管理学家一样思考商标管理的问题。

不过，需要事先声明的是，关于"竹盐"牙膏商标管理案例的分析，只是笔者对"竹盐"商标背后的管理策略所进行的一个假设性解读，并非真实世界的情形。

竹盐，是将日晒盐装入三年生的青竹中，两端以天然黄土封口，以松树为燃料，经 1000～1500℃ 高温煅烧后提炼出来的物质。"竹盐"是株式会社 LG 生活健康（以下简称"LG 公司"）推出的牙膏品牌，并于 2001 年在中国上市。2002 年 4 月 LG 公司在中国提出"竹盐"商标注册申请，并于 2003 年 8 月获得商标注册。2008 年"竹盐"被认定为驰名商标。事实上，竹盐是"竹盐"牙膏的主要原料成分。LG 公司的这款牙膏产品的包装盒上，曾经还配有文字介绍竹盐（原料）的制作过程。

1.4.1 法学思维的分析方向

面对上述案例，如果从法律的角度，可能主要探讨下列比较关键的问题。

（1）LG公司在申请注册"竹盐"商标时，其商标的构成要素是否合乎《商标法》的规定？

（2）竞争对手使用"竹盐牙膏"是否侵犯了LG公司的"竹盐"商标权？

下面仅作简要分析。

（1）根据我国《商标法》第11条第1款第2项的规定，"仅直接表示商品的质量、主要原料、功能、用途、重量、数量及其他特点的"标志，不得作为商标注册。LG公司曾经在牙膏包装盒上明确解释了什么是竹盐及其制作过程，从而非常清楚地说明了竹盐是"竹盐"牌牙膏的主要原料。既然如此，"竹盐"作为商标注册本来就违反了《商标法》第11条第1款第2项的规定。因此，LG公司在申请注册"竹盐"商标时，其商标的构成要素当然不合乎《商标法》的规定。

（2）《商标法》第44条第1款规定："已经注册的商标，违反本法第十条、第十一条、第十二条规定的，或者是以欺骗手段或者其他不正当手段取得注册的，由商标局宣告该注册商标无效；其他单位或者个人可以请求商标评审委员会宣告该注册商标无效。"由于"竹盐"作为商标注册违反了《商标法》第11条第1款第2项的规定，竞争对手可以向商标评审委员会请求宣告LG公司的"竹盐"注册商标无效（2013年《商标法》第三次修正之前称为"撤销"），从而消灭LG公司指控其商标侵权的基础。

当然，根据《商标法》第11条第2款的规定，如果第1款所列标志"经过使用取得显著特征，并便于识别的，可以作为商标注册"。考虑到"竹盐"商标当时刚投入市场使用不久，"竹盐"商标有可能未满足《商标法》第11条第2款的规定。即使最终未能宣告"竹盐"商标注册无效，竞争对手仍然可以主张合理使用，以对抗商标侵权指控。

我国《商标法》第59条第1款规定："注册商标中含有的本商品的通用名称、图形、型号，或者直接表示商品的质量、主要原料、功能、用途、重量、数量及其他特点，或者含有的地名，注册商标专用权人无权禁止他人正当使用。"不过，合理使用他人商标的方式必须"合理"。比如，不能显著性地或单独突出使用"竹盐"文字，否则仍有构成侵权之可能。

1.4.2 管理思维的分析方向

如果从商标管理的角度来讨论这个案例，至少可以开展下列讨论。

(1) 如何解读 LG 公司在商标选择上的风险管理与经营策略？

(2) "竹盐"牙膏（见图 1-3）的模式是否可以复制推广？

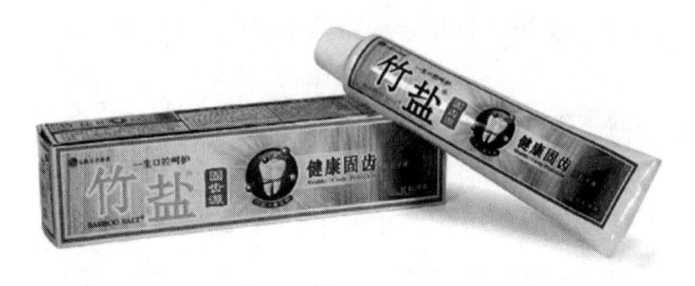

图 1-3　"竹盐"牙膏包装

下面仅作简要分析。

(1) 如果 LG 公司在选择"竹盐"作为商标并决定注册时，并没有意识到这个法律风险——竹盐作为牙膏的原料不能注册商标，那么，LG 公司在商标选择上，就忽视了商标法律风险预测和分析，没有进行商标有效性和稳定性的评估。作为一家跨国公司，这种情形的可能性应该是比较低的。

如果 LG 公司明知注册"竹盐"商标存在商标构成要素不合法的法律风险，仍然决定申请注册，那么这里面可能蕴含了知识产权的经营策略。这是为什么呢？

如今，厂商在推销产品时，都在大肆炒作一些概念。比如，有的厂商为其产品的原材料贴上纳米科技的概念，美容美发店门口挂着的玉米须、坦克烫、离子烫等，都是在推销一个概念，即所谓"概念行销"。

同样的道理，LG 公司牙膏的"竹盐"也是其区别于其他牙膏的一个卖点，同时也是其炒作的一个营销概念。事实上，牙膏市场盛行的诸多概念，大多雷同得令人产生审美疲劳。LG 公司推出的"竹盐"概念，显然令人感到新鲜。所以，LG 公司牙膏很长一段时间都在包装盒上明明白白地宣传竹盐是什么，以刺激消费者的购买欲望，否则遮掩这些还来不及呢。

既然竹盐是 LG 公司牙膏的一个卖点，那么这个卖点就不能成为大家都能使用的手段，否则就失去了意义。像保险行业的公司经常在苦恼，自己通过市场调查、用户研究，花了很大工夫，才设计出一款新的保险品种，刚刚推出不久，即被其他保险公司复制，纷纷推出相似的保险品种，进行激烈的竞争。由于保险品种作为一个创意，很难受到法律的保护，因此最先设计这个险种的保险公司对其他公司的仿制性竞争，往往无可奈何。假设竹盐这个概念不受法律保护，别的牙膏厂很快也会纷纷推出竹盐牙膏。

"竹盐"要获得法律保护，LG公司可以通过商标注册，获得独占使用并禁止他人未经许可使用的权利。显然，竹盐牙膏推出至今，仍然是LG公司独此一家，与"竹盐"（原料名称）进行了商标注册保护有很大的关系。有法律意识的牙膏企业不会去模仿别人的竹盐商标，尽管这个商标可能存在问题。因此，如果LG公司明知"竹盐"的商标注册有受他人挑战的风险，仍然进行注册，那么，LG公司就可能考虑了通过商标垄断使用的因素。即使他人将来挑战"竹盐"商标的合法性，并获得成功，但当此之时，LG公司可能已经让消费者记住了竹盐牙膏是LG公司生产的，而其他厂商的竹盐牙膏都是冒牌货。

另外，如前所述，根据《商标法》第11条第2款的规定，如果第1款所列标志"经过使用取得显著特征，并便于识别的，可以作为商标注册"。如果LG公司使用"竹盐"商标经过一定时间，通过广告宣传和营销手段，让其获得了显著性和识别性，即消费者一想到竹盐，就直接联想到LG公司的一款牙膏产品，而非一种原料成分，那么，此时LG公司的"竹盐"商标就取得了第二含义，可以合法、稳定地取得注册。

事实上，"竹盐"现在已经跻身"驰名商标"的行列，现在你想以缺乏显著性为由撤销它的商标注册，恐怕没有什么机会。可见，并非不具有显著性的商标就不能注册，有时，企业可以根据自己的经营策略，进行灵活的处理。

（2）虽然"竹盐"牙膏逃过商标审查而成功注册，并且成功被认定为驰名商标，有效阻击了竞争厂商推出"竹盐牙膏"，但是，这种成功模式很难复制推广。笔者认为，这主要由牙膏市场的竞争环境特点所决定的。从事牙膏生产和销售的厂商都是知名大公司，牙膏品牌基本上都由几家大品牌垄断。不像其他日用品，各种大厂小厂一起上，各种品牌满天飞。由于大公司的风险控制体系比较规范，通常不愿意尝试有法律风险的事情，在商标侵权风险方面更是如此。因此，即使LG公司的"竹盐"商标当初存在问题，但在未撤销其商标注册前，这些大型竞争厂商都不会轻易使用"竹盐"两字，以免因为取得第二含义等原因最终不能撤销LG公司的商标注册，自己反而落入商标侵权的旋涡。

上面对于"竹盐"商标的两种分析方向，比较清晰地折射出法学思维和管理思维,在同一案例分析中的不同进路。当然,笔者在此毫无否定法学思维之重要性的意愿,相反,笔者认为还需要继续强化法学思维的训练。从上面的个案分析已经看到,商标管理思路主要是建构在法学分析的基础之上的,两者不可偏废,缺一不可。如果没有商标法律知识的背景,很难展开商标经营管理的思路。

不过,尽管本书会介绍一些商标法的基本知识,以提供读者理解和掌握商标管理的背景,但法律博大精深,并且总在不断发展,在采取商标管理的相应行动之前,最好与商标律师或知识产权专家进行仔细的探讨,以把握其中的法律风险。否则出于对商标法的一知半解就贸然行动,是很危险的。所以,这里要特别强调,本书并不能代替商标法的教科书,更不能取代专业人士给予的指导。

第 2 章　商标管理：从设计开始

阅读提示：

商标选择（设计）的 N 个注意

☞ 商标选择不只是一个营销问题，更是一个法律问题
☞ 在选择或设计商标时，首先考虑用臆造性标识和任意性标识，其次为示意性标识，避免使用描述性标识和通用性标识
☞ 显著性越强的商标，越能得到注册，也更能获得最大程度的保护
☞ 选择或设计的商标标识，最好远离驰名商标
☞ 图形商标以及有独特设计的文字商标，在制止抢注和"搭便车"使用上更有法律优势
☞ 商标选择不要投机取巧，否则会有无穷的烦恼

开篇案例

WOWO 商标"撞衫"泰国国旗

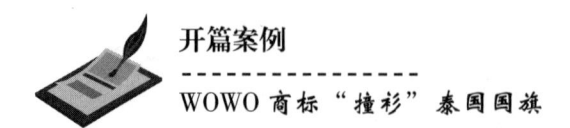

作为夜生活比较丰富的旅游城市,成都大街小巷的杂货店虽然非常多,但缺乏统一的品牌规范管理,也不是 24 小时营业。四川哦哦超市连锁管理有限公司(以下简称"哦哦公司")董事长汤耀华表示,2005 年在考察了成都便利店市场后,便坚定了在成都创办 24 小时便利店的决心。2005 年 10 月,哦哦公司在成都登记成立,注册资本 1800 万元人民币。WOWO 便利店开始出现在成都的街头巷尾。

作为一个快速消费品的行业,简单、明亮、易识别的标识是重要的组成部分之一。据汤耀华介绍,全球便利行业通用色条的排列做店招,因其视觉传播效果最好,而为了区别于成都其他连锁企业经常使用红色、黄色店招,哦哦公司选择了代表冷静深沉的蓝色,而白色在晚上的透视效果最好,但是蓝白的组合在色调上较冷,又加上了温暖的橘色。

2005 年 11 月,哦哦公司在第 35 类商品上申请了"WOWO"及颜色组合商标,如图 2-1 所示,并于 2009 年 4 月获得注册(注册号 4982344)。2006 年 12 月,哦哦公司在第 35 类商品上申请了一枚不带"WOWO"字母的颜色组合图形商标,如图 2-2 所示,并于 2010 年 6 月获得注册(注册号 5785094)。哦哦公司在成立之初就申请注册了商标,看起来,其创始人很有商标意识。

图 2-1 第 4982344 号 WOWO 商标　　图 2-2 第 5785094 号图形商标

随着时间的推移,WOWO 商标逐渐成为成都地区的知名品牌,第 4982344 号 WOWO 商标在 2011 年 2 月 26 日被成都市工商行政管理局认定为成都市著名商标。2009 年,WOWO 的品牌商标评估已经达到 1 亿元,2013 年更是达到了 3 亿元,WOWO 商标的品牌价值急速上升。不过,麻烦也开始找上它。

2012 年 1 月 5 日,泰国驻华使馆商务处向四川省成都市工商行政管理局商标分局发函称:"在成都开会时看到一家名为 WOWO 连锁经营店标记两侧使用的颜色,颜色的排列顺序以及外观样式同泰国的国旗一模一样。泰国商务部智慧财产厅要求地方企业取消此图案样式的使用。"

不久，国家工商行政管理总局商标局撤销其注册商标的决定，更是给哦哦公司的 WOWO 品牌以致命一击。基于泰国方面的上述要求，商标局于 2012 年 3 月 27 日，作出《关于拟撤销第 4982344、5785094 号注册商标的通知》（商标监字〔2012〕49 号），又于 2012 年 7 月 12 日作出《关于撤销第 4982344、5785094 号注册商标的决定》（商标监字〔2012〕92 号）（以下简称"第 92 号决定"），决定撤销第 5785094 号及第 4982344 号注册商标。

"第 92 号决定"指出："2012 年 2 月 27 日，泰国智慧财产厅致函我局，认为第 4982344、5785094 号注册商标指定使用的颜色排列顺序以及在实际使用中的外观式样同泰国国旗近似，且在实际使用过程中违反了《商标法》第十条第一款第（二）、（八）项的规定，作出撤销第 4982344、5785094 号注册商标的决定。"据媒体报道，这是国内首例企业商标因与其他国家国旗相似而被裁定撤销的案件。泰国国旗与 WOWO 便利店店面对比如图 2-3 和图 2-4 所示。

图 2-3　泰国国旗　　　图 2-4　WOWO 便利店店面

近八年的经营，价值 3 亿元的品牌，面临可能瞬间归零的结局，哦哦公司显然不能坐以待毙。从此，哦哦公司开始了漫长的维权道路。汤耀华告诉记者："WOWO 是成都第一家 24 小时营业的便利店，当时存在很多客观的困难，我记得有一次一个晚上我打跑了 7 起进店抢劫的人。所以，在 WOWO 刚起步时，面对困难我没有退缩，到现在 WOWO 发展越来越好的时候，我更要面对困难，解决问题。"

依照程序，哦哦公司向国家工商行政管理总局商标评审委员会（以下简称"商评委"）提起商标撤销复审，但商评委在 2012 年 12 月 25 日作出《关于第 5785094 号"图形"商标撤销复审决定书》，维持商标局的决定，对第 5785094 号图形商标（无 WOWO 字母）予以撤销。

当时，公司内部尤其是董事会里面出现了不同的声音，有人提出与其这样心里没底地继续"耗"下去，不如干脆接受决定，对商标进行修改后以新样式"亮相",并且提出了具体的修改意见。不过这个方案最终被放弃了。

"在商标设计和注册时,甚至是事发之前,根本就没有想到泰国国旗,连泰国国旗长什么样子都不知道,哪想到半路杀出了个程咬金,与泰国国旗撞了一下腰。"哦哦公司董事长汤耀华坦言,如果公司的商标最终被撤销,经初步测算,单是更换店招就要花费上千万元,对于这样的低毛利率企业来讲,堪称致命打击,同时也会给WOWO品牌造成负面影响。随后,哦哦公司向北京市第一中级人民法院提起行政诉讼。

尽管该案一审从原定15分钟的审理时间被哦哦公司极力争取到40分钟,最终北京市第一中级人民法院还是判决维持了商评委撤销争议商标的裁定,哦哦公司继续提起上诉。一审法院认为,复审商标为图形标志,无任何文字内容。鉴于复审商标与泰国国旗近似,该国政府并未同意且已经提出异议,故复审商标已经构成《商标法》第10条第1款第2项所规定的情形,不得作为商标注册使用。同时,由于复审商标与泰国国旗相近似,无论指定使用在何种类别的商品或者服务上,均会产生不良的社会影响,故复审商标同时构成《商标法》第10条第1款第8项规定之情形,亦不得作为商标注册使用。

为了准备诉讼,哦哦公司用了2天的时间在100家门店就争议商标是否与泰国国旗近似做了一次问卷调查,最后共收回125份问卷,调查显示无一人认为两者相似,且看到WOWO商标并不会联想到泰国国旗。而接受调查的一位外国人士则表示,色块拼接的店招是便利店一贯使用的形象。

最终,哦哦公司的努力得到了回报。2013年9月27日,北京市高级人民法院作出终审判决,撤销一审法院判决和商评委的决定,判决由商评委重新作出裁定,维持WOWO公司商标的注册。同年,12月23日,商评委作出商评字(2013)第139712号关于第4982344号"WOWO及图"商标撤销复审决定书,决定撤销商标局决定,维持第4982344号"WOWO及图"商标的注册。

至此,经过2年的抗争,哦哦公司的两枚WOWO及图形商标终于"失而复得"。

资料来源:陈静. WOWO商标,何去何从?[J]. 中国知识产权,2013(4);李飞,高艳妮. WOWO式"泰囧"商标近似引出的话题[N]. 人民法院报,2013-05-13;屈咏梅. 商标与泰国国旗近似 WOWO维权两年终成功[N]. 华西都市报,2014-04-23;尹婷婷. WOWO打赢商标"保卫战"[N]. 成都日报,2014-05-06.

2.1 商标设计的知识产权视角

2.1.1 "谷歌"还是"狗狗"?

Google 是 1998 年 9 月成立于美国的互联网科技公司,是闻名于世的网络搜索巨头,其标志如图 2-5 所示。据说,自从 Google 招收了第一位中国员工开始,给 Google 起个好听、好记,且有意思的中文名字便成了 Google 全球所有中国员工共同的项目。经过一次次的筛选和争论后,Google 中文名字的候选名单终于缩小到三甲之内,最终锁定在了"谷果""古歌"之上。

图 2-5 Google 的中英文标志

2005 年 12 月的一天,已经被中文名字和僵持不下的争论搞得有些心烦意乱的 Google 亚太区市场总监王怀南,胡乱地在纸上将现有的名称拼来拼去,突然,"谷歌"的组合跃然纸上,王怀南兴奋地将"谷歌"两个字大大地写在纸上,然后不厌其烦地跑到每个人的桌前挨个询问:"你觉得谷歌怎么样?""这个好不好?"为此,他几乎问遍了所有 Google 中国的员工,面对这个选择,大家表现出了惊人的一致,Google 的中文名字"谷歌"在 2005 年 12 月的某一个阳光明媚的午后诞生了。❶

2006 年 4 月 12 日,Google 执行长施密特和副总裁兼大中华区联合总裁李开复在北京召开记者会,宣布 Google 的全球中文名称正式取名为"谷歌"。这是 Google 唯一一个在非英语国家发布的名字。Google 表示,"谷歌"为"丰收之歌"之意思,它用诗意的方式寓意了丰富多彩的搜索体验,寓意用户搜索的过程就是收获的过程。

此前,中国互联网络信息中心公布过一份调查报告显示,双字节的中

---

❶ 电子商务世界. Google 中文名谷歌 亚太市场总监王怀南创造[EB/OL]. [2006-04-12]. www.cnetnews.com.cn.

文环境中，43％的用户一直用 Google 的英文称呼，26％的人称 Google 为"狗狗"，13％的人称 Google 为"古狗"。

显然，习惯了发音类似"狗狗"的用户好像突然不适应起来。一时间，反对的声音充斥在互联网上。NOGuge.com 网站上的反对呼声如图 2-6 所示。还有反对人士专门成立了网站 www.noguge.com 来表达对"谷歌"的抗议：

"我们签署人极力主张明确发言并投票反对 Google 使用中文名称'谷歌'，我们一致认为'谷歌'一词极大地影响了 Google 在中国 Google 的使用者和支持者们心中的形象，并最终可能会影响到 Google 在中国的影响力，而且在这次 Google 中文命名事件中，我们没有感受到 Google 对广大用户的尊重，也没有感受到 Google 一贯的透明、平等、公开的公司文化，因此我们建议 Google 切实明白和理解我们的心理感受，并重新谨慎考虑中文名称的命名。谢谢！"

Google™
NoGuge.com
反对"谷歌"
"Google，我们爱你，但我们不爱'谷歌'"……
"'谷歌'这个名字，让我们不爽！更让我们失望！"
"Google，您听见了吗？"

图 2-6　NOGuge.com 网站上的反对呼声

截至 2006 年 8 月 6 日凌晨，已有 17981 位网民签名反对 Google 使用"谷歌"一词作为中文名称，只有 1321 位网民支持 Google 使用"谷歌"一词作为中文名称。同时，在"我认为 Google 中文名应该叫："的调查中，根据 39249 名网友的命名和选择，排前 8 名的如表 2-1 所示。

表 2-1　网友支持的 Google 中文名

我认为 Google 中文名应该叫：[39249 人投票]
1. 狗狗 [7942 个支持者]
2. Google [4179 个支持者]
3. 够了 [1793 个支持者]
4. 姑姑 [1566 个支持者]
5. 谷歌谷妹情谊长 [1397 个支持者]
6. 割乳 [1072 个支持者]

续表

我认为 Google 中文名应该叫：[39249 人投票]
7. good 狗！[782 个支持者]
8. 古狗 [608 个支持者]

在反对者看来，Google 的中文命名"谷歌"似乎十分失败。对"谷歌"说 NO 的人，认为"谷歌"不好听，怪异，具有乡村气息，因而有些莫名的失望，不喜欢，甚至郁闷。但大多数网民亲切称呼的"狗狗"，在商标领域已经不属于 Google 了。

2003 年 11 月 27 日，浙江省乐清市的申请人林赞松已经在商品和服务分类第 38 类电信上，申请注册了"狗狗"商标（注册号/申请号 3818074），指定商品/服务为"信息传送，计算机终端通讯，电子邮件，电子公告牌服务，提供与全球计算机网络的电讯联接服务"，如图 2-7 所示。中国商标网上的资料显示："狗狗"商标的初审公告日期为 2005 年 12 月 21 日，注册公告日期 2006 年 3 月 21 日，商标专用权期限 2006 年 3 月 21 日至 2016 年 3 月 20 日。"狗狗"商标指定使用的商品或服务已经覆盖了 Google 的核心业务范围，因此，Google 现在想叫"狗狗"恐怕也不容易。

商标图像	狗狗	商品/服务列表	信息传送；计算机终端通讯；电子邮件；电子公告牌服务；提供与全球计算机网络的电讯联接服务；查看详细信息……	类似群	3802

图 2-7 "狗狗"商标查询结果

Google 没有选择"狗狗"，可能是因为"狗狗"不能表现 Google 互联网大鳄的气势，或者是因为别的原因，我们无从得知。但从上面的描述可以得知，商标的选择在法律上有很多因素需要权衡，不是好听、亲切、大家喜欢就可以。现在"狗狗"商标已经被别人抱走，Google 即使想顺应网民的呼声，亡羊补牢，也为时已晚，除非斥资收购他人已有的"狗狗"商标。

2.1.2 商标设计的法律考量

从品牌的角度，商标设计有多重考虑。著名品牌营销专家 Martin Lindstrom

说:"成功的品牌必须能给消费者呈上与宗教一般的元素:神秘传奇、动人故事、诱惑感官和归属感。"BBC 近期一项研究成果发现,苹果粉丝对该品牌有着近乎宗教般的虔诚。Martin Lindstrom 在 2007 年进行了一次科学的调查研究,以功能磁共振成像仪扫描受测试的 32 位志愿者,结果发现,不仅 iPod 图片或者苹果图标,其他如 Hello Kitty、哈雷·戴维森和吉尼斯等少数知名品牌也会以宗教意象刺激人类大脑同一区域——通常所言的"上帝点"(God Spot)。❶ 当然,很多人对 Martin Lindstrom 所谓的"科学的调查研究"表示了严重的怀疑。但是,不可否认,品牌的设计的确需要考虑消费者对它的观感和印象。

图 2-8 EXXON 商标

据说,美国埃索(ESSO)公司为了改换公司和商标的名称,聘请语言学、心理学、社会学、统计学等各方面的专家,历时 6 年,调查研究了 55 个国家的语言,精心制作和筛选了 1 万多个命名符号,耗资 10 多亿美元,最后才确定了 EXXON(埃克森)。❷ 如果这个传言具有一定真实性的话,我想选择 EXXON 这个符号(见图 2-8)既然花费了如此不可想象的巨资,那么法律层面的考量肯定必不可少,因为从知识产权的角度来看,品牌(商标)设计还要遵循法律的规范。"屌丝男士"商标注册申请遭驳回,就是品牌设计未考虑合法性的教训。

"屌丝男士"是搜狐视频自制节目《大鹏嘚吧嘚》的衍生品牌,该剧自 2012 年 10 月 10 日第一季开播以来,现已拍至第三季。在上映之初的 2012 年 10 月 19 日,该剧出品方飞狐信息技术(天津)有限公司(以下简称"飞狐公司")即向商标局提出"屌丝男士"商标(以下简称"申请商标")在多个类别上的注册申请。2013 年 10 月 21 日,商标局以申请商标易产生不良社会影响为由驳回其注册申请;后经商评委复审后,该商标的注册申请同样被予以驳回。

飞狐公司此后向北京市第一中级人民法院提起行政诉讼。该公司认为,"屌丝男士"因自制剧影响力,已然被社会赋予一种幽默自嘲的含义,成为中性词。而且从众多知名演员加盟该剧来看,"屌丝男士"本身并不具有"有害于社会主义道德风尚"的内容,飞狐公司呼吁法院不应让作为

---

❶ LINDSTROM M. 他们挠了你的"上帝点"[J]. 第一财经周刊, 2011 (21).
❷ 朱亚军. 商标命名研究 [M]. 上海:上海外语教育出版社, 2003:序-2.

私权的商标权去承担过多的社会责任。

北京市第一中级人民法院经审理认为,"屌丝"为中国网络文化产生的讽刺用语,并非规范的、正常的社会文化用语,该词语的使用会对良好的社会风气及社会文化产生消极负面影响,据此一审判决维持了商评委作出的对"屌丝男士"商标的注册申请予以驳回的复审决定。❶

2.2 商标设计的法律风险：被拒绝注册的绝对障碍

在知识产权的视野里,选择商标的时候,必须避免存在被拒绝注册的障碍发生,这种障碍分为两种,一种是绝对障碍,一般针对商标本身违反法律强制性规定的缺陷；另一种是相对障碍,一般是因为与他人在先的权利发生抵触。我们先看看在设计（或选择）商标时,如何避免被拒绝注册的绝对障碍。

2.2.1 可识别的商标

现行《商标法》❷ 第8条明确规定："任何能够将自然人、法人或者其他组织的商品与他人的商品区别开的标志,包括文字、图形、字母、数字、三维标志、颜色组合和声音等,以及上述要素的组合,均可以作为商标申请注册。"这款规定相比于2001年第二次修正的《商标法》,大大扩展了可注册的商标标识种类,注册商标不再限定于"可视性标志",至少声音已经进入了可注册的领域。从构成要素上看,可以注册的商标标识主要有以下几种情况。

1. 文字商标

以各种语言文字组成的商标,称为文字商标。文字商标容易呼叫,因此大多数商标都喜欢用文字或者包含了文字。以中文作为商标的构成要素时,可以使用繁体字。无论是简化字还是繁体字,都必须书写正确、规范,不得使用错字、停止使用的异体字和不规范的简化字。❸

---

❶ "屌丝男士"商标注册申请遭驳回 [EB/OL].［2014-10-13］. http://www.iprlawyers.com/ipr_Html/31_01/2014-10/13/20141013145148526.html.

❷ 本书所称的《商标法》,除特别说明的以外,均是指2019年4月23日第十三届全国人民代表大会常务委员会第十次会议第四次修正的《商标法》。

❸ 1990年12月21日《国家工商行政管理局商标局关于商标可否使用繁体字问题的答复》。

如图2-9所示，"东方既白"是2005年在上海诞生的中式餐饮连锁品牌，其品牌名称"东方既白"语出苏东坡《前赤壁赋》："客喜而笑，洗盏更酌，肴核既尽，杯盘狼藉。相与枕藉乎舟中，不知东方之既白"。细心的消费者可能会发现这个品牌中的"既"字好像少了一点。据说，因为"既"字使用不规范，申请商标时差点被驳回申请，申请人主张"东方既白"四字乃拓印自苏东坡《前赤壁赋》，还好商标局尊重了苏东坡的书法，最终得以核准注册。

图2-9 文字商标

一个拼读简单、音律优美、朗朗上口、容易记忆和便于传播的文字商标，随着商标注册申请的增多，正日益成为稀缺资源。国内一些企业分明是本土企业，却攥着一个不知所云、不解其意的洋商标——比如由四五个汉字组成，似乎显得有些"洋气"，其实也有些无内涵的"土气"。在服饰行业界，商标最喜欢带有"娜""妮""斯""莉""莎"等字眼。据2011年的新闻报道，已向商标局提出申请的商标中，带有"娜"字的超过1.3万个，带有"妮"字的近1.5万个，带有"莎"字的近1万个。❶ 但是，别急着鄙视人家，真实情形可能是：他们实在是找不到一个具有中国文化内涵，并且没有被别人注册的商标中文名称。

然而，本土的文字作为语言符号，受限于地域空间和文化隔阂，不容易在异国他乡迅速获得认同感。对于中文商标，在全球范围的英语主导地位之下，很难在国外传递其丰富的文化内涵。

2. 图形商标

由平面图形构成的商标，称为图形商标，像这两只小鸟就是一个纯粹的图形商标，如图2-10所示。其优点是形象鲜明、特征显著，便于识别，不受国家、地区、不同语言的约束，但缺点是不便于称呼，缺乏听觉效果，比如上海荣盛生物药业有限公司用于"医用诊断制剂"的图形商标，如图2-11所示，虽然被认定为上海市著名商标，但显然无法呼叫（形状上倒像是操场一角）。

---

❶ 服饰企业最爱用洋商标 带妮字商标15000个 [EB/OL]. [访问日期不详]. http://news.china-ef.com/20110721/258254.html.

另外，图形商标修改的频率，通常要远远大于文字商标修改的频率。

因此很多图形商标需要文字商标的配合，或者图形之中包含或搭配了文字，如上海沪江生化有限公司的除草剂商标，如图 2－12 所示。此外，为了克服文字商标在美观上的不足，不少企业都会对其文字商标的字形进行优美的设计，使文字商标也兼具图形商标的优点。

图 2－10　纯粹的图形商标

图 2－11　用于"医用诊断制剂"的图形商标

图 2－12　除草剂图形商标

3. 字母商标

由外文字母或中文拼音字母所组成的商标就是字母商标。其中一例如图 2－13 所示。如果几个字母形成一个文字，也可以称其为文字商标，因此商标的分类不是绝对的。

从开拓国际市场的眼光来看，取一个以英文字母组成的英文靓名，可能是企业迈向国际化进行跨国经营所必需的。像日本的 Sony（索尼）、Panasonic（松下）、Honda（本田）、Toyota（丰田）、德国的 Siemens（西门子）、瑞典的 Ericcson

图 2－13　字母商标

（爱立信）都用了非母语的英文字母作为公司名称与商标名称。尽管爱国主义的热情希望全球都使用中文商标，但是不可否认的是，英语目前在全球居于强势地位，因而英文商标更易于被世界各地更多的人所认知、接受和呼叫。当然，中国公司选择英文商标，并不是就要抛弃中文商标，两者可以同时使用，并行不悖，相得益彰。

4. 数字商标

以表示数目的文字或符号作为商标，称为数字商标，比如"555"香烟。字母商标与数字商标有时也被归为文字商标的类别。

5. 颜色组合商标

颜色组合商标是指由两种或两种以上颜色构成的商标。更具体地说，颜色组合商标是由两种或两种以上颜色，以一定的比例、按照一定的排列顺序组合而成的商标。颜色组合商标是 2001 年修正《商标法》时所增设的商标种类。以颜色组合申请商标注册的，应当在申请书中予以声明，说明商标的使用方式。

单一的颜色,很难具有识别性,在我国不能注册为商标。事实上,即使是由两种颜色组合而成的商标,也有可能无法满足显著性的要求,而被拒绝注册。瑞典凯普曼有限公司在锯条上申请"颜色组合(桔红色和蓝色)"商标时,就遭遇了此种不幸结局。当然,如果颜色组合商标由太多的颜色组成,也同样可能因为过于复杂而无法注册。

> **案例阅读**
>
> **中国首例颜色组合商标行政诉讼案**
>
> 2002年1月8日,瑞典凯普曼有限公司(原告)在第8类锯条(手工具零件)商品上,向国家工商行政管理总局商标局提出第3063748号颜色组合商标注册申请,该商标由桔红色❶和蓝色两种颜色组合构成,如图2-14所示。同年8月27日,商标局认为该商标图形过于简单,用作商标缺乏显著性,遂驳回了该商标申请。在提起驳回复审的请求后,2004年12月20日,国家工商行政管理总局商标评审委员会在复审决定中仍然认为,申请商标的颜色组合表现形式使普通消费者不易将其作为商标进行识别,缺乏商标应有的显著性,同样不支持原告的注册申请。
>
> 瑞典凯普曼有限公司继续向北京市第一中级人民法院提起行政诉讼,其认为涂抹在整个锯条商品上的这种组合,为其公司首创,该颜色也并非锯条的通用颜色。消费者在购买锯条商品时,在离销售地点很远的地方,即能够通过申请商标的独特颜色组合判断出该商品品牌。
>
> 北京市第一中级人民法院认为,原告的申请商标由桔红色和蓝色组合构成,该颜色组合本身过于简单,不能起到指示商品或服务来源的作用。同时,原告提交的证据不能认定该申请商标已经获得后天显著性和享有相当高的知名度。因此,法院判决维持商标评审委员会作出的驳回复审决定。
>
> 资料来源:孙蕾. 我国首例颜色组合商标行政案在京一审宣判[EB/OL]. [2005-12-17]. http://news.xinhuanet.com/legal/2005-12/17/content_3934258.htm.

图2-14 凯普曼有限公司申请的颜色组合商标

---

❶ 报道为"橘黄色",实则有误。——作者注

6. 立体商标

立体商标，是指由三维标志或者含有其他标志的三维标志构成的商标，也称为三维商标。立体商标可以是商品本身的形状、商品的包装物或者其他三维标志。立体商标是2001年修正《商标法》时所增设的商标种类。以三维标志申请商标注册的，应当在申请书中予以声明，说明商标的使用方式，并提交能够确定三维形状的图样，提交的商标图样应当至少包含三面视图。如果未声明为立体商标，商标局将视其为平面商标加以审查。

立体商标可能的申请形态如下。

（1）商品本身的形状

这类商标的特点是仅由商品本身的立体外形形成的商标。在国外注册这类商标的有在打火机上注册特殊形状打火机的外型、在手电筒上注册特殊形状手电筒的外型。欧盟有一家食品生产商就生产一种三角形、网状的饼干，这种饼干的形状就被欧盟内部市场协调局（现为欧盟知识产权局）核准注册。

（2）商品包装容器之形状

这类商标的特点是仅由商品包装物的立体外形形成的商标。比如"酒鬼"酒瓶造型为麻布袋，一根红绳捆扎麻袋口，古朴粗犷，非常别致，可以作为立体商标注册。

（3）立体形状标识❶

这类立体商标主要是与商品（或服务）没有任何联系的装饰性外形，比如劳斯莱斯汽车的张开手臂、迎风飞翔的纯银色的飞翔女神。

（4）服务场所之装潢设计

图2-15就是苹果公司于2010年5月向美国专利商标局（USPTO）提交的有关店面内部设计的立体商标，而该商标已经于2013年1月22日被核准注册。2014年7月，欧盟法院（European Union Court of Justice）裁定，允许苹果公司将其零售店设计注册成为商标。随着苹果公司店面设计立体商标的核准注册，商标未来可能会成为店面设计保护的重要途径。

苹果公司对上述商标同时也向中国国家工商行政管理总局商标局提交了申请，但是商标局以"中国不接受零售服务的商标注册"为由驳回其申请。苹果公司将服务项目限制为"计算机、计算机软件、计算机外围设

---

❶ 此处立体形状标识指商品或商品包装容器以外之立体形状。

图 2-15　苹果公司店面设计的商标申请

备、手机、消费电器及附件的产品展示"后,向商标评审委员会提出了复审请求,由于商标局的驳回理由并未涉及立体商标问题,因此中国商标主管部门对店面设计作为立体商标注册的态度,还有待于商标评审委员会的裁定。❶

（5）包含或附有文字、图形或颜色等要素的立体形状

根据《商标法》第 12 条规定,"以三维标志申请注册商标的,仅由商品自身的性质产生的形状、为获得技术效果而需有的商品形状或者使商品具有实质性价值的形状,不得注册。"因此,申请立体商标时,尤其要考量是否违反了《商标法》第 12 条的规定。如果立体形状包括或附有文字、图形或颜色等要素,可以增强立体商标的显著性,有利于商标申请获得注册。

7. 声音商标

与传统商标不同的是,声音商标是从听觉角度帮助消费者识别商品。这是 2013 年修正《商标法》时所增设的商标种类。根据相应的《商标法实施条例》第 13 条之规定,以声音标志申请商标注册的,应当在申请书中予以声明,提交符合要求的声音样本,对申请注册的声音商标进行描述,说明商标的使用方式。对声音商标进行描述,应当以五线谱或者简谱对申请用作商标的声音加以描述并附加文字说明;无法以五线谱或者简谱描述的,应当以文字加以描述;商标描述与声音样本应当一致。

---

❶　智合犀哥,权律. 苹果店是立体商标? 论店面设计在中国的知识产权保护[EB/OL].［2014-08-01］. http：//mp.weixin.qq.com/s？__biz=MzA5NTMwMDgzMA==&mid=200442090&idx=1&sn=03020e2bf3097901ad50ae3e446bb69e#rd.

美国米高梅电影公司在电影播放时出现的狮吼声、微软公司 Windows 系统在电脑开机时发出的声音，甚至恒源祥广告中"恒源祥、羊羊羊"都可谓家喻户晓，这些具有极强的显著特征的声音作为商标使用，可以多角度帮助消费者识别商品。2013 年我国修正《商标法》后，首例提交申请的声音商标是中国国际广播电台"开始曲"的声音商标。当然，毫无疑问，如果以整首歌曲或冗长的乐谱，如管弦乐或钢琴曲的完整乐谱作为声音商标申请注册，因一般消费者不易将其视为区别来源的声音，难以具有识别性而不易获得注册。

8. 组合商标

由文字、图形、字母、数字、三维标志、颜色甚至声音等，而组合构成的商标，称为组合商标。考虑到美术和视觉的因素，以及结合上述各类商标的优势，很多商标都是采用组合商标的形式来注册使用的。

2.2.2 拥有显著性

1. "GLASS"商标：显著性的问题

可穿戴智能设备是当前最为炙手可热的概念和产品，谷歌眼镜（Google Glass）是其中最引人注目的一款。谷歌眼镜是由谷歌公司于 2012 年 4 月发布的一款"拓展现实"眼镜，它具有和智能手机一样的功能，可以通过声音控制拍照、视频通话和辨明方向以及上网冲浪、处理文字信息和电子邮件等。

谷歌公司已经为智能眼镜成功申请注册了 Google Glass 商标，但是，在 2013 年，谷歌公司进一步希望将"Glass"这一英文单词作为自家智能眼镜的商标。如图 2 - 16 所示，虽然谷歌公司对大写英文单词"GLASS"进行了设计，尤其是将字母"A"做了特殊的概念设计，但是，美国专利商标局的审查员提出了反对意见。

图 2 - 16 谷歌眼镜及其 LOGO

美国专利商标局的审查员提出了两项异议理由：首先，"Glass"作为商标，将和目前大量含有"Glass"一词的商标产生混淆，给消费者带来不便。其次，"Glass"这个词汇是描述产品的通用词汇，缺乏独特性。比如，一家销售机器人的公司，不能将"机器人"这一通用名词注册为商标。为了回应美国专利商标局作出的暂不支持前述商标申请的决定，谷歌公司的商标律师团队向美国政府提交了一份长达 1928 页的辩解信。❶

2014 年 7 月的消息透露，谷歌公司与两家曾反对其申请"GLASS"商标的公司签署和解协议。这两家公司分别是浏览器插件"Write on Glass"开发商 Border Stylo 和移动设备软件平台提供商 Factory Holding Company 25。这两家公司此前都反对谷歌公司向美国专利商标局提交"GLASS"商标申请。舆论认为，签署和解协议是谷歌公司为了扫除"GLASS"商标申请的关键障碍。❷

事实上，谷歌公司最终能否拿到"GLASS"商标的注册，不仅仅是要消除其他公司关于与其在先商标发生权利冲突的反对，更要消除美国专利商标局的疑虑："Glass"会被当作对某些产品特征的描述来理解，也就是这些产品会含有使用或将使用玻璃等材料制成的显示屏和/或镜头。这个疑虑的背后就是商标是否具有显著性的问题。

2. 什么是商标显著性？

中国新闻网在 2014 年 7 月 1 日（巴西世界杯期间）报道，朝鲜近日开始生产"最优秀"牌足球，受到了朝鲜运动员和球迷的欢迎。据说，这一新款足球是朝鲜体育省下属单位生产的，该单位负责人说，希望朝鲜选手用他们生产的体育器材，努力训练成为最好的选手，所以取名为"最优秀"牌。❸ 然而，如果想在中国（甚至大多数国家）申请"最优秀"牌足球商标，恐怕难以成行，因为这会遭遇《商标法》上的"显著性"障碍。

作为一个法律术语，显著性是指商标应当具备的足以使相关公众区分商品来源的特征。反过来讲，商品的特征和在交易中表达本身含义的词语，不具有显著性。比如，有企业想在茶叶上注册"金骏眉"商标，然

---

❶ 谷歌为"glass"注册商标遭美专商局拒绝 [EB/OL]．[2014－04－15]．http：//ip．people．com．cn/n/2014/0415/c136655－24897056．html．

❷ 谷歌与两公司签署和解协议 Glass 商标获得在望 [EB/OL]．[2014－07－30]．http：//finance．eastmoney．com/news/1354，20140730406461471．html．

❸ 朝鲜生产"最优秀"牌足球 全国掀体育热潮 [EB/OL]．[2014－07－01]．http：//news．sina．com．cn/w/2014－07－01/173630451860．shtml．

而,"金骏眉"作为武夷山红茶正山小种的一个分支,是一个通用名称,不应该被一家企业以商标的方式加以垄断。

商标显著特征的判定应当综合考虑构成商标的标志本身（含义、呼叫和外观构成）、商标指定使用商品、商标指定使用商品的相关公众的认知习惯、商标指定使用商品所属行业的实际使用情况等因素。根据显著性的强弱,可以把构成商标的标识分成以下几种。

（1）通用性标识

通用性标识是商品或服务的通用名称、图形、型号,尤其是国家标准、行业标准规定的或者约定俗成的名称、图形、型号,其中名称包括全称、简称、缩写、俗称。我国《商标法》第 11 条第 1 款第 1 项明确规定"仅有本商品的通用名称、图形、型号的"标志,不得作为商标注册,这是为了避免商标申请人不合理地借助商标之名,垄断属于公有领域的标识。典型的通用性标识有三种,如表 2-2 所示。

表 2-2 通用性标识的种类

类型	例示
通用名称	比如,用 "MULLER"（可译为 "研磨机"）作为磨具（手工具）产品的商标
通用图形	比如,用 "苹果" 图形作为水果产品的商标
通用型号	比如,用 "502" 作为胶水产品的商标,用 "XXL" 作为服装的商标

表面上看,通用名称、图形、型号的认定是容易的,事实上并非如此,对一些申请商标的标志是否属于通用性标识,有时还是会发生争议。在 2010 年,瑞士联邦行政法院曾作出决定维持早前驳回苹果公司 "iPhone" 商标注册申请的决定,瑞士商标管理部门曾于 2009 年夏季否决了这项商标申请,称其中的字母 "i" 会令商标使用者将其误读为一类专用产品的名称,如 "Internet phone"（互联网电话）或 "information phone"（信息电话）。尽管苹果公司辩解称,"iPhone" 是一个独创的词汇,"i"除了互联网、信息之外还有其他含义,但法院仍然认为 "iPhone" 很容易被误认为是一类具有互联网或信息功能的电话。❶

值得注意的是,有些企业一不小心把自己的商标弄成了通用名称,这

---

❶ 瑞士政府驳回苹果 "iPhone" 商标注册申请 [EB/OL]. [2010-04-02]. http: //zj. pcgames. com. cn/iphone/new/1004/1870677. html.

在制药行业尤其突出。任何一种药品都可能拥有三个名称即药品通用名称、药品商品名称和药品商标名称，比如，新版康泰克的商品名称为"新康泰克"，注册商标为"康泰克"和"CONTAC"，药品通用名称为"复方盐酸伪麻黄碱缓释胶囊"。增强胃动力药吗丁啉的商品名称和商标则都是吗丁啉，它的通用名称是多潘立酮。2001年前的《药品管理法》等法律规定对药品名称的内涵并不明确，一些制药公司对于药品名称的理解，有时分不清是药品通用名称、药品商品名称还是药品商标名称。

如果制药公司不了解药品名称与商标的关系及其区别，一不小心会把药品商标名称或药品商品名称，当作药品通用名称去申报药品生产许可证，甚至被列为药品标准中的药品名称。毫无疑问，这样做的后果有时是灾难性的，因为根据《药品管理法》第50条等的规定，列入国家药品标准的药品名称属于药品通用名称，而药品通用名称不得作为商标注册使用。

事实上，由于药品名称的理解和使用比较混乱，国内发生的药品名称与商业标识发生冲突的类似案件并不罕见。比如，药品名称"丁桂儿脐贴"中的"丁桂"是注册商标，药品名称"三九胃泰颗粒胶囊"中的"三九胃泰"也是注册商标，药品名称"杏灵颗粒"中的"杏灵"也是注册商标。前述这些商标都经历了被要求撤销（2013年修正后的《商标法》称为"无效"）商标注册的争议，理由就是这些商标是药品通用名称（或其主要构成部分），虽然最终这些商标都被维持了商标注册，但商标权人也为此付出了不菲的代价，自己辛苦建立的著名品牌差点因为当初的失误或疏忽而毁于一旦。

（2）描述性标识

描述性标识（DESCRIPTIVE MARKS）是描述某一商品或服务质量、主要原料、功能、用途、重量、数量及其他特点的标识。比如"好香"牌大米、"芒果芒果"牌饮品（见图2-17）、"SAFETY"漏电保护装置等。描述性标识一般都被认为缺乏显著性，若给予独占性的商标注册，可能妨碍他人正常的商业活动，所以《商标法》原则上是拒绝注册的。根据我国《商标法》第11条第1款第2项的规定，"仅直接表示商品的质量、主要原料、功能、用途、重量、数量及其他特点的"标志不得作为商标注册。

布鲁特斯SIG有限公司（以下简称"布鲁特斯"）于1999年2月23日在第9类计算机通信设备等商品上向商标局提出"BLUETOOTH"商标的注册申请。商标局认为，申请商标意为"蓝牙"，为一种短距离无线通信技术名称,对本商品具有直接的描述性,用作商标亦缺乏显著性,遂驳回商标申请。在驳回复审未获得商评委支持的情形下,布鲁特斯继续将案件诉至北京市第一中级人民法院。布鲁特斯在诉讼中声称,申请商标作为自创词源自公元 10 世纪丹麦国王 Harald Bluetooth 的姓,"BLUETOOTH"不具有任何含义,到目前(指诉讼时)为止,未在任何字典中找到该单词。"BLUETOOTH"由两英文单词直译为"蓝牙",与无线通信无任何联系,"BLUETOOTH"从 2000 年以来一直作为原告的商号(Bluetooth SIG, Inc)使用,申请商标已在中国其他类别和多个国家注册并通过广泛使用获得了显著性,对指定使用服务项目的特点不具有描述性。

图 2-17 厦门鼓浪屿"芒果芒果"饮品店

但是北京市第一中级人民法院仍然拒绝了布鲁特斯申请商标的注册。法院认为,"BLUETOOTH"在《英汉计算机网络通信技术词汇》中解释为(由爱立信、IBM、Intel、诺基亚和东芝五家公司共同倡议,1998 年 5 月开始开发)"蓝牙"短距离无线网络技术规范、"蓝齿"标准联合体及标准化数据同步规则。"BLUETOOTH"中文译为"蓝牙",作为一种技术术语已经成为无线数据和语音通信的一种开放性全球规范,且已经成为一种无线通信的技术标准,该标准支持两个蓝牙设备之间的语音通信和数据通信。"BLUETOOTH"作为商标指定使用在第 9 类计算机通信设备等商品上,直接表示了上述商品的技术特点,缺乏显著性,不能起到区别不同产品来源的识别作用。❶

---

❶ 北京市第一中级人民法院(2004)一中行初字第 226 号行政判决书。

当然描述性标识作为商标注册的禁止性规定也有例外，《商标法》第11条第2款已经开了一个口子：第1款所列标志（指缺乏显著性的标志，条款在字面上包括通用性标识和描述性标识）经过使用取得显著特征，并便于识别的，可以作为商标注册。因此，"五粮液"这种描述原料的商标不仅获得了注册，还被认定为驰名商标。这是因为它已获得了"第二含义"，即"五粮液"商标在公众中已成为区别商品来源的象征，具有了显著性和识别力。相似的例子很多，比如"青岛啤酒"——它们不只是表示酒的产地，因为青岛其他酒厂的产品并不当然地也被公众看作"青岛啤酒"；"American Standard"卫浴产品，消费者看到这个标识时，不会认为是"美国标准"的产品，而是将其视作一个品牌对待。

总体上看，将描述性标识作为商标申请注册，风险极大，即使最终成功注册，大多也会遭遇到先被驳回申请再通过驳回复审甚至诉讼，来证明商标具有显著性的曲折历程。招商银行（申请人）曾经在第30类金融服务等服务项目上向商标局提出"一卡通"商标的注册申请。但商标局认为，申请商标"一卡通"用在所指定的服务上，直接叙述了服务的内容及特点，驳回了商标申请。最后，商评委认为，虽然申请商标"一卡通"文字对其指定使用的"金融服务、储蓄银行、信用卡"等服务项目的特点有一定的叙述性，但经过申请人长期使用与广泛宣传，"一卡通"文字与申请人之间建立了紧密的联系，该文字已经起到了识别服务来源的作用。而且，目前尚无证据表明其他金融机构也在类似服务上使用"一卡通"文字。申请商标经过使用已经取得了显著特征，并便于识别。因此，申请商标可以初步审定。❶

需要注意的是，"第二含义"也有地域性，可能在本国确有第二含义，而在其他国家就未必如此了。美国烟草公司用于烟草制品的商标"AMERICAN FULL FLAVOR"，尽管历史悠久，驰名世界，并在许多国家取得注册，获得了第二含义，但我国商标局仍然认为该商标描述商品的特征，缺乏显著性，因而驳回其注册申请。所以，试图选择一个缺乏显著性的描述性商标，期待将来以第二含义为由获得商标注册的中国企业，最好要考虑即使它通过了中国注册，是否在国外也能成功？要把产品打入国际市场，这种

---

❶ 吴新华．通过使用取得显著特征："一卡通"商标驳回复审案的启示［N］．中国工商报，2003-01-03．

考虑是必需的。[1]

（3）示意性标识

示意性标识也可称为暗示性标识（SUGGESTIVE MARKS），指构成标识的文字、图形等，在用户经过想象后可以联想起该产品或服务的某种特征。尽管示意性标识暗示或提示了商品的属性或具有某一特点，但它是间接暗示，因此不能算作是描述性的。比如，"飘柔"让人联想到洗发水对头发可能产生的功用。"喀吱脆"薯片其实暗示了薯片入口咀嚼时"喀吱"的声响和"清脆"的口感。暗示性商标有利于商品的推广宣传，但在注册上却要冒一定的风险。像"黄飞红"牌麻辣花生更有隐蔽性，"黄"是指其中炸得色泽鲜黄的花生，而"红"则是指散落于花生中的火红色的辣椒（甚至是一只完整的小辣椒）。

尽管示意性标识一般不会被拒绝注册，但是，因为示意性标识与描述性标识的区别只是更为间接地表达了商品的特征和性质，所以，在商标领域内，暗示性标识（通常是可注册的）与描述性标识（一般是不可注册的）之间的界限很难判断，常因商标审查员本身的主客观因素而有不同的看法。而且，在某些国家被认为是暗示性的标识，在其他国家就可能被判为描述性标识，甚至认为存在不实的夸大宣传而得不到注册保护。例如，"MERIT"一词用在香烟上，在美国是可以注册的，但在英国却被拒绝：因为美国法认为"MERIT"是暗示性，而英国却认为是一种描述性的。[2]

因此，选择示意性标识时，企业要考虑商标局在审查核准时是否会从某种角度把它看作描述性标识而拒绝注册，在外国申请注册保护时更要注意此问题，防止别人出于某种利益的考虑而妨碍你的商标注册。在知识产权领域，这已屡见不鲜。

（4）任意性标识

任意性标识为任意选定的或幻想性的标识（ARBITRARY AND FANCIFUL MARKS）之简称，它是指构成标识的文字、图形等要素，虽为一般所使用，然而与商品或服务风马牛不相及，既未暗示、未描述商品或服务本身，也未表明商标的原始意义，自然具有较强的显著性，[3] 不具有被拒绝注册的障碍。比如，"苹果"西裤，"联想"电脑，"大白兔"奶

---

[1] 袁真富. 知识产权视角：商标的选择 [J]. 中华商标，2000（6）.
[2] 赖文平. 商标名称的选定 [J]. 智慧财产权管理，1996（11）.
[3] 曾陈明汝. 商标法原理 [M]. 北京：中国人民大学出版社，2003：26-27.

糖、"土豆"网等。

任意性标识一般是现存的文字或图形，往往具有自己的原初含义，比如"苹果""联想"本来就各有内涵。这些标识尽管与指定使用的商品/服务没有什么关系，但如果容易让人发生误解的，则也会产生注册的障碍。比如，在茶、糖或蛋糕上申请注册使用"憨豆-咖啡"（见图 2-18），就会让消费对商品种类发生误认。

图 2-18 憨豆-咖啡

（5）臆造性标识

臆造性标识（COINED MARKS）是刻意设计、独创或臆造的文字或图形等标志，如"海尔"冰箱、"格力"空调、"协力"律师事务所、"LENOVO"计算机等。此种标识与任意性标识一样，注册为商标后都是相对强势的商标，但更具显著性或独特性。

很多任意性标识往往都具有非常丰富的含义、寓意或内涵，比如"长城""双喜""三峡""黄山"等。显而易见，如果构成商标的词语是既有的、耳熟能详的、有原初意义的，那么消费者接触这一商标信息时，直觉上不会马上直接和企业的产品或服务相联系，而是需要企业不断强化商标的概念后，才能让相关的消费者认知为一个品牌。

而企业的商标所包括的内涵和信息量，最好应该全是有关这一企业的，看到"海尔"，除了想到海尔集团及其产品外，不会想到其他信息，不会有其余杂七杂八的信息干扰企业的信息传播，这就是商标的初衷——与特定的商品或服务联系起来，而这正是臆造性标识作为商标的优势。

从法律上看，臆造性标识通常是最理想的，一方面最容易获得商标注册，另一方面也有利于制止商标抢注。因为这种商标标识是自己独创的，别人很难编造合理的理由来证明自己对其抢注的臆造性商标或相近似的商标具有合法性和合理性。

需要注意的是，在实践中，上述商标的分类界限很模糊。申请人认为非常具有独创性的标志，商标局也许认为只是一种描述性的标志，因而驳回申请人的注册申请。北京健盒子餐饮管理有限公司（以下简称"健盒子公司"）就遇到了这样的麻烦。

健盒子公司于 2017 年 6 月 9 日申请注册"脏脏包"商标（以下简称"诉争商标"），2019 年商标评审委员会决定驳回诉争商标的注册申请。健盒子公司不服，向法院起诉。法院认为，诉争商标是纯文字商标"脏脏包"，"包"字表示商品类别，显著识别性较弱，因此该商标的主要认读部分是"脏脏"。"脏脏"的原义是"肮脏的，不干净的"，近年来，随着"脏脏包"的热销，各商家纷纷推出"脏脏"系列食品，将"脏脏"与食品名称组合使用成为商家推销的手段和食品的卖点，在此语境下，"脏脏"在原义的基础上产生了新义，成为直接描述食物配料呈现出的浓黑色，或食物沾满黑色粉末或泡沫的形态，以及食客们食用后手上、嘴上沾满黑色食物的"吃相"的词语。诉争商标使用在指定的"面包、小圆面包、馅饼（点心）、三明治、布丁"等商品上，相关公众易将其认读为描述上述商品颜色、形态等特点的词语，而不会将其作为商标来识记。故诉争商标符合2013年修正的《商标法》第11条第1款第2项规定的情形，属于直接描述性的商标，无法起到识别商品来源的作用，不具有商标的固有显著特征。同时，在案证据尚不能证明相关公众可以将"脏脏包"与健盒子公司之间形成可相互指代的稳定对应关系，诉争商标尚未经过健盒子公司的广泛使用取得显著特征并便于识别。综上所述，法院认定"脏脏包"不应注册为商标。

因此，为了防止企业和商标局、商评委的想法不同，导致商标不能注册，企业应该为自己的产品预备好几枚商标，一旦这枚商标不能成功申请注册，马上换一枚继续申请注册，如果财力允许，也可以同时申请注册。总之，企业不能因为和商标局、商评委的意见不一，而耽误了自己的品牌之路。

从上述讨论中，可以发现一个原则：商标对指定使用商品或服务的特征的叙述性越小，就越能受到注册保护。因此，企业在选择或设计商标时，尤其是自己的主商标时，应当尽量淡化叙述性。首先考虑使用臆造性标识和任意性标识，其次为示意性标识，避免使用描述性标识。

尽管对商品或服务的叙述性较强的商标，如在四川土特产上用"四川风味"商标，可能会有很好的广告宣传效果和顾客吸引力，但在法律上未必行得通。当然，也有一些显著性极低的商标，不仅在商业上取得了成功，而且在法律上也获得了认可，像蒙牛乳业公司（以下简称"蒙牛"）的"酸酸乳"，因为"超级女声"这档电视节目而风靡全国，被一审法院认定为未注册的驰名商标。

资料链接

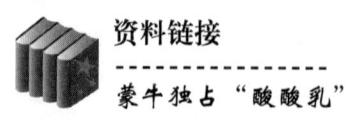

蒙牛独占"酸酸乳"

2005年,随着湖南卫视选秀节目"超级女声"的空前火爆,节目赞助商蒙牛的一句广告语"酸酸甜甜就是我",让"酸酸乳"产品风靡全国。随后不久,蒙牛把河南安阳白雪公主乳业公司(以下简称"白雪乳业")告上法庭,称白雪乳业的产品使用了与蒙牛"酸酸乳"一样的商标,极易导致消费者混淆和误认。

2006年4月13日,内蒙古自治区呼和浩特市中级人民法院作出一审宣判,认定蒙牛"酸酸乳"为未注册驰名商标,判决被告白雪乳业立即停止侵权和不正当竞争行为。法院基于原告的诉请,就"酸酸乳"商标在相关公众中的知晓程度、该商标的持续使用时间、宣传推广持续的时间、程度、地理范围及该产品品质特点、销售收入和销售范围等多方面进行审查后,认为:原告从2000年起在其生产的乳饮料上突出、广泛地使用"酸酸乳"商标,且已持续使用近六年时间,一句"酸酸甜甜就是我"的广告词在相关消费者中广为知晓,而且该产品的销售收入也逐年上升。特别是2005年的"蒙牛酸酸乳超级女声"活动,使原告"酸酸乳"商标在相关公众中的知晓度和美誉度进一步提高,故原告的"酸酸乳"商标,事实上已经达到了为相关公众广为知晓的程度,并享有了较高的声誉。虽然其商标注册申请尚未被国家工商行政管理总局商标局核准,但已符合《商标法》第14条规定的驰名商标的认定条件,应当被认定为驰名商标。据悉,这是我国法院通过民事诉讼司法程序认定的第一个未注册驰名商标。白雪乳业不服一审判决,遂向内蒙古自治区高级人民法院提起上诉。

其实,早在2002年7月,蒙牛就曾经申请过酸酸乳的商标,但并未获得成功。2005年,蒙牛利用赞助"超级女声"的机会,让"酸酸乳"产品风靡全国后,于当年4月申请了"酸酸"商标,同时申请了"蒙牛酸酸乳"两种不同字体的商标,2005年底又申请了两枚不同字体的"酸酸乳"商标。此外,蒙牛还在2006年3月2日申请了"小小酸酸乳"和"小点儿酸酸乳"的商标。如此一来,蒙牛正在申请中的和酸酸乳有关的商标多达七枚。

而光明乳业在2005年7月申请了"酸酸"商标,而河南三鹿花花牛乳业有限公司（以下简称"三鹿乳业"）则在2006年1月申请了"三鹿酸酸乳"和"三鹿酸酸乳饮品"两枚商标。此外，一些中小型乳企也纷纷加入"酸酸乳"商标的竞争大军。据媒体报道，河南豫牛乳业申请了"酸酸"商标，而浙江金华佳乐乳业申请了"佳乐酸酸乳"。粗略计算，共有大约5家乳企参与到"酸酸乳"商标的角逐。但到目前为止，没有一家申请获得批准。

蒙牛此次另辟蹊径，状告白雪乳业商标侵权，通过司法途径初步获得"酸酸乳"未注册驰名商标后，立即引来乳品市场一片震动。

对于蒙牛的做法，白雪乳业营培中认为，酸酸乳是一种产品属性，没有专属性，不能成为某家企业的商标。三鹿乳业常务副总门华松接受记者采访时表示，"酸酸乳"成为专属于蒙牛的商标，可能性不大。"酸酸乳如同可乐两个字一样，是一种产品属性，不是谁可以注册的。"

资料来源：韩天旭. 欲借商标一统江湖 河南白雪拼抢"酸酸乳"[EB/OL]. [2006-08-01]. http：//www.hnsc.com.cn；李雅卿，武文凯，刘跃刚. 蒙牛"酸酸乳"商标维权案胜诉[EB/OL]. [2006-08-10]. http：//www.sina.com.cn.

必须注意的是，类似"酸酸乳"这种弱显著性的标志，能够演化为驰名商标的结局，毕竟只是少数，而且风险极大，商标权并不稳定，即使拥有商标权，由于合理使用等限制，也难以排斥别人的利用。因此，从知识产权上观察，它不是一个很好的模范。2022年1月，四川省高级人民法院对备受关注的"青花椒"商标侵权案作出二审判决，认定涉案"青花椒"商标显著性较低，保护范围不宜过宽，被告温江五阿婆青花椒鱼火锅店（以下简称"五阿婆火锅店"）对"青花椒"字样的使用系正当使用，最终撤销一审判决，驳回一审原告上海万翠堂餐饮管理有限公司（以下简称"万翠堂公司"）全部诉讼请求。

二审法院明确注册商标专用权的保护范围与其显著性相一致。理由是商标的作用在于识别商品或服务的来源，故应当具有显著性。商标显著性与商标识别功能呈正相关，显著性越强的商标，其识别商品或服务来源的作用就高，相关公众对来源混淆的可能性就大，商标专用权的保护范围相对较大；反之，显著性相对较弱的商标，其识别商品或服务来源的作用较低，相关公众由此产生混淆的可能性就小，商标专用权的保护范围相对较小。因为青花椒系一种植物果实以及由此制成的调味料的名称，并且由于餐饮服务和菜品调味料之间的天然联系，因此涉案注册商标的显著性被大大降低。同时，该案中，万翠堂公司提交的证据也不能证明涉案商标经过使用已经取得了较高的辨识度，据此，二审法院认为涉案商标取得授权后，其弱显著性特点决定了其保护范围不宜过宽，否则会妨碍其他市场主体的正当使用，影响公平竞争的市场秩序。

通过前述判决可知，对于弱显著性的商标，在注册后可以获得法律保护，但因为其作为商标的识别功能较低，如果不能证明其通过使用获得了较高的辨识度，其保护范围不宜过宽。这就是注册弱显著性商标的缺陷——它可以给申请人独占的商标使用权，但不能给申请人强势的商标排他权。

在浙江平分厂诉不凡帝范梅勒糖果（中国）有限公司（以下简称"不凡帝范梅勒公司"）侵犯"浓浓"商标侵权纠纷案中，弱显著性商标同样暴露了它在法律上的弱势。平分厂于1998年在第30类糖果食品注册"浓浓"（加拼音）商标。不凡帝范梅勒公司在其生产的阿尔卑斯糖果包装上使用了"浓浓奶香情"。平分厂诉至法院要求停止侵权，并赔偿损失20万元人民币。但法院审理后认为，"浓浓"一词本身的显著性不强，且在第一含义上，普通消费者容易将其理解为描述奶制品含奶量高、奶香浓郁的一个普遍使用的形容词，系对产品特点的一种描述，故被告在其糖果包装上系以合理的标注方式使用"浓浓"词汇，属于正当使用。

总之，如果你喜欢把一些显著性弱的标志用作商标，特别是用作企业的主商标（主打品牌）时，请千万注意：竞争对手可能比较容易突破你的商标防线。

2.2.3 禁止使用的标志

前面提到的那些缺乏显著性的标志，即使不能注册，也可以自行当作未注册商标使用，但《商标法》第10条进一步规定了"不得作为商标使用"的标志，当然更谈不上作为商标注册了。这些标志主要有以下几种。

1. 权力机构标志

根据《商标法》第10条第1款第1~3项、第5项规定，下列标志不能注册也不能使用：

（1）同中华人民共和国的国家名称、国旗、国徽、国歌、军旗、军徽、军歌、勋章等相同或者近似的，以及同中央国家机关的名称、标志、所在地特定地点的名称或者标志性建筑物的名称、图形相同的（见图2-19）；

（2）同外国的国家名称、国旗、国徽、军旗等相同或者近似的，但经该国政府同意的除外（见图 2 – 20）；

（3）同政府间国际组织的名称、旗帜、徽记等相同或者近似的，但经该组织同意或者不易误导公众的除外，如图 2 – 21 和图 2 – 22 所示；

……

（5）同"红十字""红新月"的名称、标志相同或者近似的。

图 2 – 19　八一勋章　　　　图 2 – 20　与韩国国名相同

图 2 – 21　与美国国旗近似　　图 2 – 22　WTO 为世界贸易组织

因此，类似"中国""中华""CN""CHN""P. R. C""CHINA""P. R. CHINA""PR OF CHINA""中南海""钓鱼台""天安门""新华门""紫光阁""怀仁堂""人民大会堂"等都不能作为商标使用。但并不是说，凡是与上述权力机构标志搭上关系的，就不能注册，《商标审查审理指南》中列举有很多的例外。比如，在服装上注册如图 2 – 23 所示的"TURKEY"商标，尽管 TURKEY 与土耳其国名相同，但英文含义为"火鸡"，该标志具有明确的其他含义且不会造成公众误认。再如，在"比重计"商品上注册含有"UN"的商标，如图 2 – 24 所示，尽管与联合国英文缩写字母构成相同，但整体表现形式特殊。因此，这两款商标可以获得注册。

图 2 – 23　TURKEY 标志　　　　图 2 – 24　尤尼 UN 标志

在本章开篇提及的"WOWO"商标案中，"WOWO"商标就是因其包含的颜色组合与泰国国旗相近,而被商标局撤销了商标注册,这是国内首例企业商标因与其他国家国旗相似而被裁定撤销的案件。幸运的是,最终在商标注册人的诉讼抗争下,"WOWO"商标被判定与泰国国旗不相近似,"失而复得"。但这也表明,商标设计必须防止与国旗等标志撞车。

2. 检验标志

根据《商标法》第 10 条第 1 款第 4 项规定,与表明实施控制、予以保证的官方标志、检验印记相同或者近似的,不得作为商标注册,亦不得使用,但经授权的除外。这里的官方标志、检验印记,是指官方机构用以表明其对商品质量、性能、成分、原料等实施控制、予以保证或者进行检验的标志或印记,如图 2-25 和图 2-26 所示。

图 2-25 中国强制性产品认证标志　　图 2-26 免检产品标志

商标的文字、图形或者其组合足以使公众将其与表明实施控制、予以保证的官方标志、检验印记相联系的,判定为与该官方标志、检验印记相同或者近似,如图 2-27 所示,除非该标志具有明确的其他含义或者特定的表现形式,从而不会误导公众,如图 2-28 所示。

指定使用商品:照明器械及装置　　指定使用商品:手机用电池;手机用充电器

图 2-27 与官方标志、　　图 2-28 与官方标志、
检验印记相似　　　　检验印记不产生混淆

3. 违反公序良俗的描述

根据《商标法》第 10 条第 1 款第 6 项和第 8 项的规定,带有民族歧视性、有害于社会主义道德风尚或者有其他不良影响的标志,由于违反公序良俗,不能作为商标注册或者使用。比如在卫生洁具上使用"印第安人"商标,在金融服务上使用"金钱万岁"商标,都是不允许的行为。下列充满情绪或暴力色彩的标志,如图 2-29 所示,尽管在市场上非常吸引消费

者的眼球，但不可能被接受为合法的商标。

如图 2-30 所示，号称第一个通过 flash 动画，获得广大网友传阅并成名的卡通形象 mashimaro，虽然外形白胖可爱、憨态可掬，但它的中文名字"流氓兔"却没有讨得商标局的欢心。商标局认为存在"不良影响"，商标注册申请被驳回了。同样郁闷的还有美国著名游戏公司暴雪娱乐有限公司，它将《星际争霸》新作——《STARCRAFT：GHOST》英文名称在电子竞技服务等项目申请注册商标，同样被驳回，因为 GHOST 涉及宣扬封建迷信。可以想见，网上风靡一时的卡通形象自杀兔、监狱兔，如果申请商标注册，大概也不会发生核准注册的奇迹。

图 2-29　违反公序良俗的标志　　　　图 2-30　流氓兔

黑人牙膏曾在远东和东南亚地区享誉 60 年之久，其牙膏盒上的图案是头戴高礼帽，满口大白牙的黑人笑脸。1985 年，美国黑人教会组织人士在美国一些地区见到黑人牙膏的包装图案后，极为反感，认为包装上采用英文"黑人"字样（DARKIE）和貌似黑人艺人老乔逊（Al Jolson）的笑脸，是典型的歧视黑人的做法。为此，他们的代表组织——企业责任问题中心（Interfaith Center on Corporate Responsibility）不断以写信及示威等方式，向拥有黑人牙膏制造公司好来化工（Hawley & Hazel Chemical）50% 股份的美国高露洁公司（Colgate-palmolive）提出抗议。

三年多以后，在黑人教会组织、政治人士及黑人的不断抗议声中，高露洁公司对于"黑人"字眼及黑人笑脸可能引起种族歧视问题极为关切，决定改正此项错误。如图 2-31 所示，更改后的黑人牙膏，英文名称从 DARKIE（达基）改为 DARLIE（达丽），露齿而笑的老乔逊由年轻又穿着入时的现代黑人取代，以显示美国黑人的新形象。在美国社会里，种族歧视是个相当严重的问题。因此出口至美国市场的商品，凡是可能涉及种族、性别、年龄等歧视的商标设计都必须避免。❶ 现在"黑人牙膏"只在远东销售，不在欧美销售，而生产商好来化工亦不敢高调表明是高露洁公司的联营公司，免得招惹麻烦。

图 2-31 DARKIE 与 DARLIE 牙膏包装

原国家工商行政管理局等部门也曾经对黑人牙膏的种族歧视问题表示关切，还专门发文指出："'DARKIE'文字和丑化的黑人头像图形商标，严重违反了我国《商标法》的有关规定，带有上述种族歧视性商标的商品，应当依法坚决禁止生产和销售；继续生产、销售的，应依法严肃处理。"

资料链接

有关黑人牙膏的文件

国家工商行政管理局关于"DARLIE"
"DARKIE"等商标使用问题的通知
工商标字〔1994〕106 号

各省、自治区、直辖市及计划单列市工商行政管理局：

1991 年 5 月，经我局商标局核准，好维股份有限公司在牙膏等商品上注册了两件由"DARLIE"文字与绅士图形组合的商标，注册证号分别为 552362、552364（"DARLIE"为自造字）。1992 年 5 月，我局

---

❶ 叶世雄. 包装国际惯例 [M]. 贵阳：贵州人民出版社，1994：58-59.

接到举报，经调查发现，在我国市场上有带"DARKIE"文字和丑化的黑人头像图形的牙膏出售，同时还发现，好维股份有限公司在牙膏商品上自行改变第552362号、第552364号注册商标的文字或图形，在上述全包装注册的商标上添加"DARKIE IS NOW DARLIE"文字，或将绅士头像图形改变为丑化的黑人头像图形等。"DARKIE"文字和丑化的黑人头像图形商标，明显地带有对黑人的种族歧视，违反了我国《商标法》的有关规定。

1992年6月，根据我国《商标法》第8条、第34条的规定，我局与原商业部联合发布了《关于禁止销售带有种族歧视的"DARKIE"牙膏的通知》（工商标字〔1992〕第189号）；根据我国《商标法》第30条第1款的规定，我局商标局作出了《关于撤销第552362号和第552364号注册商标的决定》（商标〔1992〕第038号）。

好维股份有限公司对撤销其注册商标决定不服，以上述自行改变注册商标的牙膏并非该公司在中国生产的，而是在马来西亚和印度尼西亚等地生产，并且在该公司不知道的情况下，由他人擅自进口到中国为由，向我局商标评审委员会申请复审。1994年1月4日，我局商标评审委员会作出《两件"DARLIE"商标撤销复审终局裁定》（商标评字〔1994〕第1号），对好维股份有限公司的第552362号、第552364号商标注册权利予以维持。

鉴于上述情况，本着依法严格办案的原则，根据我国《商标法》的有关规定，现就"DARLIE""DARKIE"等商标使用问题通知如下：

一、第552362号、第552364号"DARLIE"文字与绅士头像图形组合的注册商标继续有效，好维股份有限公司及其合法的商标被许可人依法使用该注册商标的商品，应当允许其生产和流通，并且该注册商标专用权依法受到保护。

二、"DARKIE"文字和丑化的黑人头像图形商标，严重违反了我国《商标法》的有关规定，带有上述种族歧视性商标的商品，应当依法坚决禁止生产和销售；继续生产、销售的，应依法严肃处理。

各级工商行政管理局所发有关此案的文件，与本通知精神不符的，一律按本通知执行。

4. 误导性描述

根据《商标法》第 10 条第 1 款第 7 项的规定，带有欺骗性，容易使公众对商品的质量等特点或者产地产生误认的标志，不能注册和使用。如图 2-32 所示的"国酒"标志和图 2-33 所示的地名标志，即其适例。以前者为例，"国酒"一直是茅台酒心仪的标识。

国酒
指定使用商品：白酒

新疆红

图 2-32　误导性标志　　　　图 2-33　地名标志

在各种广告上，相信很多人经常看到"国酒茅台"的招牌，但很少有人知道"国酒茅台"这个商标一直未被商标局批准，似乎也没有国家机构正式给它颁发过"国酒"的称号。甚至有湖南省的律师曾发帖"'国酒'茅台涉嫌虚假宣传，我要让茅台还消费者一元钱"，并号称要发起一场针对贵州茅台的公益诉讼。

2010 年，国家工商行政管理总局商标局发布的《含"中国"及首字为"国"字商标的审查审理标准》专门指出：对"国+商标指定商品名称"作为商标申请，或者商标中含有"国+商标指定商品名称"的，以其"构成夸大宣传并带有欺骗性""缺乏显著特征"和"具有不良影响"为由，予以驳回。

但是，中国贵州茅台酒厂有限责任公司（以下简称"贵州茅台"）对"国酒茅台"商标的申请，应该算得上一个锲而不舍、屡败屡战的"励志典型"。如图 2-34 所示，2001～2010 年，贵州茅台曾 9 次提出"国酒茅台"的商标注册申请，但前 8 次申请均无功而返，但它永不言弃。在 2012 年 7 月，最终换来了商标局的一纸公告，贵州茅台申请的"国酒茅台"商标通过初审。眼看胜利在望，却又抵不过树大招风的命运，"国酒茅台"旋即引发了白酒行业和法律界的特大地震，白酒业和法律界可能从来没有这么亲密地"并肩战斗"过，在山西汾酒等众多酒企以及法律人士的一片抗议和热议声中，据《京华时报》报道，在"国酒茅台"商标初审公告后的 3 个月内，商标局共收到 95 份商标异议书。2016 年 12 月，商标局作出不予注册的决定。在 2018 年 5 月，商标评审委员会作出复审决定，决定不予核准注册。商标评审委员会认为，"国酒"带有"国内最好的酒""国家级酒"的质量评价含义，贵州茅台提交的在案证据并不能证明"国酒"具有其他更强的含义，若该文字成为贵州茅台注册商标的组成部分独占使用，易对市场公平竞争秩序产生负面影响。

```
┌─────────────────────────────────────────────────────┐
│              2001年，2次申请失败                     │
│ 2001年9月13日，中国贵州茅台酒厂有限责任公司申请     │
│ "国酒茅台"，申请号分别为1991120和1991122            │
└─────────────────────────────────────────────────────┘
                         ↓
┌─────────────────────────────────────────────────────┐
│              2006年，1次申请失败                     │
│ 2006年8月1日，中国贵州茅台酒厂有限责任公司申请      │
│ "国酒茅台"，申请号为5514889                         │
└─────────────────────────────────────────────────────┘
                         ↓
┌─────────────────────────────────────────────────────┐
│              2007年，2次申请失败                     │
│ 2007年9月10日，中国贵州茅台酒厂有限责任公司申请     │
│ "国酒茅台；GJM"，申请号分别为6269793和6269794       │
└─────────────────────────────────────────────────────┘
                         ↓
┌─────────────────────────────────────────────────────┐
│              2010年，4次申请初审通过                 │
│ 2010年6月9日，中国贵州茅台酒厂有限责任公司申请      │
│ "国酒茅台"，申请号分别为8377491、8377533、           │
│ 8377511和8377467                                    │
└─────────────────────────────────────────────────────┘
                         ↓
┌─────────────────────────────────────────────────────┐
│              2018年，最终未获核准注册                │
│ 2016年12月，商标局作出不予注册的决定                │
│ 2018年5月，商标评审委员会作出复审决定，决定不予核准注册 │
│ 2018年8月，贵州茅台发布《关于申请撤回"国酒茅台"商标行政诉讼案件起诉的声明》 │
└─────────────────────────────────────────────────────┘
```

图 2-34 茅台申请国酒之路

5. 地名

根据我国《商标法》第 10 条第 2 款的规定，县级以上行政区划的地名或者公众知晓的外国地名，不得作为商标。但是，地名具有其他含义或者作为集体商标、证明商标组成部分的除外；已经注册的使用地名的商标继续有效。

县级以上行政区划包括：

▶ 县级的县、自治县、县级市、市辖区；
▶ 地级的市、自治州、地区、盟；

- 省级的省、直辖市、自治区；
- 两个特别行政区即香港、澳门；
- 我国台湾地区。

县级以上行政区划的地名以我国民政部编辑出版的《行政区划简册》为准。本条中的县级以上行政区划地名包括全称、简称以及县级以上的省、自治区、直辖市、省会城市、计划单列市、著名的旅游城市的拼音形式，如图2-34所示。

图2-35 安徽简称　　　　　　　图2-36 外国地名

公众知晓的外国地名，是指我国公众知晓的我国以外的其他国家和地区的地名。地名包括全称、简称、外文名称和通用的中文译名，如图2-35所示。

作为例外，已经注册的使用地名的商标继续有效。而且，如果地名具有其他含义或者作为集体商标、证明商标组成部分的，也可注册为商标。比如，"长寿"是重庆市的一个行政区划地名，但它还有其他含义，因此可以作为商标注册。

2.3 商标设计的法律风险：拒绝注册的相对障碍

2.3.1 在先申请或注册商标的障碍

2008年1月，百胜公司旗下的肯德基在全国范围内以三元一根的价格，同步推出"安心"油条。这一极具本土化特色的产品上市后，引起了不少媒体及消费者的关注。其实，在油条之前，洋快餐的中国烙印就已经很明显，早在2002年，肯德基就推出了海鲜蛋花粥、香菇鸡肉粥两款极具中国本土特色的早餐粥，悄悄拉开了洋快餐中国化的大幕。

不过，很快就有媒体提醒肯德基可能涉嫌商标侵权。我国现行的商品分类表中并没有明确列出油条，但是从商品分类的原则看，油条应该属于商品分类第30类3007类似群，该类似群的商品包括馒头、火烧、饺子等。

而在第 30 类进行商标查询可以发现，"安心"商标是武汉安心食品工业有限公司于 1996 年 5 月 20 日申请、1997 年 8 月 14 日核准的注册商标，核定使用的商品为粥、盒饭、面条等，在商品分类中属于第 30 类的 3007、3009 两个类似群，注册号为 1078283。该商标有效期于 2007 年 8 月 13 日届满。

虽然武汉安心食品工业有限公司的"安心"商标已经过了商标专用权的期限，但是根据《商标法》有关续展的规定，武汉安心食品工业有限公司仍然可以在期满后 6 个月的宽展期内（在 2008 年 2 月 13 日前）提出该商标的续展申请。看起来，肯德基好像有陷入商标侵权旋涡的危险。

不过，肯德基中国公司很快就向媒体作出回应："肯德基推出'安心'油条之前进行过审慎调查，查询得知'安心'商标已于 2007 年 8 月 13 日到期，不再是一个有效的注册商标；同时还查证得知，'安心'商标原权利人'武汉安心食品工业有限公司'早在 2002 年 5 月被当地工商局吊销营业执照。肯德基已经向国家商标局提交了新的商标注册申请，目前使用'安心'商标没有侵权。"❶

事实上，在市场部门将油条命名为"安心"后，百胜公司的法务部门就查询并评估过这个商标的合法性，当时法务部门给出的审慎意见是使用这个商标有法律障碍，但在市场部门的坚持下，法务部门进一步进行了详细的调查。幸运的是，武汉安心食品工业有限公司在 2002 年即已被吊销营业执照。最后"安心"商标因无人续展注册，被百胜公司重新提交了商标注册申请。

可见，企业在选择或设计商标标识时，还要注意避免与他人在先的商标申请或商标权利发生冲突。根据《商标法》第 30 条的规定，"申请注册的商标，凡不符合本法有关规定或者同他人在同一种商品或者类似商品上已经注册的或者初步审定的商标相同或者近似的，由商标局驳回申请，不予公告。"事实上，一些重视商标的企业会定期查询商标公告或者网上检索，一旦监控到商标申请与其已注册或在先申请商标相同或近似，都有可能采取提出异议等法律行动，如表 2－3 所示。

---

❶ 肯德基回应：安心商标早已过期 [EB/OL]．[2008－01－25]．http：//www.sina.com.cn．

表 2-3　相同或近似商标申请的结果

商标相同或近似的情形			结果	备注
1	同他人在	同一种商品	相同的商标	驳回申请	1. 第2类、第3类、第4类情形须发生混淆的可能性 2. 这里他人的注册商标只是普通商标，而非驰名商标
2		同一种商品	近似的商标		
3		类似的商品	相同的商标		
4		类似的商品	近似的商标		

因此，审慎的商标检索是商标选择或设计定稿前必修的功课。如图 2-37 所示，2017 年我国国内商标注册申请量为 553.9 万件（仅指国内申请主体，下同），到 2021 年国内商标注册申请量已经增长到 919.3 万件，虽然 2022 年受制于打击商标囤积等因素导致商标申请量有所下滑，但截至 2022 年底，我国国内累计有效注册商标量已经高达 4064.2 万件。这一串数字背后的意义是：凡是你看中的商标，都有可能被申请注册了。上海一家化妆品公司的法务经理这样描述道：以前，市场部门只要取 10 个名称，我们就能找到两三个可以申请商标的，但现在有时要取几百个名称，才能找到一个合适的（即没有被他人申请，或无其他法律风险的商标）。

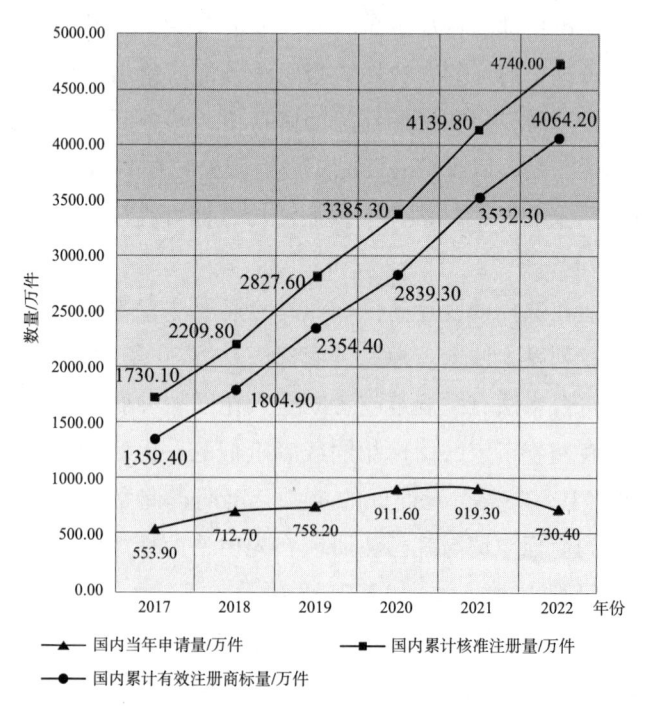

图 2-37　2017~2022 年中国商标数量年度趋势

注：数据来源：国家知识产权局商标局、中国商标网。

当年申请件数、当年注册件数指上一年 12 月 16 日至当年 12 月 15 日的商标统计情况；累计注册件数、累计有效注册量指截至当年 12 月 15 日的统计情况。以上数据的商标申请主体为国内申请主体。

如何才能查询自己选择或设计的商标，是否存在他人在先注册或申请的情况呢？一方面，可以通过商标公告来检索，现在这些商标公告的信息已经上网，可以在网上查询。登录国家知识产权局商标局官方网站中国商标网（https：//sbj.cnipa.gov.cn/sbj/index.html）可以进行商标近似查询、商标综合查询、商标状态查询、商标公告查询等检索工作，从而获得相关商标的注册或申请信息。另一方面，有一些商业公司开发了一些商标查询软件或提供网上检索业务，也可以借助这些软件或平台进行初步的商标查询。

需要说明的是，在选定自己心仪商标前，通过检索排除相同或近似商标的存在，其实并不是一件容易的事情。一方面，由于检索系统或者检索方法的问题，可能导致漏检的情况发生；另一方面，如何判定检索结果中的商标与打算选择的商标是否属于近似商标、其指定使用商品是否类似，存在很大的模糊认识空间。

最后，还要说明的是，即使选择的商标通过了商标局审查而被核准注册，在投入实际使用后，仍然有可能被法院判定与他人在先的注册商标构成近似商标且易发生混淆，从而构成商标侵权。

管理提示

动漫角色：先检索后定名

对于动漫产业而言，它的品牌（动漫形象、角色名称等）的价值运用，并不完全体现在动漫影视的产品本身之上，更主要体现在玩具、文具、图书、食品等衍生品上。因此，如果在动漫角色命名确定之前，不好好检索一下是否已有他人在先申请商标，可能也会落得"为他人作嫁衣裳"。

国产原创系列动画片《喜羊羊与灰太狼》，自 2005 年 6 月推出后，陆续在全国数十家电视台热播，甚至拍成电影放映，风靡一时，至今仍是小朋友们的挚爱。但它塑造的"喜羊羊"动漫品牌，早在 2005 年 6 月以前，就在第 29 类、第 30 类等食品、咖啡相关的类别上，被他人

> 捷足先登申请注册了"喜羊羊"商标。《喜羊羊与灰太狼》的出品人无法状告他们恶意抢注商标，现在已经"为他人作嫁衣裳"，只能抱着一种算为社会作贡献的心态。❶

2.3.2 离驰名商标远一点

1. 驰名商标：更广泛的保护范围

相比于普通商标，驰名商标享受的法律待遇要优厚得多。根据我国《商标法》第13条第2款的规定，就相同或者类似商品申请注册的商标是复制、摹仿或者翻译他人未在中国注册的驰名商标，容易导致混淆的，不予注册并禁止使用。根据《商标法》第13条第3款的规定，就不相同或者不相类似商品申请注册的商标是复制、摹仿或者翻译他人已经在中国注册的驰名商标，误导公众，致使该驰名商标注册人的利益可能受到损害的，不予注册并禁止使用。

从法律规定来看，《商标法》对驰名商标的特殊保护体现在很多方面，这里仅仅列举两项就可以看出驰名商标与普通商标在保护范围上的重大差异，如表2-4所示，对于如下所述的保护范围，普通商标在《商标法》上一般不能享有：

（1）驰名商标的权利人在满足法律规定的条件下，可以在相同或相类似的商品上，制止他人对其未注册的驰名商标的注册或使用。

（2）驰名商标的权利人在满足法律规定的条件下，可以在不相同或不相类似的商品上，制止他人对其注册的驰名商标的注册或使用。

表2-4 各种商标的保护范围比较

注册状态	保护程度	保护范围	举例说明
未注册商标	普通商标	不保护	无	甲未注册"味特"饮料商标，一般无权禁止其他任何饮料厂商使用"味特"商标

---

❶ 袁真富．为他人作嫁衣裳［J］．中国知识产权，2013（9）．

续表

注册状态		保护程度	保护范围	举例说明
未注册商标	附着于知名商品的商标（特有名称、包装、装潢）	弱保护	反不正当竞争的范围	甲未注册"味特"饮料商标，但其饮料属于知名商品，可以不正当竞争为由，反对同业竞争者故意使用"味特"商标
	驰名商标	受保护	容易导致混淆时，禁止在相同或类似商品上使用相同或近似商标	甲未注册"味特"饮料商标，但该商标系驰名商标，可以商标侵权为由，禁止他人使用"味特"饮料商标
已注册商标	一般商标	受保护	禁止在相同或类似商品上使用相同或近似商标	甲注册了"味特"饮料商标，可以商标侵权为由，禁止他人在饮料上使用"味特"商标
	驰名商标	强保护	不仅可以禁止在相同或类似商品上使用相同或近似商标，还可以在特定条件下禁止在不相同或不相类似商品上使用相同或近似商标（跨类保护）	甲注册了"味特"饮料商标，且系驰名商标，不仅可以禁止他人在饮料上使用"味特"商标，还可能在特定条件下禁止他人在白酒或酱油上使用

因此，企业在选择或设计商标时，最好离驰名商标远一点。一方面，是因为驰名商标本身具有较强的排斥作用，如果申请的商标与之相同或近似，很容易被驳回注册申请；另一方面，企业对驰名商标比较重视，商标监控力度比较大。而跨国公司更是对驰名商标呵护有加，甚至建立了专门的监控机制，防止他人"搭便车"式的商标注册。

2. 与驰名商标接近的麻烦

微软甚至因为一个孩子的个人域名 mikerowesoft.com 与 microsoft 发音几乎相同，而大动干戈。与其他初出茅庐的商人一样，加拿大学生麦克·

罗（Mike Rowe 音同 Micro）非常了解自己需要为他的网页制作公司设计一个能够吸引眼球的名称。年仅 17 岁的麦克·罗说："因为我的名字是 Mike Rowe，所以我想在它的后面加上'soft'将是非常有趣的事。"于是，自诩为计算机"菜鸟"的他将自己的互联网域名起为 mikerowesoft.com，并在 2003 年 8 月进行了登记。

这个玩笑却惹怒了全球软件霸主——微软。

在 2003 年 11 月，他收到了微软加拿大律师事务所 Smart & Biggar 寄来的信，正式通知他，其 mikerowesoft.com 网站的名称侵犯了微软 Microsoft 的商标权，信中还建议他将域名归还给微软。微软律师还提议付给他一笔 10 美元的"和解费"，相当于他原先注册该域名所缴的费用。

"我很惊讶，他们居然开出那么低的价码，就想说服我让出我的域名。"麦克·罗在回信中告诉微软，他已在该网站投入许多的精力，也花费不少钱印制信纸等文具，但若微软愿意付 10000 美元，他愿意割爱转让。没想到，后来他收到微软寄来的 25 页信函，说明微软担心客户会把他的网站和微软官方网站弄混。在回函中微软律师说道，只愿为其支付 1000 美元。

但是在 2004 年 1 月 14 日，麦克·罗又收到微软寄来的一封厚达 2.5 厘米的信件，起诉他大敲竹杠，试图强迫微软为解决域名问题而支付高额费用。麦克·罗说，"我从来没有想过要从微软得到什么，我只是想从他们那里要 1000 美元作为赔偿，而不是他们提出的 10 美元。"麦克·罗表示，他所有的亲人和朋友都表示将支持他与微软打官司，而且已有一名维多利亚市的律师表示将免费为他提供法律咨询。麦克·罗说，"这不是微软的名字，这是我的名字。我想，微软紧盯着我不放，这是非常可笑的。"许多人登录该网站，为他加油打气。

在一周之内，麦克·罗同微软的纠纷通过网络在世界各地传播，而微软面对媒体的口诛笔伐，在新闻压力之下开始改用公关的方式解决争议。而麦克·罗也考虑到他没有时间和金钱同微软打旷日持久的官司，他说："我最多只能花 1000 美元打这场官司，而微软可以花 10 亿美元，和微软那些受过高等教育的律师打官司，我的胜算实在不大。"

最终，微软同麦克·罗达成庭外和解，以一些礼物交换了那个域名。根据双方的协议，微软将获得 MikeRoweSoft.com 域名，但微软需要帮助麦克·罗建设一个新网站、帮助麦克·罗通过微软认证和培训，使其成为微软开发网络的用户并邀请麦克·罗一家访问微软的研究中心。当然，比上

述这些条件更让麦克·罗心动的是，微软将送他一台 Xbox 游戏机及一些配套游戏。❶

显然，微软维护其商标的做法可能有些过于霸道了。连微软的员工 Scoble 都忍不住批评他的雇主："我们随着一位名叫 Mike Rowe 的 17 岁青年起舞，实在丢脸，Mike，我为你所碰到的困扰，致上歉意。"不过，Mike Rowe 算是生财有道，他后来把跟微软过招的相关文档和电子邮件拿到 eBay 上以 1386.83 加元（1040 美元）的价格拍卖了，这些文档包括微软律师的一封 25 页的信件，一本一英寸厚的世界知识产权组织对他们案件描述的案卷，还有麦克·罗与微软律师之间往来的电子邮件。

撇开微软是否存在以强凌弱的道德指责不论，像其这样重视商标保护与管理的态度值得称道。因为有形财产越用越贬值，而无形商标越用越增值。所以，很多大公司都建立了完善的商标信息监控机制，随时向可能对自己商标形成威胁或不利的行为采取行动，甚至诉诸法庭。

所以，如果你选择或设计的商标，与驰名商标，甚至一些知名商标有些相近时，可能有一大堆麻烦等着你去应付：商标异议、侵权诉讼等法律纠纷或将接踵而至。在全球范围内，拥有"三叉星"奔驰商标的戴姆勒奔驰公司曾对三一重工的三一图形商标注册申请提出 50 次异议或诉讼，因为戴姆勒奔驰公司认为这两个商标近似。虽然三一重工自认为没有攀附的意图，而且官司未必都会败诉（2009 年其在英国伦敦高等法院还赢得了诉讼），但摊上这样难缠的商标麻烦，恐怕不是企业乐见的局面。

当然，那些设计商标之初就想着搭便车的企业，虽然也不想惹上官司，但已有足够的心理预期。这些专事"山寨事业"的企业，在驰名商标上稍作修改，或者加上前后缀，就上市借机渔利，甚至是鱼目混珠。比如，作为 iPhone 的高仿机，HiPhone、CiPhone 在品牌上的山寨痕迹十分明显。它们虽然不畏风险，却不值得鼓励，这是一种不健康甚至违法的品牌文化。❷

2.3.3 在先权利的冲突

我国《商标法》第 32 条规定："申请商标注册不得损害他人现有的在

---

❶ David. 个人域名与微软谐音 17 岁加拿大学生惹恼霸主 [EB/OL]. [2005-06-01]. http://column.bokee.com/21671.html.

❷ 袁真富. 商标设计的法律考量 [J]. 中国知识产权，2011（7）.

先权利，也不得以不正当手段抢先注册他人已经使用并有一定影响的商标。"这里所谓"他人现有的在先权利"的范围是什么？通常包括法定的民事权利和受法律保护的民事权益两个部分。

1. 法定的民事权利

法定的民事权利主要包括：著作权、外观设计专利权、特殊标志权（《特殊标志管理条例》）、奥林匹克标志权（《奥林匹克标志保护条例》）等知识产权，以及姓名权、肖像权等人身权利。

蜡笔小新商标案就是注册并使用商标侵犯他人著作权的典型案例。日本漫画家臼井仪人笔下的漫画人物蜡笔小新，以其童言无忌的顽皮形象深受小朋友和广大漫迷喜爱。1992年4月，日本双叶株式会社（以下简称"双叶社"）经臼井义人授权，获得该作品独占性、排他性的著作权及商品化权。1992~2005年，《蜡笔小新》系列漫画由双叶社出版，在日本广泛发行。1994年以后，双叶社通过许可出版的方式，将《蜡笔小新》系列漫画在中国香港和中国台湾发行。《蜡笔小新》动画片也随之在日本、中国香港和中国台湾等地区播放。双叶社的"蜡笔小新"系列商标在中国大陆的注册始于2002年3月18日，由国际影业公司申请注册，于2003年7月7日获准注册，核定使用在第21类牙刷、水杯、纸巾分配器等商品上。

广州市诚益眼镜有限公司（以下简称"诚益公司"）于1996年1月9日提出蜡笔小新图形和文字商标申请，并于1997年6月21日获准注册，核定使用商品为服装、婴儿服装等商品上，2004年5月18日，该商标经商标局核准转让给江苏省响水县世福经济发展有限公司（以下简称"世福公司"）。

2004年，世福公司授权上海恩嘉经贸发展有限公司（以下简称"恩嘉公司"）在产品、销售、宣传及商标上使用"蜡笔小新"的美术作品（包括图像和文字），其产品范围涵盖了服装、鞋包、文具等，并将"蜡笔小新"作为自身产品命名，开展加盟连锁经营、网上产品销售等活动，并在媒体上广为宣传。为此，双叶社将上海恩嘉公司、广州诚益公司、江苏世福公司均告上法庭，要求三被告停止侵权行为，并共同赔偿106万余元。❶

2012年3月，上海市第一中级人民法院审理后认为，"蜡笔小新"的

---

❶ 坎坷的"蜡笔小新"服装商标 官司连连 [EB/OL]. [2012-03-20]. http://news.china-ef.com/20120320/303560.html;"蜡笔小新"陷入商标争夺战日方向中国三公司索赔百万元 [EB/OL]. [2012-02-16]. http://news.online.sh.cn.

卡通形象和相关书法作品具有独创性，是受我国《著作权法》保护的美术作品。上海恩嘉公司未经著作权人许可，使用"蜡笔小新"卡通形象及文字，在其产品上进行复制并销售，还在网络宣传中进行传播，构成实施著作权法意义上的复制、发行和信息网络传播行为。法院认为，上海恩嘉公司在行使其商标许可实施权过程中擅自实施了在先著作权人专有控制的行为，仍构成著作权侵权，应当承担相应的侵权责任，因此判决上海恩嘉公司停止侵权并赔偿损失。❶

蜡笔小新图形和文字商标（见图 2-38）曾经一度转让给上海恩嘉公司，在 2010 年 5 月 24 日，该商标经商标局核准又转让给江苏蜡笔小新服饰有限公司。蜡笔小新服饰有限公司总经理张先生说，自从接过蜡笔小新这个商标后，基本就没能好好生产产品，大部分时间在与"蜡笔小新"拥有著作权及商品化权的日本双叶社打官司。

图 2-38　蜡笔小新漫画形象

自发现商标被抢注后，双叶社和国际影业公司寻求各种法律资源欲撤销前述商标注册。在万慧达知识产权代理公司的代理下，2007 年 3 月 8 日，双叶社针对三个争议的蜡笔小新商标提出撤销注册申请。2011 年 1 月 4 日，商评委裁定均认为：原注册人诚益公司申请注册争议商标的行为违反了诚实信用原则，扰乱了商标注册管理秩序及公共秩序，损害了公共利益，已构成《商标法》所指"以其他不正当手段取得注册"的情形。争议商标予以撤销。该案一直诉到北京市高级人民法院，但最终仍以商标注册被撤销而告终。❷ 与此同时，国际影业公司又以该注册商标连续 3 年停止使用为由要求撤销蜡笔小新商标注册，同样获得商评委和北京市第一中级人民法院的支持。

2. 受法律保护的民事权益

通常是《反不正当竞争法》所规定的各项民事权益，主要是其第 6 条规定中涉及的有一定影响的企业名称（包括简称、字号等）权益，有一定影响的商品名称、包装、装潢等权益。有的民事权益不仅没有明确的权利

---

❶ 黄安琪. "蜡笔小新"著作权纠纷一审宣判 版权方获赔 30 万元 [EB/OL]. [2012-03-23]. http://news.xinhuanet.com/legal/2012-03/23/c_111696767.htm.

❷ 万慧达代理双叶社通过行政诉讼，成功撤销他人恶意批量抢注的"蜡笔小新"文字和图形商标 [EB/OL]. [访问日期不详]. http://www.wanhuida.com/tabid/143/ArticleID/21/Default.aspx.

类型,甚至在《反不正当竞争法》中都找不到类似第 6 条这样的明确依据。比如,一些个人或企业将电影或电视剧中的虚拟角色名称提交商标注册申请,这些虚拟角色名称应该属于什么可以对抗商标注册的"在先权利",是一个困扰权利人"维权"的难题,也是一个困扰行政确权和司法实践的难题。

喜剧明星赵本山领衔主演的电视剧《刘老根》热播后,许多企业和个人看好刘老根的品牌知名度,纷纷着手抢注"刘老根"商标,市场上出现了许多"刘老根"牌的商品:啤酒、酱油、辣酱,就连"药匣子"(电视剧《刘老根》中的经典人物)也被注册为农药类商标。

不过,近年来的司法实践越来越倾向于不保护这些带有恶意搭便车的申请人。"邦德007 BOND"商标案就体现了这一点,北京市高级人民法院在此案司法实践中为虚拟角色名称的法律保护提供(甚至可以说是开创)了新的思路和借鉴。

詹姆斯·邦德(James Bond)是一套小说和系列电影的主角名称。小说原作者是英国作家伊恩·弗莱明(Ian Fleming)。在故事里,邦德是英国情报机构军情六处的特工,代号007,被授权可以干掉任何妨碍行动的人。詹姆斯·邦德系列电影和故事在全球都享有极高的知名度。1962 年 10 月 5 日,第一部邦德电影《诺博士》公映,其海报如图 2-39 所示。截至 2012 年,50 年来共有 6 任 007 和 22 部电影,这个间谍已经成为不朽的银幕传奇英雄。

图 2-39 第一部邦德电影《诺博士》海报

但这个银幕英雄在中国被个人申请为商标。谢某珍于 2002 年 3 月 22 日向商标局申请注册被异议商标"邦德 007 BOND",指定使用商品为第 10 类子宫帽、避孕套、非化学避孕用具。在法定异议期内,丹乔有限公司(以下简称"丹乔公司")向商标局提出商标异议申请,请求不予核准被异议商标注册。

丹乔公司认为,007 与 JAMES BOND 是其发行的系列电影主角的代号和名字,具有独创性,丹乔公司对其享有版权、商标权及角色商品化权。被异议商标是对引证商标的恶意抄袭和摹仿,侵犯了丹乔公司的在先权利。同时，丹乔公司还主张被异议商标的申请注册违反了2001年修正后的《商标法》第10条第1款第8项、第41条第1款"以欺骗手段或者其他不正当手段取得商标注册"的规定。

该案经历了商标局、商评委、北京市第一中级人民法院一系列行政和诉讼程序，最终打到了北京市高级人民法院。北京市高级人民法院认为：根据丹乔公司提交的证据可以认定在被异议商标申请注册之前，"007""JAMES BOND"作为丹乔公司"007"系列电影人物的角色名称已经具有较高知名度，"007""JAMES BOND"作为"007"系列电影中的角色名称已为相关公众所了解，其知名度的取得是丹乔公司创造性劳动的结晶，由此知名的角色名称所带来的商业价值和商业机会也是丹乔公司投入大量劳动和资本所获得。因此，作为在先知名的电影人物角色名称应当作为在先权利得到保护。[1] 最终，谢某珍申请注册的商标"邦德007 BOND"没有获得核准。

2.3.4 恶意抢注商标

恶意抢注是一个很宽泛的概念。北京市第一中级人民法院的调研课题"恶意抢注商标现象的成因、特点及司法对策"认为，将他人享有权利或权益的标志或者属于社会公共领域的标志符号申请注册为商标的行为，以及没有商业使用意图，以倒卖商标营利为目的申请注册商标的行为，都可以归结为"恶意抢注"行为。如果从侵犯他人权利或权益的角度来看，除了前述相对注册障碍所提及的抢注行为外，常见的恶意抢注还包括以下几种情形。

（1）抢注他人在先使用并有一定影响的商标。比如，东莞市东之声电器有限公司在"扩音器喇叭、车辆用收音机"等商品上抢注美国高思公司在先使用的"KOSS及图"商标。《商标法》第32条后半段还专门强调申请商标注册"不得以不正当手段抢先注册他人已经使用并有一定影响的商标"。《商标法》第13条第2款也是保护未注册的驰名商标的规定："就相同或者类似商品申请注册的商标是复制、摹仿或者翻译他人未在中国注册的驰名商标，容易导致混淆的，不予注册并禁止使用。"因此，抢注别人在先使用的未注册商标（尤其是未注册驰名商标），同样有着巨大的法律风险。

（2）抢注他人在先使用并且明知其存在的未注册商标。根据《商标

---

[1] 商标评审委员会等与丹乔有限公司商标异议复审行政纠纷案，北京市高级人民法院（2011）高行终字第374号。

法》第 15 条第 2 款的规定：就同一种商品或者类似商品申请注册的商标与他人在先使用的未注册商标相同或者近似，申请人与该他人具有前款规定以外的合同、业务往来关系或者其他关系而明知该他人商标存在，该他人提出异议的，不予注册。

（3）抢注地理标志。根据《商标法》第 16 条第 1 款的规定，商标中有商品的地理标志，而该商品并非来源于该标志所标示的地区，误导公众的，不予注册并禁止使用；但是，已经善意取得注册的继续有效。

（4）抢注被代理人或被代表人的商标。例如，雅培糖尿病护理公司在血糖仪上的"FreeStyle"商标中文名称"利舒坦"被经销商所抢注。根据《商标法》第 15 条第 1 款的规定，未经授权，代理人或者代表人以自己的名义将被代理人或者被代表人的商标进行注册，被代理人或者被代表人提出异议的，不予注册并禁止使用。

（5）将他人注册商标抢注在该商标非核定使用的商品或服务上，例如，在"避孕套"等商品上申请注册"百度"商标。根据《商标法》第 13 条第 3 款的规定，就不相同或者不相类似商品申请注册的商标是复制、摹仿或者翻译他人已经在中国注册的驰名商标，误导公众，致使该驰名商标注册人的利益可能受到损害的，不予注册并禁止使用。

（6）将他人企业名称中的字号抢注为商标。比如，上海惠工三厂的惠工被抢注为商标。

诸如此类的恶意抢注行为，不胜枚举，兹不再详述。

总体上看，现有商标注册制度低成本、高收益的特点为恶意抢注人提供了强烈的经济动机。受利益驱动，甚至出现了恶意抢注商标人员专业化现象，出现了职业抢注人、专业抢注公司，甚至出现律师和商标代理机构从事恶意抢注行为的现象。

由于我国现行法律体系对于恶意抢注商标行为的打击力度不足，社会观念对于恶意抢注商标的危害认识不足，商标代理行业门槛低、管理不到位，致使恶意抢注商标的现象日益泛滥。甚至有人提出将恶意抢注商标作为一种正常的投资渠道，并策划成立专业的商标域名抢注中心、商标交易网站、商标拍卖会等商标交易平台。这在一定程度上纵容甚至鼓励了恶意抢注商标现象的泛滥。[1] 不过，随着《商标法》的完善以及司法实践对恶

---

[1] 参见北京市第一中级人民法院调研课题报告"恶意抢注商标现象的成因、特点及司法对策"。

意抢注的遏制，从事恶意抢注商标的行为将遇到越来越大的法律风险或法律障碍。

2.4 商标设计的策略考虑

2.4.1 文字商标还是图形商标

对于文字商标（包括字母等广义的文字商标）与图形商标，很难简单地判断谁优谁劣。图形商标比较美观，有视觉冲击效果，但随着时代的变迁，往往也需要不断地调整图案，以传递最新的时代气息。但是，除了极少数宣传力度大、设计极特别的图形商标外，人们一般很难清晰地记住商标的图案。最容易让人难忘的，多半还是商标的文字。在申请注册商标时，文字商标的查询也更简单和快捷，更有利于大致判断自己商标成功注册的可能性。图形商标的查询则相对比较麻烦一些，或者更加费时费事。

不过，从知识产权法的角度看，图形商标似乎能得到更多样化的法律保护，所以，这里的前提是图形商标本身构成一件具有独创性的作品，享有著作权（版权）的保护。

想象一下，公司精心选择的文字商标（假设是"OIPC"），因为公司目前经营的需要，只是在商品和服务分类第41类教育、培训等服务项目上进行了注册。经过5年的发展，公司的业务范围延伸到了第43类的餐饮服务上。这时，公司试图在第43类上注册"OIPC"时，发现另有公司甲已经在2年前捷足先登了。如果你在教育、培训上的"OIPC"商标不是驰名商标，很难从公司甲手中拿走"OIPC"的餐饮商标，因为商标法允许不同的人在不相同或不相类似的商品上注册相同的商标。

再来看看，如果公司在第41类上的注册商标是一个独创性的图形（一件作品）时，公司甲把你的图形商标在第43类申请注册了餐饮商标，而公司的商标也不是驰名商标时，是不是结局一样呢？不。公司拥有更多的主动权。因为公司享有这件作品著作权，可以指控公司甲在第43类上的注册商标侵犯了公司的在先权利（著作权），从而运用行政、诉讼等方式撤销或夺走他的注册商标。

所以，多数公司都会选择文字与图形相结合的组合商标，事实上，一些不太了解商标法的仿冒者，在跨类抢注或使用时，往往会把你的文字与图形"一锅端"，因此，公司仍然可以利用其中图形商标的法律优势，对这些仿冒者进行多重的法律打击。

2.4.2 文字商标独特设计的法律优势

对于那些单纯使用文字作为商标构成要素的，其实也可以对文字商标进行艺术化或美学上的独特设计，即使这种设计难以让该文字商标满足作品的要求，从而无法获得著作权的保护，但是，这些经过设计的文字商标在打击他人的抢注或使用上，与普通字体的文字商标相比，仍然拥有不可比拟的法律优势。醒目商标案充分体现了这一点。

天津津美饮料有限公司（以下简称"津美公司"，异议人）是"醒目"商标（见图2-40）的注册人，核定使用商品为第32类的"无酒精饮料、饮料制剂"。"醒目"是美国可口可乐公司与津美公司合作推出的碳酸饮料品牌。1999年，津美公司的"醒目"商标荣获天津市著名商标，并入选全国重点商标保护名录。异议人商标字体设计独特并为异议人独创，具有很强的视觉效果。

北京定富康光学眼镜有限责任公司（以下简称"定富康公司"，被异议人）在第9类"太阳镜、眼镜片"等商品上申请注册"醒目XINGMU"商标（第1497916号，如图2-41所示），商标局初审通过予以公告。津美公司遂提出商标异议，认为定富康公司被异议商标的字型、布局与其商标极其近似，抄袭津美公司商标的意图十分明显，也极易造成消费者的误认。

图2-40 第1279505号商标　　图2-41 第1497916号商标

商标局认为，异议人商标"醒目"已在我国获准注册，该商标字体独特，属非常规字体，具有较强的独创性。1999年12月，异议人使用在"无酒精饮料"商品上的"醒目"商标被天津市工商行政管理局认定为"天津市著名商标"，被异议人也承认异议人商标具有知名度，因此可以认定异议人商标在我国具有较高知名度，且被异议人明知异议人商标"醒目"及其表现形式。被异议商标由汉字"醒目"及其拼音"XINGMU"组成，其中汉字位于该商标的显著地位，起主要识别作用。被异议商标汉字"醒目"的字体与异议人商标"醒目"基本相同，被异议人将该商标申请注册在第 9 类 "太阳镜、眼镜片"等商品上构成对异议人商标的复制,也容易误导社会公众。据此裁定异议人所提异议理由成立,第 1497916 号"醒目 XINGMU"商标不予核准注册。❶

在津美公司与定富康公司商标异议案中,商标局认定定富康公司的被异议商标系"复制"其知名的醒目饮料商标,从而使津美公司的醒目商标得到了跨类保护(从第 32 类延伸到第 9 类保护),可以说定富康公司的被异议商标抄袭津美公司醒目商标的字体和表现形式,在认定定富康公司恶意"复制"的判断中发挥了重要作用。

有趣的是,同样是"醒目"商标,津美公司却在另一起商标争议中未能得到跨类保护:广东南海市梦美思化妆品有限公司(以下简称"梦美思公司")于 1999 年在第 3 类化妆品、洗涤用品上申请注册了"醒目"等商标。2000 年,梦美思公司注册的这些商标进入初审公告程序。津美公司立即向国家商标局提出了商标的异议申请。

但商标局却在(2001)商标异字第 1165 号裁定书中认为:"醒目"为常用文词组,并非异议人津美公司独创,异议人主张被异议人梦美思公司申请注册被异议商标构成抄袭缺乏证据。异议人注册在先的第 1065125 号商标为"醒目"(见图 2 - 42),核定使用商品为第 32 类的无酒精饮料,异议人无权排斥他人在非类似商品上将"醒目"作为商标注册使用。被异议商标"醒目"在第 3 类的香皂、化妆品等商品上申请在先,依法应当获得初步审定。异议人商标虽然具有一定的知名度,但双方商标使用商品在功能、用途、生产工艺和销售渠道等方面存在明显差异,被异议商标的注册和使用,不会导致消费者发生商品来源误认。裁定异议人所提异议理由不成立,第 1352670 号"醒目"商标予以核准注册(见图2 - 43)。

很显然,在津美公司与梦美思公司商标异议案中,由于梦美思公司申请的商标未采用津美公司醒目商标的特殊字体和表现形式,加之"醒目"本是普通词汇,因此,在与第 32 类无酒精饮料不相类似的第 3 类香皂、化妆品等商品上,申请注册普通字体的"醒目"商标,难以直接推断梦美思公司存在恶意"复制"抄袭津美公司知名商标的事实。

---

❶ 天津津美饮料有限公司与北京定富康光学眼镜有限责任公司商标异议案,国家工商行政管理总局商标局(2002)商标异字第 01404 号裁定书。

图 2-42　第 1065125 号商标　　　　图 2-43　第 1352670 号商标

可见，如果公司的文字商标采用了独特的设计，而别人在不相类似的商品上也照抄照搬公司的商标字体或其他设计特征，在满足一定知名度的条件下，更容易获得驰名商标的跨类保护。在前述情形下，即使无法认定驰名商标，也更容易降低类似商品的标准，而增加认定两者指定使用商品系类似商品的可能性。

2.4.3　显著性有时不是问题

在被誉为互联网金融元年的 2013 年，风光无限的首推 6 月由支付宝与天弘基金合作推出"余额宝"。在互联网、金融财经等领域的各种年终盘点、年终评选或者年度榜单、年度事件中，"余额宝"都当仁不让地盘踞榜首。而新年伊始，支付宝和天弘基金公布的数据显示，截至 2014 年 1 月 15 日 15 点，余额宝的规模已逾 2500 亿元，相比 2013 年底 1853 亿元的规模，15 天时间，余额宝的规模就净增长了 35%，增长势头简直达到了令人发指的地步。天弘基金也借助该一枝独秀的货币基金产品，一举超越老王牌公司华夏基金，成为国内管理资产规模最大的基金公司，坐上了基金公司头把交椅。

当然，此处笔者只想借着这个热点话题作一些拓展：有关商标显著性的问题。余额宝于 2013 年 6 月 13 日上线，而此前的 6 月 4 日，阿里巴巴集团控股有限公司（以下简称"阿里巴巴"）在包括基金投资、金融服务等多个类别及相关的商品或服务项目，提出了"余额宝"商标注册申请。从商标法或者商标管理的角度，"余额宝"算是一个好商标吗？

余额宝的功能和原理很简单：因为支付宝不是银行，金融监管政策不允许支付宝给账户发利息。于是，作为一种金融创新，阿里巴巴允许用户可以把支付宝账户的"余额"，从支付宝账户转到"余额宝"，直接购买"天弘增利宝"货币基金。可以看出，"余额宝"三字颇有些描述产品内容或功能的意义，从商标法上看，显著性并不太高。所谓显著性，可以简单地理解为：凡是商标标识的内容或含义与其所指示的产品（或服务）的质量、主要原料、功能、用途、重量、数量及其他特点，关系越远的则显著性越强，关系越近的则显著性越弱。

事实上，就像苹果公司执着于 iPod、iPhone、iPad 等各种"i"打头的商标一样，阿里巴巴及其下属公司也沉迷于各种"宝"：淘宝、支付宝、积分宝、余额宝，大概"淘宝"带来了福运，于是各种"宝"器不断。连天天基金网推出的类似余额宝的基金业务，也叫作活期宝、定期宝。而 2014 年 1 月 16 日正式亮相的微信版"余额宝"，名称定为"微信理财通"，最先上线的货币基金是华夏"财富宝"。严格评估下来，这些品牌都算是显著性较低的商标。

在法律上，显著性低有着天然的缺陷。首先面临的是注册障碍，商标局可能以缺乏显著性为由将商标注册申请驳回。如前所述，箭牌公司就遭遇过这种郁闷的事情。在 2001 年 9 月，箭牌公司在口香糖等商品上向商标局提出"COOL WHITE"商标的注册申请，但被驳回申请，商评委和法院也都坚持认为这个商标没有显著性，指定使用在口香糖、糖果等商品上描述性较强，直接表示了这些商品的口味、颜色等特点，根据《商标法》不能注册。

即使排除注册障碍而成功注册，显著性较低的商标也会存在其他不利。比如，别人使用相同或相似的商标，容易成功主张合理使用或者不具恶意。不过，即使如此，很多企业仍然乐此不疲地推出显著性较低，甚至是直接表示商品一些特点的商标。比如，蒙牛的"真果粒"牛奶，果真是牛奶中有"果粒"——虽然小到可以忽略，当然，它的商标注册也遇到了障碍。格力电器的"冷静王"空调也属于此种情形。

其实，企业偏爱显著性较低商标的原因很简单，比如，好听易记便于传播，容易向受众传递产品特质等，这些考量当然不是基于法律，而是基于商业。企业有着自己的商业逻辑，不可能完全拘束于法律的束缚。更何况，也有一些成功的例子，比如 LG 公司的"竹盐"牙膏，虽然把该款牙膏的主要原料当作商标，但是顺利通过了注册（商标审查人员当时可能还没法把竹盐与牙膏进行联系），而且至今运作良好，甚至在 2008 年 3 月跃升为"驰名商标"。

事实上，显著性较低的商标即使不能通过商标注册，只要未违反商标法的强制性规定，也照常可以使用。并且经过使用之后，完全可能产生第二含义而获商标注册，或者享受到反不正当竞争法上有一定影响的商品名称之类的保护。因此，从商业上讲，显著性不是问题。

尽管如此，笔者仍然建议：一般情形下企业别冒险把主打品牌设计成一个显著性很低的标志，这存在太多不可控制的法律风险。最佳方案是把显著性较低的商标作为子品牌而非主品牌使用，就像"格力冷静王"一样，即使"冷静王"未能在空调上成功注册，也不妨碍消费者通过"格力"来识别空调商品，同时，又通过"冷静王"传递了该款空调产品的某些优势或特点。❶

2.5 职业注标人：投机致富？

2.5.1 职业注标人的类型

2011年4月7日，当新浪微博启用独立域名 weibo.com 时，一条消息也流传甚广：IT人张伟波1999年注册了与自己名字全拼相同的域名"Weibo.com"，12年后的2011年4月1日，新浪市场部给他打电话，最终以800万元人民币成交。这条让广大网友羡慕嫉妒恨的消息，旋即被新浪公关部澄清"消息不实"。或许有人不惮以最坏的恶意来推测这是新浪微博启用独立域名 weibo.com 的炒作。但类似的致富事件的确很多，而且是真实的，尤其是在商标领域。

1988年，25岁的章鹏飞用多年画画、设计赚来的几万元钱，带着7个人，在杭州河坊街上开了一家经营建筑装饰材料的小公司。1992年，章鹏飞将公司改名为现代，到商标注册处要求注册"现代"商标。当时商标注册一共有45个类别，章鹏飞一口气注册了其中的43类，共198个商标，涉及文化、旅游、汽车、房地产、商贸、家电、电子、纺织、服装等。全国范围内和"现代"有关的98%的商标，都被他收入囊中。商标注册处的同志跟他开玩笑，难道你还准备做衣服、造汽车不成？这一圈注册下来，花了章鹏飞20多万元。20世纪90年代初这不算一笔小钱，许多人笑话他，到底是画画的，傻呀。

当时中国和韩国还没有建交，章鹏飞也不知道韩国有一家大名鼎鼎的现代集团。等他知道后，还用中英文写了一封信给现代集团的老板，希望能合作。结果当然是石沉大海。没想到11年后，韩国现代进军中国市场，中韩合资北京现代汽车有限公司董事长辗转上门，亲自拜访章鹏飞，想以重金买下现代汽车商标。最终，双方达成协议："浙江现代"将中文"现

---

❶ 袁真富. 显著性不是问题 [J]. 中国知识产权, 2014 (1).

代"汽车商标转让给中韩合资北京现代汽车有限公司,"韩国现代"指定"浙江现代"为现代汽车在浙江杭州地区的总经销商,商标转让价创下目前国内最高价——4000 万元。❶

这个励志故事为许多商标注册人提供了榜样的力量。在中国,开始滋生出一个或许算得上 21 世纪的新职业:职业注标人,或者商标炒家。说好听点,是商标投资人。他们花一两千元注册个商标,然后伺机出卖。

的确有依靠商标发财致富的职业注标人。从事广告策划的河南人王建强偶然在媒体上发现了一条消息:一家日本企业以 16 万元的高价买下了"祥林嫂"商标,事后这家日本企业表示,购买"祥林嫂"是为了其产品进入中国做准备。不久,头脑精明的王建强也借用朋友的营业执照,花了 2000 元注册了一个纺织类商标"穆桂英"。当时,他根本没想到这竟然会让他挖了第一桶金,这个"穆桂英"商标在随后的转让中卖出了 5.5 万元的高价。

尝到甜头之后,王建强开始试图寻找出具有商业价值的名词,把它们注册成一个个商标——他成了一位职业商标客。王建强平常有个习惯,他喜欢把心目中的好商标记录在笔记本上,那天晚上,他把笔记本上记录的几千个商标,重新画圈做了整理。"拿一个身份证就可以注册商标,就能赚钱!"王建强回忆当初,依然激动不已。

接下来发生的事情,就像电影中设计好的情节——瞄准目标、抢注、交易。几年来,王建强先后注册超过 360 个商标,其中 20 多个已经成功转让。

2004 年 7 月,中国移动让歌星周杰伦在电视上喊出"我能"的口号。王建强迅速将其注册为系列商标。2005 年下半年,"我能"商标被作价 300 万元与河南大河村实业有限公司一起成立"大河村我能品牌发展中心"。这在当地引起轰动。2005 年 1 月,王建强在河南郑州开起了国内首家商标超市。从 5 万元到 3000 万元不等,各种商标在他的超市明码标价。❷

当然,不是所有的"职业注标人"都能大赚其钱,南京怪味楼火锅店的老板汤旺奇就是一个典型的代表。汤旺奇在商标保护方面的意识,来源于他 10 余年对注册商标的狂热。1993 年,他偶然看到了一篇关于"耐克"

---

❶ 何健,张桂花.章鹏飞的"现代"艺术[J].《光彩》杂志,2006 (1).
❷ 曹海东.职业商标客[N].南方周末,2006 - 06 - 01.

品牌成功运营的报道，便萌发了做一名"商标大亨"想法。

1997年，他向商标局递交注册申请。这时，他已拥有了一家自己的餐厅。他一边打理餐厅，一边经营着他的商标梦，把所有的积蓄全部用在了商标申请上，一年中，他申请商标100多件，花费20多万元。据汤旺奇介绍，这些商标至今仍尘封在他的文件柜中，并没有走向市场。他在这个过程中获得的最大收益，是对商标设计的独特敏感性。

从1997年开始，汤旺奇注册商标的动作从没有停止。2004年，汤旺奇申请的2000多件商标中，已有1143件注册成功，投入资金近400万元。汤旺奇说，注册商标"已经成为我的一种个人爱好，欲罢不能。"❶

2001年《商标法》修改放宽自然人商标申请限制后，大批职业注标人应运而生。尽管2007年，商标局又对自然人注册商标进行了限制，但仍然挡不住职业注标人的涌入，因为有的注标人一直都披着公司的面纱。

> **资料链接**
>
> **自然人办理商标注册申请注意事项**
>
> 依照《商标法》第4条的规定，从事生产、制造、加工、拣选、经销商品或者提供服务的自然人，需要取得商标专用权的，应当向商标局申请商标注册。以自然人名义办理商标注册、转让等申请事宜，除按照有关规定提交商标注册申请书、商标图样等材料外，还应注意以下事项：
>
> 一、个体工商户可以以其个体工商户营业执照登记的字号作为申请人名义提出商标注册申请，也可以以执照上登记的负责人名义提出商标注册申请。以负责人名义提出申请时应提交以下材料的复印件：
>
> （一）负责人的身份证；
>
> （二）营业执照。
>
> 二、农村承包经营户可以以其承包合同签约人的名义提出商标注册申请，申请时应提交以下材料的复印件：
>
> （一）签约人身份证；
>
> （二）承包合同。

---

❶ 商标大亨汤汪奇 [EB/OL]．[2005-03-21]．http：//www.sipo.gov.cn.

> 三、其他依法获准从事经营活动的自然人，可以以其在有关行政主管机关颁发的登记文件中登载的经营者名义提出商标注册申请，申请时应提交以下材料的复印件：
> （一）经营者的身份证；
> （二）有关行政主管机关颁发的登记文件。
> 四、自然人提出商标注册申请的商品和服务范围，应以其在营业执照或有关登记文件核准的经营范围为限，或者以其自营的农副产品为限。
> 五、对于不符合《商标法》第 4 条规定的商标注册申请，商标局不予受理并书面通知申请人。
> 申请人提供虚假材料取得商标注册的，由商标局撤销该注册商标。
> 六、办理转让商标申请，受让人为自然人的，应参照上述事项办理。
> （发布单位：国家工商行政管理总局商标局，发布时间：2015 年 7 月 29 日）

不同类型的职业注标人对于商标的选择，呈现出不同的偏好。

1. 原创性注标人

有的注标人属于"原创型"。他们申请的商标，可能来自冥思苦想、绞尽脑汁，也可能来自灵感迸发、不期而遇。比如，被称作商标狂人的吴家杰号称从近万个创意中大海捞针式地"捞"出了 300 多个可以注册的商标进行注册。而有着"商标大亨""中国商标第一人"等称号的汤旺奇表示，很多时候他注册的商标都是在一念之间想起的，比如有一次他在晚上睡觉前突然想起一个"哈哈贝贝"的儿童服装类商标，第二天一早就直奔当地一家商标事务所办理了注册手续。汤旺奇在 2004 年时就已经申请了 2000 多件商标。

2. 热点型注标人

有的注标人属于"热点型"，可以称得上社会热点观察人士。无论是娱乐、文化领域，还是体育、科技领域，只要发生了重大事件、热点话题，或者出现著名人物、新兴名词，并且有可以商标化的关键词，都可能被他们敏锐地捕捉到，并迅速转化为知识产权——"商标申请"。当"超女"火爆全国时，就申请注册"超女""PK"商标；当"神六"升天时，就申请注册"神六",甚至将"神七""神八"也提前申请了。影视作品往往备受追捧,"无间道"成了防盗门商标;"十面埋伏"成了冰箱商标;"天下无贼"成了杀虫剂商标;"二〇四六"成了酒类商标。

职业注标人深谙"注意力经济"的威力,所以,他们申请的商标大多与著名的人物(特别是明星)、事件、地点,甚至时间相关联。比如,2006年7月,刘翔在瑞士洛桑创下男子110米跨栏12.88秒的世界纪录后,职业注标人围绕"12.88"展开了一轮商标抢注大赛。甚至齐达内在2006年世界杯决赛中对意大利球员马特拉奇"惊天一撞",也能让人嗅出商机。北京一家体育公司随即在服装鞋帽及啤酒等上申请注册了齐达内"撞人"图形商标,其总经理声称该商标转让价在100万元左右。当年,乔丹的"飞人一扣"形象成为"乔丹"品牌的商标,齐达内恐怕没有想到,连他的"惊天一撞"也成商标了。在北京奥运会前夕,青岛一家内裤厂商在内衣等产品上申请了两个商标,而且宣称产品细分,男式内裤用"鸟巢",女式内裤用"水立方",据说广告词则是:"同一个地方,同一个梦想",有网友直接赞赏"这就是广告界的罗德曼,创意界的梁山好汉。"虽然商标局并未核准商标注册,但它在淘宝网上仍然模糊地在使用"鸟巢内裤"之类的词汇。

3. 话题型注标人

有的注标人属于"话题型",虽然商标与社会热点无关,但一经披露就能立刻引爆话题,吸引公众。比如,福建李某申请的"中央一套"商标(避孕用具等),广西百色黄女士申请的"二人转"商标(避孕套等),辽宁丹东邢女士申请的"一液情"(酒类商标)、"包二乃"(女士内衣商标)。这些注标人的商标往往有些恶俗的成分,而且大多把"灵感"释放在安全套之类的性用品上。歌手爱戴就曾经为"安全套事件"伤透了脑筋——长春商人张军宣布申请了爱戴牌安全套,并且还琢磨好了广告词:"爱戴牌安全套,越戴越爱戴,爱戴牌安全套,爱戴不戴"。

4. 抢夺型注标人

有的注标人则属于"抢夺型",直接锁定人家的商标抢注,这时的注标人已经是一名商标刺客了。职业注标人的生意是把商标卖出去,但有没有生意更像是买彩票中奖,谁知道哪一天才会有人看中自己的商标呢。汤旺奇曾经注册了上百个商标,但曾经数年一个商标也未卖掉。与一般的职业注标人不同,商标刺客们专门找一些企业的商标漏洞,有针对性地申请注册它们的商标,而这些企业或者它们的竞争对手,往往就是这些刺客们的潜在客户。

商标刺客行刺的范围比较广泛：有的盯上别人未注册的商标，包括洋品牌的中文名称。有的坐等人家期满不续展，然后去申请注册。还有的打擦边球，盯上了著名品牌的简称，比如："哈啤"（哈尔滨啤酒简称）。商标刺客对商标管理不当的企业构成了极大威胁。哈尔滨市的"正阳河"酱油，没有花几百元去注册商标，结果被人抢注后，不算调解、打官司花掉的金钱和时间，仅赎回商标就花了50万元。

当然，更有不良的商标刺客，对正常申请并被商标局初步审定的商标，提出恶意异议。公司的商标注册或许就此被拖进时间的无底洞。过去有的公司差不多等了10年才拿到商标注册证。但是，只要公司付钱，他立即撤回异议申请，这和"拦路抢劫"似乎没有区别。

2.5.2　职业注标人投机的风险

有些职业注标人不仅把商标当成了彩票，而且希望中巨奖。刀郎这个一度炙手可热的名字，被申请商标后连带策划案共标价3000万元。南京市民宋先生注册了"秦淮河"商标，在媒体上登出广告愿以6000万元价格转让。被称作商标狂人的吴家杰为他注册的商标"韧"字，开出了1.5亿元的拍卖价。伊拉克战争期间萨达姆备受关注，温州一市民申请"萨达姆"商标，并欲2亿元转让……

曾经创造网络歌曲下载神话的《老鼠爱大米》也制造了一个亿元商标抢注的闹剧。媒体报道，在各地炒家的推波助澜下，"老鼠爱大米"商标的叫价，一度由300万元、3000万元、7000万元一路飙升，直至突破亿元大关创下天价。然而，媒体仍然"低估"了商标的价值。当邓鲁平拿到"老鼠爱大米"的注册商标证后，他在博客中说，"叫价二亿八，不是狮子大开口"，他还为此进行了大篇幅的论证，并给出了计算方法：因为这个商标囊括了锅巴、童装等100个品种，"就算每种每年使用费14万元，20年280万元，那么100种商品20年，就足有2.8亿元。而且，我是只租不卖，给商家带营销方案的。"

然而，有商标购买需求的公司，并不是"人傻钱多速来"的主儿。毕竟，职业注标人（特别是抢夺型的注标人）的商标存在不少法律风险，有可能违反《商标法》的规定，比如存在不良影响或者侵犯在先权利。当然，的确有些注标人的商标，取意讨巧，能够降低营销成本，从而成功被收购。但是，商标的价值更多的是体现在商标背后的商品质量、服务水准等无形的商业信誉上。虽然一个好听、好记、好看的商标是建立品牌的重要元素，但不是决定性的因素。

更何况，有些商标还存在许多社会道德问题。甚至有些职业注标人只顾眼前利益，忽视了商标的文化内涵，导致商标低俗化现象日趋严重。根据红徽公司起草的《关于抢注有害于社会主义道德风尚或有其他不良影响商标的状况调查》显示，据不完全统计，仅被人在避孕套产品上抢注的人名商标就有"木子美""克林顿""莱温斯基""超级女声""女子乐坊""芙蓉姐姐""刀郎"等；而被人在避孕套产品上抢注的影视剧名商标也有"大炮""星战""绝代双娇""无间道""绿茶"等，有人戏言有可能连"绿帽"也被人抢注了。

此外，还有一些千奇百怪的商标名称，被抢注在五花八门的产品或服务上。例如"泻停封"（谢霆锋）止泻药、"流得滑"（刘德华）涂改液、"本拉灯"（本拉登）灯饰、"旺家卫"（王家卫）马桶、"酥友朋"（苏有朋）沙琪玛、"最高发院"（最高法院）理发店、"立发焗"（立法局）美容院、"包二奶"雪糕等。目前的这种情形可用数不胜数、令人目瞪口呆来形容。对于恶俗怪异商标抢注频打擦边球的现象，普遍的解释是这些名称名气很大，很有商用价值，另外，容易煽动人们的想象力，能迅速提升产品知名度等。❶

这些投机取巧的注标行为，往往是傍名牌、傍名人或者傍名事（当时热门的事物），从商标法的本义上看，不应该受到鼓励，甚至直接违反了《商标法》的规定，即使注册成功，将来也可能被宣告无效。如果公司想从职业注标人手中购买一些热门的"商标"，尤其是面对职业注标人的漫天要价时，那么请注意全面考察这些商标的合法性，相信谨慎的公司都会三思而行。

不过，商标刺客因为扼住了别人的商标咽喉，如果别人不能从法律上找到击败他们的理由，那么他们往往更能卖出大价钱。有的公司即使能够找到商标刺客的法律瑕疵，但是面对不确定的诉讼风险，以及难以忍受的复杂程序和漫长等待，也愿意花钱消灾。这可能也助长了商标刺客，毕竟他们"行刺"的成本只有一两千元（包括商标申请费与代理费）。

---

❶ 郭逸晴. 恶俗怪异商标抢注频打擦边球 商标注册引发争议［N］. 南方日报，2005-12-21.

第 3 章　商标注册规划与策略选择

阅读提示：

商标注册规划的指南

- 发掘未被注册的标识，比如子/副品牌、商标的简称或别称、商号等
- 通过联合商标、分拆注册等方式，为核心商标建立更严密的保护体系
- 根据公司的雄心，决定是否进行商标全类注册
- 将程序进行到底，不要因为一次申请驳回就轻言放弃心仪的商标
- 在官费允许的范围内，不要浪费商品或服务项目的指定数量
- 要把公司的业务范围与商标注册对应起来
- 核心商标的势力范围要扩展到类似的、关联性或竞争性的商品上，商标可能应用的领域、于己不利的领域，甚至是不想被他人占有的领域
- 从多类注册到全类注册，再到全商品注册，如何克服"撤三"困境
- 商标注册应有全球化的眼光和本土化的思维，并适当采取最佳的国际注册途径
- 商标最好先注册后使用，避免被他人抢注，甚至与其他在先注册商标撞车
- 商标注册也需要强化保守商业秘密的意识

开篇案例

嘀嘀打车：补贴战后的商标战

从 2014 年 1 月 10 日开始，为了吸引用户，"嘀嘀"打车和"快的"打车分别背靠腾讯和阿里巴巴两座大山，财大气粗地发动了疯狂的打车补贴战。根据两大打车软件 3 月初官方公布的数据，仅仅持续了 55 天，补贴的资金总共超过 20 亿元人民币。从 1 月 10 日起的 55 天时间内，"快的"打车 App 全国乘客端的用户数从 2300 万元攀升到 6700 万元，全国司机端的用户数从 50 万元上升到 69 万元，总用户数人数呈现井喷式增长。而从 2014 年 1 月 10 日至 3 月底，"嘀嘀"打车的用户数从 2200 万元增加至 1 亿元，"嘀嘀"打车在此期间累计投入现金补贴 14 亿元。

2014 年 5 月 16 日，"快的"打车、"嘀嘀"打车分别通过官方微博宣布，自 17 日零点起，取消对乘客的现金打车补贴，不过，"嘀嘀"打车和"快的"打车的"烧钱"大战尚未平息，"嘀嘀"打车旋即又卷入一场商标之战中。杭州妙影微电子有限公司（以下简称"杭州妙影"）将"嘀嘀"打车软件的所有人北京小桔科技有限公司（以下简称"小桔科技"），以商标侵权之由告上了法庭，要求其停止使用侵权商标，并赔偿 8000 万元。2014 年 5 月 13 日，杭州市中级人民法院正式受理此案。"嘀嘀"商标究竟归属何处，吸引了众多媒体和公众的关注。

2012 年 9 月，小桔科技将其开发的打车应用软件"嘀嘀打车"投入市场。2012 年 11 月 28 日，小桔科技申请了图形、文字组合商标"嘀嘀打车"，指定使用在计算机程序（可下载）、已录制的计算机操作程序、计算机软件（已录制）、电脑软件（录制好的）、卫星导航仪器等商品上。

不过，在 2014 年 1 月 13 日，就在"嘀嘀"打车软件刚刚启动补贴大战之时，国家商标局就驳回了小桔科技"嘀嘀"商标的注册申请，理由是该商标与杭州妙影在先申请注册"嘀嘀"商标构成使用在相同或类似商品上的近似商标。原来，"嘀嘀"商标已经"名花有主"，其商标注册人是杭州妙影。随后，小桔科技向商评委提出了驳回复审。

早在 2012 年 5 月 21 日，商标局就核准注册了"嘀嘀"商标，核定使用商品为第 9 类的计算机程序（可下载软件）、计算机游戏软件两个商品，注册人是宁波市科技园区妙影电子有限公司（以下简称"宁波妙影"），它在 2011 年 3 月 22 日就向商标局提出了"嘀嘀"以及"Didi"商标申请。2013 年 7 月 13 日，经商标局批准，"嘀嘀"商标转让给杭州妙影。

杭州妙影成立于2009年1月14日,是一家智能交通系统软件开发公司,其负责人声称,其核心产品包括打车软件。值得注意的是,小桔科技成立于2012年7月10日,公司经营项目包括基础软件服务、应用软件服务。显然,小桔科技的成立时间还晚于"嘀嘀"商标的核准注册时间。

2014年5月19日,宁波妙影、杭州妙影在杭州就"嘀嘀"商标案召开了情况通报会。通报会上指出小桔科技对"嘀嘀"商标存在侵权行为,认为其应该承担民事责任。

对于杭州妙影的控告,"嘀嘀"打车方面表示,"嘀嘀"二字商标持有者"杭州妙影"只注册了"嘀嘀"二字,而"嘀嘀打车"的商标是文字图形组合,没有突出"嘀嘀"二字,也没有引起用户误认,小桔科技认为自己并未侵权。

"嘀嘀"打车CEO程维说:"实际上这期间,我们多次与对方沟通,但对方最终开出了8800万元的天价,而即使我们被判定为侵权,判赔数额仅只有几百万元,所以我们认为8800万元的金额是漫天要价、敲诈勒索,最终谈判无果。我们同时认为,对方在这样的时间里召开新闻发布会,应该是别有用心。"

2014年5月20日,小桔科技对外宣布,旗下打车软件品牌"嘀嘀"打车即日起正式更名为"滴滴"打车。小桔科技于2013年3月8日向国家商标局提交了"滴滴打车"的图形、文字组合商标申请。2014年4月27日,"滴滴打车"的图形、文字组合商标通过了国家商标局初审并予以公告。小桔科技宣布品牌更名,底气大约就是来自"滴滴打车"商标初审通过。

最终,闹得满城风雨的"嘀嘀"商标侵权纠纷以调解结案。原告杭州妙影和被告小桔科技达成了一揽子商标转让协议,随后杭州妙影撤回了相关诉讼。由于小桔科技的打车软件业务是属于第39类的运输服务还是第9类的软件产品(或两者都涉及),在业内还有争议,因而该案是否侵权其实也存在一些争议。不过,抛开该案的争议,从谨慎的角度来看,相关商标尚未注册即投入使用,显然不是一个最佳的选择,因为是否侵犯他人商标权并不是公司自己说了算,更何况知识产权领域的法律风险有时充满了不确定性。

资料来源:李阳阳. 嘀嘀打车涉嫌商标侵权,遭遇索赔八千万 [N]. 钱江晚报,2014-05-20;快的、嘀嘀降低打车补贴55天投20亿元值不值?[N]. 杭州日报,2014-03-06.

3.1 发掘未受关注的商标

对于公司自己设计或选择的商标标识，只要公司管理人员稍微有些商标常识和意识，一般都会主动地、积极地申请商标注册，除非他不了解商标注册的意义。但是，即使拥有良好商标意识的管理人员，也未必意识到自己可能遗忘了一些应当申请商标注册的标识。表面上看，这些公司已经将自己核心的商标进行了注册，然而，还有一些更加容易被消费者接受，或者其他一些同样具有较高商业价值的商标，却受到冷落，并且随时都有可能被"职业注标人"劫走，或者被他人抢注搭便车商标。

这些未受到充分关注的商标在哪里？现在，请和笔者一起来检查可能遗忘了的商标。除了后面详细介绍的子/副商标、商标简称、商标别称、商号、广告语，产品的外观甚至型号等在满足商标注册条件的前提下，都可以申请注册商标。

3.1.1 关注子/副商标

公司的品牌模式有很多类型，业内有人将品牌模式分为单一品牌模式、混合品牌模式、独立品牌模式和不相关品牌模式四种类型，如表3-1所示。不过，即使是单一品牌模式之下，也并不表明公司的产品只有一个品牌名称。

表3-1 不同的品牌模式

品牌模式	内涵	例证
单一品牌模式	所有产品系列不论其有多宽广都使用一个品牌名	海尔公司在其冰箱、彩电、空调、电脑、手机等产品上均使用同一品牌"海尔"，日本的佳能公司也是一样
混合品牌模式	每一个系列产品都有独立的品牌名，但所有系列同时又分享一个共同的品牌	如日中天的苹果公司旗下有 MacBook、iPad、iPhone、iPod 等品牌，但都分享一个共同的品牌 Apple（或其苹果图形商标）

续表

品牌模式	内涵	例证
独立品牌模式	每一个系列都拥有一个独立的品牌名，其中只有一个系列的品牌可以使用公司名称	福特公司旗下的"福特""林肯"等每个品牌都有其各自独立的标志，它们之间的品牌名及总体形象没有关联，因为福特公司认为"福特"是大众市场的汽车，不会为其他高级汽车品牌增值，反而会削弱其他品牌
不相关品牌模式	每一个品牌都是一个独立互不相干的品牌，且与公司名称无任何联系	宝洁（P&G）不仅在洗衣粉、洗发水、淋浴皂、纸尿裤等不同系列的产品上采用了完全不同的品牌，而且在同一产品系列上也采取了多品牌模式，其洗发水下属的海飞丝、飘柔、潘婷、沙宣等品牌，分别以"去屑""柔顺""健康亮泽""专业"的不同定位，取得了商业上的成功

采用单一品牌模式的企业，为了区分不同层次、定位或者特质的产品，往往会采用"主副品牌"的策略，即以一个已经成功品牌作为主品牌，涵盖企业各个系列的产品，同时又给不同产品取一个生动活泼、富有魅力的名字作为副品牌，以突出产品的个性形象。这样就既可节约传播费用，又可以尽量避免危机的连锁反应。比如，"格力"空调品牌旗下有"全能王""睡梦宝""月亮女神""冷静王"等系列空调，既分享了主品牌"格力"的品牌资产，又丰富与凸显了具体产品的个性，可以说是一举两得，相得益彰。

从商标法的角度，主品牌被称为主商标或母商标，副品牌则是副商标或子商标。对于主品牌，多数企业都会有意识地采取商标注册保护。但对于副品牌，有的企业可能只是把它当作一个广告宣传语或者口号，似乎忘记了它也可能是一个商标，甚至有的企业经常把自己的副品牌当作产品类别的通用名称来使用，长此以往，就会产生巨大的法律风险。

风险一：副品牌被他人抢注为商标，自己使用反而受到限制。

风险二：副品牌被通用为产品名称，变成人人都可用的符号。

因此，请检查自己企业的品牌体系，除了主品牌外，还要着重核查那些副品牌是否受到良好的商标注册保护。

管理提示

为副品牌加上 TM

有的企业对于某些副品牌，也许只是临时性使用，过了这个销售季节可能就淘汰了。对这些副品牌，是否应当进行商标注册呢？从审慎的角度，笔者还是建议注册，因为公司有时很难预料这个副品牌的将来，它或许会因为商业上的成功，而一不小心变成了具有市场号召力的主打品牌。何况，在中国注册一个商标的花费并不高，根据财政部、国家发展改革委财税〔2017〕20 号文件，自 2017 年 4 月 1 日起，受理商标注册的官费已经降至 300 元人民币（当然仅限指定同一类别的 10 个商品项目。10 个以上商品，每超过 1 个商品，每个商品加收 30 元），而且一次注册 10 年有效。等别人将你的副品牌抢注为商标后，你才后悔当时应该"浪费 300 元"时，可能已经晚了。

如果公司实在不想将副品牌注册为商标，或者因为副品牌缺乏显著性，不能取得商标注册，笔者建议公司应该在这个未注册的副品牌上加注"TM"字样，表示这是公司的商标，或者在产品包装、产品说明、广告宣传等商业宣传或说明中直接声明这是"本公司的商标"，而不是可以随便使用的公用符号。这样至少可以确立公司的在先权利，尽管暂时不受注册商标的保护，但可能享受反不正当竞争法的保护，甚至有可能成为未注册的驰名商标。就像蒙牛乳业的"酸酸乳"一样，作为一个副品牌，它最初没有获得商标注册，却通过诉讼取得了驰名商标的待遇，最后反过来帮助它成功注册为商标。

3.1.2 被忽略的简称

有的品牌名称比较长，为了称呼简便，有的消费者喜欢称呼品牌的简称或者是"品牌＋产品"的简称，这在日常生活消费品中尤其常见。比如喝啤酒的人称"重庆啤酒"为"重啤",称"哈尔滨啤酒"为"哈啤"。这些与商标相关的简称,在特定的消费群体中,起着与商标一样的作用,甚至更为消费者常用。因此,不要忽视这些商标简称的作用,这也是公司宝贵的财富,如果公司还没有将它们注册的话,请赶快行动。

哈尔滨啤酒诞生于1900年,是中国最早的啤酒品牌,如图3-1所示,2002年被评为"中国名牌产品"。2002年,正当哈啤集团发展得红红火火的时候,却在国内市场上发现大量圣士丹啤酒有限公司生产的多种听装、瓶装啤酒包装装潢上,标注"哈啤金酒",这四个字分两排,"哈啤"在上,"金酒"在下。哈尔滨市工商行政管理局曾依据《反不正当竞争法》,对被告予以行政处罚并查封了其部分产品。但圣士丹啤酒有限公司依然我行我素,没有停止其侵权行为。

图3-1 哈尔滨啤酒标志

2003年10月末,哈尔滨啤酒有限公司将其告上了法庭。原告、被告双方围绕"哈啤"是否为原告知名商品特有名称,被告行为是否侵犯原告合法权益,构成不正当竞争,应否予以赔偿等问题,展开了唇枪舌剑。

哈尔滨市法院审理后认为,根据哈尔滨啤酒生产销售的时间和地域,该商品年产量、销售额、市场占有率,该商品在同行业同类产品中的排名及该商品的广告投入和为消费者熟知的情况等,可以认定哈尔滨啤酒为知名商品,"哈啤"为其特有名称,❶专用权受法律保护。任何人未经许可擅自在同类商品上使用"哈啤"名称,均系侵权行为。

法院认为,被告生产的啤酒包装装潢上,不论是横排书写"哈啤",

---

❶ 所谓知名商品的特有名称,是指不为相关商品所通用,具有显著区别性特征,并通过在商品上的使用,使消费者能够将该商品与其他经营者的同类商品相区别的商品名称。它实际上可以被认为是"未注册的商标"。

还是竖排书写"哈啤",均足以造成消费者混淆误认。这种行为损害了原告商业信誉、商品声誉,有违商家均应恪守的诚实信用原则,亦违反《反不正当竞争法》的有关规定,侵犯了原告知名商品特有名称的专用权,应承担相应的民事责任。依据1993年《反不正当竞争法》第5条第2款、第20条之规定,法院判决:被告哈尔滨圣士丹啤酒有限公司立即停止在其生产的各类啤酒上使用原告哈尔滨啤酒有限公司知名商品的特有名称"哈啤";被告哈尔滨圣士丹啤酒有限公司赔偿原告哈尔滨啤酒有限公司经济损失30万元。

判后,圣士丹啤酒有限公司不服,向黑龙江省高级人民法院提出上诉。经省高院调解,圣士丹啤酒有限公司认可哈尔滨啤酒为知名品牌,"哈啤"为该知名商品特有名称;承认以往的包装容易造成消费者误认,并保证今后要规范使用其商标。哈尔滨啤酒有限公司也同意放弃圣士丹啤酒有限公司赔偿的30万元经济损失。❶

在哈尔滨啤酒有限公司诉哈尔滨圣士丹啤酒有限公司不正当竞争纠纷案中,"哈啤"最终被认定为哈尔滨啤酒有限公司知名商品的特有名称(因为还没有取得"注册商标"),从而保住了"哈啤"这个品牌不被他人所夺,虽然值得庆幸,但其中的商标问题颇值得思量。

圣士丹啤酒有限公司之所以在自己的啤酒产品上能大胆使用"哈啤",而且受行政处罚后,依然我行我素,甚至一审败诉后还不服气,继续上诉,不到最后调解不认输。恐怕其原因在于圣士丹啤酒有限公司认为哈尔滨啤酒有限公司并不享有"哈啤"商标,因而自己是理直气壮地在使用"哈啤"。

事实上,哈尔滨啤酒有限公司在起诉圣士丹啤酒有限公司的时候,连"哈尔滨啤酒"这个全称也没有注册为商标。"哈尔滨啤酒"这个词组尽管在商标的显著性上极其脆弱,但历经百年的商业洗礼,早就具有了第二含义,获得了显著性,因此,商标注册的绝对障碍已然不是问题。然而,我们在国家工商行政管理总局商标局的中国商标网上,查询"哈尔滨啤酒"的商标注册状况时,发现"哈尔滨啤酒"直到2004年5月26日才被哈尔滨啤酒有限公司提出商标注册的申请(申请号/注册号为4085749),这已经是在起诉圣士丹啤酒有限公司之后的事情了。所以,我们看到法院判决

---

❶ 贾晋璇,雷蕾."哈啤"之争了结"圣士丹"被判侵权 [EB/OL]. [2004-10-31]. http://www.trademark.gov.cn.

时，认定"哈尔滨啤酒为知名商品"，而没有提到这是一个"注册商标"。

2003年，广州林叶机电公司申请在汽车上注册"广本"商标，广州本田汽车公司提出异议，2010年商评委裁定，"广本"商标不予注册。虽然在"哈啤""广本"的简称之争中，哈尔滨啤酒、广州本田汽车最终赢得了胜利，但是，在索尼爱立信（Sony Ericsson）身上上演的商标诉讼，又提醒大家：不要指望公司的品牌简称总会获得胜利、物归原主。

"长久以来，'索尼爱立信'被非正式简称为'索爱'，这是我们不可以接受的。"索尼爱立信集团副总裁兼中国区主管卢健生自2007年6月上任以来，在多个场合提到，请称我们为"索尼爱立信"而不是"索爱"。他对媒体说："把'索尼爱立信'简称为'索爱'，一方面不能充分体现两家母公司原来的品牌效应，另一方面也会使消费者失去理解'索尼爱立信'背后含义的机会。"

一语成谶！"索爱"最终真的与"索尼爱立信"分道扬镳，然而，这并不是索尼爱立信所乐见的结局。

2003年3月，刘建佳向国家商标局提出"索爱"商标注册申请，并于2004年8月核准，核准使用商品为第9类影碟机、扬声器音箱、电话机等。2005年6月，索尼爱立信公司向商评委提起撤销"索爱"商标注册的申请。从此，一场漫长的诉讼战拉开了序幕。经过一波三折，最高人民法院在2010年12月作出的驳回再审申请通知书，最终让索尼爱立信失望而归："在争议商标（'索爱'）申请日前，索尼爱立信公司并无将争议商标作为其商业标识的意图和行为，相关媒体对其手机产品的相关报道不能为该公司创设受法律保护的民事权益。"❶

根据当年媒体报道，由刘某佳担任董事长的广州市索爱数码科技有限公司宣布将大规模进军手机市场，与索尼爱立信正面竞争（现在索尼爱立信的手机已经难觅踪影）。日本索尼公司2012年2月宣布完成收购爱立信所持索尼爱立信的50%股份，并将"索尼爱立信"更名为"索尼移动通信"，自此"索尼爱立信"品牌彻底退出历史舞台。而所谓"索爱"手机更是只见雷声、不见雨点。这算是"索尼爱立信"品牌之幸，还是"索爱"商标之不幸？

3.1.3 小心商标的别称

IBM一贯被业界尊称为"Blue Giant"（蓝色巨人），有人评价说：

---

❶ 袁真富. 被忽略的商标［J］. 中国知识产权，2011（8）.

"IBM 前三十年的历史，就是 IT 业前三十年的历史。"但是，IBM 公司的一位高管曾经非常抵制"Blue Giant"的称谓，他说："我们是 IBM，而不是什么'Blue Giant'。"不过，当加州一家销售计算机的公司命名为"Blue Giant"后，IBM 公司又提出了权利主张。与 IBM 公司不同，美国辉瑞公司对中文媒体对其 Viagra 产品自行命名的"伟哥"名称，倒是一开始就颇有兴趣，只不过，它在中国这个商标申请竞争激烈的市场，还是行动有些"迟缓"了。

1997 年，四位美国医学家通过多年苦心研究，试制成一种治疗心脏病的药物。没想到在试服期间医学家们意外发现，该药对心脏病没产生什么奇效，该药对扫除男性性功能障碍有奇效。真是东方不亮西方亮，科研人员如获至宝，立即转移努力方向，致力于将该药研制成专治阳痿的药物。这就是后来红遍全球的神奇蓝色小药丸——Viagra。

这粒蓝色的药品一问世，即备受关注："一粒比黄金贵 14 倍的药片""一个在全球游荡的蓝色精灵""一项赢得诺贝尔奖的发明"……各种报道和评价接踵而至。后来香港媒体根据音译，给它取了个一语双关的中文名字——伟哥。伟哥一出世便在美国掀起一股抢购风潮。更让人瞠目的是，美国的科研人员也因为伟哥而捧走了诺贝尔奖。

从 1998 年 6 月到 12 月，"伟哥"成为红极一时的流行词汇，据统计，当时中国约有 320 种以上杂志、1800 种报纸刊文介绍过美国"伟哥"，"伟哥"两字的无形资产已价值连城。众多中国商家已从中嗅出了无限商机，它们更掂出了"伟哥"这两个字的含金量。于是一股商标抢注风骤然刮起，据粗略统计，国内企业加入"伟哥"商标注册申请行列大战的竟达 30 多家。❶

从中国商标网上的"伟哥"商标查询结果来看，如表 3-2 所示，在第 5 类❷药品和其他医用制剂等商品上，提出"伟哥"商标注册申请的企业除了美国辉瑞公司，还有不少其他公司，当然，很多企业的"伟哥"商标注册申请被驳回或者商标注册被撤销（无效）。

---

❶ 佚名. "伟哥"事件告诉中国企业家什么［EB/OL］.［2006-08-17］. http://www.qst900.com.

❷ 商品分类第 5 类为"医用和兽医用制剂，医用卫生制剂，医用营养品，婴儿食品，膏药，绷敷材料，填塞牙孔和牙模用料，消毒剂，消灭有害动物制剂，杀真菌剂，除锈剂"。本类主要包括药品和其他医用制剂等商品。

表3-2 "伟哥"商标查询结果

序号	申请号	类别	商标名称	注册人
1	1911773	5	伟哥	四川长征制药股份有限公司
2	1911776	5	伟哥	成都伊尔康制药有限公司
3	1911779	5	伟哥	成都伊尔康制药有限公司
4	1911783	5	伟哥	成都迪康实业发展有限公司
5	1911785	5	伟哥	深圳龙华生源妇女用品店
6	1911789	5	伟哥	长沙市康乐制药厂
7	1911791	5	伟哥	福建省永春制药厂
8	1911794	5	伟哥	哈尔滨红太阳药业有限公司
9	1911796	5	伟哥	浙江兰溪古龙药业有限公司
10	1911798	5	伟哥	沈阳飞龙保健品有限公司
11	1911802	5	伟哥	辉瑞有限公司
12	1911805	5	伟哥	辉瑞有限公司
13	1911806	5	伟哥	恒隆贸易（香港）公司
14	1911809	5	伟哥	浙江康恩贝集团医药销售公司
15	1911811	5	伟哥	红桃开集团股份有限公司
16	1911813	5	伟哥	深圳海滨制药有限公司
17	1911815	5	伟哥	深圳海滨制药有限公司
18	1911818	5	伟哥	广州威尔曼新药开发中心有限公司
19	1911833	5	伟哥	陕西省秦光制药厂

自己辛辛苦苦研发，却让别人来分享胜利成果，恐怕谁都不会乐意。通过查询，辉瑞公司早在1998年5月29日就以07025/1998号医药剂·香港商标分类第5类在香港申报了"伟哥"汉字商标，这说明，辉瑞公司已经注意到了世界华人包括中国媒体关于Viagra的报道，并已看出了具有中国特色的"伟哥"两个字作为商标的价值。

不过在中国，辉瑞公司在1998年7月24日在第5类"人用药、医药制剂"上提出了"万艾可"的商标注册申请（申请号为1335239）后，直到1998年8月12日才在第5类"人用药、医药制剂"上向国家商标局提出了中文繁体"偉哥"商标的注册申请（申请号为1911802、1911805）。然而，辉瑞公司没有料想到，在中国，"伟哥"商标申请的竞争是如此的激烈，数十家公司和个人加入了争抢"伟哥"的行列。最要命的是，有人抢在辉瑞公司的前面。广州威尔曼药业有限公司（以下简称"威尔曼公司"）于 1998 年 6 月 2 日就向商标局提出"伟哥"商标的注册申请——这家公司后来和辉瑞公司围绕商标等知识产权问题发生了一系列的诉讼。

为了夺回"伟哥"，辉瑞公司不仅在商标异议及其后面的行政诉讼上开辟战场，还以"伟哥"未注册商标权利人的身份，向威尔曼公司等主张不正当竞争或未注册驰名商标侵权，但最高人民法院的意见同样让辉瑞公司感到沮丧："在原告（辉瑞）明确认可其从未在中国境内使用某一标识（伟哥）的情况下，他人对该标识所做的相关宣传等行为，由于未反映原告将该标识作为商标的真实意思，不能认定该标识构成其未注册商标，更不能认定构成其未注册驰名商标。"［（2009）民申字第 313 号］换言之，既然辉瑞公司没有实际用过这个"伟哥"商标，媒体闹腾得再厉害也与辉瑞公司无关，"伟哥"不是辉瑞公司的未注册商标！

辉瑞公司可能感到憋屈，作为一个审慎的大公司，对于尚未确定归属的"伟哥"商标，它自然不敢贸然使用。可能正因如此，辉瑞公司一直为它的"VIAGRA"使用了"万艾可"这个中文名，而对"伟哥"这个家喻户晓的商标则一直按兵不动。❶

"伟哥"商标事件展现了在市场竞争中的商标战是如何的激烈。显而易见，"伟哥"并不是辉瑞公司官方钦定的中文商标名称，但是在媒体的推波助澜之下，香港媒体翻译的"伟哥"俨然成了"Viagra"的正宗中文名字。不过，作为"Viagra"的别称，"伟哥"并不一定就当然归属于辉瑞公司，在前面我们已经看到，数十家企业，特别医药企业早已对"伟哥"商标虎视眈眈，竞相提出商标注册申请。有的人抱怨辉瑞公司起了一个拗口的"万艾可"，为什么不使用大家耳熟能详的"伟哥"？如果了解内情，就知道辉瑞公司的苦衷了。

由此可见，有的商标（特别是外文商标），它在消费群体或者在当地媒体中另有别称，另有其名，尽管企业不能被消费者的称呼牵着鼻子走，但是，如果公司认为这些别称有价值的话，或者被他人注册将损害自己的利益时，公司应当针对这些别称或别名，及时申请注册为商标。不要犹豫太久，千万不要落在竞争对手或职业注标人的后面。

---

❶ 袁真富. 被忽略的商标［J］. 中国知识产权，2011（8）.

背景知识

未注册的商标也可能得到保护

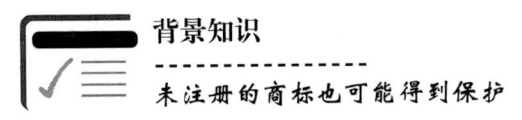

我们一直在强调公司应当为自己的商标提供注册保护，以免遭遇抢注或他人的侵权指控。不过，需要澄清的是，未注册的商标并非不能获得法律的保护。相反，2013年修正后的《商标法》反而加大了对未注册商标的保护。

比如：《商标法》第13条第2款规定："就相同或者类似商品申请注册的商标是复制、摹仿或者翻译他人未在中国注册的驰名商标，容易导致混淆的，不予注册并禁止使用。"《商标法》第15条第1款规定："未经授权，代理人或者代表人以自己的名义将被代理人或者被代表人的商标进行注册，被代理人或者被代表人提出异议的，不予注册并禁止使用。"该条第2款进一步规定："就同一种商品或者类似商品申请注册的商标与他人在先使用的未注册商标相同或者近似，申请人与该他人具有前款规定以外的合同、业务往来关系或者其他关系而明知该他人商标存在，该他人提出异议的，不予注册。"《商标法》第32条明确规定："申请商标注册不得损害他人现有的在先权利，也不得以不正当手段抢先注册他人已经使用并有一定影响的商标。"因此，自己的未注册商标（不限于驰名商标）也可以享有一定的排斥他人抢注或使用的权利，这也是诚实信用原则在禁止商标抢注方面的具体表现。

此外，未注册商标还可以获得《反不正当竞争法》的保护，该法第6条规定："经营者不得实施下列混淆行为，引人误认为是他人商品或者与他人存在特定联系：（一）擅自使用与他人有一定影响的商品名称、包装、装潢等相同或者近似的标识……"这里的"有一定影响的商品名称、包装、装潢"可以视为一个知名的未注册商标。

尤其值得注意的是，《商标法》第59条第3款还规定了未注册商标的在先使用权："商标注册人申请商标注册前，他人已经在同一种商品或者类似商品上先于商标注册人使用与注册商标相同或者近似并有一定影响的商标的，注册商标专用权人无权禁止该使用人在原使用范围内继续使用该商标，但可以要求其附加适当区别标识。"

不过，总体上看，未注册商标要满足比较严格的条件，才能取得法律保护；同时，要获得这些法律保护，往往需要承担较重的举证责

> 任；即使未注册商标可以获得前述法律保护，我们也可以看到这些法律保护相比于注册商标，仍然是有限的保护。这正是未注册商标的风险所在，而注册商标只要被核准注册，就可以轻易地、稳定地获得较大的法律保护。
>
> 绕了一个圈子后，笔者还是郑重建议，请对公司的商标采取注册保护的方式。

3.1.4　反转的商标

北京有位名叫韩颐和的策划人，早在1991年10月4日，就申请了一项实用新型专利"旗帜飘扬器"（CN91225689），该实用新型专利提供了一种旗帜吹风装置，该装置由一个可控制升降的圆筒、一根空心旗杆以及一个气泵组成。这种装置可让悬挂在一些重要场合里的旗帜随时都能迎"风"飘扬。据说，香港回归交接仪式上的国旗以及北京奥运会会旗"无风"飘扬的壮观，都是该专利的应用成果。

10年后，韩颐和从专利转战到商标领域。2001年11月，他以其成立的北京飘扬文化艺术有限公司（以下简称"飘扬公司"）向商标局申请了一个商标——"WONDERFUL 万德福及图"（申请号为3020766，以下简称"'W'商标"），指定使用在第42类"非贸易业务的专业咨询、研究和开发、餐馆、咖啡馆"等服务上。这样一个听上去传统气息浓重的商标本无新奇，但商标图案中一个大写的W偏偏就是麦当劳的大M（金色拱门图形）倒过来的（至少麦当劳是这样认为的），而且色调相似，如图3-2所示。

图3-2　万德福商标 VS 麦当劳商标

2004年10月，韩颐和又在第33类酒类商品上申请了一个"后羿"商标，在2012年举国上下强烈抗议日本侵犯中国钓鱼岛主权的"关键时刻"，韩颐和再次出手，用其"后羿"商标与酒厂合作生产了各种酒，并打出"喝后羿美酒、做射日英雄"的口号，不失时机地将"后羿"打造成为"爱国主义公益商标"，让"后羿射日"这个神话传说焕发出新的生机，让酒桌成为民间抗日的新阵地。此为后话，暂且不表。

再回到"W"商标上来，话说当初韩颐和声称"W"商标也要跻身快餐业，并针对麦当劳公司提出要"颠倒其品牌，复制其产品"，与麦当劳同台竞争。当然，麦当劳公司绝对不会坐视不管。在"W"商标初审公告3个月即将届满前，麦当劳公司经过充分准备后，向商标局递交了重约6公斤的证据材料，正式提出商标异议申请，认为"W"商标与其"M"商标外观上构成近似商标，且使用的服务近似，容易使消费者产生混淆。一场绵延10余年马拉松式的商标战争由此开幕。

商标局裁定"W"商标不予核准注册。飘扬公司不服，向商评委申请复审。商评委虽然裁定驳回了"万德福"商标在"餐馆、咖啡馆、鸡尾酒会服务、饭店、酒吧、茶馆服务"等上的注册申请，但对其在"非贸易业务的专业咨询、研究和开发（替他人）、包装设计、服装设计"等服务上的申请却给予维持。

又轮到麦当劳公司提起行政诉讼，要求彻底驳回"W"商标申请。经过一审和二审，法院最终维持了商评委的裁定。2013年，北京市高级人民法院终审判决认为，"W"商标指定在非贸易业务的专业咨询等服务、包装设计、服装设计等服务，与麦当劳"M"商标核定使用的餐馆等服务，在服务的目的、内容、方式、对象等方面差别较大，不会造成相关公众误认。❶

韩颐和指责麦当劳公司太霸道："你M商标正着是个门，我W商标反过来是个容器，含义是个碗，跟你麦当劳有什么关系？"❷ 看起来，像"碗"的"W"商标更适合餐饮行业，不过，他这个"W"商标最终核定使用的服务项目与餐饮行业却没有任何关系。

韩颐和被捧为策划大师、智慧天王、创意鬼才，在诸多宣传中，"万

---

❶ 麦当劳欲全面封杀"W"商标未遂 告商评委终审败诉［EB/OL］.［访问日期不详］. http://news.xinhuanet.com/fortune/2013-09/04/c_117230942.htm.

❷ 麦当劳告万德福商标侵权败诉 起诉商评委被驳回［EB/OL］.［访问日期不详］. http://news.cnr.cn/gnxw/201112/t20111209_508906576.shtml.

德福商标惹翻了麦当劳"俨然已经成为韩颐和的经典策划案例。不过，从商标管理的角度，笔者对此"商标策划"着实不敢表示恭维，感觉多少有些山寨之嫌疑。

然而，对于麦当劳公司这些商标权利人，却要从中发现一个问题，公司的商标是不是容易被反转过来，成为别人注册或使用的商标呢？

北京游卡桌游文化发展有限公司在第 28 类纸牌等商品上，申请注册了第 7635847 号"游卡桌游"等商标。后来它发现北京一家公司在生产销售标有"卡游桌游"的竞争性桌游产品。还好，上海市普陀区人民法院判决"卡游桌游"构成对"游卡桌游"商标侵权。

问题在于，并不是每一个反转过来的商标，都会获得类似"W"商标被驳回注册或"卡游桌游"被判决侵权的结果，而这才是真正的麻烦。

"途安"是一款小型 SUV 汽车品牌，是大众于 2003 年研发的车型。2004 年，大众向商标局提出了第 12 类商品上的"途安 TOURAN"商标注册申请。商标局于 2006 年核准了"途安 TOURAN"商标在摩托车、自行车等商品上的注册，但驳回了大众最想获得的在汽车车身等商品上的注册申请，理由是与注册在汽车配件商品上的第 276188 号"安途 ANTU 及图"商标，构成类似商品上的近似商标。经过一系列行政程序和行政诉讼后，北京市高级人民法院终审认定二者并不构成类似商品上的近似商标，大众最终还是如愿以偿。

值得注意的是，"安途 ANTU 及图"商标权人曾出具过一份书面声明，表示同意大众注册"途安 TOURAN"商标。❶ 看起来，"安途 ANTU 及图"商标权人并不介怀，当然，其也有可能是基于商业关系而"被迫"表示同意。

不过，在很多情形下，明明是将商标反转过来，但从内涵外延到视觉形象，的确迥然不同，完全可能合法注册或使用。当然，即使如此，可能也无法割断两者之间某种程度的客观联系。作为商标权人，公司得仔细审视一下这样的情况是否可以接受，尤其要小心山寨厂商的"合法"攀附。如果公司不喜欢这样的话，应该考虑一下防御性地注册这些反转的商标标识。❷

---

❶ 杨强．"安途"与"途安，是近似商标吗？[N]．中国知识产权报，2009 - 12 - 11．

❷ 袁真富．反转你的商标 [J]．中国知识产权，2014 (7)．

3.1.5 商号也可是商标

我们再把视线转向企业名称中的商号（或字号）。商业标识权利冲突一直是知识产权保护的焦点、热点和难点问题，其中尤为突出的是企业名称与商标之间引起的冲突纠纷，似乎已成为顽固不化、积重难返的疑难病症。

企业名称是区别不同市场主体的标志，一般由行政区划、商号（字号）、行业或者经营特点、组织形式构成，其中商号是区别不同企业的主要标志，是企业名称的核心和精髓。比如"北京万慧达知识产权代理有限公司"是一个企业名称，其中"万慧达"即为商号，它才是区分不同知识产权公司的标志。

由于商号与文字商标在构成要素上有其相同之处，于是有人规避法律，在企业的商号中使用他人的文字商标，或在自己的商标中使用他人的商号，借此"合法"窃取他人的商业信誉，从而引起了公司名称与商标的冲突。

"惠工－海菱"与"海菱－惠工"的争议可谓是商标与商号冲突中最为极端的案例。❶ 原告中国标准缝纫机公司上海惠工缝纫机三厂（以下简称"惠工厂"）成立于1992年2月，其申请的"海菱"文字及图形商标于1998年10月获准注册，核定使用商品为第7类：缝纫机。2002年1月，"海菱"注册商标被认定为上海市著名商标。而被告东阳市华联衣车有限公司（以下简称"华衣公司"）却在1999年12月获得了"惠工"中文文字、拼音及图形组合的商标注册，核定使用商品为第7类：缝纫机、熨衣机、工业缝纫机台板、工业缝纫机、裁布机、包缝机等。被告上海海菱缝纫设备制造有限公司（以下简称"海菱公司"）成立于2000年4月23日，旋即在2000年4月28日与华衣公司签订商标使用许可合同，获得在第7类商品上使用"惠工"商标的权利。

于是，"惠工"厂生产"海菱"牌缝纫机，"海菱"公司出品"惠工"牌缝纫机，商标与商号各换一个位置，而且都是经过合法程序取得的，让许多消费者难辨真伪，给原告造成了很多的损失，双方因此对簿公堂。

---

❶ 上海市第二中级人民法院"中国标准缝纫机公司上海惠工缝纫机三厂诉上海海菱缝纫设备制造有限公司等不正当竞争纠纷案"，(2001) 沪二中知初字第216号民事判决书。

抛开被告从事不正当竞争的行为不论，从商标管理的角度，笔者认为原告惠工厂存在明显的失误，否则这样的故事可能就不会上演。惠工厂尽管为自己的缝纫机产品注册了"海菱"商标，却忘记了把自己的商号"惠工"申请注册为商标，结果让别人注册成功，为日后的不正当竞争活动提供了"合法性"基础。

很多公司的商号与商标是分开的，这并非不可以，但一定要记得把自己商号注册为商标，否则就会给他人以可乘之机。目前在我国，公司名称登记与商标注册是两套各自独立的体制，因此，获得了公司名称登记注册，并不能理所当然地意味着也可以直接获得商标法上的保护。

另外，需要解释一下，商标注册在全国是统一的，只有一个机关即商标局，受理商标注册申请。而根据《企业名称登记管理规定》[1]，我国对企业名称实行分级登记管理，2021年新版《企业名称登记管理规定》第2条县级以上人民政府市场监督管理部门都有权力核准登记企业名称。企业申请登记注册的名称，在登记主管机关辖区内不得与已登记注册的同行业企业名称相同或者近似。换言之，在不同的登记主管机关辖区，不同的企业，无论是否在同一行业都可以使用相同的商号。同时，即使在同一登记主管机关辖区内，不同行业的不同企业也可以使用相同的商号。例如，上海克莉丝汀食品有限公司与苏州市克莉丝汀食品有限公司都可以在上海和苏州各自"合法"登记注册。

企业名称登记的地区分割和行业分割，是造成企业名称秩序混乱的根源。许多企业借此登记注册他人有名的商号，甚至登记他人有名的商标。所以，即使把你的商标作为企业商号登记（商标商号一体化），在目前的企业名称登记体制下，还是很难阻止他人将别人的商标作为其企业名称中的商号加以登记，因为他人可以在另一个登记主管机关登记相同的商号，或者在同一登记主管机关辖区内的不同行业上登记相同的商号。

当然，如果你认为他人的企业名称使用了你的商标，侵害了你的商标权或构成不正当竞争，你可以提起诉讼来禁止这种行为，目前已有不少这样的成功案例。

3.1.6 可商标化的广告用语

《商标审查审理指南》下编第四章"商标显著特征的审查"指出：

---

[1] 《企业名称登记管理规定》于2020年12月修订，为方便读者理解案例，本书仍沿用修订前的规定。——编辑注

"表示商品或者服务特点的短语或者句子,普通广告宣传用语",属于《商标法》第 11 条第 1 款第 3 项所指的不得作为商标注册的"其他缺乏显著特征的"情形。比如,指定使用商品为"箱、包"的短句"一旦拥有,别无所求"(对使用对象进行引导),指定使用商品为"饲料"的短句"让养殖业充满生机"(暗示使用商品的效果)。

不过,《商标审查审理指南》同时又指出,"但与其他要素组合而整体具有显著特征的除外"。例如,指定使用商品为"工业用黏合剂"的短句"木匠是朋友 woodman is friend",指定使用商品为"片剂"的短句"抓住它,别让它轻飞走",以及如图 3-3 所示的"世纪行/一旦拥有,全程无忧"(指定使用服务:保险),均可以作为商标核准注册。

《商标审查审理指南》前述的简单规定,是划分"广告用语"能否注册的实务标准。不过,由于广告用语有长有短,有具体有抽象,有写实有夸张,有比喻有双关,寓意丰富,表达百变,因此,其作为商标能否取得注册,标准难以捉摸,区别颇为微妙。例如,BP 股份公司申请的"不仅贡献石油"(6 个汉字)被驳回了,而该公司的另一枚商标——"超越石油"(4 个汉字)则注册成功,可能相对简短、抽象的"超越石油"更容易被认为具有显著性。因此,将广告用语申请商标,需要仔细分析、斟酌,甚至要冒着"浪费"申请费和代理费的风险。

根据李笑冬先生的分析,他认为,取得商标注册的"广告用语"通常具有以下特点。

(1)"抽象":广告用语传递的是一种精神层面的感受。所表达的语句,不牵涉产品与服务的任何名称或特点。若有牵涉,那么其描述也应当是隐含的、间接的,是写意而非白描。例如,"JUST DO IT"和"我就喜欢",上述语句没有牵涉任何产品与服务的特点。不同的人面对上述语句,所形成的感受多种多样。

(2)"简短":字数越多,越容易被认定为普通的广告用语。简短本身就是标志符号的基本特征之一。例如,中国移动的"我能"(注册号:4016885,核定服务:电话业务等);强生公司的"因爱而生"(注册号:5547727,核定商品:香皂等)。

(3)"组合词汇的独创性以及词汇本身的显著性":广告用语中的词汇与词汇之间尽量不要有较为固定的语言意义上的关联,所用词汇当中,最好有一个

图 3-3 世纪行

或更多的相对于指定商品或服务较为独特的词汇，或者至少在词汇排列组合上采用特殊的顺序和方式。例如，"亲近生活，美化生活"（注册号：3832548，核定商品：第 3 类化妆品等），其中起首部分的"亲近"与"生活"之间没有语言意义上的固定关联。

（4）"避免使用太常用的广告词"：比如"未来""希望""智慧""财富"之类，也许上列的每一个词汇都可以单独取得注册，但当这些词汇出现在语句里的时候，容易因其常用性而使语句变得普通。例如"与你共创明天"其中的"共创""明天"都是较为常见的广告词汇，由此形成的语句亦较为普通。

（5）"嵌入主标"：如果上述几点因素都无法满足，形成的语句被驳回的风险很高，那么可选方案是"在语句中嵌入企业的主标"，比如"GE 梦想启动未来"。

需要进一步指出的是，其一，嵌入的主标最好是文字，而非图形，因为广告用语本身是文字，能赋予、提升广告用语显著性的要素，从道理上讲，应当是文字。

其二，主标嵌入商标能发挥作用，关键是主标本身要有较强的独创性和显著性，若有知名度，则会更好。主标在商标中出现的比例和位置，应当是醒目的、显著的，比如，处于商标起首的位置，或者是主标本身相对"较大"，如果其他语句所占比例过大，冲淡了主标的醒目程度，也可能难以形成显著性。

其三，若采用突出的外形特征，赋予其明显的标志性质，将进一步强化其显著性，例如："士力架 随时随地添能量"（注册号：3746412，核定商品：饼干等，该商标为文字结合图形，其字体及结构具有设计特征，并有指定颜色）。

其四，与主标结合的广告用语，不应太过普通，至少应是介于"可注册与不可注册之间"的，俗称"可过、可不过"的那种情况，在这种情况下，添加企业主标方可起到效果。否则，如"要买房到建行"（申请号：6681828）、"好变频 格力造"（申请号：7695087，指定商品：空气调节装置）等都被驳回了。虽然嵌入了主标"建行""格力"，但"要买房找……""好变频"这样的句式及词汇确实显著性太弱。而"建筑有鲁班 服务有建行"就被核准了，相比于"要买房找……"，"建筑有鲁班"针对金融服务的显著性明显要强很多。

（6）"长期实际使用形成的高知名度会赋予广告用语以显著性"：例

如,"钻石恒久远 一颗永流传"(注册号:6050544,核定商品:第14类宝石等)、"只溶在口 不溶在手"(注册号:1635156,核定商品:巧克力等),其显著性得以形成的重要因素就是其长期的实际使用以及高知名度。❶

> **资料链接**
> ------------------
> *广告用语商标:已注册的与被驳回的*
>
> 一、先来看看,都有哪些"广告用语"作为商标取得注册了
>
> 1. 耐克(NIKE)的"JUST DO IT",注册号:3592824(核定商品:第25类服装等);
>
> 2. 阿迪达斯(ADIDAS)的"IMPOSSIBLE IS NOTHING",注册号:G 805907(核定商品:第25类服装、鞋等);
>
> 3. 麦当劳的"我就喜欢",注册号:5237863(核定服务:第43类餐馆等);
>
> 4. 花旗集团(CITI)的"YOUR CITI NEVER SLEEPS"(翻译为中文是:"您的花旗从不歇息"),注册号:3200413(核定服务:第36类银行、金融服务等);
>
> 5. 联邦快递公司(FEDEX)的"THE WORLD ON TIME",注册号:823917(核定服务:第39类运输等);
>
> 6. BP股份公司的"超越石油",注册号:5472277(核定商品:第4类工业用油等);
>
> 7. 飞利浦(PHILIPS)的"精于心 简于形",曾经被驳回,后经驳回复审取得注册,注册号:4451108(核定商品:第9类科学仪器等)
>
> 8. 通用电气的"GE梦想启动未来",注册号:3931639(核定商品:第10类医疗仪器和器械等);
>
> 9. 马斯公司的"SNICKERS 饿了吗?把它吃掉!"注册号:3179058(核定商品:第30类巧克力、巧克力糖果等)
>
> 10. 中国建设银行的"建筑有鲁班 服务有建行",注册号:5553282(核定服务:第36类金融服务等);

---

❶ 李笑冬. 浅析广告用语作为商标注册[EB/OL]. [2011-09-06]. http://blog.sina.com.cn/s/blog_896dc1130100xhkc.html.

11. 新京报社"新京报 负责报道一切",注册号:4333019(核定服务:第41类新闻记者服务、摄影报道、书籍出版等);

12. YKK株式会社的"YKK 看似简单 其实不然",注册号:4138048(核定商品:第26类拉链等);

13. 卡夫公司的"麦斯威尔 Maxwell House 滴滴香浓,意犹未尽",注册号:5183885(核定商品:第30类咖啡、茶等);

14. 埃克森美孚(Exxon Mobil)的"EXXONMOBIL TAKING ON THE WORLD'S TOUGHEST ENERGY CHALLENGES",注册号:7479727(核定商品:第4类工业用油等);

15. 戴比尔斯(De Beers)的"钻石恒久远 一颗永流传",注册号:6050544(核定商品:第14类宝石等)。

二、再来看看,又有哪些"广告用语"作为商标申请被驳回了

1. 欧莱雅公司(L'Oreal)的"你值得拥有! Because you're worth it!",申请号:3026996(指定商品:第3类化妆品等),被驳回;

2. BP股份公司"不仅贡献石油",申请号:4932991(指定商品:第4类工业用油等),被驳回;

3. 卡夫公司"麦斯威尔"的"滴滴香浓,意犹未尽",申请号:3684962(指定商品:第30类咖啡、茶),被驳回;而卡夫公司另一枚添加了主标的"麦斯威尔 Maxwell House 滴滴香浓 意犹未尽"已获核准注册;

4. 埃克森美孚的"因为我们也是驾车人士",申请号:3075214(指定商品:第4类汽油等),被驳回;

5. 埃克森美孚的"勇对能源挑战",申请号:4299293(指定商品:第4类汽油等),被驳回;但是,另一枚添加了"埃克斯美孚"英文字号以及上述文字的英文翻译的商标:"EXXONMOBIL TAKING ON THE WORLD'S TOUGHEST ENERGY CHALLENGES"已获核准注册;

6. 建设银行的"给每个梦想找个家"(申请号:6681829)、"要买房到建行"(申请号:6681828)、"得意人生 自在畅行"(申请号:5664892)均被驳回;

7. 沃尔玛公司"SAVE MONEY LIVE BETTER 省钱省心好生活 及沃尔玛企业标志(图形)"(申请号:7534851,指定服务:替他人推销等)被驳回(申请号:复审中);

> 8. 新京报社"负责报道一切"及图形(申请号：4333018，指定服务：新闻记者服务、摄影报道、书籍出版等)被驳回；另一枚添加了"新京报"主标的"新京报 负责报道一切"通过复审成功取得注册；
>
> 9. 英特尔(Intel)的"与你共创明天"(申请号：7272534，指定商品：计算机、存储板等)被驳回，目前仍在复审中。
>
> 资料来源：李笑冬. 浅析广告用语作为商标注册[EB/OL]. [2011-09-06]. http://blog.sina.com.cn/s/blog_896dc1130100xhkc.html.

3.2 核心商标的严密保护

在中国，各式各样的傍名牌，简直可以说是一大景观。傍名牌有很多种方式，除了模仿使用与著名商标近似的标识，还包括使用别人著名商标的中文翻译、以企业字号借用别人的商标名称、跨类别注册或使用他人著名的商标、使用别人的商标名称注册域名等。如果视野更开放一点，还有通过商标傍名人姓名甚至热点事件的。诸如此类，不胜枚举。为了最大限度地防止傍名牌，并给自己商标建立更加严密的保护，对于企业核心的重要商标，除了正常的商标注册之外，还应当采取一些特别的措施或策略。

3.2.1 联合商标：既要李逵也要李鬼

1. 联合商标的注册

作为全球最大的软件公司，微软经常发动商标之争。早在 2001 年 12 月 20 日，微软就起诉一家计算机操作系统制造商，认为该公司开发的 Lindows 操作系统与微软的 Windows 系统名称太相近，因而侵犯了 Windows 操作系统的商标权。Lindows 的创始人兼首席执行官迈克尔·罗伯逊指责微软此举是为了保持自己在操作系统市场上的垄断地位，杜绝竞争。而微软则表示，Lindows 容易在公众中引起混淆，自己只是为了保护自己的商标资产不受到侵犯。

在 2004 年，Lindows 公司放弃了"Lindows"及相关域名，改为"Linspire"，并将它作为其操作系统产品的首要标识。微软则为此付出了 2000 万美元的代价，以结束双方的商标诉讼战。微软当时的副总裁兼首席律师汤姆在一份声明中说，"我们很高兴 Lindows 公司将以'明显地只属于它自己的名字'在市场上竞争"。这听起来有点强颜欢笑。

为预防 windows VS lindows 这样不妙的事情发生，很多企业意图建立一个商标战略，来防止他人傍名牌。所谓的"联合商标"（Associated Mark）策略和"防御商标"（Defensive Mark）策略，就是为了应付这样的现象：前者是指同一商标权人在相同或类似商品上，申请注册一批和自己真正使用商标（正商标）相近似的商标。后者则主要是指同一商标所有人将其商标在不相类似的商品上分别予以注册，以防被别人在这些商品上注册该商标。

Facebook 看来深谙中国国情，虽然它尚未进入中国市场，却已开始通过商标布局来预防傍名牌。从 2006 年 3 月到 2011 年 4 月，Facebook 一共注册了 60 余项商标，包括"THE FACEBOOK""FACEBOOK""F"等，涵盖社区网络、照片分享、软件、搜索引擎、电子杂志、游戏等类别，有趣的是，甚至男女服装类别也注册了。更有趣的是，尽管 Facebook 没有官方中文名称，Facebook 却在中国注册了可能的中文音译名称，包括"飞书博""飞思簿""菲丝博克""脸谱""面书""脸书"等，以至于有网友评论说：没有注册"非死不可"吧？❶

中国企业也同样如此，福建石狮市福林鞋业有限公司很早就在 25 类鞋商品上注册了"富贵鸟""富贵鸣""富贵鸡""富贵鸽""富贵鹰""富贵鹅""富贵鸠""富贵鹊"等商标，来保护其"富贵鸟"商标。❷ 这样不仅扩大了自己的商标权范围，而且可以防止一些企业采取乔装打扮的手法，居心叵测地使用与其知名商标相近似的文字和图形。

当然，一个注册商标在商标法上本来已经拥有权利去排除他人在同一种商品或类似商品上注册或使用与之相近似的商标。但有的企业还是愿意进行联合商标的注册，原因在于，联合商标的注册可以直接排斥相关近似商标的注册使用，但正商标（受联合商标保护的商标）未必一定能够发挥这个效用，比如你的商标是"大大"，别人注册或使用了"大人"，当你提起商标争议裁决或商标侵权诉讼时，商标主管部门或法院可能认为"大人"并不构成与"大大"的近似，毕竟近似不近似是人的主观判断，因此还是把"大人"作为联合商标注册，更能有效保障你期待保护的权利。

实施防御商标策略，可能还比较简单，把商品分类 45 类全部注册就可

---

❶ 袁真富. 难以阻挡的商标傍傍族 [J]. 中国知识产权，2012（10）.
❷ 王小云. 对防御商标和联合商标的思考 [J]. 中华商标，2001（2）.

以了（当然成本比较高）。但是，想通过注册近似商标（如联合商标）的方式来彻底防止那些"合法"的傍名牌活动，并不容易。谁能猜到别人会取一个什么样的近似商标呢？微软要是早知道后来会有 Lindows 与 Windows 争风头，估计早就把它注册了。

2. 难以阻挡的商标傍傍族

在中国，试图借助联合商标或防御商标来完全杜绝傍名牌，可能是天方夜谭。可以套用一句网络语言：人类已经无法阻止中国人的商标创新智慧。

浙江雷神科技有限公司 2011 年 1 月在第 21 类和第 28 类上申请了一个商标，结果同时招来了全球运动品牌 NIKE 和全球家具卖场品牌 IKEA 的商标异议，因为这个商标叫"NIKEA"，去掉前面的"N"，剩下的就是"IKEA（宜家）"；去掉后面的"A"，剩下的就是"NIKE（耐克）"。雷神科技有限公司的总经理朱响军说，"事实上，借助于国际知名品牌来提高自己品牌的知名度，这在国际商业操作中是司空见惯的事，这并不是侵权！"

早前的媒体报道说，商标局驳回了耐克和宜家的异议申请，但 NIKEA 同时挑战两个跨国巨头，其后续的诉讼前景并不乐观。事实上，在中国商标网上的查询结果显示，这两个类别上的 NIKEA 商标已经处于"无效"的状态。❶

然而，在这种创新精神的环境中，总会有些傍了名牌的商标申请悄然过关。事实上，类似这样的情形并不少见。比如，马可波罗瓷砖的法务人员在微博上抱怨："'马哥孛罗 MAKEROLUO'商标与'马可波罗 MARCOPOLO'商标不类似？？？！！！傍名牌的春天来了吗？商标局啊，你让我们真的搞不懂相关规则！"在他看来，马哥孛罗 MAKEROLUO 明显是傍他们的品牌，却成功地获得了商标局的核准注册。

3.2.2 组合商标的分拆

在 2008 年，上海一家公司将一枚由"图案＋文字"构成的组合商标，交给代理机构去申请注册，遗憾的是，这家代理机构甚至连帮客户检索一下是否存在在先商标申请障碍之类的基本服务都省略了——如果你喜欢找代理费极其便宜（有的号称 100 元就能代理商标申请）的代理公司，那么

---

❶ 袁真富. 难以阻挡的商标傍傍族［J］. 中国知识产权，2012（10）.

恭喜你，你肯定有机会享受这个待遇。于是，麻烦的炸弹就此埋下了。

过了一年多时间，这家上海公司申请的组合商标被驳回了，原因很简单，其中的文字商标部分在相同和类似的商品上，早已存在其他更早的商标注册（应该说，这家公司在设计这个组合商标时就存在先天的商标问题）。那么，在代理机构的建议下，这个组合商标去掉了文字部分，只保留了图案部分，第二次提交了商标注册的申请。

自2001年1月1日起，商标局对受理的商标注册申请，在进行实质审查时，视申请商标为不可分割的整体，只要其中任一部分不具备可注册性，就要整体驳回，不允许在审查程序中进行实质性修正，而只允许对指定商品或服务进行分割。所以，如果申请人对商标各组成要素的可注册性没有充分把握，最好分开申请，以免因某一部分不能注册而导致申请被整体驳回。事实上，申请人再申请其他可注册的部分要素时，不仅仅是时间延误了，还有可能因为已存在他人的在先申请而再次被驳回。

果然，很遗憾，上海这家公司的第二次商标申请再次被驳回，因为图案部分也有在先的商标申请出现了。更遗憾的是，这次阻挡图案部分注册的，竟然是邻省的同业竞争对手。其实称其为竞争对手，可能有些不合适，因为它一直模仿上海这家公司的产品和品牌，可以说是一个"傍大款"的老手。查一查申请时间，这家邻省的公司恰巧在上海这家公司第二次申请商标前三个月左右提交的同样图案的商标申请，也就是说，根据商标谁先申请谁先注册的基本原则，邻省公司反而要成为这枚图案商标的主人了。而要命的是，上海这家公司又把这个商标图案当作使用多年的宝贝，根本舍不得更换，更何况其老板此时还浑身充盈着"邪不压正"的怒气。

更麻烦的是，这个图案还很难拥有著作权，因为这个图案基本上来源于几百年前的一张名画，上海这家公司基本上没有机会以侵害著作权为由去无效对方的商标申请。最后只能走上了一条比较麻烦的道路，依据当时《商标法》第31条的规定，主张对方以不正当手段抢先注册了自己已经使用并有一定影响的商标。

对诉讼稍微了解的人就知道，对这家平时根本没有商标档案管理意识的小公司，要提供"在先已经使用"而且具有"一定影响"的证据，是多么的困难。更不要说如何艰难地证明对方采用了"不正当手段"——这可不是你说"不正当"就是"不正当"，需要提供证据佐证。

其实，这个组合商标注册所遇到的麻烦，只需一句话就可以解决："把商标分拆后注册"。但问题是，当时上海这家公司并没有遇到给他讲这句话的专业人士。而且，它肯定还不愿意为了这么一句当时看起来毫无价值的话，付一笔相对可观的法律顾问费，尽管现在为了打这个商标官司，看起来要花掉至少6位数的价钱。

组合商标注册的"秘籍"可以表述为如果你不差钱的话（事实上多花不了几千块钱），建议在把组合商标作为整体注册申请的同时，也把各个相对独立的构成要素（比如图案、文字部分）分别提交商标注册，对于核心商标（品牌）尤其如此，如此操作，即使组合商标整体因其中一部分构成要素存在在先申请或在先权利等障碍，另外，分拆出来的部分也不会受到影响。

这样一来，一件商标申请可能就变成了三件商标申请，甚至更多，相应地，官费和代理费都要翻倍。如果差钱的话，那么就好好检索一下，认真评估一下组合商标及其主要的构成要素，是否存在注册障碍，不过，有时这个判断很模糊，商标审查员未必与申请人的观点保持一致，更何况，还有商标漏检等情况。

事实上，组合商标分拆并非只有提高注册成功率的作用。有的公司根据实际情况，比如空间有限，在某些产品位置无法标识组合商标的整体，而只能有所割舍，仅仅标注图案或者文字部分，此时组合商标分拆后注册，有利于公司灵活使用注册商标。在商标保护阶段，组合商标分开注册时还有更大的妙用。相对于组合商标，分拆部分的商标由于构成要素更少，其实还扩大了商标的保护范围，更有利于商标近似的确认。

假设你的组合商标是一个"狮头图案 + THE RITZ-CARLTON"，而别人使用的商标是"丽池 + RITS + 图（非狮头图案）"，如图3-4所示，从整体上看，这两者可能相差极大，难以认定为商标近似。但如果把"RITZ"单独拎出来与"丽池 + RITS + 图"比较，认定两个商标近似的几率或许就直线上升了。这其实不是一个假设，而是2008年发生在上海的一个真实案例。❶

图3-4 雷茨与丽池商标之争

---

❶ 袁真富. 组合商标的波折[J]. 中国知识产权，2011（12）.

3.2.3 商业标识一体化

在选择文字商标时，商标名称与企业商号❶最好保持一致。将商号用作商标申请注册，或将商标作为商号登记，这是现代企业普遍采用的做法。如日本的"日立""丰田"、德国的"拜耳"等。当然，一家企业可能拥有多个商标，不可能每个商标都与企业商号一致，因此只能做到主商标与商号一致。

现在域名既可以使用英文，也可以使用中文，因此，自己的商标也要与域名保持一致。由于商标的名称可以在以.com、.cn、.org、.net 或者.中国、.公司和.网络结尾的等多种顶级域名下注册使用，因此，如果你财力允许可以都注册下来，但笔者认为域名并不像商标，其标识来源的作用并不强烈，很多人在网上找寻网站是通过搜索关键词或通过链接，而不是通过键入网址（域名），所以，注册一个或几个就可以了。对企业最关键的事情可能是，如何让用户在 Google、百度上非常轻松地找到自己的网站。

我们强调商标、商号、域名等商业标识的一体化，是因为这种做法不仅可以收到商标、商号同时宣传的广告效果，更重要的是还可以得到商标、商号、域名等有关法律的多层次、全方位的保护，有效防止他人把公司的商标用作其产品商标、企业名称或者域名。

3.2.4 将程序进行到底

"金骏眉"差点成了正山茶叶公司的注册商标，同属武夷山地区的桐木茶叶公司对此肯定感到有些愤怒，甚至非常冤枉，因为正山茶叶公司还比它晚了几天申请"金骏眉"商标。追溯起来，桐木茶叶公司在 2007 年 2 月 26 日就向商标局申请注册"金骏眉 JinJunMei"商标，而正山茶叶公司在 2007 年 3 月 9 日才申请注册"金骏眉"商标。不过，这已非常凑巧。

两家公司都遭遇了商标申请被驳回的相同结果。商标局认为"金骏眉"是红茶的一种品种，作为商标直接表示了本商品的品种名称和原料特点。不同之处在于，桐木茶叶公司未对商标局的驳回通知提出复审，而正山茶叶公司却采取了不同的态度，它向商评委提出了商标驳回复审申请。2009 年 12 月 7 日，商评委认定"金骏眉"可以起到区分商品来源的作用，

---

❶ 商号是企业名称中的特取部分，如北京万慧达知识产权代理有限公司中的"万慧达"，即为商号（也称字号）。

不会误导公众，予以初步审定。

金骏眉的商标战由此拉开了序幕，甚至把武夷山市政府都牵扯进来当"和事佬"。其中的是是非非，暂且不表，总之是闹得沸腾不已。但有趣的是，与此命运相似的，并不止于金骏眉，"小肥羊"商标也有此奇遇。

2004年11月12日，国家工商行政管理总局认定内蒙古小肥羊餐饮连锁有限公司（以下简称"内蒙古小肥羊公司"）的商标"小肥羊"为驰名商标。这引起了陕西、河北、江苏等地4家小肥羊企业的强烈反应，它们联合在北京召开新闻发布会，请求国家工商行政管理总局收回"成命"，理由是"小肥羊"是通用名称，不得作为商标注册。据说"小肥羊"是内蒙古自治区等地不蘸调料涮羊肉火锅吃法的通用名称，是当地一种传统饮食方式，还有另一种说法在当地统称小羊羔为"小肥羊"。

其实，早在1998年12月，西安小肥羊烤肉馆就开始使用"小肥羊"作为字号和服务标识，并在2000年10月分别以"小肥羊"及图，向商标局申请注册商标。但商标局只核准注册了图形商标，没有核准"小肥羊"文字商标。廊坊小肥羊也在内蒙古小肥羊公司注册之前就曾申请注册"小肥羊"商标，但商标局以"直接表示了服务的内容和特点"为由将其驳回。

后来，内蒙古小肥羊公司向商标局申请注册"小肥羊及图"商标用于餐饮饭店服务上时，商标局在2001年同样以"直接表达了服务的内容和特点"为由驳回申请。不过，内蒙古小肥羊公司提出了驳回复审申请，商评委最终认定"小肥羊"不是通用名称，核准了商标注册。

根据《商标法》，对驳回申请、不予公告的商标，商标申请人不服的，可以向商评委申请复审，对商评委的决定仍然不服的，还可以继续向法院起诉。长期从事知识产权实务观察的王瑜先生，曾经评论说：西安小肥羊在国家商标局驳回商标申请时没有积极申请复审，丧失了要求再次评审的机会。其他"小肥羊"商标申请人也没有提出复审，都放弃了法律赋予的利用复审程序救济的权利。只有内蒙古小肥羊公司向商评委提出了复审请求并获得成功，结果是在众多的小肥羊中，只有内蒙古小肥羊公司成为合法注册的"小肥羊"。❶

小肥羊、金骏眉的商标注册似乎提供了一种启示：如果你有心仪的商标，即使被商标局驳回申请，也不要轻言放弃，应该抓住商标法给予的程

---

❶ 王瑜. 从"小肥羊事件"谈商标申请策略［EB/OL］.［2006-03-31］. http：//www.518lawyer.cn.

序救济机会，也许商标局否定的商标申请，商评委却加以肯定，即使商评委给予否定，法院却有可能肯定你的努力。

对于桐木茶叶公司而言，虽然它失去了成功注册"金骏眉"商标的机会，但幸运的是，又抓住了成功消灭"金骏眉"注册商标的机会。这听起来有一些滑稽，不过，却是其锲而不舍地不放弃任何努力的结果。桐木茶叶公司发现正山茶叶公司的商标初审公告后，向商标局提出商标异议，被商标局裁定予以核准注册后，转而向商评委提起异议复审，仍然不受支持后，又继而向北京市第一中级人民法院提起行政诉讼，一审仍然败诉。

美好的结局终于在 2013 年 12 月 12 日到来。北京市高级人民法院对"金骏眉"商标异议复审行政纠纷案作出终审判决，认定"金骏眉"是一种红茶约定俗成的通用名称，不应作为商标注册，判令商评委重新作出裁定。仅仅在法律上，这是一个多么曲折的、将程序进行到底的故事。❶

事实上，不仅仅是程序用尽，有时对心仪的商标反复申请也有可能"有志者，事竟成"。我们经常听到这样的商标故事，如张三之前申请某某商标时被驳回了。如今再去申请同样或相似的商标，竟然成功了。这并不奇怪，因为具体到一个特定的商标时，每个商标审查员的判断标准和尺度并不完全一样，之前那个审查员在审查显著性、是否侵犯在先权利等方面，与如今这个审查员也许有不同的标准。另外，之前可能有在先权利的障碍，而如今可能已经不存在这个问题了。

3.3 如何指定商标的使用项目

作为区别商品或服务来源的一种标志，每一个注册商标都是指定用于某一商品或服务上的。如提到长虹，人们会想到彩色电视机；提到五粮液，人们会想到白酒；提到保时捷，人们会想到豪华跑车，等等。应该说，离开商品或服务而独立存在的商标是不存在的。我国《商标法》第 22 条第 1 款规定："商标注册申请人应当按规定的商品分类表填报使用商标的商品类别和商品名称，提出注册申请。"《商标法实施条例》第 13 条第 1 款更进一步规定，"申请商标注册，应当按照公布的商品和服务分类表填报。"所以，在办理商标注册申请时，了解"商品和服务分类表"（以下简称"商品分类表"），正确表述商标所要指定的商品或服务及其所属类别，

---

❶ 袁真富. 将程序进行到底 [J]. 中国知识产权, 2013 (12).

是申请注册商标首先会遇到的问题。

3.3.1 商品分类表及其使用

1. 商品分类表

讲到商品分类表，不能不说到《商标注册用商品和服务国际分类尼斯协定》（以下简称《尼斯协定》）。该协定于 1957 年 6 月 15 日在法国南部城市尼斯签订，1961 年 4 月 8 日生效。《尼斯协定》的成员国目前已发展到 65 个。我国于 1994 年 8 月 9 日加入了尼斯联盟。

《尼斯协定》的宗旨是建立一个共同的商标注册用商品和服务国际分类体系，并保证其实施。《尼斯协定》把某些具有共同属性的商品组合到一起，编为一个类，如将"工业用油及油脂、润滑剂，吸收、喷洒和黏结灰尘用品，燃料（包括马达用的汽油）和照明剂，蜡烛，灯芯"等组合在一起，形成一个类（第 4 类）；又如，将"外科、医疗、牙科和兽医用仪器及器械，假肢、假眼和假牙，矫形用品，缝合材料"等组合在一起，形成另一个类（第 10 类）。目前，所有商品及服务一共被划分为 45 个类别，其中商品 34 类，服务项目 11 类，形成了我们中国商标注册用的"商品分类"，这个商品分类总共包含一万多个商品和服务项目。申请人所需填报的商品及服务一般说来都在其中了。

不仅所有尼斯联盟成员国都使用此分类表，而且，非尼斯联盟成员也可以使用该分类表。所不同的是，尼斯联盟成员可以参与分类表的修订，而非成员则无权参与。目前世界上已有 130 多个国家和地区采用此分类表。尼斯分类表一般每五年修订一次，一是增加新的商品，二是将已列入分类表的商品按照新的观点进行调整，以求商品更具有内在的统一性。根据世界知识产权组织的要求，包括我国在内的尼斯联盟各成员自 2023 年 1 月 1 日起，正式使用尼斯分类第十二版 2023 文本。

自 1923 年起，我国先后制定公布过五个商品分类表，自 1988 年 11 月 1 日起开始采用国际分类，大大方便了商标申请人，更加规范了商标主管机关的管理，增强了与国际商标事务的密切联系。尤其是 1994 年我国加入《尼斯协定》以来，积极参与了对尼斯分类的修改与完善，已将多项有中国特色的商品加入尼斯分类中。

尼斯分类表包括两部分，一部分是按照类别排列的商品和服务分类表，另一部分是按照字母顺序排列的商品和服务分类表，如表 3-3 所示。根据商标检索、审查和管理工作的实际需要，我国商标局对《商标注册用商品和服务国际分类》中的同类商品和服务进行了划分，即在原分类的基础上将每一类的商品和服务划分为若干个类似群，从而形成了《类似商品和服务区分表》。

表3-3 商品和服务分类表层次

层次	说明	示例
1	类似商品和服务类别	用"第……类"表示，全表共有45个类别，其中前34类为商品分类，后11类为服务分类	第45类：法律服务；为保护财产和人身安全的服务；由他人提供的为满足个人需要的私人和社会服务
2	类似商品和服务群组	用四位数字和相应的名称表示，数字中，前两位表示所属的类别，后两位表示类似群组号	第45类总共包含下列群组： 4501 安全服务 4502 提供人员服务 4503 提供服饰服务 4504 殡仪服务 4505 单一服务 4506 法律服务
3	类似商品和服务项目名称及编号	名称在前，编号在后，并由六位数所组成；前端有"C"字标注的编号，表示该商品和服务项目名称及编号未在《商标注册用商品和服务国际分类》中列入，但属我国常用的	"4506法律服务"这一群组包括以下具体的服务项目： 450201 调解；450205 仲裁；450206 知识产权咨询；450207 版权管理；450208 知识产权许可；450209 为法律咨询目的监控知识产权；450210 法律研究；450211 诉讼服务；450212 计算机软件许可（法律服务）；450213 域名注册（法律服务）；450214 替代性纠纷解决服务；450221 法律文件准备服务；450223 有关许可的法律服务；……

该表的商品类似划分的原则是：以商品的功能和用途为主要依据，兼顾商品的生产部门、销售渠道和消费习惯；该表的服务类似划分的原则是：以提供该服务项目的目的、方式和对象为主要依据。根据这样的原则，国际分类表中的每一类商品或服务，都被划分成几个、十几个甚至几

十个类似群组，每个类似群组的商品或服务就构成了类似商品或服务。❶

2. 商品名称的填写

在申请商标注册时，必须指明具体的商品名称和服务项目（见表3-3中第3层的商品或服务名称）。在整个商标注册工作中，商品名称或服务项目的指定是中心环节之一，它决定了注册商标保护的范围。需要注意的是，在根据商品分类表填报使用商标的商品类别和商品名称时，类别标题名称和类似群组名称（见表3-3中的第1层次、第2层次），如2907奶及乳制品，4301提供餐饮、住宿服务，不得用作商标注册时填报的商品或服务项目名称。❷

一般说来，一个商品在商品分类表中有正规名称时，应使用分类表中的规范名称。某些人们日常生活中约定俗成的商品称谓，在申请商标注册时是不允许使用的。如"家用电器"，因为它包括的范围过大，涉及商品分类表中至少5个类别的商品。例如第7类的洗衣机、家用电动碾磨机；第8类的电动刮胡刀；第9类的电熨斗、电热卷发器；第10类的电动按摩器；第11类的电冰箱、电热水器等。诸如此类的情况还有"塑料制品""皮制品"等。

3. 从"一标一类"到"一标多类"

2013年修正后的《商标法》及《商标法实施条例》对我国的商标注册制度进行了较大的调整，其中之一即是将"一标一类"申请原则，修改为"一标多类"申请原则。所谓"一标一类"原则，是指商标注册申请人在不同类别的商品上申请注册同一商标的，必须按商品分类表的分类分别提出注册申请。而所谓"一标多类"原则，是指同一申请人在一份申请中可以对不同类别的商品申请同一商标。《商标法》第22条第2款明确规定："商标注册申请人可以通过一份申请就多个类别的商品申请注册同一商标。"

《商标国际注册马德里协定》（以下简称《马德里协定》）和德国、英国、美国、俄罗斯等国家的商标注册申请制度都采用"一标多类"原则。我国商标法与国际接轨，采用"一标多类"的模式，有以下优点：

（1）由于可以合并多个类别的同一商标申请，因此可以减少商标注册申请量。

---

❶ 《商标注册用商品和服务国际分类》《类似商品和服务区分表》可以通过中国商标网（http：//sbj.cnipa.gov.cn/sbj/index.html）浏览全文。

❷ 参见《国家工商行政管理局商标局关于申请商标注册不再允许填报商品和服务类似群名称的决定》（商标〔1996〕7号）。

(2) 可以减少商标审查量，加快商标审查速度，提高行政效率。

(3) 可以减少商标注册申请人在商标申请以及后续商标变更、转让、续展等程序上的工作量。

(4) 可以节省商标行政管理费用支出。由于商标注册数量的减少，可以减少商标公告印刷、发行等行政管理费用。

不过，"一标多类"也带来了新问题。申请人就同一商标申请注册两个或两个以上类别商品或服务，当其中部分类别商品或服务不能够获准注册时，如何驳回申请，又如何保留能够被核准注册的商品或服务？而这是"一标多类"原则需要配套的商标分割制度所应予以解决的问题。

国家商标局在2014年8月20日发布了《关于商标注册申请分割业务说明及申请注意事项的公告》，就商标注册申请分割业务进行了说明。根据该公告，当商标局向申请人发送商标注册申请部分驳回通知书时，申请人可以申请商标注册申请分割，对符合要求的，商标局将申请人的原注册申请分割为两件，对其中部分审定的部分，生成新申请号，保留原申请日期，刊登初步审定公告；对拟驳回部分，保留原申请号，申请人可以通过驳回复审等后续程序继续主张权利。

申请人申请分割的，无须缴纳费用。但要注意的是：每件注册申请只限分割一次，且仅适用于商标局对一件商标注册申请在部分指定商品或服务上予以驳回程序中，其他程序均不予分割；申请人应当在法定期限内提交分割申请。期满未提交的，视为不同意分割；此外，分割申请一旦提交，不得撤回。因此，申请人对于商标注册申请的分割要保持谨慎的态度。

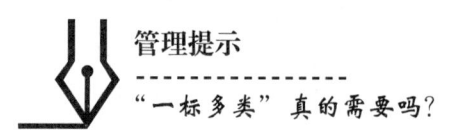

管理提示

"一标多类"真的需要吗？

商标法允许一标多类，更多是为了所谓的"国际接轨"。作为商标申请人及权利人，公司是否真的要顺应潮流，以后申请商标也采用"一标多类"呢？其实，"一标多类"可能带来的麻烦也不少，比如：

1. 驳回申请概率增加。在"一标一类"的情形下，商标申请都容易因为与在先商标申请或在先注册存在商标近似或商品类似的问题而被驳回申请。在"一标多类"的情形下，可以想见，由于一件商标申请指定了更多的类别和更多的商品项目，显然更容易遇到商标注册的障碍，其被驳回申请的概率大大增加。与其等到将来分割商标申请，还不如从一开始就一标一类。

2. 商标转让更加麻烦。在"一标多类"的情形下，如果公司只在一个类别使用商标，其他类别并不使用，而想将这些类别的商标注册转让给其他人时，可能会比较麻烦，因为"一标多类"申请的商标仍然只是一件商标，而不是多件商标，而一件商标显然不能分割转让。

3. 商标管理也会复杂化。由于一件注册商标横跨了多个类别，因此商标统计和档案管理相对更加复杂。

3.3.2 不要浪费商品项目的指定数量

如果检索一些商标的注册情况，可以发现，有的注册指定使用的商品和服务项目很多，而有的又很少，甚至只有 1~2 个商品或服务项目。如表 3-4 所示，按照目前的收费方式，每件商标注册申请在同一类别之下，指定使用 10 个商品（或服务），官方收费是 300 元（不包括代理费）；10 个以上商品，每超过 1 个商品，每个商品加收 30 元，而指定不足 10 个商品，即使只有 1~2 个商品，收费也是 300 元。毫无疑问，指定使用的商品数量过少，浪费的是申请人的注册费用。

这种问题的出现，一方面是公司不了解商标法的知识，另一方面是有的商标代理机构存在过错。正如左孟魁先生所言，有的商标代理机构"为了钱，在企业经营者面前极尽说服之能事，诱导申请人增加商标申请数量，骗取代理费，用申请人的冤枉钱塞鼓自己的腰包。"[1]

表 3-4 商标业务收费项目及清单

序号	收费项目	纸质申请收费标准（按类别）	接受电子发文的网上申请收费标准（按类别）
1	受理商标注册费	300 元（限定本类 10 个商品。10 个以上商品，每超过 1 个商品，每个商品加收 30 元）	270 元（限定本类 10 个商品。10 个以上商品，每超过 1 个商品，每个商品加收 27 元）

---

[1] 左孟魁. 别把申请人当冤大头 [N]. 中国知识产权报，2004-09-21 (5).

续表

序号	收费项目	纸质申请收费标准（按类别）	接受电子发文的网上申请收费标准（按类别）
2	补发商标注册证费	500元	450元
3	受理转让注册商标费	500元	450元
4	受理商标续展注册费	500元	450元
5	受理续展注册迟延费	250元	225元
6	受理商标评审费	750元	675元（部分待开通）
7	变更费	150元	0元
8	出具商标证明费	50元	45元
9	受理集体商标注册费	1500元	1350元
10	受理证明商标注册费	1500元	1350元
11	商标异议费	500元	450元
12	撤销商标费	500元	450元（部分待开通）
13	商标使用许可合同备案费	150元	135元

收费依据：原国家计委、财政部计价格〔1995〕2404号文件，国家发改委、财政部发改价格〔2015〕2136号文件，财政部、国家发展改革委财税〔2017〕20号文件和国家发展改革委、财政部发改价格〔2019〕914号文件。

如果公司发现自己的商标注册没有指定到10个商品或服务项目时，能不能要求增加呢？不能！根据《商标法》第23条的规定，"注册商标需要在核定使用范围之外的商品上取得商标专用权的，应当另行提出注册申请。"也就是说，公司至少得再花一笔申请注册的费用。

了解了这一点，在将来申请注册商标时，即使自己实际经营的商品或服务项目不足10个，甚至只生产一种商品或只提供一种服务，也应当尽可能地指定满10个商品或服务项目，以覆盖公司将来可能经营或提供的商品或服务，以及与公司现有或将来产品相类似的商品或服务，因为这样做并不增加额外的费用。

退一步讲，即使公司指定满10个项目，其中有的商品或服务公司永远都不会去经营，但这样做仍然会有好处，至少在这10个项目上阻止了别人使用与公司相同或近似商标的可能性，从而保证了公司的商标相对而言的独特性。有的公司没有注意到这一点，结果后悔已经来不及了。

不少公司在申请注册商标并指定使用的商品项目时，可能只选择那么一两个商品项目，从而为公司商标的注册规划制造一些低级的错误。注册商标时指定使用商品就好比卡位，如果你没有卡住位置，就只能眼睁睁地看着别人坐下了。以前，很多公司为此追悔莫及，但及至今日，仍然时有类似的遗憾发生。如果它们了解雅虎商标争夺的故事，情况或许会有所改变。

美国雅虎公司于 1996 年 6 月 4 日在商品分类第 9 类上申请注册"雅虎"商标时，只指定了"计算机外部设备、通信设备"两个商品项目，结果让苏州易龙公司在同一类别上也成功申请注册了"雅虎"商标，尽管美国雅虎公司针对苏州易龙公司展开了商标阻止战，但它失败了。

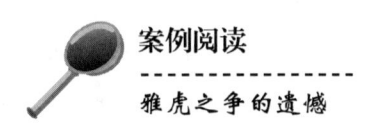

案例阅读

雅虎之争的遗憾

1996 年 6 月 4 日，美国雅虎公司在商品分类第 9 类上向国家工商行政管理局商标局申请"雅虎"商标，后被商标局核准（注册号/申请号为 1060182），商标专用权期限 1997 年 7 月 21 日至 2007 年 7 月 20 日。不过，这枚注册商标所指定使用的商品范围，却仅仅局限于第 9 类中的"计算机外部设备、通信设备"两个商品，正是这一点给苏州易龙电子有限公司同在第 9 类上申请"雅虎"商标制造了机会。

1997 年 5 月 19 日，当时美国雅虎公司的"雅虎"商标尚未被核准，苏州易龙公司在第 9 类的"电视机、镭射唱盘、镭射影盘、磁带录音机、收音机、录像机、自动广告机、扬声器音箱、半导体、自动投入硬币启动的娱乐机器"等 10 项商品上，也提出了注册"雅虎"商标的申请（注册号/申请号为 1207545）。1998 年 9 月，美国雅虎公司在易龙公司的"雅虎"商标初审公告期间，提起了商标异议，两家公司的"雅虎"商标争夺由此拉开序幕。

美国雅虎公司认为，"雅虎"是其依照"YAHOO！"的发音而独创的中文商标和商号，作为雅虎公司及其经营活动的代名词，该商标和商号早已在易龙公司申请注册"雅虎"商标之前便已得到广泛的宣传和使用。因此，在美国雅虎公司看来，苏州易龙公司是在复制和翻译其商标。

> 苏州易龙公司却另有说辞，其"雅虎"商标来自明代苏州著名文人唐伯虎，"因其儒雅风流，时人谓之雅虎"。而现代名画家张大千之弟张善子在苏州驯虎、观虎、画虎，苏州人因此称他画的虎为"雅虎"。因此，"雅虎"绝对是"纯正的中国产品"。如此看来，"雅虎"与苏州的历史渊源关系，似乎早在美国独立战争爆发前就已经确立了。
>
> 不仅如此，苏州易龙公司还指出，美国雅虎公司的"YAHOO!"出典于18世纪英国文学，取义英国作家斯威夫特讽刺小说《格列佛游记》中的人形兽YAHOO，"因其粗鲁无知，被歧视为不文明的野蛮人"。如此说来，美国的YAHOO!还配不上"雅虎"，苏州的"雅虎"才是真的"雅虎"。
>
> 苏州易龙公司把抄袭"雅虎"商标的指责挡了回去，接下来能否成功获得"雅虎"商标注册，关键要看美国雅虎公司"雅虎"商标所指定使用的"计算机外部设备"等商品与苏州易龙公司雅虎商标所指定使用的"电视机"等商品是否属于类似商品，因为根据商标法，不允许在相同或类似商品上注册与他人相同或近似的商标。
>
> 让美国雅虎公司遗憾的是，尽管两个"雅虎"商标申请注册在同一商品类别（第9类），但国家商标局以及后来复审的商评委，都否定了两个商标所指定使用商品属于类似商品的可能性，最终苏州易龙公司申请的"雅虎"商标得以核准注册。
>
> 资料来源：袁真富. 雅虎之争的启示 [J]. 中国知识产权，2012（8）；乡巴佬. YAHOO!："雅虎"应予禁止 [EB/OL]. [2000-05-16]. http://www.yesky.com.

如果回过头来"马后炮"式的总结，可以发现美国雅虎公司在商标指定使用商品的选择上存在教训，其"雅虎"商标在第9类指定使用的商品过少，只有两个项目。如果美国雅虎公司在申请注册商标时，多指定几个商品项目，或许会覆盖掉苏州易龙公司的商标指定商品，从而避免前述不利的结局。事实上，美国雅虎公司指定2个商品项目与指定10个商品项目，花费的注册费是一样多。然而，苏州易龙公司的这枚辛苦得来的雅虎商标，在2008年有效期间届满后，不知是不是因为没有续展注册的缘故，目前网上显示的状态已处于"无效"。美国雅虎公司如果有兴趣的话，也许还有机会通过申请注册重新"夺"回来。

美国雅虎公司于2001年3月8日在商品分类第2类上申请注册"雅虎"商标（注册号/申请号2023963）时，从前一次中吸取了教训。如表3-5所示在商品分类第2类"颜料，清漆，漆，防锈剂和木材防腐剂，着色剂，媒染剂，未加工的天然树脂，画家、装饰家、印刷商和艺术家用金属箔及金属粉"这一类别中，共有7个类似群组，即0201染料，媒染剂（不包括食用）；0202颜料（不包括食用、绝缘用），画家、装饰家、印刷商和艺术家用金属箔及金属粉；0203食品着色剂；0204油墨；0205涂料，油漆及附料（不包括绝缘漆），陶瓷釉；0206防锈剂，木材防腐剂；0207未加工的天然树脂。而每一群组下面又包括为数众多的商品项目。但美国雅虎公司在第2类申请注册的"雅虎"商标，在7个群组中各选择了1~2个商品项目作为指定使用商品项目，累计共12个。

表3-5 "雅虎"商标指定的商品项目

序号	商品/服务	类似群
1	媒染剂	0201
2	染料	0201
3	颜料	0202
4	画家、装饰家、印刷商和艺术家用金属箔	0202
5	食用色素	0203
6	印刷油墨	0204
7	皮肤绘画用墨	0204
8	油漆	0205
9	刷墙用白浆	0205
10	木材防腐剂	0206
11	金属用保护制剂	0206
12	天然树脂（原料）	0207

这里面蕴含了一个商标注册的基本技巧。《商标法》第30条规定，"申请注册的商标，凡不符合本法有关规定或者同他人在同一种商品或者类似商品上已经注册的或者初步审定的商标相同或者近似的，由商标局驳回申请，不予公告。"充分利用这个法律资源，可以节省不少注册费用。

因为每一个类别的每一个群组下面，都存在大量的商品或服务项目，如果公司想把同一类别的所有或大部分商品或服务项目都指定为商标的使用项目，那么，这会花费数额不菲的金钱。

类似商品是一个比较含混的概念，按照《尼斯协定》，所有商品（包括服务）被分成45个类别，但同一类别的商品未必就是类似商品，而不同类别的商品也有可能构成类似商品。不过，通常情形下，同一类别同一群组的商品应该是类似商品。因此，商标申请人不需要把所有的商品项目都指定，而只需在同一群组选择一个或几个代表性商品项目，即可阻止他人在该群组的其他商品上申请注册相同或近似商标。

3.3.3 把业务范围和商标注册对应起来

商标注册的指定使用商品或服务项目，不是胡乱指定的，这里应当有一个系统性的考虑与规划。为了有效地防止他人的傍名牌活动，从商标注册申请开始，就要考虑编织一张坚实的保护网，前面已经提到要采取一些保护性或防御性的措施，比如做好联合商标注册、商业标识一体化等规划，这里主要从指定商品项目的角度，再来审视这一问题。

1. 覆盖现有的业务范围

商标指定使用的商品项目应当覆盖公司的现有业务范围（层级1），这是商标注册最基本的考虑。商标指定使用的项目必须首先覆盖自己正在经营的商品或服务，不要让指定使用的商品或服务项目与自己的业务范围发生错位，这可能会导致侵权危机。

有一家生产木制家具的公司申请注册了与本公司经营无关的服务类别，却对与本公司有关的"家具运输"和"家具维修"以及对与木制家具相近的半成品木材这一类别未予注册，结果被他人以同样名称的商标申请注册，给公司构成了潜在威胁，❶ 因为人家随时可能发动商标侵权诉讼。这实际上让公司花了无用的钱，却要造成侵权损害赔偿的结果。

这里要提醒的是，商标代理人虽然是申请注册商标的专业人士，但他可能并不熟悉公司的业务，因此，如果公司和商标代理人没有进行良好的信息沟通，就会过失地发生错误注册的情况。下面的"玉兔"商标纠纷，虽然不是缘于商标首次注册，而是由于商标的错误续展，如表3-6所示，但仍然是一件值得商标注册人警醒的事件。

---

❶ 左孟魁. 别把申请人当冤大头[N]. 中国知识产权报，2004-09-21 (5).

衡阳市钛白粉厂 1987 年申请注册的"玉兔"商标，如图 3-5 所示，原核定使用商品为国内商品分类第 26 类的工业用钛白粉，在续展注册时理应转换注册为国际商品分类的第 1 类（工业用钛白粉），而衡阳市钛白粉厂在续展注册时将其填写为国际商品分类第 2 类即民用钛白粉（颜料类），改变了其商标指定使用商品的内容。

上海市钛白粉厂于 1981 年经国家工商行政管理总局核准注册"玉兔"商标（注册号：149924），核定使用商品第 28 类（民用钛白粉）。在续展注册时理应转换注册为国际商品分类的第 2 类，结果却续展到第 1 类（工业用钛白粉）。后来双方为此闹起了商标侵权官司。衡阳市钛白粉厂遂以自身商标专用权受到侵害为由，诉至法院，要求判令被告上海市钛白粉厂停止侵权，公开道歉并赔偿损失人民币 100 万元。

图 3-5　衡阳玉兔商标

表 3-6　衡阳"玉兔"与上海"玉兔"的错位续展

商标权人	商标	注册指定的商品类别	应当续展的商品类别	实际续展的商品类别
衡阳市钛白粉厂	玉兔	原国内商品分类表第 26 类（工业用钛白粉）	现国际商品分类表第 1 类（工业用钛白粉）	现国际商品分类表第 2 类（民用钛白粉）
上海市钛白粉厂	玉兔	原国内商品分类表第 28 类（民用钛白粉）	现国际商品分类表第 2 类（民用钛白粉）	现国际商品分类表第 1 类（工业用钛白粉）

必须注意的是，公司的业务范围可能分布在商品分类表的多个类别，不要顾此失彼。比如，一家做网络游戏的公司，不能仅仅把商标注册在第 9 类的"计算机游戏软件（090670）"商品上，还要注册在第 41 类的"在计算机网络上提供在线游戏（410094）"服务上。类似这样的失误，在商标注册申请中并不少见。

2. 囊括未来的业务范围

商标指定使用的商品项目还应当囊括公司未来可能发展的业务范围（层级 2）。这个需要考量公司的业务发展战略规划，以及可能延伸的产品类别。否则，一旦新的业务发展起来，公司还想继续沿用已有的知名商标时，可能在新业务涉及的商品上，该商标已经被人家抢先注册了。

一些公司在申请注册商标时，对指定使用商品/服务的选择极不合理，往往只选择本公司实际正在生产的商品，而不考虑应予以保护的商品。这样，导致商标使用的商品/服务范围非常有限，当自己开发新的产品准备使用已经推广开来的商标时，却发现他人已在该商品上注册了相同商标。

如果公司已经有长远的发展规划，那么，对于未来明确要开拓的经营范围，要提前通过商标注册覆盖其中的商品或服务。比如，目前正在生产手机的公司，准备在将来生产智能眼镜、智能手表等智能穿戴设备，并且也打算使用与手机品牌一样的商标，那么就应当将该商标及时在眼镜、手表等相关商品上申请注册。

这里，笔者要提醒公司，最好在注册商标前，思考一下自己未来的发展规划和可能的业务拓展方向，以在商标注册时提前布局，覆盖到未来可能经营的商品或服务上。因为商标注册是分类提出，只要不是驰名商标，不同的公司可以在不相同也不相类似的产品上注册使用相同的商标（事实上驰名商标也不是全能的，不可能获得全类保护）。比如长城商标，有的公司注册在计算机产品上，有的注册在电扇上，有的注册在葡萄酒上。

因此，一家公司如果不及时把自己的商标注册在将来要发展的产品上，事后想注册时，可能已被他人抢先注册了。所以，公司注册商标要有长远眼光，不能只盯着公司现有的产品，还要和公司未来的产品规划相结合。

管理提示

检查公司的业务发展与商标注册相吻合吗？

有的公司一开始的确拥有良好的商标意识，进行了商标注册，有效保护了自己的主打产品。但是，随着公司的发展壮大和业务延伸，原有的商标注册却没有随之跟进，导致现有的商标体系已经严重不适应公司的业务经营范围。

比如，一家最初提供酒店预订、机票预订服务的公司，拥有注册商标 CT。目前，它的业务范围已经拓展到计算机软件、法律咨询、房地产开发等业务上，但 CT 的商标注册仍然只停留在酒店预订、机票预订的层次上，在计算机软件、法律咨询、房地产开发等业务上，CT 商

> 标还正在申请之中。然而问题在于，他人已经抢先在计算机软件、法律咨询等商品和服务项目上注册了 CT 商标。
>
> 所以，笔者要再次提醒公司，最好在注册商标前，思考一下自己未来的发展规划和可能的业务拓展方向，以在商标注册时提前布局，覆盖未来可能经营的商品或服务上。

3. 商品分类表没有对应商品时的处理

不是所有的商品或服务，都能在商品分类表上找到对应的项目。目前，在我国商品分类表上，就没有零售或批发服务这个项目。2012 年 12 月 14 日，商标局网站上发布《关于做好申请注册新增零售或批发服务商标相关工作的通知》，新增了"药品、医疗用品零售或批发服务"相关的项目。目前商品分类表第 3509 小类包括"药用、兽医用、卫生用制剂和医疗用品的零售服务（350108），药用、兽医用、卫生用制剂和医疗用品的批发服务（350148），药品零售或批发服务（C350009），药用制剂零售或批发服务（C350010），卫生制剂零售或批发服务（C350011），医疗用品零售或批发服务（C350012），兽药零售或批发服务（C350013），兽医用制剂零售或批发服务（C350014）等 8 个项目。但是，除前述零售或批发服务外，其他零售批发服务项目并未增加，因此，一些从事零售或批发的公司，如超市，往往在第 35 类的"替他人推销"服务上申请注册商标，这并非病急乱投医，而是无奈之下的权宜之计。

如果公司需要使用申请商标的商品或服务，在商品分类表上确实没有对应的商品或者服务，那么可以先寻找能够涵盖该商品或者服务的商品或服务项目，如果仍然没有合适的，可以寻找与该商品或者服务最相近的类别及项目，并同时将公司的该商品或服务名称直接提出申请。商标局一般在收到申请之后会通过商标申请中的补正程序要求申请人说明或修改，也有直接通过的情形，但大多数情形下会经过补正程序来确定新的商品或服务项目能否通过。

比如，在目前的商品分类表中没有"爆破片"这个商品项目，可以直接在第七类指定使用"爆破片"，商标局会根据情况发补正通知书给申请人，最终申请人指定使用的商品名称修改为"爆破片（机器部件）"，并通过了商标审查；再如，商品分类表第七类中只有"机器人（机械）"，后面也是经过补正程序，将申请人需要指定使用的商品项目确定为"家用机器人（机械）、排爆机器人（机械）"；又如，商品分类表中没有"手机保护壳、电脑保护袋"等项目，申请人则直接提交了"手机保护壳、电脑保护袋、平板电脑保护壳"等项目并通过审查。当然，商品分类表会与时俱进，在后续的修订版本中不断更新或增加商品或服务项目，以满足商业发展和产品创新的需求。比如，在2014版的商品分类表中就新增了一项"便携式计算机用套"。

3.3.4 核心商标覆盖的势力范围

曾经有网友在网上嘀咕："雷死我了——腾讯准备推出'QQ牌'避孕套、'QQ牌'卫生巾？"因为他发现腾讯公司把QQ商标注册到了避孕套、卫生巾上。尽管腾讯公司在互联网领域掠城夺寨，所向披靡，但似乎还没有和杜蕾斯一决雌雄的迹象。其实，只要回顾一下伊利牛奶差点栽倒在一只马桶上，就能理解腾讯公司在这些产品上注册的动机。

2000年6月，温州市龙湾海城和成水暖经营部提出"伊利YiLi"商标注册申请，指定使用在水龙头、卫生器械（马桶）等商品上。伊利集团向商标局提出了异议申请，但商标局认为可以注册，商评委在随后的异议复审中，同样认为，伊利马桶与伊利牛奶两件商标并存，不会使消费者对产品的来源发生误认。网友已经设计好广告了：紧挨着伊利牛奶的广告，来一句"伊利马桶你今天用了吗？！"可以想象，伊利牛奶肯定要被恶心死了。幸运的是，2009年北京市高级人民法院最终认为伊利马桶之类的注册会减弱伊利牛奶商标显著性，损害其商标声誉，否定了伊利马桶的注册。

如果伊利当初在卫生器械等商品上申请了商标注册，可能后来的事情就没有这么复杂而曲折。公司有时必须将其注册商标指定使用的商品（或服务）延伸到其并不从事的领域，就是为了避免类似伊利马桶事件的重演，对于公司的核心商标而言尤其如此。这也是防止傍名牌的重要策略。从防御性的角度，除了前述现有业务范围和未来业务范围两个层级以外，公司核心商标注册指定使用的商品势力范围，至少可以包括以下层级。

1. 类似的、关联性或竞争性的商品

商标还应延伸注册到公司认为会在业务上产生混淆的类似商品，或具有关联性、竞争关系的商品项目上（层级3）。特别是在申请注册商标时，如果指定的使用项目数量还不足10个的话，更要把与自己业务范围存在类似、有关联性或者有竞争关系的商品或服务，指定在商标的使用项目之中，不多花费，又周延地保护了自己的注册商标和业务范围。

其实，如果要保护自己的核心产品，即使指定项目已经满足或超过了 10 个，在条件允许的情况下，最好也要把类似的、有关联性的或竞争关系的商品或服务在同一商标注册中指定。尽管注册商标的保护可以延及类似的商品或服务上，但是这些关联性或竞争性的产品是否构成类似商品？以及公司所认为的类似商品到底是否类似？商标行政部门的观点完全可能与公司的想法不一致。

强生公司认为，圣芳公司的"采乐"洗发水产品与其旗下西安杨森公司的"采乐"酮康唑洗剂容易引起误导，但是最高人民法院并没有认同强生公司的意见。如果当初强生公司在洗发水上注册了"采乐"商标，这件耗时极久的官司或许可以避免。

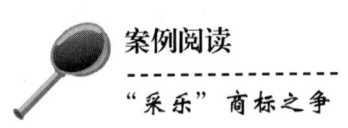

> **案例阅读**
>
> "采乐"商标之争
>
> 佛山市圣芳（联合）有限公司（以下简称"圣芳公司"）与强生公司对于"采乐"的商标权之争可谓是一场旷日持久的拉锯战。最后是以圣芳公司的胜诉告终。在这场持续了 11 年的纠纷当中，双方经历了三次行政裁定，三次司法判决，商标之争才最终尘埃落定，商标分属两家，各自使用。
>
> 1. 商标注册情况
>
> 1993 年 1 月，美国强生公司在中国注册了"采樂"商标，核定使用商品为第 5 类"人用局部抗菌剂"。1994 年其下属的西安杨森公司获得许可，开始在市场上销售去头皮屑的药字号"采樂"酮康唑洗剂。
>
> 1997 年 8 月 6 日，圣芳公司前身南海市梦美思化妆品有限公司向国家商标局提出"采乐 CAILE"注册商标申请，1998 年 10 月 14 日被核准注册，核定使用于第 3 类香皂、清洁制剂、洗发香波、护发素、洗面奶、浴液、牙膏、化妆品等商品。2002 年 6 月 20 日，该商标经国家商标局核准转让给圣芳公司。
>
> 强生公司与圣芳公司两个商标区别在于：强生公司的注册商标是手写体的采乐繁体字，圣芳公司使用的商标则是"采乐"的印刷体简写版，而且是中文加英文的表现形式（采乐 CAILE）。各自商标所使用产品的主要区别在于：一个是在药店销售的"采樂"药剂，另一个是

在普通商场销售的"采乐CAILE"洗发水。

2. 行政裁定

1998年11月13日,强生公司向商评委提出请求撤销"采乐"商标注册申请,主要理由为:强生公司对"采樂"文字享有专用权,争议商标与引证商标构成近似,且两商标指定商品类似;引证商标具有较高知名度,争议商标与引证商标共存极易产生混淆。

1999年12月2日,商评委作出终局裁定,认定引证商标所具有的知名度和所具有的独创性局限,使其尚不能在非类似商品上排斥争议商标的使用和注册,强生公司所提争议理由不能成立,裁定维持争议商标注册。

2000年7月3日,强生公司再次向商评委申请撤销争议商标,主要理由为:强生公司对"采乐"文字享有专用权,争议商标与引证商标构成近似,且两商标指定商品类似;争议商标申请注册前,引证商标已为消费者熟知,争议商标是对驰名商标的恶意抄袭和仿冒。

2001年9月12日,商评委第二次作出终局裁定,认定强生公司未提供足够证据证明引证商标已为普通化妆品的消费者熟知,亦缺乏足够证据证明争议商标的注册使用已使消费者产生误认;同时,"采乐"并非强生公司独创的文字组合,缺乏足够证据证明争议商标系对强生公司商标的恶意抄袭摹仿。据此,商评委裁定维持争议商标注册。

2002年8月20日,强生公司第三次向商评委提出撤销争议商标的申请,主要理由为:争议商标与引证商标构成近似,且指定商品类似;争议商标的注册和使用易使消费者产生误认;争议商标是对引证商标这一驰名商标的恶意抄袭摹仿。在此次申请中,强生公司提出了之前未提交的证据,证明其"采乐"商标在1997年前已为驰名商标。请求根据驰名商标保护的相关规定撤销圣芳公司的"采乐CAILE"商标。

商评委于2005年6月23日对强生公司的申请作出了再次裁定,根据强生公司提供的证据材料,认定其第5类商品上的"采樂"商标为驰名商标,并以此为依据撤销了圣芳公司的注册商标。

这次裁定让圣芳公司面临了极大的危机。

3. 司法判决

圣芳公司对商评委的裁定不服,向法院提起行政诉讼。2007年5

月,北京市第一中级人民法院判圣芳公司败诉;2007年12月,北京市高级人民法院维持一审裁定。

2008年初,圣芳公司提出此案有六大疑点,向最高人民法院提交了最后的申诉。主要对于商评委撤销注册商标的程序及公正性提出了质疑,并指出了强生公司提出的证明其在圣芳公司所有的"采乐"商标注册之前已经成为驰名商标的新证据的疑点。

2009年10月22日,最高人民法院再审采纳了其中的5个观点,认定"强生公司自身并未在中国日化品市场使用过引证的采乐商标,其商标实际使用人西安杨森公司的采乐酮康唑洗剂作为药品只在医院、药店出售,而圣芳的采乐洗发水产品不可能进入医药流通领域,消费者完全可以辨别。"认定:"在商评委已有两次终局裁定维持争议商标注册的情况下,商评委再裁定撤销争议商标没有充分的理由。"

最高人民法院终审裁定:圣芳公司的"采乐"洗发水商标和强生公司的"采乐"药商标,"可以在日化品和药品的各自相关市场共存。"

虽然最终圣芳公司赢得了诉讼,但是在持久的诉讼战中,已经失去了大量的代理商,品牌的价值也一泻千里。如果最初在注册"采乐"商标时已经全面完成检索与风险评估,是不是就不会出现这样的状况了呢?如果能预见将会有像强生公司这么强大的对手,是不是还有必要冒险使用"采乐"这个商标呢?

而对强生公司而言,如果采取防御商标的注册策略,其烦恼解决起来不会这样复杂。当然,强生公司当年申请注册"采乐"商标(注册号:627498)时,的确不太精明,且不说防御商标多类注册或全类注册的问题,单就商标指定使用的商品项目而言,这枚"采乐"商标就只指定了"人用局部抗菌剂"一个商品。

2. 可能应用的领域

把商标注册在该商标标识有可能应用到的领域,也是值得考虑的方向(层级4)。这个层级的防御最不好琢磨,因为这是从商标标识本身的形象或内涵去思考:它适合用在哪些领域?对于打算从事衍生品授权的动漫或游戏行业,这种思考尤其重要。比如游戏商标"泡泡堂",除了应该在服装、文具、玩具、图书等常见的衍生商品上注册以外，这个商标名称用在代泡茶叶商品、中药饮片，甚至咖啡厅、洗浴中心似乎也颇为贴切。当然，很多时候等你看到别人在其他领域发掘出这个商标的利用前景，你可能才会觉得在这些商品上注册，其实很不错。

3. 对己不利的商品领域

把商标注册在对品牌声誉不利的商品或服务（层级5），在中国更要引起重视。就像"QQ"卫生巾一样，防止出现"伊利"马桶的危险。在很多中国注标人特别偏好卫生巾、避孕套之类商品的背景下，这种考量尤其必要。微软在许多领域注册了商标，但就是没有卫生用品，可能微软并不在乎这个，但有人很在乎。

成都人康明和朋友经过精心选择，决定在面包食品类和妇女卫生用品类注册"微软"商标。为了避嫌，"微软"商标的"英文"名变成了拼音"weiruan"。他们知道，"如果是申请电子软件类，肯定通不过。"结果国家商标局驳回了"微软"面包类的注册申请。但"微软"卫生用品类却通过了初审，进入了公告期。康明提心吊胆地度过了3个月的初审公告期，"最紧张的就是公告的那3个月，当时很担心微软会看到，只要他们提出异议，甚至是其他人提出异议，称这是知名商标，这件事就泡汤了。"康明开始怀着憧憬为今后可能生产的"微软"牌卫生巾设计好了广告词："无微不至的柔软"，不过，他们或许等来的将是在诉讼上"无微不至的微软"。

4. 不想被占有的领域

凡是公司不想别人碰自己商标的领域，都可以申请商标注册（层级6）。有的公司不惜重金将其核心商标在45类商品上进行全类注册，就是这个目的。因为即使你是驰名商标，也很难保证能够在所有类别拦住别人注册相同的商标。永丰公司于1998年7月向国家商标局申请注册"空中客车 AIRBUS 及图"商标，申请注册类别为可可制品、糖果、巧克力等。生产飞机的空中客车公司为此打了数年官司尽力阻拦，最终还是以失败告终。❶

---

❶ 袁真富. 核心商标的势力范围[J]. 中国知识产权, 2011 (12).

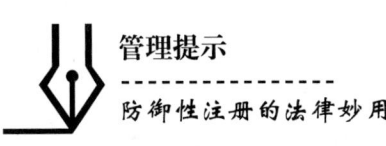

> **管理提示**
>
> **防御性注册的法律妙用**
>
> 防御性的商标注册，有时可以替代驰名商标的功能，从而发挥阻击商标抢注或恶意攀附的商标申请。"胡庆余堂"由胡雪岩所创，是中药老字号，也在第33类果酒（含酒精）、苹果酒等商品进行防御性注册。后来就是借助第33类的防御性商标注册，"胡庆余堂"制止了一起商标申请。
>
> 有人曾在第32类啤酒、苹果酒（非酒精）等商品上申请注册"胡庆余堂"（被异议商标）。显然，药字号的"胡庆余堂"可以在商标异议时，申请认定在中药领域属于驰名商标，从而获得跨类保护，在第32类上排除前述被异议商标的申请。但是，认定驰名商标并非易事，先不说知名度是否达到，单就举证责任而言就很繁重。
>
> 如果以第33类果酒（含酒精）、苹果酒等商品上的"胡庆余堂"商标，去异议第32类啤酒、苹果酒（非酒精）等商品上的"胡庆余堂"商标申请，显然不需要认定驰名商标，因为在这一具体的案件中，可以主张第33类果酒（含酒精）、苹果酒等商品与第32类啤酒、苹果酒（非酒精）等商品属于类似商品。如果认定为类似商品，直接可以依据《商标法》第30条的规定："申请注册的商标，凡不符合本法有关规定或者同他人在同一种商品或者类似商品上已经注册的或者初步审定的商标相同或者近似的，由商标局驳回申请，不予公告"，请求商标局驳回被异议商标的申请。事实上，最终商评委按照前述思路，支持了"胡庆余堂"的异议请求。
>
> 可见，作为商标权人，不应只关注通过驰名商标条款来获得跨类保护，也选择合适的引证商标（特别是防御性的注册商标），以《商标法》第30条为制止他人抢注的法律依据。

3.3.5 全类注册的迷思

1. 从多类别注册到全类别注册

前面已经提到了多类别注册与全类别注册的问题。我们知道，驰名商标即使只在一个类别中注册，但在满足法律规定的条件下，也可以获得跨类保护，排斥他人在其他类别的商品或服务上注册或者使用。对于一件普通的商标，还正在成长的阶段，不太可能奢望获得跨类保护的优待。

而且，就算公司的商标非常著名，但如何确认自己的商标一定可以获得商标局或法院作出的驰名商标的认可呢？更何况，驰名商标也不能担保公司能在所有类别的商品上都可以获得保护。于是，有的公司着眼于长远的战略思考，为了在更多的商品或服务上独占使用某一商标，往往在多个类别采取商标注册。

早期的公司多半只专注于一个狭小的领域，但在今天，公司生产经营的日趋多元化似乎已经势不可当。海尔集团除了做家电，还要卖保险。公众已经对这种状况司空见惯，因此，即使海尔集团不做眼镜，但市场上如果出现海尔眼镜时，消费者也可能认为，这是海尔集团新开拓的产品线。事实上，网络搜索服务起家的 Google 已经在卖智能眼镜了，谷歌无人驾驶汽车项目在 2009 年即已启动。

近年来，阿里巴巴更是通过一系列收购或投资，涉足了众多领域。在搜索引擎、本地生活、文化、物流、社交、金融领域，阿里巴巴都有所投资。口碑网、美团网、丁丁优惠、新浪微博、陌陌、穷游网、高德地图等都在阿里巴巴的收购版图或投资网中，甚至还曾涉猎足球领域。

目前商标注册通行的"只要商品不相类似，商标注册互不干涉"的规则（只要不存在驰名商标的问题），可能面临着公司经营环境变化的挑战。"长城"葡萄酒与"长城"软件的厂商可能毫无关系，但消费者未必这样认为，因为公众知道很多公司都在多元化经营。

为了防止这样的混淆或联想，有的公司在条件允许的情况下，将自己的商标在多个商品类别上进行了注册，实行大范围、立体化的网络保护，这些为防御而注册的商标被称为防御商标。换言之，同一公司在不同类别的商品或服务上注册的若干相同商标，原主要使用的商标为主商标，其余为防御商标。比如，雅诗兰黛化妆品有限公司（以下简称"雅诗兰黛公司"）在澳大利亚将"Estee Lauder"商标注册在其主营第 3 类"化妆品；香水"等商品上，考虑到"Estee Lauder"商标在化妆品上存在长期、大量的使用，知名度很高，因此雅诗兰黛公司在澳大利亚第 14 类首饰、第 18 类箱包皮具、第 21 类化妆用具和第 25 类服装上亦防御性注册了"Estee Lauder"商标。因为"Estee Lauder"商标知名度高，如果在首饰、箱包、化妆工具、衣服上看到"Estee Lauder"商标，那么消费者很可能以为是雅诗兰黛公司出品的，或者是与它存在关联的。另外，雅诗兰黛公司的业务已涉及或者将来很可能涉及这些领域，所以需要将商标权利扩展到这些领域。当然，雅诗兰黛公司肯定不希望看到其他主体在首饰、包包、化妆工具、衣服上使用"Estee Lauder"标识。❶

有的公司，甚至对商标进行全类注册，将同一件商标在所有45类商品或服务类别中予以申请注册，从而杜绝他人对同一商标的注册使用。不少商标代理公司也建议公司这么做，当然，这些公司多半也夹杂着多拉业务、多收费用的商业考虑。

很多人都在质疑：全类注册是否必要？

在这个优良符号资源稀缺的时代，公司的商标也许刚刚声誉鹊起，但职业注标人可能早已盯住了公司的商标，并在公司的商标没有指定的其他商品或服务上，开始商标围剿行动和商标圈地运动。这的确是令人讨厌和恶心的行为，但在现行的商标体制下，公司只能无可奈何。当然，有些漂亮动听的商标标志，是人人都追求的事物，所以，即使没有职业注标人，其他公司（包括你的竞争对手）也会将与其相同的商标，申请注册在其他商品或服务上。

所以，如果公司想在所有的商品或服务上都独一无二地使用某个商标，全类注册当然是一个不错的选择，对于文字商标而言，甚至是唯一的选择。

当然，正如前面所阐述的，即使是全类注册并不意味着在45个类别中的所有商品或服务项目上，都进行商标注册。可以在每一类别的商品或服务中，尽可能寻找10个及其以上的代表不同特点的商品或服务项目作为指定使用项目，让同一类别中的其他商品或服务项目属于与这些指定使用项目相类似的商品或服务。这样，其他商品或服务虽然没有被明确指定为商标注册使用的商品或服务项目，但已通过类似商品覆盖了。

2. 全商品注册：超越全类别注册

很多年前，日本一家知名企业让我国一家知名代理机构为其提供主打品牌的商标注册申请方案，这家代理机构很认真地建议它采取全类别注册的方案，以周全保护。结果被这家企业认为明显是"坑爹"的建议，显然，大多数类别与这家日本企业的业务毫无关系，并且全类别注册的开支

---

❶ 徐思. 从《商标法》修改浅谈防御性商标：以澳大利亚防御性商标为例 [EB/OL]. (2019-05-28) http://www.unitalen.com.cn/html/report/17111528-1.htm.

较大，代理费自然也是水涨船高。最后的结果是，日本企业放弃了与这家代理机构的合作，转而投入了另一家代理机构的怀抱。

事实上，日本企业当初大概还没有品尝到中国人喜欢跨类注册他人著名商标的苦头，可以说，当初那家代理机构提供的商标申请方案可能有点太超前了，现在回过头来看，其实花上几十万元人民币进行全类别注册无疑是"正确的道路"。伊利公司仅仅为了制止他人在马桶上注册"伊利"商标，从商标局、商评委一路把官司打到法院，其间的花费恐怕也要几十万元人民币。

时过境迁，随着企业商标观念的强化，现在有少数财力雄厚的公司，竟然要超越全类别注册，而是全商品注册。当然，全商品注册也属于全类别注册，但它不是在各个类别挑选几个或几十个商品作为代表进行防御性的注册，而是把商标指定使用在45个类别全部12000多个商品或服务项目上。不过，这不仅是公司财力的问题，更是公司高层重视商标的体现。

俗话说，智者千虑，必有一失，全类别注册如果只是挑选部分商品注册，的确也会给别人留出申请商标的空白。你认为在某一类别中指定的某个商品已经覆盖了另一个类似的商品，但商标局未必与你的观点保持一致。因此，为全商品注册而一掷千金——算上申请注册的官费和代理费至少超过一两百万元人民币，似乎也物有所值。当然，这得一切顺利，如果有人提异议、撤销、无效，那么成本显然要再上一个台阶。

3. "撤三"的困境

无论前面提到的联合商标，还是防御商标，尤其是全类别注册和全商品注册，这些防御性的商标注册其实都面临一个无解的难题。根据我国《商标法》第49条第2款的规定，注册商标没有正当理由连续三年不使用的，任何单位或者个人可以向商标局申请撤销该注册商标（俗称"撤三"）。而根据《商标法实施条例》第67条的规定，可以对抗撤销商标注册的连续三年不使用的正当理由只包括：（1）不可抗力；（2）政府政策性限制；（3）破产清算；（4）其他不可归责于商标注册人的正当事由。

既然是防御性的商标注册，通常是不会在其指定的商品或服务上实际使用的，而且不符合所谓"正当理由"，因此，"撤三"的困境始终如影随形，是企业无法避免，甚至难以破解的问题。唯有以下"点拨"可供参考。

（1）防御性的商标注册本来就是卡位，先卡住了，人家可能就懒得来烦你了，毕竟申请"撤三"也要花费精力的。你不可能倒霉到每个防御性的商标注册，都会有人来挑战。事实上，存在那么多的防御性注册，而中国一年又有几件"撤三"的案件？当然，如果遇到有人来"撤三"，那就再走一步，看一步吧。

（2）把注册商标的有效期当作3年，而不是10年，也即每3年申请一次商标。显然，这对全类别特别是全商品注册，成本压力不是一般的大。所以，你得选择哪些商标在哪些商品上，需要执行这种"3年一申请"的接力式申请策略。

3.4 全球化视野中的商标注册

3.4.1 商标本土化的思维

1. 本土化的外文名称属于谁？

2011年1月，宋丹丹因不满建外Soho的设计影响"北京市容"，在微博上对潘石屹喊话："我请你喝拉菲，别再盖楼了，真的，求你了！"这场微博风波中，拉菲"躲着也中枪"，而且不会是最后一次。可见，拉菲在中国是如此的深入人心。

不过，虽然拉菲的价格被抬到了月球上，但你真正喝到的红酒，到底是"拉菲"呢，还是"拉斐"呢？实际上，即使包装上合法印制的是前述两个中文名商标，可能你喝到的都不是传说中的那个"Lafite"。查询中国商标网可以发现，在葡萄酒上注册"拉斐"与"拉菲"商标的，似乎都不是什么法国"Lafite"品牌的所有人。而众多的包含"拉菲"（比如"拉菲伯爵"之类）的商标申请，基本上都是想傍名牌的主儿。至于直接使用"拉菲"而懒得理会什么商标注册的，更是难以统计。

如果法国"Lafite"想学弄一个类似"谷歌"的本土化名字，看来得另行命名了。就像当年Saab进入中国市场后，大家习惯称其为"绅宝"，可是当通用汽车公司欲把Saab推向中国市场时，却意外地发现已经有公司在汽车上注册了"绅宝"名称，通用汽车公司只好将中文名称无奈定为"萨博"。

案例阅读

"HERMES"迷失中文商标

Hermès 是世界著名的奢侈品品牌，如图 3-6 所示，1837 年由 Thierry Hermès 创立于法国巴黎，早年以制造高级马具起家，迄今已有 170 多年的悠久历史。截至 2014 年已拥有箱包、丝巾领带、男装、女装和生活艺术品等十七类产品系列。Hermès 的总店位于法国巴黎，分店遍布世界各地，1996 年在北京开了中国第一家 Hermès 专卖店。

长期以来，"爱马仕"都被消费者，甚至该品牌官方作为大中华区统一中文译名。然而，早在 1995 年就有人在中国提出了"愛瑪仕"的商标注册申请，显然，这已成为 Hermès 拥有中文"爱马仕"商标的法律障碍。

图 3-6 HERMES 品牌

法国埃尔梅斯国际早在 1977 年，便向国家商标局提出"HERMES"及图形的注册申请，此后被核准在国内注册。但是，该品牌在中国仅注册了英文的"HERMES"商标，并没有注册中文的相关商标。不过，在此期间，其曾以"爱马仕"和"HERMES"的名义出现在香港《大公报》等媒体上。

1995 年 12 月 25 日，达丰制衣公司向商标局提出注册"愛瑪仕"商标，指定用于衣物等商品。商标局经初步审定并公告。持有"HERMES"商标的埃尔梅斯国际于 1997 年 6 月 27 日对该商标提出异议。异议未被采纳后，该公司提出复审。2001 年 11 月 27 日，商评委作出裁定，准予"愛瑪仕"商标注册。

2009 年 7 月 10 日，埃尔梅斯国际卷土重来，再度向商评委提出撤销"愛瑪仕"商标注册的申请。经审查，商评委于 2011 年 5 月作出裁定，维持"愛瑪仕"商标，埃尔梅斯国际不服，于是向北京市第一中级人民法院起诉商评委。

埃尔梅斯国际诉称，"HERMES"商标在世界范围内具有极高知名度，"爱马仕"作为与"HERMES"直接对应的中文商标也具有极高知名度。因此，"爱马仕"在中国应该被认定为未注册的驰名商标，而"愛瑪仕"是对"HERMES/爱马仕"的音译、模仿，应不予注册并禁止使用。此外，埃尔梅斯国际还称，达丰制衣公司抢注了"爱玛仕"，是以欺骗或者不正当手段获得商标注册的行为。该商标注册会扰乱良好的社会秩序并造成不良社会影响。

　　北京市第一中级人民法院一审驳回埃尔梅斯国际的诉讼请求，维持了商评委的裁定。法院认为，埃尔梅斯国际提交的大部分证据形成时间，都晚于"爱玛仕"商标申请注册日，而且相关证据均是一些媒体报道，相关地点均是在中国香港，所以不足以证明埃尔梅斯国际的"愛馬仕"已为中国内地的相关公众知悉，所以"愛馬仕"不构成未注册的驰名商标。此外，也没有充分证据证明，达丰制衣公司注册的"爱玛仕"属于以欺骗或其他不正当手段取得的情形。

　　资料来源：爱马仕迷失中文商标［EB/OL］．（2013-08-22）．http://www.iprchn.com/Index_NewsContent.aspx? newsId=63504.

2. 无法阻挡的本土化商标

事实上，很多国际品牌并不愿意每到一个国家，就使用一个当地语言的商标，这有很多的原因，比如，有损于全球商标形象的一致性，无助于跨越国家或地域的品牌识别和认同。但是，语言的隔阂终究无法阻挡商标（当然主要是文字商标）的本土化翻译，甚至不需要这些商标所有人的官方翻译，消费者、使用人、经销商（甚至是在当地的子公司）都有可能命名或促成一个本土化的名称。

如果公司不去顺应消费者，把当地语言的商标注册下来，那么自然会有人帮你完成这件"大事儿"。知名的越野车品牌"LAND ROVER"，曾在中国被翻译成"陆虎"。1999年11月10日，吉利公司经工商部门核准拿到了经过艺术设计的中文"陸虎"商标，专用期至2021年3月6日，核定使用商品为"摩托车，陆地车辆发动机，小汽车，汽车车身，运货车"等。

对这一繁体的"陸虎"商标，LAND ROVER品牌所属的英国路华公司积极地表达了忧虑，路华公司选择在2004年4月26日——世界知识产权日，向商评委提出撤销注册申请。在后来的诉讼中宣称，早在1996年它们就曾以"陆虎"作为"LAND ROVER"的中文翻译商标作过品牌宣传。

但是，商评委姗姗来迟的"商评字〔2010〕第17256号关于第1535599号'陆虎'商标争议裁定"认为，在该争议商标"陸虎"申请注册前，尚无充分证据证明路华公司主动在中国市场宣传、使用该商标且具有一定的影响，因此对该争议商标予以维持。直到 2011 年 4 月，北京市第一中级人民法院一审判决认为，现有证据能够证明在争议商标"陆虎"申请日以前，英文"LAND ROVER"越野车在中国被呼叫为"陆虎"，且已被中国相关公众所熟悉，因此撤销商评委此前裁定，判决商评委在判决生效后重新作出裁定。

北京市高级人民法院在二审中支持了一审判决。路华公司最终夺回了"陆虎"，但在此前的十余年间，LAND ROVER 更多地被翻译为"路虎"。

同样的道理，中国企业到海外发展业务，恐怕也难逃当地语言版本的商标被抢注的"厄运"。

3. 商标翻译的文化障碍

有一则很流行的笑话，说清代一位大臣携夫人接待外国使节，使节夸其夫人漂亮，大臣便客套地说"哪里哪里"，随行翻译竟将其直译成了"where where"，结果把原本隆重的接待仪式搞得啼笑皆非。类似这种乱七八糟的翻译，时至今日也不少见，网上时不时会传上各种"有图有真相"的奇葩翻译。

> **资料链接**
>
> **酒店洋菜单频闹"国际笑话"**
>
> 作为 2008 年北京奥运会伙伴城市，青岛近年来接待外国客人的数量在逐年增多，岛城很多酒店都推出了外语菜单，但由于地域及饮食文化的差别，大多菜名翻译得不够规范，经常闹出"国际笑话"。
>
> 据热河路一酒店的大堂经理介绍，当时该酒店请了几名外语系的学生做了一份英文菜单。几天后，三位外国客人前来就餐，但对方看过菜单之后脸色就变了，讨论了几句便恼怒地起身离去。原来菜单上把"红烧狮子头"翻译成了"烧红了的狮子头"，"老虎菜"翻译成"用老虎做的菜"。
>
> 在闽江路一家酒店，记者看到正在使用的外语菜单上，非常吉利的一道菜"四喜丸子"，翻译成英文是"Four glad meat balls"（四个高兴的肉团），"猴魁茶"翻译出来是"Number one monkey – tea"（第一只猴子茶），其他诸如"庐山云雾""君山银针"翻译得更是不知所云。

令人哭笑不得的是,"麻婆豆腐"竟成了"满脸雀斑的女人制作的豆腐","童子鸡"成了"还没有性生活的鸡"。

资料来源:刘兆球. 酒店洋菜单频闹"国际笑话""直译"菜名让人犯晕[N]. 半岛都市报,2006-04-10.

如果商标翻译也像前述材料中的外语菜单那样不严谨,遇到的问题就不是笑话那么简单了。国内的"帆船"地毯在出口中遭到很大障碍,因为帆船英文"Junk"除了帆船的意思外,还有垃圾、破烂的意思。上海的白象电池也有同样遭遇,因为其英文商标"a white elephant",在英美人的观念里是无用的废物。这里有个典故,说是一位古代的国王收到异邦的礼物,就是一头white elephant,国王无法处置这头大象,成语由此而来。后来,这个词又引申为"能给人带来厄运的东西"。把商标这么翻,估计不好打开市场。

马戏牌扑克牌被音译成"Maxipuke"也是符合翻译技巧和原则的。但万万没有想到,这个汉语拼音牌名正好是两个英义词"Maxi"(=very large or particularly big,特大的)和"puke"(=vomit,呕吐物,催吐剂;令人作呕的人或物)的集合。人们玩扑克无疑多为娱乐,起名"马戏"对中国人来说是一个很理想的名字。可英国人对此译名却是望而却步:它不仅不给人快乐,反而令人感到恶心。

天津一家进出口公司将其产品闹钟的商标"金鸡"译为"Golden Cock",但不幸的是,Cock在俚语中有"男性生殖器"的含义。不雅的联想迫使该公司在媒体上作出如下更正:

Change of Brand Name

It is hereby notified that the brand name of the Alarm Clocks made in/exported from Tianjin China has been from date changed to be

"GOLDEN ROOSTER"

To supersede the original "Golden Cock"…❶

这其实是一个语言和文化的问题。许多外国公司也遭遇了不少类似的笑话。曾经福特公司把它最畅销的"慧星"(Comet)牌汽车以"卡林特"(Caliente)之名销售到墨西哥时,却一直滞销,直到后来发现Caliente是

---

❶ 朱亚军. 商标命名研究[M]. 上海:上海外语教育出版社,2003:87.

当地称"妓女"的俚语。通用汽车公司出产的雪佛兰·诺瓦（Chevrolet Nova）汽车，曾经一度在墨西哥和一些西班牙语国家无人问津。后来调查发现，西班牙语中的 nova 是两个单字，意思是"不走"，"诺瓦"牌汽车被讲西班牙语的人看成"不走"牌了。而实际上，英语中的 nova 是"新星"的意思。

如果有人递给你一瓶饮料，瓶贴上显著地印着"蝌蚪嚼蜡"，除了一种"食之无味、味同嚼蜡"的感觉在你心中油然而生之外，会不会比较玻璃心地可怜起那些"嚼蜡"的小蝌蚪呢？Coca-cola 在 20 世纪 20 年代登陆中国时起的这个中文名字，差点儿给这个洋饮料在中国判了"死刑"。幸好，后来一位叫蒋彝的人，将 Coca-cola 翻译成"可口可乐"，音似义似，恰到好处。

还好，微软推出的搜索引擎"Bing"，并没有将中文名字命名为"病"，而是取为品相仍属一般的"必应"，否则，Bing 在中国的搜索业务份额将会比现在更糟糕，当然，这纯属无聊的假想，微软还没有愚蠢到要启用"病"作为商标的程度。

说这么多无非是要强调，商标选择或设计得考虑一下语言的差异。如果公司的业务定位将来是"冲出中国，走向世界"，毫无疑问，公司的英文商标最好不要用拼音，否则会遇到推广的难题。❶

3.4.2 商标国际化的障碍

在经济全球化的浪潮之中，我国企业面对着新的机遇，也存在新的挑战，要发展、要壮大，就必须竞争国际市场，而商标又是企业参与市场竞争的锐利武器。在日益全球化的今天，"Made in China"应该不仅仅是价格低廉和质量粗糙的代名词，也不应该是低成本劳动力聚集的"血汗工厂"的象征，它需要更多中国企业创造的国际品牌和注册的跨国商标的支持，以获得品质优良的赞誉。富有远见卓识的中国企业家，应该把商标注册的国际化战略，视为企业未来国际化发展的法律盾牌。

1. 海外抢注绵延不绝

不过，商标国际化的障碍，远不是语言或文化差异的问题。很多中国公司并没有在海外提前布局商标注册的规划，导致许多抢注问题发生。这种情形的发生，与不少国外公司的商标（包括中文、外文商标）在中国被

---

❶ 袁真富. 商标国际化的障碍 [J]. 中国知识产权，2013 (8).

抢注如出一辙（关于这种状况，已经不需多言）。

马德里商标国际注册体系是该体系成员国企业进行商标国际注册的重要途径。2022年，通过世界知识产权组织马德里体系（Madrid System）提交的商标申请总量达到69000件。美国申请人提交的商标国际申请数量最多（12495件），其次是德国（7695件）、中国（4991件）、法国（4403件）和英国（4227件）的申请人。法国欧莱雅公司以160件马德里商标国际申请连续第二年成为第一大申请人，其次是英国的葛兰素集团（128件）、保加利亚的欧洲游戏技术公司（120件）和韩国的现代汽车（108件）。在世界知识产权组织受理的国际申请中，指定最多的类别涵盖计算机软硬件及其他电气或电子装置，占2022年总量的11.3%。其次是涵盖商业服务的类别（8.8%）和与科技服务有关的类别（8.5%）。

不过，中国申请人2022年4991件的商标国际申请量，与同年中国国内商标申请730.4万件的总量相比，自然有些反差强烈。虽然马德里体系不是中国公司在国外申请商标的唯一途径［企业可以根据《巴黎公约》等国际公约的规定，到外国或地区性组织（如欧盟）直接申请商标］，但仍然可以看出，中国公司的海外商标注册规划并不十分积极。

不仅小公司，一些国内大公司都未注意商标的国际化注册问题。在海信还没有进入德国市场时，也没有想到在德国注册商标，但等到海信准备向德国等欧洲市场进军时，发现其商标HiSense已经被博世–西门子抢先注册。尽管早在2003年，海信集团已开始与博世–西门子家用电器集团，谈判购买"HiSense"商标事宜，但对方开价过高（据说约4000万欧元），海信无法接受。

不过，海信集团的临时换标策略，并不高明，它在2004年9月初在欧洲启用新商标"Hsense"❶，用于海信平板电视、变频空调等产品的出口。稍微有点商标常识的人，都应该明白这个Hsense商标简直是自欺欺人，因为它与Hisense相比，仍然是一个不折不扣的近似商标，难逃"侵权"嫌疑。还好，在2005年3月，海信集团与博世–西门子最终声明以和解的方式解决纠纷，博世–西门子以不超过50万欧元的"白菜价"将"HiSense"商标归还海信集团。但为了这场商标争夺战，海信集团到底付出了多少代价？没有人知道。

---

❶ 其实，Hsense是HiSense地地道道的近似商标，如果海信集团没有最终夺回HiSense商标，将面临侵权的风险。

当然也有成功的典范，如海尔集团，它很早就在 100 多个国家和地区申请注册了数以千计件商标，从而为自己的产品打入广阔的国际市场奠定了法律保护的基础。我国很多企业经历了境外抢注的风波和警醒之后，已经把商标注册的眼光投向了广阔的全球市场。

2. 当心合作伙伴

这里要提醒一下中国公司，预防商标国际抢注，得小心你的竞争对手、经销商或代理商。除了职业注标人，中国公司的商标在境外被抢注的情形，很多发生在国外经销商或代理商，或者竞争对手身上，因为他们最了解这些商标及其注册状况，最熟悉的朋友可能摇身一变就成了自己的敌人。

杭州鸿世电器有限公司（以下简称"鸿世公司"）是一家出口创汇公司，其"鸿世（SWE）牌"商标已经在部分国家进行国际注册，但 2004 年 4 月，该公司在沙特、也门、阿曼、阿联酋、印度以及非洲的坦桑尼亚、加纳等国注册"SWE"商标时，吃惊地发现，"SWE"商标在阿联酋已被人提前一步提交了注册申请。经调查，向阿联酋经济计划部提出注册"SWE"商标申请的是当地一个印度籍电器经销商，而该客商一直与鸿世公司有业务往来。

商标一旦被抢注成功，公司将为此蒙受巨大的经济损失！经鸿世公司的努力争取，印度客商从长远利益出发，最终主动到阿联酋经济计划部撤回了"SWE"商标的注册申请。与此同时，鸿世公司作为"SWE"产品生产商和"SWE"商标持有者，向阿联酋提出了注册申请。❶ 可见，商标抢注要小心你的客户！

还有一些国外的商人，会主动联系你，请求你允许他在某一国家或地区作为独家代理商，一旦你不同意，或者条件不够优惠，那么这些人随时都会抢注你的商标，作为报复，以破坏你在其地区的产品市场，或阻止他人代理你的产品。如我国"牡丹"电视机的"PEONY"商标便被荷兰销售代理商在荷兰、瑞典、挪威、比利时、卢森堡五国抢注。❷ 当然，有时他们也会拿着已经注册了的商标（本该是你的），直接要挟你。

不过，中国公司进军国际市场遇到商标障碍，并不能全部怪罪于境外

---

❶ 夏叶锋，宓路平. "鸿世"在阿联酋险遭恶意抢注 产品出口别忘了注册商标[EB/OL]. [2005-10-26]. http://www.0580tm.com.

❷ 金宏伟，陈晖. 商标反抢注的若干招式[N]. 经理日报，2005-06-06.

的抢注行为。比如，联想集团的电脑品牌"Legend"，此前在很多国家已经被别人注册，但这并非都是抢注，因为 legend 是一个普通且常见的通用词汇，也许人家也凑巧喜欢它。但效果都是一样的：联想集团要实现统一的全球英文商标标识，必须更换商标。不过，联想集团一直割舍不下使用已久的 legend，直到联想集团准备成为北京奥运会的全球合作伙伴时，才痛下决心，把英文商标 Legend 改为 lenovo，le 是 legend 的前缀，novo 是拉丁语"创新"的意思，二者合为 lenovo，意为"创新的联想"。Lenovo 是一个新造的单词，它可以保证联想在全球的商标注册不再遭遇以前的障碍。[1]

3.4.3 商标国际注册的地域选择

1. 商标注册：跟着市场走

其实，比起专利的国际申请而言，商标的国际注册并不那么昂贵。更何况，对于中小企业而言，考虑到成本的因素，面对全球众多的国家或地区，并不一定都需要进行商标注册，否则其中的花费会让人承受不了。决定商标注册国家或地区的首要考虑是你的市场在哪里？

一般来说，产品出口国、制造地国、商标授权地区，都是应该申请注册商标的区域，特别是在那些仿冒严重的国家，更是迅速注册的优先选择。因此，公司应当有的放矢地确定产品出口国（地区）的清单，并依据其产品的种类和性质，有重点地选择注册地。

当然，考虑产品出口国、制造地国或商标授权地区时，不应当只局限于公司目前的市场现状，而应着眼于将来的业务拓展。从长远的角度，全球的主要市场，比如欧盟、美国，都应当进行商标注册，一旦公司做大做强，都避免不了进军这些市场。当然，公司应当分清轻重缓急，视具体情况，分期分批地、循序渐进地进行境外商标注册。

比如，我国纺织品主要销往欧美，粮油食品的出口国一般集中在东南亚，轻工产品通常集中在南美和非洲，中草药和保健品往往集中在日本、韩国、新加坡和马来西亚等国及我国的港澳台地区。[2] 这就要求这些出口产品的企业应抓住重点，在上述国家或地区优先采取商标注册。一旦财力允许，立即着手其他主要市场的商标注册工作。

---

[1] 袁真富. 商标国际化的障碍 [J]. 中国知识产权, 2013 (8).
[2] 王静. 浅谈商标国际注册的技巧 [J]. 国际市场, 2003 (10).

2. 当地的法律风险考量

在国外进行商标注册,首先要遵循当地的商标法,尽管目前主要国家/地区知识产权法在 TRIPS 的推动下,有融合和趋同的态势,但法律上的差异仍然非常明显,尤其是关系到当地风俗习惯尊重与国家民族利益保护等方面,差异就会更加明显。因此,不能简单地拿中国的商标法,去臆测其他国家的商标制度。

法律文本上的差异还是次要的,关键还要了解当地主管机关对于显著性、禁用标志、在先权利冲突等含义的理解和运用,这才是阻碍公司商标在国外注册的大敌。特别是禁用标志,由于不同国家的风俗习惯和民族利益不同,禁用标志的范围也是千差万别。比如,六角星在阿拉伯国家明显会受到排斥。

因为六角星是以色列大卫王的盾牌(Shield of David),也是犹太教的六芒星形标志,是以色列国旗上的图案。由于以色列与阿拉伯国家长期交恶,战争不断,阿拉伯国家对带有六角星图案的货物和包装图案非常反感,这些国家的客户常拒绝接收带有六角星图案的包装。

美国一家清凉饮料公司在标贴上印有几个六角形的星星,惹得阿拉伯国家客户大发雷霆,该公司只好变更标贴。我国出口至伊拉克的装饰花,也曾两次发生因缀有六角星图案,客户拒绝收货的事件。有关总公司曾为此向所属分公司发出通报,要求各地对向阿拉伯国家(客户)出口的商品,包括已签合同和包装图案认真进行检查,避免类似事件再次发生。❶

当然,专业的事应当交给专业的人,最好委托(或通过国内代理机构转委托)当地经验丰富的商标代理机构来操作,避免自己从头到尾地去了解人家的商标法及其实践。此外,与国内注册商标一样,最好在申请之前,进行必要的商标检索或调查,也避免侵犯当地在先注册的商标权或其他法律权利。

资料链接

苹果手表为何不用 iWatch 命名?

苹果公司发布 Apple Watch 之前,新闻里频繁使用"iWatch"来指代苹果公司的智能手表。但在 2014 年 9 月发布智能手表时,苹果公司

---

❶ 叶世雄. 包装国际惯例 [M]. 贵阳:贵州人民出版社,1994:58.

却没有将这款智能手表产品命名为"iWatch",而是命名为 Apple Watch。iPod、iTunes、iPhone、iPad,这些是苹果近年来以"i"前缀命名的革命性产品,不过在智能手表上,苹果却没有选择"i"。从 iWatch 到 Apple Watch 的命名变化,可能不是出自苹果的本意,主要是基于商标风险的考虑。

此前,苹果公司为了获得中国的 iPhone 和 iPad 商标,分别付出 365 万美元和 6000 万美元的代价,尽管花费巨大,但商标最终还是收入怀中。不过,iWatch 商标却给苹果公司带来了巨大挑战。苹果公司在研发 iWatch 的传闻已久,许多公司都瞄上了抢注苹果商标这门生意。事实上,现在随便什么已有事物名称,只要能加上"i"的,都被注册商标了,国内外均如此。因此,在苹果公司之前,iWatch 商标早已被其他公司在美国、英国、欧洲部分地区和中国抢先注册。除了已经在日本、墨西哥、俄罗斯、土耳其等国家或地区完成 iWatch 注册之外,苹果公司在其他主要国家所面临的商标权问题都有待解决。

比如,iWatch 商标在美国的持有人是一家位于加州、名为 OMG 电子(OMG Electronics)的公司。在英国,一家名为 Probendi 的网络服务公司从 2008 年起就是 iWatch 商标的持有人。在中国,至少有 9 家公司宣称拥有该商标权,尽管其中的大部分已经失效。另外,还有一家公司持有 iWatching 商标。

据统计,苹果公司在上述国家的 iWatch 商标申请绝大多数被驳回,少部分被提起了商标异议。

此外,苹果公司注册 iWatch 商标也遭到了来自传统手表厂商的阻力。2014 年 5 月,瑞士手表制造商斯沃琪(Swatch)试图阻止苹果公司使用"iWatch"商标。斯沃琪首席执行官尼克·海耶克(Nick Hayek)表示,iWatch 与斯沃琪旗下的 iSwatch 品牌太过相像,而且斯沃琪已经在部分国家注册了"iWatch"商标,斯沃琪销售一款叫作"iSwatch"的手表。海耶克认为,两款品牌名称太过相像,苹果公司可能对 iSwatch 品牌造成损害。

在商标申请上受阻,令苹果公司不得不另辟蹊径。

资料来源:网友"Kelvin". 苹果为何不用 iWatch 命名手表 [EB/OL]. (2014-09-11). http://tech.qq.com/a/20140911/002569.htm.

3.4.4 商标国际注册的途径选择

我国企业想要到国外申请注册商标,可以逐一到各国注册,也可以通过马德里体系进行国际注册,或者通过地区性的注册体系,比如欧盟商标注册体系,进行国外商标注册。各种注册途径各有优劣,企业可以根据具体情况选择适当的商标国际注册途径。

1. 逐一国家注册申请

(1) 逐一国家注册申请的优劣

即分别向各国商标主管机关申请注册商标。由于商标与专利同属于工业产权,因此,在知识产权行政管理机构的设置上,在世界知识产权组织的196个成员国中,有近55%的成员国实行二合一体制,即将专利和商标的行政管理机关统一设置,称为工业产权局或专利商标局,其中的加拿大、澳大利亚、新西兰、英国、俄罗斯、瑞典、瑞士、西班牙、韩国、泰国、新加坡等74个国家或地区实行三合一体制,将专利、商标和版权的行政管理机关统一设置。只有阿拉伯联合酋长国、沙特阿拉伯、巴基斯坦、利比亚、希腊、埃塞俄比亚、埃及和文莱等不到10个国家是将专利行政机构和商标行政机构分开设置。[1]

逐一国家注册这种途径的缺陷是显而易见的,因为它需要按各国具体法律程序(包括书件、语言等)办理相关事宜,加之各国的程序要求不完全相同,有的国家还要求申请人对相关材料进行公证、认证等,自然而然,这种途径的商标注册需要的时间较长,费用较高,而且程序烦琐,让商标申请人不断地重复劳动。当然,如果公司只是想去有限的几个国家或地区提出商标注册申请,上述缺陷并不明显,可能反而比其他注册模式更加简便和灵活。

(2) 国际注册申请中的优先权制度

到国外注册商标应当利用优先权制度来争取抢先申请的时机。根据《巴黎公约》第4条的规定,已在一个成员国内正式提出申请商标注册的人,或其权利合法继承人,自其商标在该国第一次提出商标注册申请之日起6个月内,享有在本同盟其他成员国内提出申请的优先权。作为《巴黎公约》的成员,我国《商标法》第25条第1款也延续了这一规定:"商标

---

[1] 裴宏,刘仁,微嘉,等. 关注知识产权管理体制改革 [N]. 中国知识产权报, 2007-03-09.

注册申请人自其商标在外国第一次提出商标注册申请之日起六个月内，又在中国就相同商品以同一商标提出商标注册申请的，依照该外国同中国签订的协议或者共同参加的国际条约，或者按照相互承认优先权的原则，可以享有优先权。"此即商标国际申请中的优先权制度。只要是巴黎公约或世界贸易组织的成员[1]，基本上都有这样类似的规定，或者提供这样类似的优先权优惠。

假设商标"春晚"在中国的注册申请日是在2008年8月8日，那么，在自2008年8月8日之日起的6个月内，在巴黎公约或世界贸易组织的任何成员中提出商标注册申请，比如，在2008年12月12日在德国提出商标注册申请，那么，可以在德国要求把在中国的注册申请日2008年8月8日（优先权日），作为在德国的商标注册申请日，这显然比2008年12月12日提前了不少。

别看这一小段时间的提前，有时意义非同凡响。试想，在德国有人于2008年10月10日提出了"春晚"商标的注册申请，如果没有优先权的保护，实际的注册申请日2008年12月12日已经落后了，按照申请在先的原则，一般情况下将失去在德国获得"春晚"商标注册的权利。

优先权的意义远非如此简单，它还有助于商业上的考量。有了优先权的保护，公司不必忙着一起向所有目标国家提出商标注册申请，可以先向一个国家申请，然后按兵不动，因为有6个月的时间，让公司仔细考虑这个商标是否值得注册，是否需要多国注册，应该在哪些国家注册等细节问题，等这些决定都成熟后，再向其他国家提出必要的商标注册申请。另外，这6个月时间，也给公司提供了充裕的时间保证，以做好国外注册的准备工作。

2. 马德里商标国际注册

所谓马德里商标国际注册，是指根据《马德里协定》或《商标国际注册马德里协定有关议定书》（以下简称《马德里议定书》）的规定，在马德里联盟成员国间所进行的商标注册。我们通常所说的商标国际注册，指的就是马德里商标国际注册。

"马德里联盟"是指由《马德里协定》和《马德里议定书》所适用的国家或政府间组织所组成的商标国际注册特别联盟。如表3-7所示，截至

---

[1] 根据TRIPS第2条，世界贸易组织的全体成员均应遵守《巴黎公约》第1条至第12条及第19条之规定，包括《巴黎公约》第4条关于优先权的规定。

2023年5月，马德里联盟共有114个缔约方。

表3-7 马德里联盟缔约方（成员）

国家	加入马德里协定时间	加入马德里议定书时间	国家	加入马德里协定时间	加入马德里议定书时间
阿尔巴尼亚	1995.10.4	2003.7.30	利比里亚	1995.12.25	2009.12.11
阿尔及利亚	1972.7.5	2015.10.31	列支敦士登	1933.7.14	1998.3.17
安提瓜和巴布达		2000.3.17	立陶宛		1997.11.15
亚美尼亚	1991.12.25	2000.10.19	卢森堡	1924.9.1	1998.4.1
澳大利亚		2001.7.11	摩纳哥	1956.4.29	1996.9.27
奥地利	1909.1.1	1999.4.13	蒙古国	1985.4.21	2001.6.16
阿塞拜疆	1995.12.25	2007.4.15	摩洛哥	1917.7.30	1999.10.8
巴林		2005.12.5	马达加斯加		2008.4.28
白俄罗斯	1991.12.25	2002.1.18	莫桑比克	1998.10.7	1998.10.7
比利时	1892.7.15	1998.4.1	荷兰	1893.3.1	1998.4.1
不丹	2000.8.4	2000.8.4	挪威		1996.3.29
波斯尼亚-黑塞哥维那	1992.3.1	2009.1.27	波兰	1991.3.18	1997.3.4
博茨瓦纳		2006.12.5	黑山	2006.6.3	2006.6.3
保加利亚	1985.8.1	2001.10.2	葡萄牙	1893.10.31	1997.3.20
中国	1989.10.4	1995.12.1	韩国		2003.4.10
克罗地亚	1991.10.8	2004.1.23	摩尔多瓦	1991.12.25	1997.12.1
古巴	1989.12.6	1995.12.26	罗马尼亚	1920.10.6	1998.7.28
塞浦路斯	2003.11.4	2003.11.4	俄罗斯	1976.7.1	1997.6.10
捷克	1993.1.1	1996.9.25	圣马力诺	1960.9.25	2007.9.12
朝鲜	1980.6.10	1996.10.3	塞尔维亚	1992.4.27	1998.2.17
丹麦		1996.2.13	塞拉利昂	1997.6.17	1999.12.28
埃及	1952.7.1	2009.9.3	新加坡		2000.10.31
爱沙尼亚		1998.11.18	斯洛伐克	1993.1.1	1997.9.13
芬兰		1996.4.1	斯洛文尼亚	1991.6.25	1998.3.12
法国	1892.7.15	1997.11.7	西班牙	1892.7.15	1995.12.1
格鲁吉亚		1998.8.20	苏丹	1984.5.16	2010.2.16

续表

国家	加入马德里协定时间	加入马德里议定书时间	国家	加入马德里协定时间	加入马德里议定书时间
德国	1922.12.1	1996.3.20	斯威士兰	1998.12.14	1998.12.14
希腊		2000.8.10	瑞典		1995.12.1
加纳		2008.9.16	叙利亚	2004.8.5	2004.8.5
匈牙利	1909.1.1	1997.10.3	瑞士	1892.7.15	1997.5.1
冰岛		1997.4.15	塔吉克斯坦	1991.12.25	2011.6.30
伊朗	2003.12.25	2003.12.25	马其顿	1991.9.8	2002.8.30
爱尔兰		2001.10.19	土耳其		1999.1.1
意大利	1894.10.15	2000.4.17	土库曼斯坦		1999.9.28
日本		2000.3.14	乌克兰	1991.12.25	2000.12.29
哈萨克斯坦	1991.12.25	2010.12.8	英国		1995.12.1
肯尼亚	1998.6.26	1998.6.26	美国		2003.11.2
吉尔吉斯斯坦	1991.12.25	2004.6.17	乌兹别克斯坦		2006.12.27
拉脱维亚	1995.1.1	2000.1.5	越南	1949.3.8	2006.7.11
莱索托	1999.2.12	1999.2.12	赞比亚		2001.11.15
纳米比亚	2004.6.30	2004.6.30	阿曼		2007.10.16
欧盟		2004.10.1	圣多美和普林西比		2008.12.8
以色列		2010.9.1	菲律宾		2012.7.25
新西兰		2012.12.10	哥伦比亚		2012.8.29
墨西哥		2013.2.19	印度		2013.7.8
卢旺达		2013.8.17	突尼斯		2013.10.16
非洲知识产权组织		2015.3.5	津巴布韦		2015.3.11
柬埔寨		2015.6.5	冈比亚		2015.12.18
老挝		2016.3.7	文莱		2017.1.6
泰国		2017.11.7	印度尼西亚		2018.1.2
阿富汗		2018.06.26	马拉维		2018.12.25
萨摩亚		2019.03.04	加拿大		2019.06.17

续表

国家	加入马德里协定时间	加入马德里议定书时间	国家	加入马德里协定时间	加入马德里议定书时间
巴西		2019.10.02	马来西亚		2019.12.27
特立尼达和多巴哥		2021.01.12	巴基斯坦		2021.05.24
阿联酋		2021.12.28	牙买加		2022.03.27
智利		2022.07.04	佛得角		2022.07.06
伯利兹		2023.02.24	毛里求斯		2023.05.06

资料来源：国家知识产权局商标局官网，2023年9月检索。

马德里商标国际注册申请需要提交的申请材料包括：（1）马德里商标国际注册申请书；（2）相应的外文申请书；（3）国内商标注册证复印件（针对"协定"成员）或受理通知书复印件（针对"议定书"成员）；（4）申请人资格证明文件，如营业执照复印件、居住证明复印件、身份证件复印件等；（5）基础注册或申请的商标如在国内进行过变更、转让或续展等后续业务，一并提交核准证明复印件；（6）申请人使用英文名称的，必须提供使用该英文名称的证明文件；（7）委托代理人的，应附送代理委托书；（8）指定美国的，一并提交 MM18 表格。❶

马德里商标国际注册具有很多优点。

（1）一种语言。自 2008 年 9 月 1 日起，马德里商标国际注册申请人可以任意选择法语、英语或西班牙语作为申请语言（我国申请人可以选择法语或英语）。因此，指定多个国家保护时，不需要翻译成多国语言，可以节省不少翻译的精力和费用。

（2）手续简便。商标申请人仅通过向主管局提交一份申请，即可以指定向多个国家（当然必须是马德里联盟缔约方）申请商标注册保护，相对逐一国家注册而言申请手续非常简便。

（3）费用较低。一份国际注册申请可以要求在多个国家注册保护，顺利的情况下，省去了各国逐一申请商标的代理费，极大地节约了注册成

---

❶ 目前，我国香港、澳门特别行政区的申请人还不能通过我国商标局办理马德里申请。但我国台湾地区申请人如在商标局已经注册的商标或已经提交申请并获得受理通知书的商标，可以通过我国商标局办理马德里申请。

本。同时，商标申请人缴纳以瑞士法郎计算的统一规费，或根据"议定书"再缴纳单独规费，而无须逐一向每一个指定保护的国家分别交费。从数额上看，国际注册费大大低于分别向每个国家申请注册的费用。

（4）时间较快。从国际注册日起，如果被指定国家在规定的期限内没有向世界知识产权组织国际局发出初步驳回通知（依照《马德里协定》为12个月，依照《马德里议定书》为18个月），该商标将在该指定国自动得到保护。不过，我国《商标法》对商标核准注册提出了期限要求，在中国申请商标如果没有异议程序的阻拦，只需要1年左右即可拿到商标注册证，因此，马德里商标国际注册的这个时间优势至少在中国已经不明显，甚至没有了。

但马德里商标国际注册也有一些缺点。

（1）申请基础要求。申请国际注册的商标须在（原属国）国内已经申请或已经注册。根据《马德里商标国际注册实施办法》第4条，商标申请人指定保护的国家是马德里协定成员国的，其申请国际注册的商标应当已经在商标局获得注册的；商标申请人指定保护的国家是纯马德里议定书成员国的，其申请国际注册的商标应当已经在商标局获得注册，或者已经向商标局提出商标注册申请。

不过，除阿尔及利亚，大多数马德里联盟成员都是议定书成员，因此，如果基础商标仅取得国内受理通知书，尚未注册成功，则除阿尔及利亚不可以指定外，其他缔约方均可以指定；如果已获得国内注册证，则所有缔约方均可指定。

（2）无注册证。马德里注册仅有国际局统一颁发的一份注册证明，效力类似于国内的受理通知，一般无注册证。一直以来，马德里商标国际注册体系遵循"默许原则"，即如果在适用的驳回期限内，被指定缔约方主管局没有发出临时驳回通知，那么在被指定缔约方该商标即在所申请的所有商品和服务上自动获得保护。当被指定缔约方主管局决定不驳回一国际注册申请时，不要求该主管局发出商标保护通知。

以前，只有14个缔约方的主管局在驳回期限之内经过审查，如果未发现需驳回的理由，会发出授予保护声明（这些缔约方为：亚美尼亚、澳大利亚、比荷卢、欧盟、格鲁吉亚、匈牙利、爱尔兰、日本、挪威、韩国、新加坡、叙利亚、土耳其、英国）。这一原则使很多申请人不能确定自己的商标在指定缔约方的状态，申请人因此需要支付费用委托代理人，向被指定缔约方主管局申请开具注册证明。

为此，马德里联盟本着方便申请人的原则，对共同实施细则进行了修改。从 2011 年 1 月 1 日起，"默许原则"不再适用，所有缔约方主管局在申请商标获得全部核准注册的情况下，必须向国际局发出商标保护通知。

（3）中心打击原则。自马德里商标国际注册之日起 5 年内，国际注册与其原属国的基础申请或基础注册之间存在依附关系。在此期间，若某国际注册的基础注册被撤销或宣布无效或其基础申请被驳回，那么该国际注册在所有被指定缔约方都不再予以保护。此即所谓"中心打击"原则。

虽然在《马德里协定》和《马德里议定书》中都有"中心打击"的规定，但是二者的不同之处在于：《马德里协定》没有规定商标国际注册的注册人在"被中心打击"之后的救济措施，而《马德里议定书》却允许注册人在"被中心打击"之后将国际注册转换为被指定缔约方的国家或地区注册（可将国际注册转为国家注册申请），并保留原有的国际注册日期和优先权日期。这一规定较之原先适用的《马德里协定》的"中心打击"原则更为灵活，使申请人在"被中心打击"之后能有机会采取进一步的补救措施，更加有利于申请人对自己的商标进行保护。

（4）驳回风险大。一方面由于马德里注册官方不受理查询，另一方面马德里注册须基于国内申请或注册才能提交，遇到驳回答复的几率较高。由于适用议定书的规定，国际注册申请时不必先获得基础注册，那么国际注册之后，就会更多地面临"中心打击"的风险。目前我国商标申请的驳回率相对较高，因此国内注册核准与否对于国际注册来说至关重要，这就要求国内申请人在提交国内申请时要更加慎重，务必在申请前做好查询工作，尽可能地提高注册成功率。

（5）可能丧失优先权。对于急于进入海外市场的企业，马德里国际注册有贻误市场时机的可能。由于《马德里协定》（不是《马德里议定书》）要求以申请人的本国基础注册完成为前提，而我国要完成基础注册，一般都需要一年以上的时间，等基础注册完成，早已超出《巴黎公约》规定 6 个月优先权期间了，而在这期间商标海外抢注有可能已经发生了。所幸的是，目前仅加入协定的成员只有阿尔及利亚一个国家。

（6）注册国家的局限性。虽然截至 2023 年 5 月，马德里联盟成员已经发展到 114 个，仍未覆盖全球所有的国家，因此，我国企业无法通过马德里国际注册途径在一些目标取得商标注册。

3. 欧盟商标注册

2016 年 3 月 23 日，《欧盟商标条例》（Regulation（EU）2015/2424）

正式生效。欧盟内部市场协调局（OHIM）也正式更名为欧盟知识产权局（European Union Intellectual Property Office，EUIPO），该局所管辖的"欧洲共同体商标"（European Community Trademark，CTM），正式更名为"欧盟商标"（European Trade Mark，EUTM）。

欧盟商标是根据《欧盟商标条例》[修订前名为《欧洲共同体商标条例》（European Community Trademark Regulation）]由欧盟知识产权局注册的在欧盟范围内有效的商标。欧盟商标（及其前身"欧共体商标"）自1996年1月1日起开始接受申请。欧盟商标的保护期为10年，可续展，每次续展保护期为10年。

欧盟商标最显著的特色之一是它的统一性。

（1）欧盟商标及其注册申请在整个欧盟有效，商标申请及其相应的注册会自动延伸至欧盟包括27个成员国：奥地利（AT）、比利时（BE）、保加利亚（BG）、塞浦路斯（CY）、捷克（CZ）、德国（DE）、丹麦（DK）、爱沙尼亚（EE）、西班牙（ES）、芬兰（FI）、法国（FR）、希腊（GR）、克罗地亚（HR）、匈牙利（HU）、爱尔兰（IE）、意大利（IT）、立陶宛（LT）、卢森堡（LU）、拉脱维亚（LV）、马耳他（MT）、荷兰（NL）、波兰（PL）、葡萄牙（PT）、罗马尼亚（RO）、瑞典（SE）、斯洛文尼亚（SI）、斯洛伐克（SK）。因此，把欧盟商标的地域保护限定在某几个成员国是不可能的。

（2）欧盟商标系统是一个统一的注册程序，它赋予权利人在欧盟所有成员国内享有注册商标专用权。如果不需要在整个欧盟范围内获得保护，商标可以在各个欧盟成员国内单独申请注册。事实上，欧盟商标系统不影响欧盟成员国的国家商标系统。企业可以自由选择申请单独成员国商标注册或欧盟商标注册，也可以二者都申请。是完全依赖欧盟商标的保护，还是同时获得成员国商标和欧盟商标的双重保护，则完全取决于商标申请人的战略需要。

（3）欧盟商标是一个单一的财产，任何一个欧盟商标的无效、驳回或期满都会适用于整个欧盟。如果申请被驳回的原因只涉及某一成员国，那么将导致欧盟商标被驳回，最后，被驳回或被宣布无效或被废止的欧盟商标注册申请可改为在所有不适用驳回理由的各个欧盟成员国的商标注册申请，而该类成员国商标申请还享有欧盟商标的申请日期。

欧盟商标具备以下优点。

（1）欧盟商标的申请人不限于欧盟成员国的国民，其他如巴黎公约、世界知识产权组织成员国的国民也可提出申请。因此，我国企业也可以向欧盟知识产权局提出欧盟商标注册申请。

（2）费用较低。只须申请注册一次，即可在整个欧盟的 27 个成员国使用该商标。较之于在各个成员国分别提出申请，费用大幅度减少。另外，欧盟商标续展的费用也低得多。以电子申请为例，欧盟商标申请费采取阶梯费率（所谓"一类一价"）：具体而言，即在申请时如果只保护一个大类下的商品或服务，则应缴纳 850 欧元申请费；保护两个大类下的商品和/或服务，则在前述 850 欧元基础之上加收 50 欧元；从第三个大类开始，每类加收 150 欧元。

（3）已注册之商标可在欧盟任何一个国家使用，即足以对抗以未使用商标为由提出的撤销申请。

（4）不但词语、标识等传统商标可获得注册，声音、气味、产品外观及构造等新型商标也可申请注册。

（5）欧盟商标的注册对基础注册也未作要求，即申请注册欧盟商标，不要求申请人在其原属国国内已经申请商标或者获得商标注册。同样，商标在国内的稳定性与欧盟商标的稳定性之间没有任何联系。这一点比马德里商标注册体系要宽松得多。

（6）保护程序集中化。一件商标注册可获得欧盟 27 个成员国的保护，有关商标案件的裁决将在欧盟所有的国家得到执行。

4. 非洲知识产权组织商标注册

目前，非洲存在两大区域性知识产权组织，即非洲地区知识产权组织（ARIPO）和非洲（法语国家）知识产权组织（OAPI），ARIPO 和 OAPI 这两个组织所覆盖的成员国共计 36 个，它们为成员国提供了专利、商标和版权等一系列知识产权注册和保护服务，并促进了成员国之间的经济和技术合作。

非洲地区知识产权组织是非洲地区英语国家知识产权保护区域性组织，目前有 19 个成员国，即博茨瓦纳、冈比亚、加纳、肯尼亚、莱索托、马拉维、莫桑比克、纳米比亚、塞拉利昂、利比里亚、卢旺达、圣多美和普林西比、索马里、苏丹、斯威士兰、坦桑尼亚、乌干达、赞比亚和津巴布韦，总部设在津巴布韦首都哈拉雷。非洲地区知识产权组织的商标注册制度类似于马德里商标注册，即通过向 ARIPO 递交申请，同时指定各成员国，待各成员国进行实质审查后，依法核准注册/驳回申请。商标获准注册后，有效期为自申请日起 10 年，可连续续展。

非洲知识产权组织是由以法语圈为中心的非洲各国所构成的知识产权国际机构。OAPI 目前拥有 17 个成员国，包括喀麦隆、贝宁、布基纳法索、中非共和国、刚果、乍得、加蓬、几内亚、几内亚比绍、科特迪瓦、马里、毛里坦尼亚、尼日尔、塞内加尔、多哥、赤道几内亚、科摩罗，其总部位于喀麦隆首都雅温得。作为一个区域性组织，OAPI 成员国家中没有单独的知识产权制度，只有通过该区域系统才能进行商标注册，在 OAPI 提交的商标申请将自动覆盖其所有成员国。

5. 商标被抢注后的行动

（1）采取法律行动

2003 年初，一家名为"加拿大中华老字号商标股份有限公司"（从这个名称就知道绝非善类）的加拿大公司，在当地的面食商品上申请注册了"桂发祥十八街"商标。同时遭到抢注的还有"冠生园""六必居"等其他中华老字号著名商标。天津桂发祥麻花饮食集团公司接到消息后，马上委托天津市一家商标事务所，聘请加拿大合作伙伴针对加拿大公司的恶意抢注，在公告期间向加拿大当地法院提出异议。由于桂发祥反应迅速，在商标还在公告期内就提出反诉，而且资料准备充分，经过 3 个月的时间终于打赢了官司，拿回了自己的商标，在加拿大的销售没有受到太大影响。❶

商标在海外被抢注后的事后救济、亡羊补牢，总是比较被动的，而且通过法律手段往往耗费成本较高，需要的时间也比较长。但面对自己宝贵的品牌被人夺走，及时果断地采取法律行动是必须的，除非公司愿意失去它。事实上，我国公司已经通过法律或非法律的途径，在境外拿回了不少被抢注的商标。由于《巴黎公约》和 TRIPS 都对驰名商标有特殊的保护规定，因此，如果公司的商标是驰名商标，在境外夺回商标的可能性应该比较大。

（2）持续的商标监控

应对国际上的抢注行为，更应当主动采取措施，除了主动申请商标注册，包括防御性的商标注册之外，持续的商标监控也很有必要。比如，通过当地的分公司或委托律师，定期监测当地的商标公告，一旦发现有不利的相同或近似商标申请，及时提出商标异议或撤销（无效）请求，从而阻止抢注的发生。

---

❶ 孙洪磊，刘宝森. 境外商标抢注狂点中企"死穴"[N]. 国际商报，2005 - 08 - 23（3）.

（3）其他可能的法律措施

如果自己的商标是一件作品，还可以主张抢注者的行为构成著作权侵权，因为著作权保护不需要登记，只要是《伯尔尼公约》或世界贸易组织的成员，都会自动地保护你的著作权。

还有一招可能比较毒辣，但对付抢注者也算是"师夷长技以制夷"：如果抢注者自己是一家有商标的企业（不要以为抢注者都是一些投机取巧的个人，有的大公司也会抢注竞争对手的商标），它的商标注册规划未必无懈可击，你也可以尝试抢注对方的商标，这样，双方可以达到平衡对抗，至少可以稍微改变一下目前绝对糟糕的劣势地位。

（4）商业谈判与合作

如果实在无计可施，当然只好通过合作、购买等商业方式解决这些棘手的问题。抢注者的动机万变不离其宗，无非是一个"利"字，如果企业坐下来与抢注者谈判，未尝不会获得兼顾市场和效益周全之策。

当然，海外商标谈判绝不是一个简单的商业游戏。如果抢注者是在中国也有业务的公司，那么它不得不关注自身在中国的企业形象，自然会有所顾忌。因此，我国企业可以充分利用政府机构、行业协会、新闻传媒等方面的力量，与抢注者进行综合较量，给其施加压力，为最终拿回商标铺平道路。

3.5 商标注册的时机选择

3.5.1 先来后到：商标注册的基本规则

我国商标法贯彻的是商标注册保护原则，在一般情况下，商标只有经过国家商标局注册核准后，才能享有商标专用权，得到法律最周全的保护。根据《商标法》第31条，"两个或者两个以上的商标注册申请人，在同一种商品或者类似商品上，以相同或者近似的商标申请注册的，初步审定并公告申请在先的商标；同一天申请的，初步审定并公告使用在先的商标，驳回其他人的申请，不予公告。"可见，即使公司提出商标注册的申请，如果在时间上落后于别人，同样可能失去获得商标注册的机会，因为我国商标法上采取的是"先申请、先注册"的原则，在同一种商品或者类似商品上，谁先提出商标注册申请，就先给予谁商标权。

作为最基本的商标保护规则，笔者建议企业，一旦选取或设计完成了一个品牌，应当立即想到商标注册，及时申请，不要迟疑或者等待，否则别人会抢占先机。在经济活动中不少企业因忽视商标的及时注册，而备尝苦果。曾经以"万家乐"系列产品独步国内市场的广东万家乐集团公司在为电器类商品注册"万家乐"商标时，发现自己使用已久的"万家乐"牌商标已被浙江某县的厂家抢先注册。当时事业蒸蒸日上的万家乐集团公司顿时陷入尴尬的境地：要么舍弃已花巨资打出知名度的"万家乐"商标，要么请求对方转让此商标。经协商，万家乐集团公司终于得到了"万家乐"商标专用权，代价是 38 万元商标转让费。❶ 一个当时只需花 300 元左右注册费就可以注册的商标，万家乐集团公司却付出了 1000 多倍的代价（目前已从最高官费 1000 元回到 300 元）。

连微软这样的大公司，有时也会犯下低级错误。微软的办公软件 Office 自 1985 年上市以来就获得极大成功，成为该公司业务两大基石之一。但微软直到 Office 出现 19 年后，才在 2004 年 4 月将这个产品中的表格计算软件 Excel 名称注册为商标。❷ 幸好，这个名称还没有被人抢注，不过，根据美国商标法当时采用的是使用在先原则，因此，别人抢注可能也不会影响微软取得 Excel 的商标权，这与中国的情况有些不一样。

据报道，目前市面上至少有 10 余种软件名称内含有"Excel"字样。不久前微软就曾致函发行 TurboExcel 软件的公司 Savvysoft，要求后者更改产品名称，称其侵犯了微软对"Excel"拥有的商标权。但 Savvysoft 公司创始人里齐·塔南鲍姆说："就 Excel 而言，微软从来没有获得过注册商标授权。他们实际上等了 19 年才去申请。此外，事实上目前市场上存在使用 Excel 为名称的上百种第三方产品。微软自身的网站也提供十几种由第三方提供的以 Excel 为名称的产品下载。任何一位商标法律师都会告诉你，如果你注册了一项商标，而你让其他企业使用它，你就会失去这项商标。"❸ 可见，微软迟延注册商标的行为，还是为别人提供了指责的借口和辩护的理由。

---

❶ 于有连，姚国强. 企业如何制定商标战略［N］. 中国工商报，2001-02-22（B3）.

❷ 豆豆. 微软商标也出纰漏？Excel 问世十九年方注册［EB/OL］.［2004-11-24］. http：//www.ccw.com.cn.

❸ Sherman. TurboExcel 速度是 Excel 几百倍 微软诉其侵权［EB/OL］.［2004-11-22］. http：//news.onlinedown.net.

3.5.2 先注册后使用 VS 先使用后注册

1. 商标代理的"危机营销"

有一家不算大的上海公司，一直经营着如今可归为文化创意产业之类的业务。五六年前，公司接到了一家商标代理机构的电话，大概意思是这样的：有个客户委托他们申请一个商标，但他们发现这个商标与这家公司的商标完全相同，现在他们对这家公司商标进行"预保护"，如果这家公司不注册的话，他们就帮客户注册了。——有的代理机构还会郑重其事地提醒你："现在有电话录音作为证据，你不注册就是放弃了，以后打官司也拿不回商标哦。"诸如此类，不胜枚举。

这家代理机构的"危机营销"电话，真是"挣着卖白菜的钱，操着卖白粉的心"，更表明在知识产权领域，同样也不缺乏"正能量"：为了避免人家（平常八杆子都打不着的公司）的商标不被抢注，甚至可以主动牺牲自己客户的利益（而且并非自己的"客户"不愿意付代理费）。不过，这只是一些不良代理机构为了揽业务而打的营销电话，很多新开张的小公司都会遇到这些商标"热心人"。

但是，这家身处文化创意产业的上海公司，显然没有意识到这是不良商标代理机构的"营销创意"，加上其商标代理的收费绝对是价格低到无法拒绝，即使放到现在，依旧会有许多企业乐于"买单"。

虽然这种代理机构的服务质量往往不敢恭维，不过话说回来，无论这个商标代理机构的营销方式如何（但涉嫌违规），教人申请注册商标总归不属于什么罪过，至少在控制商标被抢注的风险方面，应该说还真的对公司（哪怕是创业中的公司）有所帮助。

2. 先使用的被"抢注"风险

在我国，商标采取自愿注册的原则，除了烟草制品、人用药品等极少数商品要求使用注册商标以外，绝大多数商品上使用的商标是否注册完全听凭于商标使用人的意愿。因此，有的企业似乎希望先使用一下商标，看看企业发展或业务经营情况，再申请商标注册。特别是一些小微企业主，虽然申请商标连同代理费也不过 1000 多元，但也有些舍不得金钱付出，虽然他们周末去吃一顿饭可能也不只花费 1000 元。

可是，商标不是商业秘密，随着产品的销售或服务的提供，商标标识自然地随之公之于众，它天生就具有公开性，而且越是广为人知，越有价值。前面已经谈到，无处不在的职业商标"刺客"可能正在盯着你，一旦发现你正在使用的商标竟然没有注册，恰好是一块垂涎已久的肥肉。当看到别人抢注自己的商标，甚至开始向自己漫天要价，才发现自己被动时，只能要么像万家乐一样高价赎回，要么换一个商标重新进行品牌推广，要么与抢注者展开旷日持久的诉讼斗争。

当然，很多公司可能根本就没有意识到应该在品牌投入使用前，先去申请商标注册。等到发生纠纷后或者风险迫近时，才回过头来后悔当初没有注册商标。

虽然公司的商标被他人抢注后，可以通过借助商标法、反不正当竞争法等法律资源予以救济，但毕竟耗费时日，牵扯精力，有时甚至影响公司的生存和发展。因此，避免上述情形的最佳捷径是商标先注册后使用，以免一不小心被他人捷足先登，在先注册了自己正在使用的商标。

3. 产品未动，商标先行

套用"兵马未动，粮草先行"的古训来表达商标注册的规划，那就是"产品未动，商标先行"。也即，企业在产品没有推出市场前，应当先行申请注册商标保护，以免被他人抢先申请注册，或者事后发现与他人在先的注册商标发生了"撞车"。

我国公司的商标意识普遍比较淡薄，常常在其商标未获得注册保护时，就投入大量的人力、物力、财力宣传推广其商标，没有意识到这里面蕴含的商标风险问题。商标要得到商标局的核准注册，需要满足很多条件，包括实质和形式的条件，因而并不是每件商标申请都能顺利获得商标注册。如果产品和品牌已经推广出去了，但商标最后没有被核准注册，那么就会陷入比较尴尬的窘境。

当然，在先使用的商标现在也可以得到有限的保护。根据《商标法》第59条第3款规定："商标注册人申请商标注册前，他人已经在同一种商品或者类似商品上先于商标注册人使用与注册商标相同或者近似并有一定影响的商标的，注册商标专用权人无权禁止该使用人在原使用范围内继续使用该商标，但可以要求其附加适当区别标识。"因此，即使他人抢注了你的商标，在先使用人仍然可以在原使用范围内继续使用该商标。

不过，需要当心的是，等到商标注册人来起诉在先使用人商标侵权时，在先使用人能否对在先使用商标的事实提供符合法律要求的使用证据，恐怕并不容易。可以说，大多数公司都没有商标档案管理的意识，即使有商标档案管理，其保存的证据能固定明确的使用时间吗？能清楚地表明商标标识及其对应的商品或服务项目吗？能证明商标曾经在商业活动中使用过吗？总之，要最终得到法院的认可，在先使用人提供的使用证据要满足诸多法律上的要求，并经得起对方的质证。

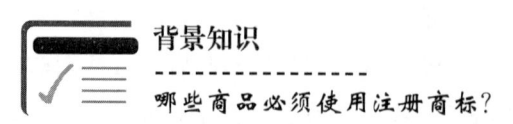

> **背景知识**
>
> **哪些商品必须使用注册商标？**
>
> 《商标法》第 6 条规定："法律、行政法规规定必须使用注册商标的商品，必须申请商标注册，未经核准注册的，不得在市场销售。"那么，哪些商品必须使用注册商标？
>
> 首先，烟草制品必须使用注册商标。我国《烟草专卖法》（2015 年修正）第 19 条规定："卷烟、雪茄烟和有包装的烟丝必须申请商标注册，未经核准注册的，不得生产、销售。"
>
> 其次，人用药品也应当使用注册商标。1984 年的《药品管理法》第 41 条第 1 款曾经规定："除中药材、中药饮片外，药品必须使用注册商标；未经核准注册的，不得在市场销售。"但 2001 年修正的《药品管理法》已经将前述条款内容删除，因此，许多人误以为人用药品使用的商标，可以不是注册商标。但是《药品说明书和标签管理规定》（2006 年国家食品药品监督管理局令第 24 号）第 27 条第 1 款仍然有明确的规定："药品说明书和标签中禁止使用未经注册的商标以及其他未经国家食品药品监督管理局批准的药品名称。"由此可见，药品（人用）使用的商标仍然应当是注册商标。

3.5.3 商标申请前的保密工作

企业在申请商标注册时，除了具有商标注册意识之外，还要注意保守商标申请的秘密。比如，对正在委托办理的商标申请事宜，不要随意向无关人员透露，以防言者无意、听者有心，别人可能利用时间差，先期办理注册申请而导致商标申请被驳回。

特别是在产品推出之前，这个产品将来会以什么样的品牌上市，这些信息都不要轻易对外散布。有时公司员工并非有心泄密，而是在外聊天时，不小心走漏了风声，而自己还没有意识到可能带来的严重后果，所以经常开展员工商标培训或教育，强化员工的保密意识是大有裨益的。

有的企业似乎很有商标的意识，在申请商标之前，想了解这个商标是否已被别人注册过，于是，就到一些免费网站（并非商标局的官网）上查询。从信息安全的角度，笔者建议，不要轻易这样做，否则有可能就此公开了自己未注册的商标信息。目前可以直接通过国家商标局主办的中国商标网（http：//sbj.cnipa.gov.cn/sbcx）免费查询商标信息，而不用去其他免费网站上拐弯抹角地查商标。

如果公司的商标尚未注册，就想把带有商标的产品拿到展览会去参展，笔者建议对此也要保持足够谨慎的态度。东南亚国家、韩国、日本投机商人曾多次利用我国公司在参加展览会时的疏忽，掌握我国产品的海外市场情况，在我国产品的重要销售市场抢注商标，进而倒卖商标或以侵权之名收取佣金。例如，一名日本人在日本抢注上海"英雄"金笔商标，要求中方按"英雄"金笔在日本销售量的5%向其支付佣金，致使"英雄"笔的日本代销商因无利可图而停止代销。❶

对待媒体采访，更要保护好自己商标未来的注册规划信息，否则这种传播的广度和深度是公司不能承受的。我们先来读一段新闻报道的节选：

> **资料链接**
> ------------
> **新闻可能暴露公司的商标注册计划**
>
> 昨日，被喻为"中国制笔王"的乐美文具公司总经理朱献文对《第一财经日报》透露，乐美文具欲做国内最大生产商。从2004年开始，乐美文具陆续在广东清远、江苏昆山、浙江宁波投入巨资建立大型文具生产基地。……乐美公司副总经理唐峰表示，今年公司的销售额将突破7亿元，但销往欧美等发达国家的产品80%还是为他人OEM。为改变这种局面，在国际市场树立乐美文具的品牌，公司已经在全球21个国家和地区注册了"真彩（Truecolor）"商标，计划在两年内完成全球80个国家的商标注册工作。他还透露，公司2008年的目标是国内销售20亿元，出口1亿美元，成为书写工具、办公用品、美术画材、学生用品的综合性一站式文具供应商。为了让目标顺利达成，公司将拿出3%～5%的营业收入来投入品牌宣传。
>
> 资料来源：孙燕飚. 谋做文具生产商老大 乐美文具大建生产基地［N］. 第一财经日报，2005-12-28.

---

❶ 金宏伟，陈晖. 商标反抢注的若干招式［N］. 经济日报，2005-06-06.

读完这段新闻可知，"计划在两年内完成全球80个国家的商标注册工作"，"计划"两字说明公司那时还没有在这些国家全部完成"真彩（Truecolor）"的商标注册，假设乐美文具公司在很多相对重要的市场国家或地区，根本还没有启动商标注册申请，如果抢注者或者竞争对手看到这篇报道后，或许能从中嗅出商机，从而在国外的商标申请上占了先机，那么就会发生比较严重的后果，至少很难有机会在国外使用统一的商标标识。当然，以上分析只是为强调商标申请保密工作而作出的假设。可能在现实里，乐美文具公司的商标注册规划已经做得滴水不漏，让抢注者无懈可击。

大约在2000年，法国一家跨国公司（同行业的竞争对手）了解到中国正泰集团要在巴西建立销售公司后，提前2个月用"SCHINT商标"抢先注册，企图设置法律障碍，阻止正泰集团的"CHINT"商标进入巴西市场。后来正泰集团聘请律师，通过国家商标局向巴西有关部门提起跨国诉讼，打赢了官司，为打开巴西市场提供了法律支持。❶

正泰集团的案例表明，前面的分析和担心不是凭空猜测。除了竞争对手，更可怕也更可恶的是无处不在的职业商标刺客的窥视，所以任何与商标注册申请相关的信息，在没有消除法律风险的情况下，都务必封锁在公司的内部。

---

❶ 李富勇．"遭遇战"还是"伏击战"[N]．中华工商时报，2002-04-09．

第 4 章　商标资产的经营利用

阅读提示：

强化商标经营利用的规范管理

- 不小心被遗忘续展的商标权，将重新回到公有领域，甚至被人拣"便宜"
- 规范商标使用并采取积极措施，防止商标丧失专用权，成为通用名称
- 注重使用®或"注册商标"等标示商标信息，但商标标示也有使用规范
- 品牌更新或者商标更换已经司空见惯，但要避免商标违法情形的发生
- 为了规范公司内外的商标使用，可以建立商标使用的标准化管理体系
- 驰名商标的广告价值已不复存在，但仍然可以为商标保护提供法律价值
- 商标作价入股可以为公司增资扩股，不过也可能让公司失去控制权
- 积极开展尽职调查，规避商标交易的法律风险
- 签订相对完善的商标许可合同，是避免或消除风险发生的有效措施
- 在商标许可终止后，仍然需要注意一些潜在的风险或者不利之处

开篇案例

强生"美瞳":商标名称还是商品名称

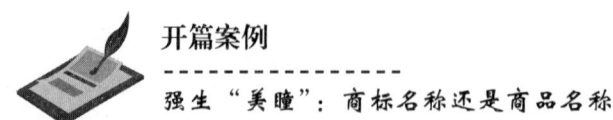

电视上经常播放"强生美瞳"的广告,很多消费者可能会以为"强生"是商标,而"美瞳"是商品名称,事实上,"美瞳"是美国强生公司的注册商标。但在中国,很多厂商将"美瞳"作为美容镜片(含彩色平光隐形眼镜)的通用名称加以使用,其中不乏对使用者造成危害的劣质或回收的产品。但是,不仅消费者搞不清楚"美瞳"到底是商标名称还是商品名称,连媒体记者也是一头雾水。2011 年 10 月 30 日《重庆晚报》的一篇报道"戴美瞳片双眸变成兔子眼 产品质量无保证"就这样描述:

美瞳片质量无保证

昨天下午,重庆晚报记者走访了渝北区、江北区、解放碑等地的地下商场和女人街,均发现有卖美瞳片且价差巨大,从几十元到几百元不等。

在江北"爱尚"的精品店,重庆晚报记者发现有两个十几岁的女孩正在挑选美瞳片。女孩:"老板,这个戴起来有没有什么问题哦?"老板:"没得啥子问题的,很多人都买来戴。"重庆晚报记者拿起装有美瞳片的小瓶,发现小瓶上面只贴有一张写有价格的白纸。

走进解放碑金鹰女人街,很多店都有卖美瞳片,"这个美瞳的颜色不会掉吗?"重庆晚报记者向其中一家店主询问。"肯定不会嘎,我们是有质量保证的。"店家说。重庆晚报记者要求店家能够出示美瞳的质量保证书,但是店家都以其他话题回避。随后,重庆晚报记者走访了多家卖美瞳的商店,都出现了这种情况。

使用不合格的美瞳片有可能导致以下的眼部问题:

1. 眼睛被色素层损伤,色素有可能会导致过敏,引发炎症。
2. 缩小眼睛视物时的视野。
3. 角膜缺氧会导致并发症。
4. 眼部不适,引发干眼症。

类似的报道并不是孤例,而是比较普遍的现象。显然,国内部分媒体在报道这些对使用者造成危害的劣质或回收的产品时,将"美瞳"作为美容镜片(含彩色平光隐形眼镜)的通用名称,不仅令消费者误解,同时也损坏了"美瞳"的品牌形象。有鉴于此,2012 年 3 月 7 日,美国强生公司以及其子公司强生视力健商贸(上海)有限公司委托律师事务所,通过媒体发表了如下郑重声明:

"美瞳"并非具有美容效果的隐形眼镜（含彩色平光隐形眼镜）产品的通用商品名称，而是我所委托人美国强生公司注册在"隐形眼镜"上的注册商标，享有注册商标专用权，受中国法律保护。根据《中华人民共和国商标法》及其实施条例的规定，任何未经授权在相关隐形眼镜产品（含彩色平光隐形眼镜）上使用"美瞳"商标，或是将"美瞳"商标作为相关隐形眼镜（含彩色平光隐形眼镜）产品的商品名称的行为，均构成侵犯注册商标专用权的商标侵权行为，并需承担相应的民事甚至刑事责任。我所委托人希望广大媒体及消费者在揭露假冒伪劣隐形眼镜（含彩色平光隐形眼镜）产品、保护广大消费者利益，以及个别经营者在宣传其生产的"隐形眼镜"（含彩色平光隐形眼镜）的同时，停止使用"美瞳"，而应使用"美容镜片"或"彩色隐形眼镜"作为商品的通用名称。

资料来源：刘婷. 戴美瞳片双眸变成兔子眼 产品质量无保证 [N]. 重庆晚报，2011-10-30；强生公司就"美瞳"注册商标发布声明 [N]. 广州日报，2012-03-07.

4.1 商标资产的价值维护

4.1.1 被遗忘的商标财富

许多公司已经逐渐认识到，包括商标在内的知识产权是日益重要的财富。但是，由于知识产权看不见、摸不着，仍然有些权利人不小心忘记了这些重要的财富。因注册商标到期未申请续展，资产超过100亿元的庆铃汽车股份有限公司（以下简称"庆铃汽车"）不得不吞下"苦果"：只好重起"炉灶"，再次提出商标申请，但商标能否注册前途未卜。

1992年6月30日，庆铃汽车申请的"庆铃"商标获准注册，有效期限为10年，其专用期于2002年6月29日到期。按照《商标法》的规定，注册商标有效期满，需要继续使用的，应当在期满前6个月内申请续展注册；在此期间未能提出申请的，可以给予6个月的宽限期。宽限期满仍未提出申请的，注销其注册商标。2002年6月29日，"庆铃"商标到期，此后6个月内，庆铃汽车一直没有提出续展申请，"庆铃"商标即被注销。

直至商标被注销，庆铃汽车都没有对此事引起注意。

2003年9月9日，在庆铃汽车的"庆铃"商标期满未续展一年后不久，他人立即在3个与汽车相关的产品类别上注册了"庆铃"商标。广东的刘庆堂分别按商品国际分类第1类汽车刹车液、启动液等10种汽车商品和第 9 类汽车配件产品申请注册了"庆铃"商标。广东增城索达实业有限公司在商品分类第 4 类注册了汽车润滑油、发动机用油的"庆铃"商标。

幸运的是，整车上的"庆铃"商标仍在庆铃汽车手中，被别人抢注的主要集中在第 7 类和第 9 类商品，涉及汽车用品和汽车零配件。按照庆铃汽车相关人士的说法，"这些产品庆铃几乎没有生产，对庆铃公司影响不大。"

这些被遗忘的商标权，因为失去了权利，重新回到公有领域，甚至被其他人拣了个"大便宜"，重新申请注册了商标。正如之前提到的，武汉安心食品工业有限公司于 1997 年 8 月 14 日成功注册"安心"商标，核定使用的商品为粥、盒饭、面条等，有效期截至 2007 年 8 月 13 日。武汉安心食品工业有限公司在 2002 年 5 月被当地工商局吊销营业执照，但其忘记了自己还有一枚"安心"商标，结果在 2008 年 2 月 13 日的宽展期届满前，仍然没有人对该商标提出续展申请。肯德基早已恭候多时，随即将其收入囊中，推出了"安心"油条。

更有戏剧性是一家香港投资公司的遭遇。这家投资公司原本在金融服务上拥有一枚中国商标，美国一家打算在中国发展业务的银行与该商标同名，一直寻求协商解决之道，希望共同分享这枚商标的使用，但一直未获这家香港投资公司的允许。让美国这家银行万万没想到的是，这家香港投资公司竟然在商标到期时忘记了续展注册！结果显而易见，美国这家银行立即提交了商标注册申请，直到商标注册都被核准了，这家香港投资公司才清醒过来，提出商标撤销的争议。但这时，它已十分被动。

公司管理层应当像对待有形资产一样，认真对待包括商标在内的知识产权的资产管理。但遗憾的是，很多公司的高层管理人员对待知识产权管理，总是自以为是，他们根本不知道应该如何正确对待知识产权问题，甚至连基本的知识产权常识都没有。《董事会里的爱迪生》一书在序言中指出："知识产权可能会被人们忽略，它就像阁楼上的绘画作品一样，但是它一旦被挖掘出来，就变得价值非凡。"❶

4.1.2 商标名称的通用化

1. 商标名称通用化的现象

（1）著名商标的通用化

2010 年 4 月 8 日，创业板上市公司深圳朗科科技有限公司（以下简称

---

❶ 袁真富. 被遗忘的财富 [J]. 中国知识产权, 2012 (4).

"朗科公司")发布临时公告,称其第 1509704 号"优盘"商标被商评委裁定撤销。在这则公告的背后,其实又上演了一出所谓商标名称通用化(genericide)的悲剧,许多著名的商标权利人都已经品尝过这样的教训:由于商标名称所具有的显著特征被减弱,其逐渐演变为特定商品的通用名称,如此一来商标不仅可能失去商标法的保护,品牌价值更是面临灰飞烟灭的危险。

从市场营销的角度,似乎没有谁不愿意自己的商标(品牌)名称,成为老百姓的日常词汇。几年前,Yahoo 公司也曾以"Do you yahoo today?"(今天你雅虎了吗?)作为广告的 slogan,想要成为搜寻引擎的代名词,但却没有成功说服大家普遍使用。如今 Google "做到了",它不仅成为"搜索"的同义动词,甚至还被收录进权威词典。

案例阅读

"google"是什么?

2006 年 7 月 6 日,梅里亚姆·韦伯斯特公司公布了 100 个收入新版《韦氏大学词典》(第 11 版)的热门新词。其中最受人瞩目的是,首字母小写的"google"被定义成一个动词而收入该词典,解释为"使用 Google 搜索引擎,在国际互联网上获得信息"。不过,Google 公司却并没有因此感到骄傲,实际上它头疼死了。

此前 Google 公司曾经列出过它最害怕的几件事情,其中一件是:"我们面临着商标上的风险。比如说,有这样一种可能,'Google'太常用,以至于它变成了'搜索'的同义词。如果这种事情发生了,我们就会失去这个词的商标保护,以至于其他人可以随便用这个词来命名他们的产品,这会挤压我们商标的空间。"

虽然《韦氏大学词典》在收入辞典时用的是 google 而不是 Google,而且对它的解释也是"使用 Google 搜索引擎",不过这已经迈出了第一步,很有可能未来对它的解释就成了"使用搜索引擎"。

Google 公司的担心不是多余的,实际上,这种情况已经发生了。2006 年 6 月 15 日,另一部权威英语辞典——《牛津英语辞典》已经把 Google 作为动词收录,而且收入的时候就是首字母大写的 Google。2005 年出版的《澳大利亚麦考瑞词典》第 4 版可能是最先收录 google 的英语辞典，而且对它的释义也最为宽泛。在这部词典里，google 既是及物动词，也是不及物动词，还是名词。作为不及物动词讲时的解释就是"在网络上搜索信息"——没有特指使用 Google。

Google 公司的律师为了保护其商标，并阻止它成为一个通用词汇，已向众多个人或组织发出信函，请他们不要把该商标当作动词使用。Google 公司在信中还给出了一些有用的例子，如表 4-1 所示，说明哪些用法是合适的，哪些是不合适的。这里面最关键的区别在于 Google 是否被当作了一个通用的、非特殊的词语使用。

表 4-1 Google 使用的示范

合适的	He ego - surfs on the Google search engine to see if he's listed in the results. （他在"Google"上输入了自己的名字，看看是否会出现在搜索结果的列表中）
不合适的	He googles himself. （他"google"自己的名字）
合适的	I ran a Google search to check out that guy from the party. （我使用"Google"搜索我在舞会上遇到的那个帅哥）
不合适的	I googled that hottie. （我对那个辣妹"google"了一下）

Google 公司在信中说："如果不断地被作为通用词语使用，一个商标就会失去它的独特地位，以及正当的商业价值。""尽管我们很荣幸人们能够喜欢我们的名字，但它毕竟是我们最主要的商业资产，因此我们希望人们在使用它时保留它的意义和完整性。"

资料来源：王凤. google 是个动词［N］. 南方都市报. 2006 - 07 - 09；佚名. 拒绝名字大众化 Google 声称不想名字成动词［EB/OL］.［2006 - 08 - 15］. http：//news. chinait. net；RYANP. Google Want You To Stop "Googling"［EB/OL］.［2006 - 12 - 25］. http：//www. netregistry. com. au.

Google 公司之所以不满意"google"动词化的结果，因为它担心 google 逐渐变成通用名称，从而丧失商标权。这样的例子，在商标的历史上不胜枚举。

1935 年，杜邦公司（Du Pont）研究人员偶然发现了 Nylon（尼龙）。1939 年，Nylon 出现在纽约世界博览会上。第二次世界大战期间，Nylon 被列为军需品。战后当百货店开始销售这种光滑的长筒袜时，女士们为了购买它们而排起了长队，有时甚至到了疯狂的程度。据说，第一批 Nylon 丝袜上市时，7.2 万双丝袜在一天内被抢购一空。女人们无法买到丝袜，很多人在裸腿上画纹路冒充丝袜。当时，在美国有一次针对女人的调查，她们最想要什么？结果，2/3 的女人选择 Nylon 丝袜。❶ 不过，Nylon 当时并不是一个通用的产品名称，而是杜邦公司的商标。但后来，名动一时的"Nylon"商标，却成了一个通用名称。

Thermos（热水瓶）原为美国瑟毛斯产品公司的驰名商标，于 1893 年开始使用，其商品通用名称是"真空绝缘瓶"。自 1910 年起，该公司在其散发的广告材料中将"Thermos"作为"真空绝缘瓶"的同义词，使之成为一种"家庭用语"在公众中广泛流传。该公司将这种使用看作是价值 300 万~400 万美元的"免费广告"而予以纵容。直至发现使用不当而予以纠正时，为时已晚。1956~1962 年，瑟毛斯产品公司虽向法院起诉，但法院认定"Thermos"已成为"家喻户晓"的商品通用名称，从此瑟毛斯产品公司丧失了 Thermos 的商标专用权。❷

"WALKMAN"也是索尼公司出品的随身听产品的商标，当该产品在奥地利销售时，由于"WALKMAN"被《杜登字典》收为产品的通用名称，却没有遭到索尼公司的抗议，以至于奥地利的消费者只能使用该词汇来描述这种产品，于是法院撤销了"WALKMAN"商标的注册。❸

类似这种商标（品牌）名称变成普通名词，作为原本指示的产品类别之代名词的现象，即为商标名称通用化，更为专业的法律术语称作"商标退化"，英文为 genericide（a brand name or trademark that has become a generic name for its product category）。从表 4-2 的不完全列举中，可以看到，在国外许多赫赫有名的商标名称，最后都沦落为普通的产品通用名称。

表 4-2 商标名称通用化的一些例子❹

商标名称	通用化之结果
aspirin（阿斯匹林）	原为拜耳（Bayer）公司的止痛药品牌，如今泛指任何止痛药

---

❶ 佚名. 看不见的另类战场 从二战兴起的"十大品牌"[EB/OL]. [2005-05-10]. http：//www.fubusi.com.

❷ 柳励和. 谨防商标被通用名称化[J]. 商标通讯，1997（11）.

❸ 黄晖. 商标法[M]. 北京：法律出版社，2004：110.

❹ 菁妹妹. 我的品牌变动词了！[EB/OL]. [2006-12-25]. http：//www.breakthrough.com.tw；佚名. 商标名称转为普通名词[EB/OL]. [2006-12-25]. http：//res.koonew.com.

续表

商标名称	通用化之结果
Band – Aid（OK绷）	原是 Johnson & Johnson 附消毒纱布的胶布的品牌，如今已取代 plastic bandages 一词，成为 OK 绷的通称
Chapstick	原为惠氏（Wyeth）生产的护唇膏品牌，如今已取代 lip balm 一词，成为护唇膏的通称
escalator	原为奥的斯电梯公司（Otis Elevator Company）的电扶梯品牌，现已成为电扶梯的通称
Gore – Tex	原为 Gore 公司所开发的防水快干材料，如今成为登山健行户外服装的代名词
Jell – O	原是卡夫公司的果冻品牌，现泛指一般的果冻甜点
Lycra（莱卡）	原为杜邦公司的品牌，现泛指具有弹性的人造纤维
Post – it	原为 3M 公司的品牌，现泛指任何便利贴
velcro（魔鬼黏）	原为 Velcro 工业公司的品牌，现泛指所有一端有许多尼龙小钩，可钩住另一端的尼龙粘扣带
Walkman	原是索尼公司的随身听商标，现指任何随身听
xerox	原是施乐（Xerox）公司的商标，现已成为静电复印的代名词
Filofax	原是记事本（personal organizer, appointment book, memo book）的品牌名称，现已变成记事本的替代
Scotch tape	思高牌胶带、是 3M 公司生产的透明胶带。现在一般透明胶带多称为 Scotch tape
zipper	拉链，源自 19 世纪 20 年代美国固特立公司持有的品牌名称
Nylon	尼龙，原是杜邦公司的商标，现已为尼龙产品的通用名称
……	……

（2）我国发生的商标名称通用化事件

在我国，同样出现了类似的商标变成通用名称的事件。比如我国20世纪50年代用于面粉上的"富强"原来也是商标，后来由于在使用中缺乏注意，结果成为通用名称。❶ 相似的例子是1985年注册在面粉上的"雪

---

❶ 阎志军. 商标演变为商品通用名称的探讨：兼论企业正确实施名牌战略和保护知识产权的对策[J]. 科技进步与对策，1997（5）.

花"商标，现在"雪花粉"已成为一种面粉的通用名称。[1]

"优盘"商标的通用化则是近年来比较突出的现象。2002年10月23日，北京华旗资讯数码科技有限公司（以下简称"华旗公司"）向商评委提出申请，请求撤销朗科公司注册在第9类计算机存储器等商品上的第1509704号"优盘"商标。华旗公司声称，"优盘"商标仅仅直接表示了商品的用途及具体的使用方法，并且该商标已成为此类商品的通用名称。根据《商标法》的有关规定，应该予以撤销。

针对华旗公司提出的商标争议，朗科公司表示，"优盘"是朗科专利技术产品的特定名称。早在1999年8月即向国家商标局申请了"优盘"商标注册，并于2001年1月21日被核准注册。朗科公司声称，其使用"优盘"之名称时，整个计算机行业根本没有"优盘"这一概念和名称，也没有任何单位和个人在该行业中使用"优盘"名称，该名称完全是由朗科创意并首先使用的，属于特定产品的特定名称。

不过，朗科公司自己也曾经将"优盘"商标作为计算机移动存储设备的商品名称加以使用。在其企业法人营业执照的"经营范围"一项中，朗科公司一直把"优盘"列为其所经营的一项商品名称。在朗科公司的商品包装盒及促销宣传材料上，当时"朗科优盘"或"优盘"文字后面并没有其他连用的商品名称，虽然部分"优盘"文字后面标注了注册标记，但从整体效果来看，社会公众更容易将"优盘"认读为一种新型计算机移动存储设备的商品名称。

事实上，许多同行业经营者、计算机从业人员、消费者都把"优盘"作为一种计算机移动存储器的商品通用名称加以使用。在易趣网等网站有关优盘的网页上，就列有包括朗科优盘在内的多种优盘产品，比如64M艾德优盘、三星32M优盘、源兴64M优盘等。上述产品都采用商标（如艾德、三星、源兴等）与商品名称"优盘"连用的方式。

中国电子商会向商评委提交的《关于"优盘"已经成为产品通用名称不宜再作为注册商标使用的情况反映》，也认为"优盘"已经成为产品的通用名称，如果继续作为一个注册商标而为某个厂商所拥有和使用，会造

---

[1] 杭锦后旗金穗食品工业有限责任公司诉本乡玉粮油有限公司侵犯注册商标专用权案，北京市第一中级人民法院（2003）一中民初字第1004号民事判决书。

成市场推广成本过高,不利于整个行业的良性发展。❶

此案几经波折,作为其指定使用商品——计算机存储器的通用名称,"优盘"商标最终还是被商评委撤销注册。

由此可见,无论是在国外还是在国内,一些本来是商标的名称,结果在事实上被当作通用名称来使用,最后有的商标真的变成了通用名称。而且,有意思的是,越是大名鼎鼎的驰名商标,越是垄断经营的产品品牌,就越有可能变成通用名称。

2. 商标名称通用化产生的原因

作为商标淡化的一种表现形式,❷ 商标名称的通用化(商标退化)是指某一商标标识所具有的显著特征被减弱,逐渐演变为特定商品的通用名称的现象。❸ 产生商标名称通用化的原因比较复杂,大致可归纳为以下一些因素。当然,这些因素并不是孤立的发生作用,商标名称的通用化更多时候是综合作用的结果。

(1) 商标本身的显著性较弱

作为一个法律术语,显著性是指商标应当具备的足以使相关公众区分商品来源的特征。换言之,商品的特征和在交易中表达本身含义的词语,不具有显著性。如果商标的显著性比较弱,尽管可能获得商标的核准注册,但也为商标名称的通用化创造了先天的条件。因为这些商标标识的含义与特定产品的种类、质量、功能或其他特征相近,稍不注意,消费者就

---

❶ 参见国家工商行政管理总局商标评审委员会关于第 1509704 号"优盘"商标争议裁定书(商评字〔2004〕第 5569 号);马津. 商标淡化苦果难咽 朗科"优盘"何以解忧 [N]. 中国工商报,2004 - 11 - 18.

❷ 商标淡化的另外两种典型形式分别为:(1) 商标弱化(Blurring),即某一商标标识与特定产品的联系受到削弱的现象。商标弱化的结果是淡化了商标原有的识别功能。比如把香烟商标 Lucky Strike 使用于香水之上,长此以往,Lucky Strike 商标与香烟产品建立的特定联系将受到削弱,甚至对于女士而言,Lucky Strike 与香水的紧密联系,还会超越甚至取代其与香烟之间的联系。(2) 商标丑化(Tarnishement),即商标受到污损、贬低或其他相对负面的影响,使得该商标及其所指产品的良好商誉或正面形象被冲淡的现象。比如,将"Coca - cola"商标与色情、毒品相联系,会对原商标造成负面影响。

❸ 由于商标的构成要素并不限于文字,笔者仅讨论了商标名称的通用化,实际上是把视野局限在文字商标上。笔者认为,在图形等类型的商标上,理论上也同样存在商标通用化(商标退化)的现象,比如某一商标的图形成为一个行业通用的图形标志。但是从目前的案例来看,商标通用化主要集中在文字商标(或文字作为其主要部分的商标)上,因此,为便于讨论,笔者只讨论商标名称的通用化。

会将其当作通用名称。比如"轻骑"本为商标，但它描述了摩托车轻便小巧的特点，很容易成为轻巧型摩托车的代名词。

"优盘"之所以发生商标名称通用化的后果，也与其本身的显著性不够强有密切的关系。"优盘"商标由"优"和"盘"两个汉字组成，从目前的计算机用语习惯来看，"盘"被广泛用于表示存储设备，如"硬盘""磁盘""软盘""A 盘"等。另外，USB 的中文名称为通用串行总线，用以连接外围设备，而当一种基于 USB 接口的移动存储设备出现时，不论是产品的生产者、销售者还是公众，都自然而然地接受并使用了 U 盘这一名称。字母"U"与汉语中的"优"发音完全相同，所以"优盘"商标在使用时根本无法与"U"盘区分。可见，"优盘"商标本身的显著性比较弱，这是"优盘"商标淡化为通用名称的重要因素。

（2）权利人将商标当通用名称使用

此种情形在新产品上市时最为常见，例如，以往"阿司匹林""弹力车""奇异笔"等案例，多是如此。权利人就新产品创造了一个颇具创意的名称，并将该名称作为商标申请注册及使用。这种做法固然具有便利以及广告效果的考量，但由于使用时并未区隔商标与商品名称的使用，而致消费者与同业均认其系商品名称而非商标，甚难单从该商标的标示，区别商品的不同来源。[1]

前已述及，朗科公司在自己商品的包装盒、促销宣传材料以及营业执照上，都在事实上把"优盘"当作商品名称在使用。这是导致"优盘"商标名称通用化的因素之一。而百度公司的口号"百度一下，你就知道"，雅虎（Yahoo！）的广告语"Do you yahoo today?"（今天你雅虎了吗?），事实上也是自己有意把商标当作通用名称使用，但其中蕴含的法律风险不可不察。

（3）新产品的名称难以被接受

权利人推出新产品时，虽然没有将商标当商品名称使用，但由于新产品的名称十分拗口，或者过于专业，或者冗长烦琐，消费者很难记忆或接受。于是，久而久之，新产品的商标就被消费者当成商品名称来指代。在化工和医药产品上经常发生类似案例，因为这些产品的名称十分专业，消费者很容易把产品的商标当成该产品的名称加以指代。像"FREON"（氟利昂）商标就曾被当作一种制冷剂的通用名称。

---

[1] 张慧明. 商标显着性冲淡之预防 [J]. 智慧财产权管理季刊，1996（11）.

（4）权利人不告知产品名称

有的企业在推广产品时，根本就没有告知消费者该产品的通用名称，使得消费者无法称呼该产品的名称，只好以先前的产品商标作为通用名称加以称呼。比如，"英姿"是新乡市英姿实业有限公司的商标，但该公司介绍自己的产品时，直接以"第五代英姿带""第四代英姿带（礼品型）""第三代英姿带（102 型）"加以引荐，并没有指出其通用名称"矫姿带"。❶ 在同类产品"背背佳"矫姿带出现后，一些人直接称其为"背背佳英姿带"，此时即是把"英姿带"当作了产品通用名称使用。

（5）其他厂商的错误使用

有时商标名称发生通用化的情形，可能源于其他厂商，尤其是同业竞争者或同业经营者，将商标名称用作商品名称的错误行为。腾讯QQ 就遇到过这样的烦恼。QQ 是广为网民熟悉的即时通信服务，它能够提供即时信息传送。不少商家也窥视即时通信这块市场，因此市场上也出现了诸如电话QQ 这类的搭便车业务，甚至有的声讯台还以"QQ 激情聊天"为名开展电话QQ 业务，误导消费者。

北京同力信通科技发展有限公司就将其开发的声讯聊天系统产品命名为"电话QQ"，目前该产品占国内约 30 % 的市场份额。当新闻记者联系该公司负责人询问其是否知道QQ 为腾讯公司商标时，该负责人竟称，之所以给产品起名叫"电话QQ"，是因为QQ 就是个聊天业务行业术语。2005 年 6 月，腾讯公司首次对商标侵权者发难，在北京市海淀区人民法院起诉北京同力信通科技发展有限公司未经许可，擅自使用"QQ"商标和企鹅图形商标，构成商标侵权和不正当竞争，要求停止侵权并索赔 100 万元。❷

如果权利人对其他厂商误用商标的情形，未加干涉或行动不及时，该商标作为商品名称使用的情形将会越来越普遍，最后消费者也只会认为该名称系商品名称而非商标。

（6）产品长期处于垄断地位

有些产品长期处于垄断地位，也容易使其商标向通用名称的方向发展。在非洲某地，日本的"本田"已成为摩托车的代名词，部分原因即为

---

❶ 新乡市英姿实业有限公司介绍"英姿带系列产品"的网页 [EB/OL]. [2007 - 01 - 05]. http：//www.xxyingzi.com/cn/products_1.asp.

❷ 计世网. QQ 商标被滥用 腾讯起诉北京一公司索赔百万 [EB/OL]. [2005 - 06 - 23]. http：//www.ccw.com.cn.

本田摩托车在当地长期垄断，并家喻户晓，使得产品通用名称与商标相互指代，含义混同，最终使商标的显著性丧失。另外，像微软的"WINDOWS"系列，在很多消费者心目中，也已经成为系统操作软件的同义词。

（7）政府部门的不当行为

政府部门由于疏忽或错误，在其发布的文件或做出的行为中，也有可能把商标名称作为商品通用名称加以使用。典型的例子是"21金维他"，该商标本已在1987年8月3日获得商标局核准注册，但在1989年却被作为药品名称收入《中华人民共和国省、自治区、直辖市药品标准品种汇编》。而在原国家工商行政管理总局商标局已将"太空"作为一饮料公司纯净水注册商标的背景下，原国家工商行政管理总局还曾将"生产太空水"列为一企业的经营范围。❶ 这些政府行为，由于具有公信力，对商标名称的通用化，可能更加具有促进的作用，或更能产生巩固的效果。

（8）字典或媒体的错误描述

字典或者媒体的错误描述也是引起或促进商标名称通用化的原因之一。比如，"LINGUAPHONE"是英国格林风学院有限公司使用在英语口语培训服务上的商标，而我国《新英汉词典》将其作为普通英语单词收录，并将其解释为"灵格风，灵格风教授法（英国的一种运用唱片进行口语等训练的教学方法）"。❷ 当林格风学院有限公司于1995年在我国第9类"录制好的磁带"等商品上申请注册"LINGUAPHONE"商标时，商标局根据《新英汉词典》的解释认为其已成为通用的名称，作商标缺乏显著性，并予以驳回。后来，商评委在复审时认为，"'LINGUAPHONE'是申请人的公司名称，也是世界权威性英语词典未作收录的独创文字"，而且"申请人所提供的证明表明该商标已在数十个国家获准注册，不属于本商品通用名称，具有商标应有的显著特征"。❸ 值得注意的是，由于媒体的影响力越来越大，如果媒体错误描述商标，媒体对商标的显著性将更有破坏性，也更容易促进商标名称的通用化。

3. 商标名称通用化对企业经营的影响

商标注册、使用之后，倘若发生商标名称通用化的情形，其显著性将

---

❶ 潘勇锋. 商标显著性研究 [J]. 中华商标，2001（9）.

❷ 新英汉词典 [M]. 2版. 上海：上海译文出版社，1985：742.

❸ 汪泽. 什么样的使用才是商标使用：兼评"OWEN"商标权纠纷案 [J]. 中华商标，2004（4）. 国家工商行政管理总局商标评审委员会"LINGUAPHONE"商标驳回复审终局裁定书（商评字 [1997] 第750号）.

大为弱化甚至不复存在，其识别性也深受影响，不能发挥商品区分、商誉彰显的功能，商标价值自然受到严重削弱，这对于企业经营的影响绝对不可低估。

（1）法律层面的影响

1）商标保护范围受到限制

在商标法上，越是具有显著性的商标，就越具有更广的保护范围，也越具有更强的保护力度。所以，商标名称因通用化而导致显著性削弱后，自然而然对商标权的保护范围产生重大影响，尤其在发生侵权争议时，对方可能会援引合理使用的理由，主张权利限制，排除侵权的成立。我国《商标法》第59条第1款规定："注册商标中含有的本商品的通用名称、图形、型号，或者直接表示商品的质量、主要原料、功能、用途、重量、数量及其他特点，或者含有的地名，注册商标专用权人无权禁止他人正当使用。"因此，一旦商标成为通用名称，即使不被撤销商标注册，他人也可以援引该规定，主张合理使用商标名称。

在内蒙古杭锦后旗金穗食品工业有限公司（以下简称"金穗公司"）诉本乡玉粮油有限公司（以下简称"本乡玉公司"）侵犯"雪花"注册商标专用权案中，一审法院认为，原告金穗公司通过受让取得"雪花"商标的专用权，该权利受法律保护。然而，雪花粉系面粉生产企业根据市场需求开发出的面粉，在经过十余年发展的情况下，众多企业均在生产、销售雪花粉并已得到广大消费者的认可。同时作为国家行政主管机关的国家粮食局，以及作为全国性社会团体组织的中国粮食行业协会，均认为雪花粉系直接表示了面粉的质量，已经成为该商品的通用名称。因此可以确认雪花粉已经成为与特定品质相联系的面粉的通用名称。被告本乡玉公司在其产品上使用雪花粉字样的行为，系表明其产品的品质，这种使用方式并不会与原告的文字加图形的雪花牌组合商标产生混同，并导致消费者误认的后果，应认定为正当使用。原告金穗公司的注册商标中虽然有雪花的文字，但根据《商标法实施条例》的规定，原告作为"雪花"商标的注册人，无权禁止他人正当使用。因此被告本乡玉公司在其产品上使用雪花粉字样的行为不构成对原告金穗公司商标专用权的侵犯。❶

由此可见，本来可以在特定市场垄断使用的商标标识，一旦蜕变为通用名称之后，将无法对抗他人合理使用之行为。如果同业竞相使用，无疑

---

❶ 韩家文．"雪花"之争的启示［N］．法制日报，2005–05–26．

会极大地削弱商标权人的商标权益与商业利益。

2）商标注册可能遭到撤销

尽管我国2013年修正之前的《商标法》对注册商标成为通用名称没有作出规定，但商评委"裁决认定优盘商标成为计算机存储器的通用名称，应予撤销"的态度，❶ 已经表明：在我国过去的商标法律实践上，商标名称的通用化仍有可能产生商标注册被撤销的后果。

我国现行《商标法》第49条第2款已经明确指出，注册商标成为其核定使用的商品的通用名称的，任何单位或者个人可以向商标局申请撤销该注册商标。国外的商标法对此也有相当成熟的规范，如表4-3所示，一旦出现商标名称通用化的情形，则可能引起商标注册被撤销的后果。

表4-3 国外商标法对商标名称通用化之后果的规定

国外法律	具体法条	法条内容
美国法典（商标部分）（1988年11月16日）	第1064条之（3）	已注册商标成为全部或部分商品或服务的一般性名称以后，可以随时提出撤销申请
英国商标法（1994年10月31日）	第46条之（1）	由于注册商标所有人的作为和不作为，该商标已成为贸易中它所注册的商品或服务的通用名称时，可以撤销该商标注册
德国商标和其他标志保护法（商标法）（1996年7月25日）	第49条之（2）	如果由于所有人的作为或不作为导致在商业过程中，该商标成为在其注册的商品或服务上的通用名称，则应当注销商标的注册
俄罗斯联邦商品商标、服务商标和商品原产地名称法（1992年9月23日）	第29条	当商标成为特定商品的通用标志时，商标注册可以被撤销
丹麦商标法（1992年1月1日）	第28条之（2）	由于所有人的作为或不作为，商标已成为其注册的商品或服务的通用名称的，可以撤销商标注册

---

❶ 马津.商标淡化苦果难咽 朗科"优盘"何以解忧［N］.中国工商报，2004-11-20.

续表

国外法律	具体法条	法条内容
立陶宛商标和服务商标法（1993年10月1日）	第24条	如果商标所有人在有关的商品交易或服务提供的商业活动中将商标用作通用名称，或商标所有人放任他人将注册商标作为通用名称对待，以致该注册商标变成其注册商品或服务的通用名称的，可根据利害关系人的请求依诉讼程序撤销商标注册
欧盟商标条例［2017年5月18日（EU）2017/1001］	第50条	如果由于商标所有人的作为或不作为，商标已成为其注册的商品或服务行业中的通用名称，则该商标注册可以撤销

对于商标名称通用化而适用撤销商标注册的规定时，是否考虑商标权人的过错，不同国家的商标法至少在措辞上是不一致的。《欧盟商标条例》第50条的规定既考虑了客观上商标名称的通用化事实，也考虑了主观上商标权人对商标名称通用化的过错（"主客观标准"），即商标名称通用化是由于商标所有人的作为或不作为所引起时，才应该撤销商标注册。

而美国的规定则较为严厉，即只要商标客观上成了商品的通用名称，不管是谁造成的，一律可撤销该商标（"客观标准"）。❶ 所以，在美国，商标权人即使采取了积极措施但无法阻止商标名称通用化时，仍然可能导致商标权利的丧失。

在我国商标法实践中，二审法院在金穗公司诉本乡玉公司侵犯"雪花"注册商标专用权案中指出："雪花"商标原注册人合肥面粉厂使用不当，特别是未主张保护商标专用权的不作为行为，造成"雪花粉"客观上已转变为面粉通用名称，金穗公司作为该商标的受让人和权利继受人，应当承担由此带来的不利后果。❷

在撤销"优盘"商标注册的裁定书中，商评委认为，"认定争议商标是否仅由其指定商品的通用名称构成，应综合考虑下列因素：其一，争议商标的文字含义；其二，争议商标注册人自身对该文字的认知与使用情

---

❶ 黄晖. 商标法［M］. 北京：法律出版社，2004：263.
❷ 韩家文. "雪花"之争的启示［N］. 法制日报，2005-05-26.

况；其三，同行业经营者及消费者对该文字的认知与使用情况。"❶

由此可见，在我国目前的商标法律实践上，对于通用化的商标名称，无论是限制其保护范围还是撤销其商标注册，都充分考虑了商标权人的主观过错。

（2）商业层面的影响

1）商标功能无从发挥

在商品数量日益丰富、产品质量日益趋同的背景下，企业之间的市场竞争亦日趋激烈，从价格战、广告战，又演进到专利战、商标战。在这种趋势和潮流中，商标作为一枚最具有持续性商业价值的商业符号，其意义并不在于美观商品，而在于其承载着来源指示、质量保证与广告宣传等商业功能，❷ 并凭借其商标功能的发挥，极大地创造和强化了品牌营销的威力，成为差异化产品和提升附加值的核心要素之一。

然而，商标名称通用化的结果，导致原本指示特定企业产品的标识沦为同业竞争者皆可正当使用的公有名称，自然减损或丧失了商标的识别功能，也无法降低消费者搜寻商品信息的成本。而商标的识别功能一旦化为乌有，所谓来源指示、质量保证与广告宣传等商标功能，无不成为空中楼阁、镜中花月。

2）商标价值付之一炬

有形资产越用越贬值，而商标资产却是越用越增值。商标不仅仅是一个形式上的符号，它的背后往往凝聚了商业创意的元素和商业创新的意蕴。如果商标名称通用化，并进入公有领域（特别是在商标注册被撤销后），那么任何人都可以自由使用，此时很容易引来同业竞争者竞相使用。如此一来，公司辛苦建立的商标信誉以及为之做出的努力，都将付之一炬，这对于公司的持续发展，尤其是品牌经营，可谓致命一击。

前车之鉴，历历在目。公司对待商标名称通用化的问题，绝不可以等闲视之。商标名称通用化可能是商标生命终了的丧钟和信号，有智慧的企业家不能不谨慎预防，因而必须培养商标名称通用化的风险意识，并采取相应的对策措施。

---

❶ 国家工商行政管理总局商标评审委员会关于第 1509704 号"优盘"商标争议裁定书（商评字〔2004〕第 5569 号）。

❷ 袁真富. 中国商业标识立法整合研究［M］//陶鑫良. 上海知识产权论坛. 3 辑. 上海：上海大学出版社，2006.

4. 商标名称通用化的风险控制

从前面的分析可以发现，商标名称通用化现象的产生，主要来自两个层面的原因：①内在的因素，即基于商标权人自己的故意或过失行为，导致商标名称通用化。②外在的因素，即商标权人并无使用或管理上的不当之处，但公众或同业竞争者仍然基于其他原因，将商标名称作为通用名称使用。当然，很多商标名称通用化现象的发生，是内在因素与外在因素混合作用的结果。

有鉴于此，为全面避免商标名称通用化的后果，商标权人除了正确规范自己的商标使用与管理行为之外，还要监督干涉其他人故意或过失的错误使用行为。下列建议也许有助于权利人应对商标名称通用化的风险。

(1) 防御性规划商标名称的使用

1）选择显著性强的标识

根据显著性的强弱，可以把商标标识分成几种：①描述性标志；②示意性标志或暗示性标志；③任意性标志；④臆造性标志，从法律上看，上述四类标志的显著性依次递增，而显著性越强的商标，越能得到法律的保护。前面已经提到，商标显著性较弱，是引起商标名称通用化的一个重要因素。像"轻骑"（摩托车）、"英姿带"（矫姿带）等商标标识，其含义与所指商品的特点和用途，密切相关，如不妥当加以使用，极易被当作通用名称。所以，任意性标志或臆造性标志是比较理想的商标标识，示意性标志则次之，而描述性标志一般都被认为缺乏显著性，除非取得第二含义，否则在商标法上通常是被拒绝注册的对象。

其实，从商标法的角度观察，显著性较弱的商标即使不发生通用化的结果，也容易被他人以合理使用为抗辩事由，以某种合法的方式使用在自己的商品上。因此，在商标注册申请前，最好考虑选择显著性较强的任意性或臆造性标志，它们与商品的特征联系更少，也更能得到法律的呵护。

2）商标、商品名称与新产品同时推出

当一种新产品问世时，如果没有简便易记的名称可用来称呼产品，那么，此时防止商标名称通用化的最好方法，就是在新产品上市销售时，创造一个易于记忆、易于接受的通用名称，并在产品的推广促销活动中注意区隔商标标识与商品名称，并明确告知消费者，这样就不会让消费者把商标当成产品名称来指代了。❶ 日本味之素公司在宣传自己的"味之素"商

---

❶ 袁真富. 警惕：商标淡化 [J]. 中华商标，2000 (8).

标时，就着重强调了它是"家庭用化学调料"，从而与产品名称相区别，避免被混作产品通用名称。

假设朗科公司在"优盘"使用之初，业界也并未把"优盘"作为商品名称使用时，即将商标"优盘"与商品名称"计算机存储器"（可另取一个更易记的商品名称）联合使用，并分别强调之，可能就不会造成现在这种被动的局面。后来，为了因应"优盘"商标名称通用化的诉讼危机，朗科公司开始在其推出的计算机存储器产品上，在"优盘"两字的右上方加注了一个®，表明这是注册商标，❶ 同时在"优盘"后面还跟了一排小字："闪存盘"——这是朗科公司所使用的此种计算机移动存储器的产品通用名称。不过，为时已晚。

（2）积极宣示商标信息

商标的使用本应有一套管理规范，比如对商标的标示方式、设色、位置、比例等加以明文规范，例如：在商标一旁加注"注册商标""®""TM"等，以与商品说明或广告用语等相区别，并借此强调自己的商标权利，以防止商标名称被作为通用名称胡乱使用，损害自己的商标权益。

很多大公司，像IBM、Intel、Microsoft等跨国公司，都非常注重使用®或"注册商标"等标示来积极表达自己的商标信息。不仅仅是在它们的产品和广告上，似乎任何出现它们商标的地方，都要尽可能地标明商标标记。这些公司似乎唯恐别人不知道一样，在包装上、产品上、说明书上、宣传手册上，甚至新闻报道上，只要出现它们公司的注册商标名称或标识的地方，®或TM就会紧紧跟随，无处不在。像微软的Windows在运行时，一闪而过的"Windows"商标上，仍然标有注册标记®。

（3）干预商标名称的错误使用

1）注意检阅政府文件

在商标主管机关等政府部门发布的文件中，如有误将商标作为商品名称使用的，应当及时函请更正。例如，我国台湾地区在文具类颇负盛名的雄狮公司，在笔类商品上注册有"奇异"商标，其在使用上亦称为"奇异笔"，不仅同业者、消费者均认为其是商品名称，我国台湾地区商标主管

---

❶ 需要说明的是，尽管原国家工商行政管理总局商标评审委员会关于第1509704号"优盘"商标争议裁定书（商评字〔2004〕第5569号）已经裁定撤销"优盘"商标，但由于朗科公司不服该裁定，向北京市第一中级人民法院提起了行政诉讼，所以该裁定尚未生效，朗科公司在法律上还是"优盘"商标的权利人。

机构也将其作为商品名称，列于商品分类参考资料中。雄狮公司随后去函要求商标主管机构更正，才免去"奇异"商标被继续通用化之危险。❶ 因此，企业应当检阅监测政府部门的相关文件，以及时函请更正商标名称通用化之错误。

2）制止字典误用行为

为了使商标权人能够有效避免商标名称的通用化，不少国家的商标法都规定商标权人享有字典订正权，即如果某一商标被作为商品或服务的通用名称收入字典、百科全书或参考读物甚至电子数据库，即使是一种非商业性使用，商标权人也有权要求出版人立即或至少再版时注明该标记为注册商标。❷ 比如，《欧盟商标条例》第 10 条特别规定："如果欧盟商标被编入词典、百科全书或类似参考书中，给人的印象好像成为商品或服务的通用名称，出版社应根据欧盟商标所有人的要求，保证至少在最近再版时，注明该词为注册商标。"在规定了字典订正权的国家，如果发生字典误用的情况，商标权人可以依法积极加以干预。

3）劝告商标正确使用

一旦出现商标名称通用化的迹象，商标权人也可以通过发函或公告等方式，向公众或媒体（它们掌握有话语权）表明商标名称及其正确使用方式，劝告不要错误使用，此也不失为一种制止商标名称通用化的管理措施。Google 在字典纷纷收录其商标作为"搜索"之同义词时，广泛地向媒体等组织或个人发出信函，请他们不要把 google 当作动词使用，即为此种措施之践行。这种做法无论是否有效果，但至少表明了商标权人对于商标名称通用化的结果并无消极懈怠的行为，在对通用化商标之撤销注册，采取"主客观标准"的国家，可以据此获得阻止商标撤销注册的主动权。

（4）制止商标名称通用化的侵权行为

前述商标名称错误使用的干预，主要是针对非商业性的或不特定多数人的不当行为，在法律或事实上尚难对其主张商标侵权。而对于同业竞争者或同业经营者，以及其他造成恶劣影响的人，如果将自己商标作为商品名称使用，或进行其他商业性使用，并构成商标侵权行为的，则应当积极采取法律行动加以干涉，比如迅速正式通知侵害人，要求立即

---

❶ 张慧明. 商标显著性冲淡之预防 [J]. 智慧财产权管理季刊，1996（11）.
❷ 黄晖. 商标法 [M]. 北京：法律出版社，2004：263.

停止不当使用行为，甚至借助报刊或网络以公告周知。如果对方充耳不闻，则应及时提起侵权之诉，采取法律途径把对方的不当行为扼杀于摇篮之中。

可口可乐公司为了避免其商标变成可乐饮料的代名词，曾经打了一场品牌形象维护战。"Coke"可口可乐公司的商标，但是大多数人却认为 Coke 是一般的可乐，如果来做个实验，将不同品牌的"可乐"倒在不同的杯子里让人品尝，从多样化的实验中均显示：消费者大多无法分辨 A 牌可乐与 B 牌可乐的差别。但是当你询问消费者喜欢喝哪一个牌子的可乐时，他总是毫不犹豫地回答：可口可乐。

因此，可口可乐公司自 1945 年起，大动作展开"维护品牌"的行动。该公司聘请 25 位调查员四处游走，每到一家餐厅便向服务员点"Coke"，而服务员送上的饮料则被带回总公司进行化验。若发现该饮料并非可口可乐，随即由总公司发函该餐饮店，警告他们不得再提供不实商品。一段时间后（可能数周或数月），再派其他调查员去该餐厅，再点一次"Coke"，倘若餐厅仍是送上非可口可乐的其他可乐，可口可乐公司则立即控诉该餐厅违反商标法。

自 1945 年起，可口可乐公司每年平均控诉 40~60 家餐饮店，且每次起诉皆获胜诉。媒体刊载诉讼案结果，总会给其他餐饮业者带来警惕。然而餐饮业者在中午、晚上顾客较多的时段，一旦碰上点 Coke 的顾客，根本没时间仔细向顾客询问："你要的是可口可乐的 Coke，还是其他牌子的可乐？"但是在可口可乐的诉讼阴影下，服务员若不问清楚，一不小心就会被诉。于是美国若干餐饮店干脆投降，全店改用可口可乐，以避免困扰。❶ 可见，为避免自己的商标被大众化，可口可乐在卖力维持自己产品品牌在消费者心目中的异质性。

从我国现有的判例来看，如果商标仅在缺乏商品知识的一部分消费者中作为通用名称，或者在局部地区作为通用名称时，不能认为商标已经变成通用名称。1999 年广东省高级人民法院对"水鸟"案的终审判决表明，尽管"水鸟"被在广东某些地区是轻纤维棉被的代名词，但"水鸟"在其他省市仍然起着商标的作用，从而否定了"水鸟"商标的退化。❷ 因此，

---

❶ 菁妹妹. 我的品牌变动词了！[EB/OL]. [2006-12-25]. http://www.breakthrough.com.tw.

❷ 袁真富. 警惕：商标淡化 [J]. 中华商标, 2000 (8).

不要等到商标名称在大多数消费者心目中视为通用名称时，才提起侵权之诉，此时有可能"亡羊补牢，为时已晚"，丧失了阻止商标名称通用化的最佳时机。

（5）持续进行商标显著性回复之努力

商标显著性减弱而退为通用名称后，也有可能回复其显著性，发生起死回生的奇迹。例如，美国法院于 1888 年、1896 年曾分别判决缝纫机之 Singer（胜家）商标及汽车轮胎之 Goodyear（固特异）商标，在其产品专利期间届满时，均已成为表示各该商品之普通名称而欠缺显著性。然而，由于其长时间的专用与广告，Singer 商标于 1938 年被判决重新取得显著性商标之地位。Goodyear 商标也因广泛而长期之专用，于 1959 年被判决回复其具有显著商标之特质。❶

美国克莱斯勒汽车公司的商标 Jeep（吉普）及美国杜邦公司的商标 Freon（氟利昂），本来在我国消费者中已分别成为越野车和制冷剂的通用名称。Jeep 甚至被一些字典解释为"a small car suitable for traveling over rough ground"（一种适于穿越颠簸路面的小型汽车）。但是，我国商标主管部门考虑到这两个标志已在世界其他国家广泛注册，知名度较高，又重新将这两个名称作为商标保护，并向全国发文要求使用越野车和氟制冷剂作为各自商品的规范名称。❷

另外，香槟（法文"Champaghe"的译音）本是法国 Champaghe 省的一种起泡白葡萄酒的原产地名称（在中国可以作为证明商标或集体商标注册），并不是一种酒的通用名称。但是，我国一些企业曾经将香槟或 Champaghe 作为酒名使用。1989 年 10 月 26 日，国家工商行政管理局专门下发通知，要求我国企业、事业单位和个体工商户以及在中国的外国（法国除外）企业不得在酒类商品上使用"Champaghe"或"香槟"（包括大香槟、小香槟、女士香槟）字样。❸

---

❶ 曾陈明汝. 商标法原理 [M]. 北京：中国人民大学出版社，2003：129.

❷ 黄晖. 驰名商标和著名商标的法律保护 [M]. 北京：法律出版社，2001：178.

❸ 《国家工商行政管理局关于停止在酒类商品上使用香槟或 Champaghe 字样的通知》（商标字〔1989〕296 号）。

> **资料链接**
>
> **有关香槟酒的官方文件**
>
>
>
> **国家工商行政管理局**
>
> **关于停止在酒类商品上使用香槟或 Champaghe 字样的通知**
>
> (商标字〔1989〕296 号)
>
>
>
> 各省、自治区、直辖市及计划单列市工商行政管理局:
>
> 　　香槟是法文"Champaghe"的译音,指产于法国 Champaghe 省的一种起泡白葡萄酒。它不是酒的通用名称,是原产地名称。近年来,我国一些企业将香槟或 Champaghe 作为酒名使用。这不仅是误用,而且侵犯了他人的原产地名称权。
>
> 　　原产地名称是工业产权保护的内容之一。《巴黎公约》明确规定各成员国有义务保护原产地名称。我国是《巴黎公约》的成员国,有保护原产地名称的义务。为此,特通知如下:我国企业、事业单位和个体工商户以及在中国的外国(法国除外)企业不得在酒类商品上使用"Champaghe"或"香槟"(包括大香槟、小香槟、女士香槟)字样。对现有商品上使用上述字样的,要限期使用,逾期不得再用。请各地向有关企业进行说明,作好商标、原产地名称等工业产权法律的宣传工作。
>
> 1989 年 10 月 26 日

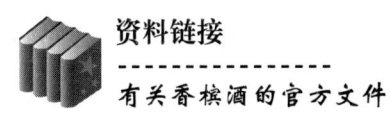

　　上述商标显著性之恢复事件的发生,或许只是偶然的现象,可能并不具有普遍的代表性。但从商标理论上看,一个欠缺显著性的通用化的商标名称,如果继续使用,并取得第二含义,具有识别性之后,自然可以恢复其显著性,重新满足商标注册的条件。❶ 因为一种商品或服务可能存在多个通用名称,通用化的商标名称也许只是其中的一个而已;并且该商标名称之所以成为通用名称,或许只是缘于当时的主客观因素,仅仅一时成为商品名称的流行用语或为消费者所耳熟能详,但时过境迁,该商标名称完全可能又被公众抛弃,不再普遍作为商品通用名称而存在。因此,商标名

---

❶ 《商标法》第 11 条第 2 款规定:"……前款所列标志经过使用取得显著特征,并便于识别的,可以作为商标注册。"

称通用化后又恢复显著性，完全具有法律上的可能性。

不过，面对已经出现的商标名称通用化的事实或风险，要想收回或继续享有其原有的商标显著性，仅仅消极对待尚不足以应付。商标权人最好持续性采取补救措施，以重新建立或继续保持商标的显著性。这对于证明第二含义的取得，也具有重要的意义。比如，Xerox（施乐复印机的商标）已经成为"复印"的代名词，但施乐公司一直尽力强调不能将其用作动词或形容词。为此，施乐公司从内部开始，教育员工把"施乐"当成一个商标；而在外部，对于媒体上的商标错误利用，其知识产权部及时纠正，从而使外界知道公司对其商标正确使用的重视程度。❶

4.2 商标使用的规范管理

4.2.1 商标标示的规范

日本学者小野昌言、江口侠夫在其所著的《商标知识》一书中指出："如同一个人的脸象征一个人一样，商标作为商品的脸，成为某一企业特定商品的象征，代表着商品的信誉和评价"。❷ 然而，在一件产品包装或一幅广告画面上，可能充斥大量的商业符号、说明文字或配图。在这纷繁缭乱的景象中，哪些符号才是商标——商品的脸呢？

很多大公司，像 IBM、英特尔以及微软等跨国公司，都非常注重使用®或"注册商标"等标示来表达自己的商标信息，如图 4-1 所示，进而强调自己的商标权利。下面笔者以 3 个 W（what、why、how）为中心，谈一下商标标示的使用规范及其风险控制等问题。

1. What：商标标示的内容

（1）注册商标的标示

商标标示依商标注册与否而各有不同。注册商标的商标标示，通常采用声明"注册商标"

图 4-1 微软商标的标示

---

❶ 屈丽丽，邬静娜. 知识产权战略篇 [N]. 中国经营报，2006-04-24.
❷ 张莉. 商标淡化理论的法理基础及运用 [J]. 华侨大学学报（哲学社会科学版），2003（4）.

或者加注注册标记的方式。注册标记包括注和®两种形式，均为《商标法实施条例》第37条所承认。其中，注是"注册商标"的文字缩写，而®则是英文"register"的缩写字头，而"register"的中文意思是"注册"。

但很多国内公司，似乎并不愿意宣示商标注册的信息。在2004年12月13日出版的《21世纪经济报道》第15版刊登了"联想"并购"IBM"PC业务的整版形象广告，细心的人会发现在"IBM"的下方有一个小小的带圈的®，报纸最底下还有一行非常小的字："IBM logo及Thinkpad为IBM在美国和其他国家的注册商标"，而联想却没有这样的标注和文字表述。❶ 联想在国内是非常卓越的公司，但是其注册商标的标示意识，在IBM这样的国际大公司面前还是显得相对逊色。

对外宣示自己商标注册的方式，其实非常简单，凡是任何出现商标，而且能够标明商标标记的地方，比如产品包装、广告、说明书、员工名片，最好都要醒目地标明"注""®""注册商标"等标记。在一些产品说明书、大幅广告上，也最好用一行小字表明："□□□□（商标标识）是某某公司的注册商标"。

（2）未注册商标的标示

除了注册商标，未注册商标也可以采用加注"TM""SM"或者声明"商标"的方式，来向公众传达一个信号：这是专属商标，而不是人人可以随意使用的标志。TM、SM分别是英文trade mark（商标之意）和service mark（服务标记）的缩写字头。一个标注TM或SM的商标，在中国通常表明它还没有申请注册或者已经提出申请但还没有获得核准注册。

需要提醒的是，我国商标法上明确规定的商标标示的标记只有"注""®""注册商标"，似乎并不认可TM或SM。尽管如此，标注TM或SM还是强调了自己标明商标的努力，为将来主张商标相关的权利提供了一些证据上的帮助。

2. Why：商标标示的理由

（1）传递商标信息

尽管标明一个"注"或"®"，或者一行表明注册商标的说明性文字并不会增加企业太多的成本，但很多国内品牌，不要说在广告上，就是在自己的产品本身或其包装上，也懒得打上一个注册标记。这其实也是很多

---

❶ 王瑜. 注册商标的使用策略［EB/OL］. ［2006-09-20］. http://www.lawking.cn.

时候消费者找不到公司商标在哪里，不知道公司商标是什么的缘故，因为它们没有清晰地向消费者传达商标的信息。

商标知名度和美誉度的建立，需要消费者能够识别商标名称及其标志。在五彩缤纷的产品包装或广告画面中，商标才是最有持续性商业价值的识别性符号。试问如果没有正确有效的商标标示，如何向别人传递商标信息（尤其是商标注册信息）呢？很多企业经常忽视商标的标示，结果让自己的商标淹没在一堆文字和图案中，丧失了商标所承担的来源识别、广告宣传及品质保证的基本功能。

（2）预防商标退化

对于注册商标而言，不进行商标标示并不会否定其商标权利。为什么微软、英特尔这些大公司在几乎所有的平面广告、产品宣传、产品包装等媒介上，特别偏好强调"windows""intel inside"是"注册商标"，甚至喜欢在这些商标右上角打上并不怎么漂亮的®呢？

因为这里存在一个商标名称通用化或者说商标退化的问题。所谓商标退化（通用化），是指某一商标标识所具有的显著特征被减弱，逐渐演变为特定商品的通用名称的现象。像 Escalator（自动扶梯）、Thermos（热水瓶）、Aspirin（阿司匹林）、Nylon（尼龙），原本都是国外一些著名公司专有的注册商标，由于使用和管理不当，竟演变为相关产品的通用名称，不再享有商标权。❶

很显然，微软、英特尔这些大公司不厌其烦，一再强调"windows""intel inside"是"注册商标"，甚至在这些商标右上角打上®标志，目的在于向公众，尤其是竞争对手显示自己维护商标权的决心，并尽力避免自己的商标被媒体、公众或竞争对手作为通用名称使用。

（3）防止同业滥用

商标不仅仅是一个形式上的符号，它的背后往往凝聚了商业创意的元素和商业创新的意蕴。有时候，一个新的商标名称，其背后就是一个商业卖点，而承载了商业卖点的商标，往往显著性比较弱，如果没有清晰地传递出商标信息，很容易引来同业竞争者将其作为商品名称竞相使用，结果，该商标作为商品通用名称使用的情形越来越普遍，最后消费者也只会认为该名称系商品通用名称而非商标。因此，持续不断地强调并宣示商标，对于保持商标的显著性和维护自己的商业利益，至关重要。

---

❶ 袁真富. 警惕：商标淡化 [J]. 中华商标，2000（8）.

3. How：商标标示的规范

（1）如何标示注册商标

一般而言，对于注册商标的标示，可以在商标的右上方标明"注"或"®"等注册标记，也可以在商标标识两侧或其他说明性文字里表明"注册商标"。但必须注意，从商标法上讲，"注""®"或者"注册商标"等标记的背后，其实暗藏着一套注册商标的使用规范。如果使用的商标标识与核准注册的商标图样不一样，但仍然标上注册标记，很可能就违反了《商标法》第49条关于禁止"自行改变注册商标"的规定。

如果对注册商标的主体部分（比如文字图形组合商标中的显著文字部分）进行较大的或根本性的改变，那么该商标应视为一个新的商标，在此新商标未经核准注册前，就在使用中标上注册标记，则属于《商标法》第52条所禁止的"冒充注册商标"的行为，市场监督管理部门将会予以制止，不但要求限期改正，还可能予以通报或者处以罚款。因此，在标明"注""®"或者"注册商标"等标记的时候，一定要核查该商标与核准注册的商标图样是否一致。

> **管理提示**
>
> 注册标记：何时开始启用？
>
> "注""®"或者"注册商标"字样只能使用在经商标局正式核准注册的商标图样上。企业申请注册商标后，如果只是见到商标初步审定公告，还不能使用"注""®"或者"注册商标"字样。只有经商标局正式核准注册并刊登注册商标公告之日起，方可使用注册标记。
>
> 特别要提醒的是，即使在国外已经获得注册的商标，如果没有在中国核准注册，也不得在中国境内使用注册标记，否则可能构成冒充注册商标的违法行为。同理，如果仅在中国注册了商标，但在其他国家还没有注册时，也要注意在国外生产产品、广告宣传时，避免在商标上使用注册标记。很多企业容易遗忘这一点，一不小心就把国内包装、宣传上使用的注册标记，直接移植到国外市场的商业活动中，从而可能造成违反商标法的后果。

（2）如何标示未注册商标

标注 TM 或 SM，尽管在我国法律上并没有得到承认，但如前所述，无论如何 TM 或 SM 还是表达了企业宣传商标、表明商标的努力，在发生争议时，对主张反不正当竞争法上的权利或主张自己在先使用商标的权利，或许有不少帮助。一般而言，TM 或 SM 在以下情形中使用。

1）已经注册的商标，但商标权人愿意采用 TM 或 SM 这种国际上比较普遍的标注方式。比如，Google 尽管已经在中国核准注册，但其商标右上方使用的还是 TM。

2）商标已经提交注册申请，但尚未核准注册。从注册申请到核准注册需要一段时间，在这段时间里，可以标注 TM 或 SM 来表达商标信息。

3）暂时性使用的商标，企业并不打算为这个标志申请商标注册，比如一些副品牌，只是临时使用，产品一旦更新即更换新的标志，因此，适合标注 TM 或 SM 来强调这个品牌。

4）商标由于缺乏显著性或者由于其他原因，而无法取得商标的注册，那么，只好标注 TM 或 SM 来强调这是自己的商标。

5）对自行改变的注册商标，使用 TM 或 SM。比如，商标权人申请的是"ipidea"纯文字商标，使用的字体是"Times New Roman"。但注册商标之后，使用的却是经过美术设计的"ipidea"，而且还配有精美的背景图案，此时商标权人已经改变了注册商标的标志，如果标上®反而会构成"自行改变注册商标"，甚至"冒充注册商标"的商标违法行为，这时标上 TM 或 SM 是最好的选择，既表达了商标的信息，又让其他人事实上也无法使用这个改变了的"ipidea"标志，因为一旦擅自使用，会构成注册商标"ipidea"的近似商标，构成商标侵权。❶

资料链接

注册标记标示：权利还是义务

2002 年修订以前的《商标法实施细则》第 26 条规定：使用注册商标应当标明"注册商标"字样或者标明注册标记㊟或®。在商品上不便标明的，应当在商品包装或者说明书以及其他附着物上标明。"当时商标标示是使用注册商标的一项义务。

但 2002 年 9 月施行的《商标法实施条例》第 37 条规定："使用注册商标，可以在商品、商品包装、说明书或者其他附着物上标明'注

---

❶ 袁真富. 如何规范企业的商标标示 [J]. 电子知识产权，2007 (2).

册商标'或者注册标记。注册标记包括㊟和®。使用注册标记，应当标注在商标的右上角或者右下角。"2014年4月修订的《商标法实施条例》第63条沿用了这一条的规定，未作改变。现行《商标法》第9条第2款还直接明确地指出："商标注册人有权标明'注册商标'或者注册标记。"因此，目前在法律上，标示注册商标的标记是商标权人的权利，而不是义务。

4.2.2 品牌变化的商标管理

1. 因应市场的品牌更新

2011年3月，星巴克在庆祝全球四十年咖啡历程时，宣布正式启用更加突出美人鱼标志的全新品牌标识，在全球四家门店——北京蓝色港湾店、巴黎歌剧院店、伦敦布兰普顿路店以及纽约时代广场店同步揭幕全新的品牌标识。最新的品牌标识显示，原来环绕圆形外环设计的"STARBUCKS COFFEE"（星巴克咖啡）这几个字被去掉，只留下加冕的迷人女妖和她的飘逸长发，整个图标变成单一绿色，如图4-2所示。

图4-2 星巴克新商标（右）与旧商标（左）对比

星巴克首席执行官霍华德·舒尔茨（Howard Schultz）在声明中表示，"过去40年里，这位迷人的女妖一直伴随着星巴克"。据说当初星巴克创始人选定女海妖作为标志，主要取意为其吸引人的能力。据了解，此次换标将是1971年以来星巴克第四次换标。

品牌更新或者商标更换是极其正常的商业行动，我国许多知名品牌都相继更换过LOGO：UT斯达康、清华紫光换标，国航更换了有15年历史的凤凰图案，中国石油统一启用新标识"宝石花"。❶可口可乐在100多年

---

❶ 来建强. 知名品牌扎堆儿"变脸"[N]. 经济参考报，2006-07-28.

的历史中不断地调整标识的形象。英特尔在 2020 年又更新了品牌标识。

公司放着耗费无数时间、人力、财力打造并为消费者所熟悉和喜爱的现有标识不用，重新花费巨资去推广新标识，不是多此一举，有时是不得已而为之。因为在换标行动的背后，隐藏的是公司战略的巨大转变或者是品牌内涵的全面革新，纵观各大品牌换标活动，其背后推动因素可以归结为四点。

（1）品牌所涵盖业务范围发生扩大或改变，原有品牌内涵和视觉形象无法涵盖新的业务范围，公司为顺利推出新业务，主动对品牌形象和内涵进行提升，如联想、腾讯等。

（2）品牌发生老化，原有品牌形象无法跟上消费者需求的变化，品牌内涵和品牌形象无法继续满足消费者，公司不得不对品牌形象和内涵进行提升，如柯达、联通等。

（3）品牌被收购，品牌涵盖的业务和形象发生变化，原有品牌的形象和内涵无法涵盖新的业务范围。如 AT&T 因被西南贝尔收购而换标。

（4）品牌发生事故或丑闻，继续沿用老品牌会影响其品牌的形象和声誉，从而影响市场的开拓，如安然换标。❶

当然，品牌变化的过程就意味着风险。创建一个品牌往往需要花费几十年甚至几代人的苦心耕耘，将旧有的品牌更新肯定具有很大的风险性。因为新的标识或许可以消除消费者的审美疲劳，能否得到消费者的认可却是一个未知数。除了商业上的风险之外，这里着重要强调的是，在品牌变化时要避免商标违法行为。

2. 品牌变化的商标风险

根据我国《商标法》第 49 条的规定，商标注册人在使用注册商标的过程中，自行改变注册商标，由地方工商行政管理部门责令限期改正；期满不改正的，由商标局撤销其注册商标。如何理解"自行改变注册商标"？

国家知识产权局于 2021 年发布的《商标审查审理指南》中阐明："自行改变注册商标，是指商标注册人或者被许可使用人在实际使用注册商标时，擅自改变该商标的文字、图形、字母、数字、立体形状、颜色组合等，导致原注册商标的主要部分和显著特征发生变化。改变后的标志同原注册商标相比，易被认为不具有同一性。"

我国商标局 1986 年时的态度非常严厉，它认为文字作为商标注册后，

---

❶ 郭素娥. 企业为何纷纷换标 [N]. 中国文化报，2006 - 05 - 17 (7).

若注册的是简化字，而实施使用繁体字；或注册的是繁体字，而实际使用简化字，都应视为自行改变注册商标的文字、图形或者其组合，可依照当时《商标法》第 30 条的规定处理。1989 年商标局再次发文指出，指定颜色的注册商标，在使用中应与该商标注册证所贴商标的颜色相同，若改变了颜色，则属于当时《商标法》第 30 条第 2 项所述的行为，应依照当时《商标法实施细则》第 28 条规定处理。❶

商标局 1994 年对印刷体注册商标的使用略为放宽了要求，在国家工商行政管理局商标局《关于印刷体注册商标使用事宜的批复》中，明确指出："一、印刷体注册商标使用非印刷体，可不作为《商标法》第 30 条第（1）项所述的行为（即当时商标法规定的'自行改变注册商标'行为。——编者著），法律不予禁止。二、由于汉字的真草隶篆字体很多，特别是有人利用不规范的字体，故意模仿他人注册商标字体与字形，应予禁止。如果在同一种或类似商品上与他人注册商标产生相同近似的，应按照商标侵权严肃查处。三、在商标管理环节中，判定他人商标与其注册商标的相同或近似，仍以其核准注册的印刷体商标为准。四、为了加强商标管理，应告诫企业在使用中最好不要改变其注册商标的原样。如确需使用其他字体与字形的，最好申请注册，以免发生不必要的纠纷。"

2000 年 1 月，陕西省工商行政管理局向国家工商行政管理局请示：在商标管理中发现，个别企业注册商标中的文字字体是手写体，而在实际使用时为印刷体；注册是楷体，在实际使用中为黑体；注册文字排列是横排，在实际使用中为竖排，或注册是竖排，使用时为横排。这样的使用是否属于《商标法》第 30 条第 1 项所述的"自行改变注册商标"行为？

2000 年 3 月，国家工商行政管理局商标局《关于注册商标中文字使用问题的批复》（商标案〔2000〕96 号）认为："根据第 896536 号'维思通'、第 353889 号'吗丁啉'、第 1206375 号'妥泰'和第 627498 号'采乐'商标的注册情况及来函所附标识，我局认为对'维思通''吗丁啉''妥泰'字样的使用，不属于《商标法》第 30 条第（1）项所述的行为（即当时商标法规定的'自行改变注册商标'行为。——编者著），但对'采乐'字样的使用，属于上述行为。"该案中，维思通、吗丁啉、妥泰的商标使用只是在字体上，与注册商标相比稍微有一点点变化，比如字体加粗了或文字间距缩小了。而采乐的注册商标是繁体字，实际使用时是简体

---

❶ 黄晖. 商标法 [M]. 北京：法律出版社，2004：104 – 105.

字，而且字体有所变化，文字背后还衬了一个圆形的图案背景，总体上有比较大的变化或增加。

可见，商标法对于注册商标的使用，总体上比较严格，不允许擅自做轻易的改动。如果企业对自己的品牌作出修改时改变了注册商标的标志，按照《商标法》的规定应当重新提出注册申请。根据前面批复透露的信息和商标法的相关规定，自行改变注册商标的，可能会引起以下问题。

（1）如果对注册商标进行了改变，虽然保留了原商标的文字和图形主体，但没有重新注册而使用，并且标示了注册标记的，可能构成自行改变注册商标，招致被"责令限期改正或者撤销其注册商标"的后果。

（2）如果对注册商标的主体部分进行了改变或注册商标有了根本性的改动，那么完全可以视为一个新商标，如果未经注册前就在使用中加注册标记，则属于《商标法》第 52 条所禁止的冒充注册商标行为。当然，反过来说，已经改成了一个新商标后，如果未注册前在使用中并不标示注册标记，则不会构成冒充注册商标。

（3）改变注册商标后并继续使用时，如果改变后的商标与他人已经注册的商标相同或相似，无论是否标示注册标记，都可能发生商标侵权的问题，特别是双方都把商标使用在相同或类似的商品或服务上时，更是如此。

（4）使用改变后的商标，能否作为使用证据对抗撤销"连续三年停止使用的"商标注册（"撤三"）的主张，或者作为索取侵权赔偿的使用证据，都会成为一个比较有争议的问题。《最高人民法院关于审理商标授权确权行政案件若干问题的意见》（法发〔2010〕12 号）第 20 条第 2 款已经明确提出："实际使用的商标与核准注册的商标虽有细微差别，但未改变其显著特征的，可以视为注册商标的使用。"因此，该等使用可以对抗"撤三"的主张。

对有的公司来说，商标注册与使用似乎是两件不同的事，既由不同部门的人负责，不同部门的人也无须沟通，此种现象并非正确。对有心建立自有品牌，塑造企业形象的公司，商标管理者必须与营销、广告部门密切合作，甚至有一些公司规定广告刊登前需经商标管理者核对完成后，才能得以刊登。❶

对商标管理者而言，应当审阅广告包装上所使用的商标是否与注册商标相同，商标一经注册，在使用时则必须以注册的图样为标准，即使为配

---

❶ 吴小琳. 企业的商标管理 [J]. 智慧财产权管理季刊, 1995 (6).

合整体设计也不要轻易进行改动，以免违反《商标法》的规定，而导致所注册的商标无法发挥其效力。

另外，一些公司在多元化经营的过程中，不了解注册商标的效力限于核定使用的商品，结果把注册商标连同注册标记，一起搬到了新开发或经营的产品上，而且这些产品并不是注册商标核定使用的范围。于是，构成了冒充注册商标的违法行为，甚至有可能侵犯他人的注册商标权，因为他人已经抢先把同一商标（或近似商标）注册在公司的新产品范围上。

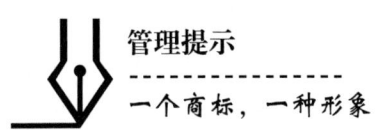

管理提示

一个商标，一种形象

从树立商业形象的角度，注册商标的使用也不允许随便改动，尤其是不应该让商标标志在不同的地方呈现出不同的差异。"Coca–Cola"商标在全球的注册和使用都是使用同一种字体，如当初设计的那样。这种字体在很大程度上已经成了商标的一部分，即便是那些不认识"COCA–COLA"字母的人仍能够从字体上识别该商标。[1]

因此，保持商标使用的形象与商标注册的形象一致，保持注册商标使用在不同场合中的形象一致，是符合法律规定的要求，也是塑造商业形象的需要。事实上，在注册商标之前，就要先思考一下，申请商标的图样会是将来实际使用的形象吗？

当然，有时为了抢先注册的需要，也来不及在申请注册之前，就能够做到先设计和固定好商标未来实际使用的视觉形象。随着公司战略及市场的变化，既有注册商标的设计也会随之改变。因此，一枚商标可能需要多次申请注册不同的图样，"只申请一次，以后只管续展"的愿望，也的确难以实现，只能尽力而为吧。

4.2.3 商标使用的标准化

1. 建立商标使用的管理标准

有的公司对商标的使用比较随意，如果留意观察它们的不同系列、不

---

[1] 詹姆斯·鲍朱尔."Coca–Cola"商标价值最大化的战略和实践 [N]. 中国工商报，2003–12–04.

同层次的产品，会惊讶地发现，同样一个商标竟然有多种视觉形象。一家制造自行车的公司，在不同系列的自行车上，其商标（一个飞鸟形象）颜色竟然不一样，羽毛的根数也会有变化。据说，这是为了让商标更好地适应不同自行车的风格以及方便安装商标标牌的需要。

得到授权的商标使用人，有时也喜欢根据自己的喜好或者需要，轻微地改变商标标志，甚至使用严重不同于公司核准使用的注册商标的外观或形象。如果公司对自己的客户或合作伙伴进行一次商标稽核，肯定会发现许多与商标有关的意料不到的状况。

宏碁前任领导者，号称品牌先生的施振荣先生就谈到，经销商或制作厂商常常"自作聪明替宏碁'改良'制作物，反而弄巧成拙。例如，Acer和箭头之间的距离规定得很死，也准备了很多标准样品，但是做压克力❶的厂商，会自己替我们画 CI（Coporate Identihy，企业识别），大小、距离都和标准不同。"❷

为了规范公司内外的商标使用，可以建立商标使用的标准化管理体系。通常，商标使用的标准包括商标标志的元素构成、大小比例、字体形式、颜色背景以及商标标志的所处位置、与周围符号的间距等内容，而是否标示以及如何标示注册标记也是其中重要的内容之一。

有的公司在商标标准化方面做得非常优秀，当然商标使用的标准化规范管理是一项跨部门的综合性工作，它包括商标的设计、注册、印制、使用、保管、仓储、销毁等多个环节。而3M公司在商标标准化的管理经验，值得参考。

> **案例阅读**
>
> **3M公司商标的标准化管理**
>
> 3M公司在商标保护总体方针的引言部分提到："下列商标标准和方针通常适用于在3M公司制作的所有宣传材料。熟悉它们至关重要。关于更详细的商标方针，请参见您制作宣传材料类型对应部分的相应主

---

❶ "压克力"是英文 Acrylics 的音译，在化学物质意义上，Acrylics 是丙烯酸（acrylic acid）及其衍生物和甲基丙烯酸甲酯（methyl methacrylate，亦称甲甲酯）或甲基丙烯酸（methacrylic acid）及其衍生物之总称。目前中文所称之"压克力"则专指由甲基丙烯酸甲酯或甲基丙烯酸及其衍生物所制成之各种产品。

❷ 施振荣. 全球品牌大战略 [M]. 北京：中信出版社，2005：62.

题。在开始开发或注册商标之前，请联系3M公司知识产权法律顾问办公室。将有助于您在美国和其他国家拥有商标权利。"仅短短几句话，已充分透露出3M公司对于商标管理与保护的战略意识和重视程度。

从3M公司官网上得到的信息看，公司在宣传中需要使用商标时，明确规范了商标首次使用规则、再次使用规则、新闻稿及口头沟通时提及3M商标时应遵循的原则。不仅如此，3M公司还不厌其烦、事无巨细地明确规范：按顺序使用法律要求的要素；只有在商标注册过且得到法律允许的情况下才能使用 ® 符号；使用合适的字体和位置；必要时将商标符号放在圆括号内；在句子中将产品商标和战略品牌同3M联系在一起；商标为首字母缩写；正确使用其他公司的商标；其他公司使用3M商标；请勿将商标用作动词、物主代词、名词或复数形式；翻译类属描述，而不用翻译商标；在要求或必要时音译商标；请勿篡改商标等细节问题，并拿出正确的范例以指导员工或关联企业更好地学习如何规范使用公司商标。

虽然我们看到的是从CIS（企业标识系统）角度在3M公司官网上公布的一些商标标准化的规范，但思路决定行动，从行动中我们可以反观出3M公司对于商标标准化管理的重视，而这正是我国公司需要学习借鉴的。

此外，笔者在国家商标局网站、WIPO商标查询系统等调查发现，3M公司对于核心品牌的商标注册类别非常全面到位，对于子品牌的商标也都提前注册并及时续展备案。公司在打击冒牌等侵权行为方面也一向态度坚决积极、手段强硬。

不仅仅是3M公司，其他如Google、APPT❶等许多公司也都有商标标准化意识。

资料来源：孙文静. 公司商标使用的标准化管理［R］."企业知识产权战略与策略"课程作业，2011.

2. 规范内外的商标使用

（1）自身使用的规范管理

如何正确地使用商标，包括正确标示注册标记，首先要严于律己。商

---

❶ APPT即亚太扑克巡回赛商标，其商标规范详见http://www.appt.com/zh/traditional/media/logo - restrictions/。

标注册人或商标权人首先应该对此承担起责任。在可口可乐公司，所有的员工都被清楚地告知要正确使用商标。规范中包括对于只能用在"Coca-Cola"商标上的特殊字体的使用限制及某些密切相关使用的限制。这一切都使得商标的字体与商标本身一样的不同寻常。这些规范已经如此深入每名员工心中，以至于在内部交流中如果发现商标的不规范使用，其他员工就能将其指出。从员工参加工作之初开始，培训的内容就会包括商标的介绍。实际上，商标部门的人员经常在百忙中抽出时间参加新进员工的培训。商标的介绍从讨论那些被淡化成通用名称的商标开始，如美国的阿司匹林，从而告诉大家这不仅是理论上说说而已。商标部门甚至制作了一盘录像，名为"通用名称的坟墓"。[1]

的确，特别是对于企业的市场营销和广告策划人员而言，如果没有良好的商标使用规范，他们在实际的工作中，对外使用商标（比如在产品的广告设计上、说明书上，个人的名片上使用）时，可能商标一会儿是胖胖的、一会儿又是瘦瘦的，一会儿是五彩缤纷的、一会儿又是黑白相间的。这显然不利于商标标志的一致性，甚至可能导致出现"自行改变注册商标"的情况。

对于商标标记的标示，由于不是一项法律上的义务，很多商标权人放弃了商标标示的权利。但通过前面的分析，商标标示绝对不是多此一举，而是具有强烈的法律意义和较大的商业价值。因此，商标权人应当珍惜自己的商标权利，积极行使并强化商标的形象。

（2）外部使用的商标管控

除了商标权人以外，合作伙伴，甚至上游的供应商、下游的用户，也应当承担起商标规范使用的职责。比如，商标被许可使用人、销售代理商、特许加盟商、合作伙伴、广告设计人、广告发布者和商标印制厂商等，在从事商标使用、商标宣传、商标设计或商标印制等行为时，应当严格地被要求正确地使用商标标志，以及正确地加注商标标示，甚至包括在哪些情形下可以或不可以使用商标标志。

事实上，有很多外部的商标使用人，根本没有意识到使用商标图样还要遵循什么标准或规定，他们在自行印制有关商标标识时，完全是跟着感觉走，甚至为了整个广告或宣传资料的效果，而随意拉伸、剪切商标标

---

[1] 詹姆斯·鲍朱尔. "Coca-Cola"商标价值最大化的战略和实践 [N]. 中国工商报，2003-12-04.

识。所以，商标权人应当与他们进行良好的沟通，作出明确的规范，并进行有效的监督，以准确地向公众表达和传递自己的商标信息。

为了保护 Google 的信誉，Google 要求在使用任何 Google 标志之前，必须得到 Google 明确的书面授权，并且必须遵守相应的规章和使用条款。根据 Google 标志的使用规章❶，Google 可向用户提出有关 Google 标志的大小、字体、颜色和其他图形特征的要求。该规章明确要求："所有用户必须遵循的一个条件是：你不得篡改我们的徽标。只有我们自己可以对徽标进行更改。你必须保证你所呈现的 Google 标志与 Google 自己使用的 Google 标志在同类可比的介质中保持一致。例如，如果 Google 标志旁带有商标或服务标记（例如：'SM''TM'或'®'），那么你在使用我们的标志时，也必须带有这样的标记。此外，你必须在使用这些标志的所有材料中包括这样的声明：'_____是 Google，Inc. 的商标。'"

同时，该规章还强调，"如果你要在网页上使用 Google 徽标，徽标的周边与网页上其他图形或文字元素之间的间距必须至少为 25 像素"。此外，规章还特别禁止"删除、篡改或变更 Google 标志的任何元素。"

这是 Google 针对用户使用 Google 商标的一些基本规范和要求。事实上，很多大公司，尤其是从事特许经营的企业，都十分注重合作伙伴、客户等对自己商标的使用规范。

4.3 商标资产的价值利用

4.3.1 驰名商标的加值策略

作为一个商标法上的法律专业术语，驰名商标在我国几乎变成了耳熟能详、家喻户晓的名词。根据笔者 2009 年 6 月 27 日至 7 月 27 日在问卷调查网站（www.my3q.com）上进行的调查显示，接受邀请调查的 429 名被调查者中，高达 419 人听说过中国驰名商标，占全部被调查者的 97.7%，仅有 2.3% 的被调查者没有听说过中国驰名商标，如图 4-3 所示。这个简单的调查在某种程度上反映出驰名商标在社会公众中的知晓程度非常高。

---

❶ Google 标志的使用规章［EB/OL］.［2006-09-21］. http://www.google.com/intl/zh-CN/permissions/guidelines.html.

没有听说过 2.3%
听说过 97.7%

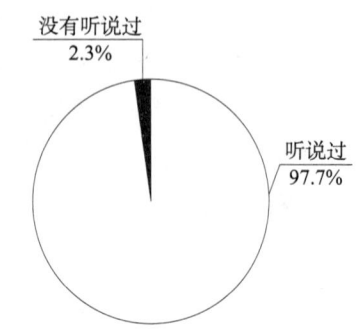

你听说过（或知道）中国驰名商标吗？
总计429人

图4-3 中国驰名商标的知晓度

由于在实践中驰名商标的内涵已经发生了严重的偏离，公众存在严重的误解，因此公众理解的驰名商标，大多不是驰名商标的本来面目。有鉴于此，有必要梳理一下驰名商标的法律意义，以正确把握驰名商标的本质。

1. 驰名商标：法律含义与发展历程

（1）从商标到驰名商标

作为知识产权最为重要的概念之一，商标意味着商标权人可以获得一定程度的对商标使用的控制权利。比如，根据我国商标法的规定，商标被核准注册之后，可以排斥他人在相同或类似的商品上使用相同或近似的商标标志。商标法通过赋予权利人这种排他的权利，目的在于保护商标权利人的商业利益，防止他人搭乘具有知名度的商标的便车，进行不正当竞争，并最终保护消费者的利益，使其不受到欺骗和混淆，避免错误的消费选择。

但是，商标权利人对于注册商标的前述控制权利，显然还不足以适应商业上的需要。一方面，一些具有较高知名度的商标，可能因为各种主观或客观原因而没有申请注册，不仅不能享有商标法的保护，反而可能被第三人抢先注册。比如，20世纪80年代，美国必胜客国际有限公司尚未在我国申请注册"PIZZA HUT"商标，澳大利亚鸿图公司就在相同商品上抢注其"PIZZA HUT"商标。❶ 另一方面，一些企业或个人通过在不相同或不相类似的商品上使用与商标权利人相同或近似的商标，仍然达到了搭便车的不正当竞争目的。比如，在眼镜上使用与津美公司饮料商标"醒目"

---

❶ 安青虎. 驰名商标和中国的驰名商标保护制度 [M]. 北京：商务印书馆，2009：72.

相同的标志，仍然有可能让消费者误以为是津美公司的产品，或者两者存在某种关联。如果津美公司不能制止这种眼镜上使用"醒目"标志的不正当竞争行为，可能会同时损害津美公司和消费者的权益。

正是基于这种考虑，商标法赋予知名度较高的驰名商标一种特殊的保护待遇，即给予其比普通商标更为宽泛的保护范围，从而在法律层面可以有效地制止商标被人抢先注册的行为，打击搭便车的商标侵权或不正当竞争行为。

驰名商标诞生于1925年的《巴黎公约》，并被我国商标法所吸取，其英文名称为"Well–known Trademark"，法文名称为"Marque Notoire"。各国的理论研究、立法实践及司法判例中对"驰名商标"的称呼多种多样，有"周知商标""著名商标""世所共知商标""公众熟知之商标""世界性商标"等。

2014年7月3日，国家工商行政管理总局修订后公布的《驰名商标认定和保护规定》第2条规定："驰名商标是在中国为相关公众所知悉的商标。"2020年12月23日修正的《最高人民法院关于审理涉及驰名商标保护的民事纠纷案件应用法律若干问题的解释》第1条规定："本解释所称驰名商标，是指在中国境内为相关公众所知悉的商标。"

（2）驰名商标在中国的历程❶

1982年我国《商标法》中并未提及驰名商标的保护问题。1984年8月，外交部、财政部、专利局、国家工商行政管理局共同向国务院报送了《关于我国加入〈保护工业产权巴黎公约〉的请示报告》，所附的《保护工业产权巴黎公约》中文本中，"well–known mark"被译作"驰名商标"。1985年3月，中国成为《巴黎公约》成员国，中国有了履行该公约的国际义务，除了开始对工业产权进行广泛保护外，也开始了中国在驰名商标保护工作方面的探索性实践，从此驰名商标的保护就成为一个不可回避的问题。

1987年8月，国家工商行政管理局商标局在商标异议案件中认定美国必胜客国际有限公司的"PIZZA HUT"商标为驰名商标——这是中国1985年加入《巴黎公约》后认定的第1件驰名商标，对澳大利亚鸿图公司在相同商品上抢注的相同商标不予注册。1989年11月，国家工商行政管理局商标局首次认定国内的"同仁堂"商标为驰名商标，以帮助当时的北京市药材公司解决该商标在日本遭抢注的问题。1990年3月，商评委认定原美

---

❶ 以下部分驰名商标认定的历史事实（1984~2001年），主要来源于安青虎. 驰名商标和中国的驰名商标保护制度 [M]. 北京：商务印书馆，2009：74–76.

国 SHER WOOD 电子实验室有限公司的"SHER WOOD"商标属驰名商标，撤销了广州市东升电子厂已经注册的"Sherwood"商标。这是商评委认定的第 1 件驰名商标。

1993 年 2 月，为适应经济发展的需要，维护公平竞争的市场环境，第七届全国人民代表大会常务委员会第 30 次会议对 1982 年 8 月 23 日第五届全国人民代表大会常务委员会第 24 次会议通过的《商标法》作出修改，加大了对商标侵权假冒行为的打击力度。相应地，同年 7 月，经国家工商行政管理局修改并经国务院批准的《商标法实施细则》中增加了有关保护"公众熟知的商标"的条款，规定："违反诚实信用原则，以复制、模仿、翻译等方式，将他人已为公众熟知的商标进行注册的"，属于注册不当行为，应当依法予以撤销。

虽然在 1993 年《商标法实施细则》的英文本中"公众熟知的商标"一词译作"well–known mark"，但从上述规定中可以看出，对"公众熟知的商标"的保护还不完全是《巴黎公约》第 6 条之中意义上对"well–known mark"的保护，没有涉及善意注册他人"well–known mark"的行为和使用他人"well–known mark"的行为。尽管"公众熟知的商标"与"well–known mark"的内涵有一定差别，但以世界眼光看，"well–known mark"就是"well–known mark"，词义并无不同。从此意义上讲，1993 年《商标法实施细则》或许应是中国保护"well–known mark"的第一份法律性文件。这意味着中国对"well–known mark"的保护出现了第二种形式。自 1993 年 7 月至 2002 年 9 月《商标法实施细则》再次修改之前，在商标异议、争议案件中不乏国家工商行政管理局商标局、商评委应用上述条款对"公众熟知的商标"予以扩大保护的案例。

1996 年 8 月，国家工商行政管理局在总结过去多年著名商标和驰名商标保护探索性实践经验的基础上，依据《巴黎公约》、TRIPS 保护驰名商标的有关规定和《商标法》《商标法实施细则》的基本精神，结合中国国情，创造性地制定并发布和实施了《驰名商标认定和管理暂行规定》（以下简称《暂行规定》）。这是中国明确保护"驰名商标"的第一部专门的行政部门规章。《暂行规定》启动了中国对驰名商标在不相同或不类似商品或服务上的保护，其保护水平除未涉及未注册驰名商标的保护外，均达到了《巴黎公约》和 TRIPS 的要求。不仅如此，《暂行规定》还对驰名商标的概念进行了界定，对企业名称与驰名商标的冲突提出了解决措施，比 TRIPS 的保护范围更宽泛，使中国对"驰名商标"的保护从一开始就具有中国特色。鉴于《暂行规定》的英文本中也将"驰名商标"一词译作"well-known mark",因而自此时直到2002年9月修改的《商标法实施条例》实施,中国商标法律制度对"well-known mark"的保护便并行着两种法律形式,一种是根据《商标法实施细则》对"公众熟知的商标"进行的保护,另一种是根据《暂行规定》对"驰名商标"进行的保护。

2001年11月,北京市高级人民法院在司法程序中认定美国杜邦公司的"DUPONT"商标为驰名商标,并维持北京市第一中级人民法院于2000年11月作出的撤销他人将该商标作为域名注册的一审判决。这是中国司法机关认定和明确保护驰名商标的第一个案例。

2001年12月,我国《商标法》第二次修正,根据《巴黎公约》和TRIPS的上述要求,首次明确规定了驰名商标的保护,即在具体的商标法律争议中,如果涉案的商标根据法律规定和证据事实,被认定为驰名商标,那么可以给予该商标更大的保护范围或特别的保护力度,以解决双方的法律争议。

2002年10月,最高人民法院审判委员会第1246次会议通过《最高人民法院关于审理商标民事纠纷案件适用法律若干问题的解释》(法释〔2002〕32号),其第22条明确规定,人民法院在审理商标纠纷案件中,根据当事人的请求和案件的具体情况,可以对涉及的注册商标是否驰名依法作出认定。该司法解释明确肯定了驰名商标可以通过司法途径加以认定。

2003年4月17日,国家工商行政管理总局公布了《驰名商标认定和保护规定》,并于6月1日起施行,至此《暂行规定》完成了历史使命,被明确废止。

针对驰名商标司法认定中存在的一些问题,最高人民法院先后采取了一系列措施。2006年11月12日,最高人民法院发出通知对驰名商标的司法认定设立备案制度。为了防止驰名商标异化,2009年1月《最高人民法院关于涉及驰名商标认定的民事纠纷案件管辖问题的通知》(法〔2009〕1号)和2009年4月《最高人民法院关于审理涉及驰名商标保护的民事纠纷案件应用法律若干问题的解释》(法释〔2009〕3号)更进行了针对性的制度设计。❶

2013年8月修正的《商标法》进一步完善了驰名商标的规定,尤其是第14条第5款强调:"生产、经营者不得将'驰名商标'字样用于商品、商品包装或者容器上,或者用于广告宣传、展览以及其他商业活动中。"

---

❶ 袁真富. 防止驰名商标异化:司法解释的制度设计及其评价 [J]. 电子知识产权, 2009 (8): 23-28.

随后，2014年修订的《商标法实施条例》和《驰名商标认定和保护规定》随之对驰名商标的规定进行了修改和完善。

目前，我国直接或专门涉及驰名商标认定和保护的法律制度主要有：《商标法》（2019年修正）、《商标法实施条例》（2014年修订）、《驰名商标认定和保护规定》（2014年修订）、《最高人民法院关于审理涉及计算机网络域名民事纠纷案件适用法律若干问题的解释》（法释〔2001〕24号，2020年修正）、《最高人民法院关于审理商标民事纠纷案件适用法律若干问题的解释》（法释〔2020〕19号）、《关于涉及驰名商标认定的民事纠纷案件管辖问题的通知》（法〔2009〕1号）、《最高人民法院关于审理涉及驰名商标保护的民事纠纷案件应用法律若干问题的解释》（法释〔2009〕3号，2020年修正）。

法律之所以设立驰名商标的制度，是为了克服普通商标保护范畴较小的局限，给予驰名商标权利人以特殊的保护或更大的权利，从而能够解决特定的法律争议或纠纷。从驰名商标行政认定的角度，这些法律争议主要涉及对他人申请注册的商标存在侵害自己商标权的异议、对他人已经注册的商标提出侵害自己商标权的争议、对他人使用的商标提出侵犯自己商标权的告诉等。从驰名商标司法认定的角度，根据《最高人民法院关于审理涉及驰名商标保护的民事纠纷案件应用法律若干问题的解释》（法释〔2009〕3号）第2条的规定，这些法律纠纷主要涉及驰名的注册商标跨类保护、请求停止侵害驰名的未注册商标以及有关企业名称与驰名商标冲突的侵犯商标权和不正当竞争民事纠纷案件。

2. 曾经的驰名商标乱象

驰名商标作为商标法体系中重要的法律术语，本应该始终如一作为一个法律符号来对待，但在中国出现一道独特的风景，在地方政府的表彰奖励、消费者的观念误解、新闻传媒的舆论渲染等制度环境的影响之下，驰名商标的符号意义被完全重塑，从一个法律符号转变为一个社会符号。

在公司的认知里，驰名商标更像是一个品牌符号，一种荣誉和声望的象征。驰名商标从法律条文和法律实践中挣扎出来，经过重新灌注商业上的意义之后，成为企业品牌营销的工具，不仅在各种媒体和商品包装上突出宣传"中国驰名商标"，而且有的公司还大张旗鼓召开新闻发布会或庆祝大会。公司借助驰名商标这个品牌符号，或者迎合消费者追求名牌的需要，或者获取消费者的购买信任，或者赢得差异化的竞争优势。驰名商标甚至还可以成为与政府沟通的手段或条件，以获得更多的政策优惠或资源支持。总体来看，驰名商标在社会层面的符号意义体现在以下方面。

（1）荣誉称号

作为一个社会符号，驰名商标承载的意义远比法律符号更加丰富，但在社会层面，驰名商标首先被视为一种荣誉称号，对于驰名商标的社会层面的其他理解，大多源自于此、根植于此。比如，认为驰名商标是一种稀缺的广告资源，是品牌建设的成就，是一种认证标志或等同于名牌，甚至当作融资工具等，基本上都是基于驰名商标具有荣誉称号的象征功能。

作为商标所有人，公司通常把驰名商标当作荣誉称号的标签。2007年9月14日，七喜控股股份有限公司（以下简称"七喜公司"）旗下的"HEDY"商标被国家工商行政管理总局认定为中国驰名商标。七喜公司官方网站在2007年9月17日发布的新闻宣称："中国驰名商标是国内企业品牌的最高荣誉，七喜成功完成了创牌工程，实现了品牌道路上的一次新飞跃。"❶ 在国家工商行政管理总局及商评委认定江苏洋河酒厂股份有限公司的"蓝色经典"为"中国驰名商标"后，该公司董事长杨廷栋表示："中国驰名商标"不仅仅是一个荣誉，更是一种激励。……我们将传承和发扬"中国驰名商标"这份厚重荣誉，以此为契机，再接再厉，争取更大的发展。❷ 一位企业家更是这样理解驰名商标："现在各种名牌评比都被取消的取消、制止的制止了，只有驰名商标是法律允许的评比，大家都想尽办法去认定，我不搞个回来，不是被人压一头的问题，那在市场上可就吃大亏啦！"❸

原四川省高级人民法院副院长陈智伦说，"在中国，如果一个商标被认定为驰名商标，百分之一百，广告满天飞。而在美国，即使可口可乐、麦当劳这样的人人皆知的品牌，却从来不会做驰名商标的广告。"❹ 本来，法院认定驰名商标的判决是为了保护驰名商标的权利人，制止侵权和不正当竞争，但许多案件判决生效后，被告怠于执行，原告也不要求执行，却大做驰名商标的广告。据说某白酒被认定为驰名商标后，不仅销售量上

---

❶ 热烈祝贺"HEDY"及"七喜"荣获中国驰名商标 [EB/OL]. (2007 – 09 – 17) [2009 – 8 – 30]. http: //www.hedy.com.cn/Chinese/news/pages/20070917.htm.

❷ 品牌再造：技术创新注入动力——洋河蓝色经典获中国驰名商标启示录之一 [EB/OL]. (2009 – 02 – 25) [2009 – 07 – 23]. http: //www.chinayanghe.com/disp.asp?id=579.

❸ 姚芃. 给我50万，驰名商标给你弄来自由裁量权加形象工程两力助 [N]. 法制日报，2009 – 12 – 16.

❹ 徐伟. 认定双轨制导致驰名商标鱼龙混杂陈智伦：完善法律消除铜臭 [N]. 法制日报，2009 – 03 – 07.

升，每公斤还涨了 3 元。❶

而政府机关，尤其是基层工商行政管理部门同样持有驰名商标是荣誉称号的认知态度。在"劲牌"商标被认定为驰名商标后所举行的"劲牌中国驰名商标新闻发布会"上，黄石市工商行政管理局（劲牌公司的当地工商主管机关）副局长张友山发表的讲话指出："中国驰名商标是《商标法》授予企业的崇高荣誉，是企业产品质量、经济效益、内部管理、市场营销乃至社会信誉的综合展示，它反映了企业的现实生产力、综合竞争力和前瞻发展力的集中体现。"❷

不仅如此，媒体也对驰名商标作此理解，《中国工商报》在报道"上好佳"驰名商标历程时，就这样描述道："2006 年，'上好佳'被认定为中国驰名商标。中国驰名商标是中国企业品牌保护的最高荣誉，作为企业的无形资产，驰名商标具有巨大的含金量，是企业形象的重要载体。"❸

（2）其他意义

驰名商标不仅被当作一种荣誉，而且成为品牌地位、身份的标志。国内互联网行业的领先者 A 公司的知识产权负责人杨先生说："从目的上来说，我们认定这个驰名商标啊，首先是品牌，我认定了驰名商标的时候，我宣传的时候，我理直气壮啦。"

一些公司还将驰名商标成功认定视为自身品牌建设的成就。洋河酒厂官方网站报道："'蓝色经典'在（驰名商标）评选中能顺利过关，既是洋河酒厂长期以来实施品牌战略的成功，也是洋河人提高自主创新能力，加快结构调整步伐的结果。"❹

上海故事会文化传媒有限公司副总经理冯杰在"2008 上海市卢湾区品牌推进会"上交流经验时，也把驰名商标的获得视为品牌建设的成就："2008 年获得中国驰名商标，实现了上海市文化类商品中国驰名商标零的突破，也实现了上海市卢湾区中国驰名商标零的突破，标志着在政府推动

---

❶ 夏君丽. 关于驰名商标司法保护价值取向及制度设置的思考［J］. 法律适用，2007（12）：2-8.

❷ 黄石市工商局副局长张友山在劲牌中国驰名商标新闻发布会上的讲话［EB/OL］.［2004-03-24］. http：//www.jingpai.com/news/news.aspx? id=1249.

❸ 冯琳，柏培峰，朱伟. 以品牌培育中国市场 以品质展现驰名魅力："上好佳"在中国又好又快发展［N］. 中国工商报，2007-05-10.

❹ 品牌再造：技术创新注入动力——洋河蓝色经典获中国驰名商标启示录之一［EB/OL］.（2009-02-25）［2009-07-23］. http：//www.chinayanghe.com/disp.asp? id=579.

下,《故事会》品牌建设过程中又一个新的里程碑。"❶

在另外一些公司眼里,驰名商标就等同于著名品牌的标签,成功认定驰名商标似乎就意味着公司的品牌知名度、含金量达到了一个新的阶段。比如温州的百强公司环宇集团总裁王拓宇说:"几年前温州几家著名公司拿下驰名商标时,我们还是小字辈,近几年感到企业知名度必须与驰名商标吻合,所以在公司打一场侵权官司的同时,就想到驰名商标认定了。"❷

日泰集团董事长金哲夫同样把驰名商标作为自己品牌跻身一线品牌的标志:"日泰是中国鞋业的二线品牌,直到今年才升格为集团,原来一直有想法,可是总觉得自身还有距离,这几年来在鞋业艺术和科技含量投入不断加大的同时,感觉有了条件获得驰名商标。"❸

至于驰名商标被公司作为促销的广告资源,被地方政府作为政绩工程指标,已经是众所周知的秘密。陶鑫良教授指出:"我国当前驰名商标保护的最根本问题,并不在于驰名商标司法认定的滥觞或者驰名商标行政认定的扭曲,而在于迅速纠正我国企业将驰名商标认定事实歪曲为不正当广告'强势资源'的疯狂追逐,在于尽快制止地方政府将驰名商标认定数量尊崇为泡沫化政绩工程'亮点指标'的病态追求。"❹

正因为驰名商标拥有如此强大的符号魅力,使得一些公司对驰名商标的认定趋之若鹜。有的公司抽调人马,聘请律师,甚至成立"申驰小组"或"申驰办公室",专门拨付巨资,四处公关游说,在专业人士的帮助下,使出浑身解数,竭尽能事申请驰名商标的认定。

柒牌公司的驰名商标之路也印证了公司积极追求驰名商标的事实。媒体报道:从 2002 年开始,柒牌公司积极准备向国家工商行政管理总局申请认定驰名商标。但由于《商标法》修改,2002 年评选暂停。2003 年 6 月,柒牌公司发现驰名商标认定除工商部门外,也可通过司法途径解决,于是决心走司法认定之路。司法认定要有案例支撑。经过周密的准备,柒牌公司从数以千计的侵权案例中精心挑选,并耗费心血进行取证。❺ 可见柒牌

---

❶ 冯杰. 历久弥新再铸辉煌 [EB/OL]. (2008 - 06 - 17) [2009 - 08 - 08]. http://www.storychina.cn/main2.asp?id=664&tablename=linkstory.

❷❸ 汤海鹏. 温州"驰名商标"价值几许?[N]. 温州都市报,2007 - 01 - 23.

❹ 陶鑫良. 我国驰名商标保护的误区及其出路(一)[N]. 中国知识产权报,2007 - 11 - 07.

❺ 吴木銮. 福建私企另类驰名商标之路通过司法诉讼来实现 [J]. 法人,2005 (3):96 - 99.

公司通过司法认定驰名商标，并不是先有现实的法律纠纷存在，而是先作出认定驰名商标的决定，再去"从数以千计的侵权案例中精心挑选"合适的案例，从而满足司法认定驰名商标的案件要求。

根据国家工商行政管理总局商标局原局长安青虎先生在 2009 年出版的《驰名商标和中国的驰名商标保护制度》一书中所披露的信息，从 1986 年到 2008 年，国家工商行政管理总局行政认定的驰名商标共计 1365 件。❶ 加上 2009 年新认定的 390 件驰名商标，从 1986 年至 2009 年，行政认定的驰名商标总计应当为 1755 件，❷ 但是，其中 75.61% 的驰名商标是 2004～2009 年这 6 年间认定的，特别是自 2004 年以来，驰名商标行政认定的数量呈现急剧上升的态势，如图 4-5 所示。

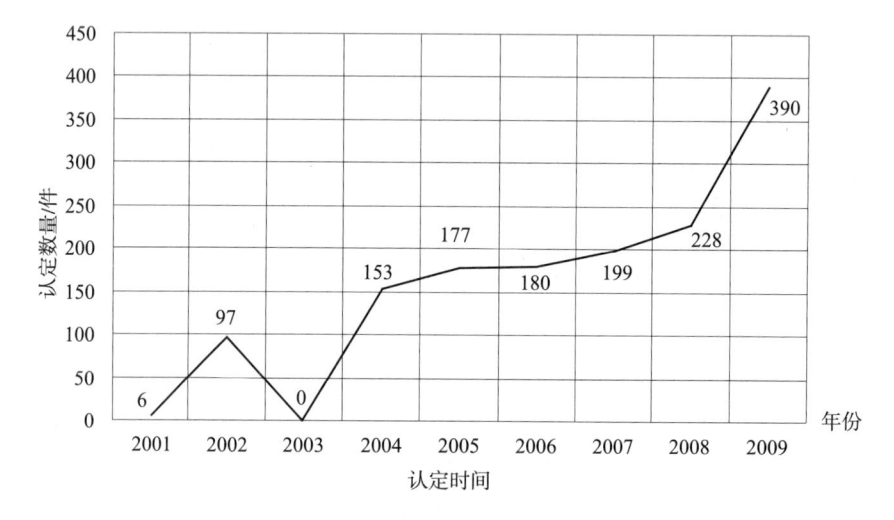

图 4-5　2001～2009 年我国驰名商标行政认定数量走势

---

❶ 安青虎先生系统整理了《中国工商行政管理机关曾经认定的驰名商标记录》（认定时间一览表），详细记载了截至 2008 年认定的每件驰名商标的认定时间。详细情况请参见安青虎. 驰名商标和中国的驰名商标保护制度 [M]. 北京：商务印书馆，2009：763-821.

❷ 需要说明的是，2009 年 7 月 23 日，在全国工商系统贯彻落实《国家知识产权战略纲要》大力推进商标战略实施工作会议上，国家工商行政管理总局原局长周伯华在其题为"认真贯彻落实国家知识产权战略纲要，大力推进商标战略实施"的讲话中指出，截至 2009 年，国家工商行政管理总局在商标管理、商标异议、商标争议案件中共认定驰名商标 1624 件。这个总数可能没有包括 1996 年 8 月《驰名商标认定和管理暂行规定》颁布之前已经认定的驰名商标数量。因为从 1986 年至 1996 年，原国家工商行政管理局共认定了 131 件驰名商标，加上 1624 件，正好等于根据安青虎先生所披露数据而得出的 1755 件。

而司法认定的驰名商标更是呈现出疯长的趋势。在认定驰名商标的众多判决书中，公开披露的判决书只是冰山一角，更多的则深藏不露，《南方周末》2009年12月的报道甚至声称，全国法院认定的驰名商标已超过5000个。❶

"现在驰名商标太多了，我们根本统计不过来。我们这里只有工商总局认定的数字，到现在整个金华市只有10个。司法认定的就多了，但具体有多少我不知道，也许今天就认定了一件呢。"2009年2月10日，金华市工商行政管理局商标处一位工作人员这样告诉《时代周报》记者。❷

据《时代周报》记者的粗略统计，在2009年2月左右，金华市拥有的驰名商标至少已达150个。以金华市下辖的永康市为例，2006年之前，该市驰名商标的数量是零，3年过去，这个数字一下变成了44个。义乌、东阳等地的情况也莫不如此。有趣的是，不少驰名商标，别说在中国驰名，连金华本地人也闻所未闻。❸ 中国司法认定的驰名商标的增长情况，由此可见一斑。

随着驰名商标拥有公司对其驰名商标的价值挖掘以及政府部门的推波助澜、中介机构的宣传，各行各业的公司都对驰名商标这一符号垂涎三尺，纷纷卷入驰名商标的抢夺之中。由于认定驰名商标的前提，是存在特定的法律争议或侵权纠纷，因此，为了获得驰名商标的司法认定，有的公司会根据法律的需要，四处寻找合适的被告（被异议人、被申请人），充当自己认定驰名商标这场戏剧的"配角"；或人为选择合适的案情，以因应驰名商标认定的"剧情"需要，甚至不惜制造假案来满足法律的要求，这在司法认定中尤其明显。当然，随着制度的完善，目前这些情形已经大大遏制，在新修正的《商标法》不允许将"驰名商标"用于广告宣传的新规出台后，相信这种情形会走向历史的故纸堆中。

案例阅读

"驰名商标"打出原形

2006年，广东汕头康王精细化工实业有限公司（以下简称"汕头

---

❶ 鞠靖. 律师、法官联手造假 [N]. 南方周末，2009-12-17.

❷❸ 陶喜年. 浙江驰名商标泛滥 策划侵权官司获司法认定 [N]. 时代周报，2009-02-12.

康王公司")的"康王 kanwan"商标被安徽省宣城市中级人民法院认定为驰名商标,但随后的调查和重审表明,这是一起为认定驰名商标而人为制造的彻底的"假案",根据媒体的报道,该案的虚假表现为:

第一,假案情。法庭上,审判长宣读了原告汕头康王公司代理律师王某于2006年4月11日接受安徽省高级人民法院调查时的证词。据王某证词叙述,2006年4月底,汕头康王公司法务部电话联系他,称需要一个安徽籍身份证复印件用于注册网络域名,于是他找来了李某芳的身份证复印件并传真至汕头康王公司。随后在5月17日,以李某芳名义注册的两个域名"中国康王"、www.kanwan.com.cn出现,5月29日,汕头康王公司便将李某芳告上了法庭。

第二,假被告。法庭上,被告李某芳一再否认了对整个案件的知情,坚持"自始至终并未参与该案",根本没有收到过宣城市中级人民法院所发的应诉通知书、举证通知书以及判决书。而原告代理人王某的证词也证明:李某芳并未参与该案的任何诉讼活动,建立侵权网站的行为也并非李某芳实施。

第三,假委托。汕头康王公司于2005年5月29日向宣城市中级人民法院提起诉讼,宣城市中级人民法院于6月2日向被告李某芳发出了应诉通知书、举证通知书等。但荒唐的是,在上述文件尚未发出的6月1日,汕头康王公司就以"李某芳"的名义同律师签订了代理该案的委托协议书。据法庭公布的被告委托代理人孙某民的证词表明,他没有见过被告,也不清楚事情的经过。

第四,假代理人。原告代理人王某的证词中,承认被告代理人孙某民是他找来的。更荒谬的是,孙某民提供法庭的身份是"合肥工业大学人文教育学院法律系教师"。经调查,合肥工业大学既无人文教育学院,也没有法律系,更没有"孙某民"这个教师。进而根据其提供法庭的身份证进行调查,安徽省公安厅证明:安徽省并无此人。❶

由于认定驰名商标的前提,需要存在特定的法律争议或侵权纠纷。所以,汕头康王公司不惜通过做假案,制造一个虚假的被告,让原告、被告都在自己的控制或导演之下,演出一场有关商标侵权的法律争议,以让人民法院作出驰名商标的认定。有的企业的做法虽然不至于如此

---

❶ 龙庆. 汕头"康王"假案现形 [N]. 云南信息报, 2007 - 06 - 11.

> 恶劣，但也会根据法律的需要，四处寻找合适的被告，充当自己认定驰名商标这场法律闹剧的"配角"；人为选择合适的案情，以因应驰名商标认定的"剧情"需要。在《最高人民法院关于审理涉及驰名商标保护的民事纠纷案件应用法律若干问题的解释》（法释〔2009〕3号）出台以前的驰名商标认定实务中，此种情形呈现出一种普遍的倾向。
>
> 资料来源：袁真富. 驰名商标异化的制度逻辑［M］. 北京：知识产权出版社，2011：78-79.

3. 驰名商标的制度价值

现行《商标法》第14条第5款规定："生产、经营者不得将'驰名商标'字样用于商品、商品包装或者容器上，或者用于广告宣传、展览以及其他商业活动中。"第53规定："违反本法第十四条第五款规定的，由地方工商行政管理部门责令改正，处十万元罚款。"随着《商标法》的修正，驰名商标认定及保护终于回归到法律保护的制度本质：保护驰名商标的权利人，制止商标侵权和不正当竞争。而多年来被异化的驰名商标有望摆脱广告宣传等商业上的拖累，驰名商标的异化使用、泛化使用，尤其是作为广告资源的使用，将极大减少，甚至销声匿迹。

尽管在修正《商标法》之后，驰名商标的商业价值（主要是广告价值）将大打折扣，但驰名商标的法律价值将更加突显。为了达到和实现驰名商标的立法目的，法律给予了驰名商标相对于普通商标不同的法律意义，主要表现在驰名商标享有更宽的保护范围，更强的法律效力和更多的行政保护，因而认定驰名商标在法律层面可以更加有效地制止商标抢注行为，打击搭便车的商标侵权行为或不正当竞争行为，这也是为企业的商标保护提供了法律上的价值。

(1) 驰名商标享有更宽的保护范围

商标注册与否对其保护范围影响甚巨，对驰名商标同样如此，因此，下面分别从未注册驰名商标与已注册驰名商标两个方面来分析其相较于普通商标更为宽泛的保护范围。

1) 未注册驰名商标的保护范围

商标注册与否攸关其商标所有人对商标的控制权。对于注册商标，商标所有人可以享有商标专用权，比如，享有在核准的商品上独占使用注册商标的权利，享有对他人在相同或类似商品上擅自使用与其注册商标相同或近似商标标志主张商标侵权的权利。

而对于未注册商标，通常不享有上述商标专用权，也即无法从商标法上控制他人未经许可的商标使用行为。但是，未注册商标如果是驰名商标，情形就有所不同。我国《商标法》第13条第2款规定："就相同或者类似商品申请注册的商标是复制、摹仿或者翻译他人未在中国注册的驰名商标，容易导致混淆的，不予注册并禁止使用。"《最高人民法院关于审理商标民事纠纷案件适用法律若干问题的解释》（法释〔2020〕19号）第2条规定："依据商标法第十三条第二款的规定，复制、摹仿、翻译他人未在中国注册的驰名商标或其主要部分，在相同或者类似商品上作为商标使用，容易导致混淆的，应当承担停止侵害的民事法律责任。"由此可见，未注册的驰名商标在商标法上仍然享有相当程度的保护，在容易导致混淆的情形下，可以禁止他人在相同或者类似商品上，注册或使用与其相同或近似的商标标志。与普通注册商标的商标专用权相比，未注册驰名商标似乎享有大致相同的权利。当然，未注册的驰名商标所有人只能要求侵权人承担停止侵害的民事责任，而普通注册商标的所有人除此以外还可以要求侵权人承担损害赔偿等民事责任，这仍然表明了商标注册与否的巨大差异。

2）已注册驰名商标的保护范围

对于已经注册的驰名商标，其享有保护范围则远远超出了普通注册商标所享有的商标专用权。具体而言，可以从两个方面加以说明。

首先，已注册驰名商标的所有人可以在不相同或不相类似商品/服务上，禁止注册或使用与其相同或近似的商标，而普通注册商标不可以有此保护范围。《商标法》第13条第3款规定："就不相同或者不相类似商品申请注册的商标是复制、摹仿或者翻译他人已经在中国注册的驰名商标，误导公众，致使该驰名商标注册人的利益可能受到损害的，不予注册并禁止使用。"可见，驰名商标的保护范围可以扩展到不相同或不相类似的商品或服务上。

其次，对于普通注册商标所享有的商标专用权，已注册的驰名商标不仅可以全部享有，而且比普通注册商标更容易实际享受到这些专用权。从法律规定上看，普通注册商标的专用权范围也比较广泛，甚至在一定条件下，可以禁止他人将注册商标作为企业字号突出使用，或将其注册为域名进行相关商品交易的电子商务。

(2) 驰名商标享有更强的法律效力

驰名商标在保护过程中所享有的特殊法律待遇，既体现在驰名商标的程序性法律规定之上，也体现在驰名商标的行政执法或保护之上。

《商标法》第45条第1款规定："已经注册的商标，违反本法第十三条第二款和第三款、第十五条、第十六条第一款、第三十条、第三十一条、第三十二条规定的，自商标注册之日起五年内，在先权利人或者利害关系人可以请求商标评审委员会宣告该注册商标无效。对恶意注册的，驰名商标所有人不受五年的时间限制。"可见，在商标争议程序中，驰名商标在被恶意注册的情形下，不受普通注册商标5年内（自恶意注册之日起）须请求宣告无效的时间限制，享有特殊的程序待遇。

在商标注册、争议、管理和司法程序中，对驰名商标的认定，除了在本案中直接发挥效力外，还同时成为一次"作为驰名商标受保护的记录"。这种记录本身又成为主管机关今后处理类似案件或将来认定该商标是否驰名时应当考虑的法定因素之一。我国《商标法》第14条第1款规定，驰名商标应当根据当事人的请求，作为处理涉及商标案件需要认定的事实进行认定。认定驰名商标应当考虑下列因素："……（五）该商标驰名的其他因素。"可见，某商标作为驰名商标受保护的记录，在下一次驰名商标认定上，可以减轻"驰名"与否的举证责任。这就意味着，认定结果及案件处理结果作为该商标曾经作为驰名商标受到过保护的法律证据和主管机关认定该商标是否驰名时应当考虑的法定因素，将在行政程序（商标注册、争议、管理）中和司法程序中具有长期而重要的法律效力。

(3) 驰名商标享有更多的行政保护

我国政府主管部门一向对驰名商标重视有加，对其给予了法律上的特殊保护。1999年1月22日，《国家工商行政管理局商标局关于下发45件驰名商标名单的通知》指出："各省、自治区、直辖市及计划单列市工商行政管理局：1999年1月5日，我局按照个案认定、被动保护的原则，依法认定了'乐凯'等45件驰名商标。现将名单发给你们，请根据《驰名商标认定和管理暂行规定》的有关规定，依法保护上述45件驰名商标所有人的合法权益，维护社会经济秩序，促进社会主义市场经济的健康发展。"该通知并附"45件驰名商标一览表"。可见，当时国家工商行政管理局商标局对驰名商标还特别下文要求地方工商局"依法保护"，其实，这里的"依法保护"实质是指"加强保护""重点保护"。事实上，国家工商行政管理局在20世纪90年代后期还先后发出多件"依法保护"个别驰名商标的通知,比如 1999 年 6 月 1 日发出的《关于依法保护上海"回力"驰名商标的通知》、1999 年 8 月 3 日发出的《关于开展保护中国贵州茅台酒厂(集团)有限责任公司合法权益专项整治行动的通知》、1998 年 11 月 18 日发出的《关于依法保护青岛"双星"驰名商标的通知》等。

地方政府部门对于驰名商标也在法律保护上给予了特别的待遇。有的地方在法规规章上给予特别保护,比如,2002 年 5 月 1 日起实施的《北京市关于扩大对内开放促进首都经济发展的若干规定》第 5 条规定,保护来京投资企业名称专用权。享有驰名商标的企业经申请可以在本市范围内各类行业名称中受到全面保护。2007 年 3 月 1 日施行的《浙江省企业商号管理和保护规定》第 10 条规定:"申请登记的企业名称,其商号不得与他人的驰名商标、浙江省著名商标的文字相同或者近似,但驰名商标或者浙江省著名商标所有人书面同意的除外。"2008 年 1 月 1 日施行的《重庆市个体工商户字号名称登记管理暂行办法》第 20 条规定:"名称登记机关在核准个体工商户名称时,应对下列文字在重庆市范围内所有行业实施字号保护:(一)中国驰名商标……"

有的地方在政策措施上给予特别对待,比如,2001 年 4 月 4 日黑龙江省计委、经贸委、科技厅、工商局制定《关于支持鼓励个体、私营和其他非国有经济快速健康发展的若干规定》:"对名优产品、著名和驰名商标予以重点保护,积极推荐纳入东北三省和国家商标保护网络,列入'打假维权'的重点保护企业,严厉打击假冒商标的违法行为。"《浙江省嘉善县"十一五"商标品牌工程实施方案》中要求:"开展打假维权地,规范市场秩序。各级各部门要进一步推进商标专用权保护的专项整治工作,加大对商标侵权行为的查处力度,建立健全著名、驰名商标保护维权网,开通打假维权绿色通道。"❶

在商标保护的实践操作过程中,地方工商局对于驰名商标的确会给予更多的支持。K 区工商分局的李女士就谈道:

> 在打假这方面,如果是著名商标或驰名商标的话,他的商标在外面侵权了,他会到工商局来讲,你能帮帮我什么吗?我去打假,你看我需要带什么东西去?那么,我就跟他说,你要准备哪些哪些材料,指导一下,因为他如果第一次,可能不知道,无从打假,然后,如果

---

❶ 嘉善县"十一五"商标品牌工程实施方案 [EB/OL]. (2005 - 12 - 14) [2009 - 10 - 07]. http://open.jiashan.gov.cn/art/2005/12/14/art_1006_22.html.

有条件的话，我们可以帮他打个电话，把信息弄准确，比方说上次有个 EZE（商标名称）的一个锁，他在丹阳被假冒，他已经发现制假场所，但是那个制假场所一般人进不去的，怎么办？他来找我们，我们觉得这个情况蛮严重的，我们就打电话到扬州市工商局讲这个情况，因为他直接去找扬州市工商局是不会被受理的，因为他不归扬州管，他归丹阳管。这样一来，扬州工商局就去了一批人，也和公安局联系好，然后公安局局长带队走进去发现这个问题，所以，在打假方面给他们一点帮助。❶

4. 驰名商标认定的路径

《商标法》第13条第1款规定，为相关公众所熟知的商标，持有人认为其权利受到侵害时，可以依照本法规定请求驰名商标保护。但是，并非所有商标被侵犯的情形下，都可以提请认定驰名商标并给予相应保护。根据《商标法》及相关司法解释，只有国家工商行政管理总局商标局、商标评审委员会和有管辖权的人民法院，才有权在特定条件下的案件中认定驰名商标。

（1）商标局

《商标法》第14条第2款规定，在商标注册审查、工商行政管理部门查处商标违法案件过程中，当事人依照本法第13条规定❷主张权利的，商标局根据审查、处理案件的需要，可以对商标驰名情况作出认定。

2014年《驰名商标认定和保护规定》第5条规定，当事人依照商标法第33条规定向商标局提出异议（对商标局初步审定公告的商标提出异议），并依照商标法第13条规定请求驰名商标保护的，可以向商标局提出驰名商标保护的书面请求并提交其商标构成驰名商标的证据材料。

除在商标异议程序中，商标局还可以对商标违法案件查处过程中的商

---

❶ 袁真富. 驰名商标异化的制度逻辑 [M]. 北京：知识产权出版社，2011：65-71.

❷《商标法》第13条规定："为相关公众所熟知的商标，持有人认为其权利受到侵害时，可以依照本法规定请求驰名商标保护。

就相同或者类似商品申请注册的商标是复制、摹仿或者翻译他人未在中国注册的驰名商标，容易导致混淆的，不予注册并禁止使用。

就不相同或者不相类似商品申请注册的商标是复制、摹仿或者翻译他人已经在中国注册的驰名商标，误导公众，致使该驰名商标注册人的利益可能受到损害的，不予注册并禁止使用。"

标，根据当事人的主张进行驰名商标认定。根据2014年《驰名商标认定和保护规定》，涉及驰名商标保护的商标违法案件由市（地、州）级以上工商行政管理部门管辖。当事人请求工商行政管理部门查处商标违法行为，并依照《商标法》第13条规定请求驰名商标保护的，可以向违法行为发生地的市（地、州）级以上工商行政管理部门进行投诉，并提出驰名商标保护的书面请求，提交证明其商标构成驰名商标的证据材料。工商行政管理部门应当对投诉材料予以核查，决定立案的，应当对当事人提交的驰名商标保护请求及相关证据材料进行初步核实和审查后，报送上级工商行政管理部门。省（自治区、直辖市）工商行政管理部门应当对本辖区内市（地、州）级工商行政管理部门报送的驰名商标认定相关材料依法进行核实和审查，并报送商标局。商标局经对省（自治区、直辖市）工商行政管理部门报送的驰名商标认定相关材料进行审查，认定构成驰名商标的，应当向报送请示的省（自治区、直辖市）工商行政管理部门作出批复。

（2）商标评审委员会

《商标法》第14条第3款规定，在商标争议处理过程中，当事人依照本法第13条规定主张权利的，商标评审委员会根据处理案件的需要，可以对商标驰名情况作出认定。

根据2014年《驰名商标认定和保护规定》第6条，当事人在商标不予注册复审案件和请求无效宣告案件中，依照《商标法》第13条规定请求驰名商标保护的，可以向商标评审委员会提出驰名商标保护的书面请求并提交其商标构成驰名商标的证据材料。

（3）有管辖权的人民法院

《商标法》第14条第2款规定，在商标民事、行政案件审理过程中，当事人依照本法第13条规定主张权利的，最高人民法院指定的人民法院根据审理案件的需要，可以对商标驰名情况作出认定。那么，在哪些案件中法院可以认定驰名商标？又有哪些法院可以管辖需要认定驰名商标的案件？

1）可以认定驰名商标的案件范围

自2001年以来，从最高人民法院发布的制度规范和讲话精神上分析，人民法院认定驰名商标的案件范围，总的来说经历了一个由窄到宽，又由宽到窄，再逐步放宽，最后进一步收窄的过程，如图4-6所示。不过，从制度规范上来看，人民法院比行政机构认定驰名商标的案件范围更为宽泛，因为行政机构认定驰名商标的案件范围与《商标法》第 13 条息息相关，而人民法院认定驰名商标的案件范围却不限于与《商标法》第 13 条相关的情形。

2001年6月，法释〔2001〕24号：	2002年10月，法释〔2002〕32号〕：	2005年11月，最高人民法院原蒋志培庭长讲话精神：	2007年1月，最高人民法院原副院长曹建明讲话精神：	2009年4月，法释〔2009〕3号：
注册商标的网络域名民事纠纷案件	注册商标的商标纠纷案件	在注册商标需要跨类保护或者恶意注册他人商标为域名时	涉及注册的驰名商标跨类保护、请求停止侵害未注册驰名商标以及有关域名与驰名商标冲突的商标侵权和不正当竞争民事纠纷等案件	涉及驰名的注册商标跨类保护、请求停止侵害驰名的未注册商标以及有关企业名称与驰名商标冲突的侵犯商标权和不正当竞争民事纠纷案件

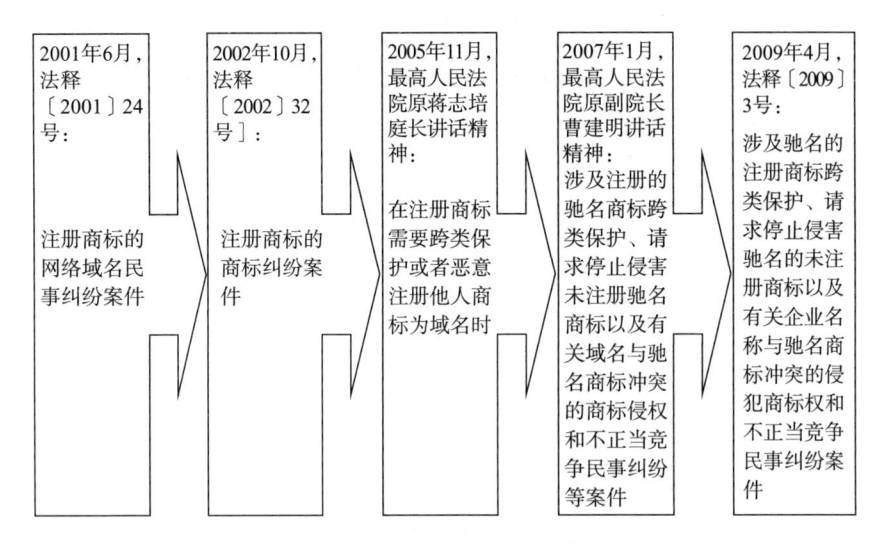

图 4-6　法院认定驰名商标的案件范围变迁

2009 年 4 月 21 日发布的《最高人民法院关于当前经济形势下知识产权审判服务大局若干问题的意见》（法发〔2009〕23 号）强调："严格把握驰名商标的认定范围和认定条件，严禁扩张认定范围和降低认定条件。凡商标是否驰名不是认定被诉侵权行为要件的情形，均不应认定商标是否驰名。凡能够在认定类似商品的范围内给予保护的注册商标，均无需认定驰名商标。"

2009 年 4 月 22 日通过的《最高人民法院关于审理涉及驰名商标保护的民事纠纷案件应用法律若干问题的解释》（法释〔2009〕3 号）对于需要认定驰名商标的案件范围，在制度上进行了更为详细的规范。《最高人民法院关于审理涉及驰名商标保护的民事纠纷案件应用法律若干问题的解释》第 2 条从正面规定了哪些案件可以认定驰名商标："在下列民事纠纷案件中，当事人以商标驰名作为事实根据，人民法院根据案件具体情况，认为确有必要的，对所涉商标是否驰名作出认定：（一）以违反商标法第十三条的规定为由，提起的侵犯商标权诉讼；（二）以企业名称与其驰名商标相同或者近似为由，提起的侵犯商标权或者不正当竞争诉讼；

(三）符合本解释第六条❶规定的抗辩或者反诉的诉讼。"根据此条规定，只有在审理涉及驰名的注册商标跨类保护、请求停止侵害驰名的未注册商标以及有关企业名称与驰名商标冲突的侵犯商标权和不正当竞争民事纠纷案件中，人民法院才可以认定驰名商标。

《最高人民法院关于审理涉及驰名商标保护的民事纠纷案件应用法律若干问题的解释》第3条第1款则从反面明确排除了一些案件不予认定驰名商标："在下列民事纠纷案件中，人民法院对于所涉商标是否驰名不予审查：（一）被诉侵犯商标权或者不正当竞争行为的成立不以商标驰名为事实根据的；（二）被诉侵犯商标权或者不正当竞争行为因不具备法律规定的其他要件而不成立的。"该条第2款规定："原告以被告注册、使用的域名与其注册商标相同或者近似，并通过该域名进行相关商品交易的电子商务，足以造成相关公众误认为由，提起的侵权诉讼，按照前款第（一）项的规定处理。"

值得注意的是，从可以认定驰名商标的案件范围中，明确排除了域名与商标的纠纷，同时正式将人民法院认定驰名商标的范围延及未注册商标。当然，此前人民法院在一些民事案件中，已经将"妇炎洁""酸酸乳"等未注册商标认定为驰名商标。❷

2）可以管辖认定驰名商标案件的法院范围

人民法院的案件管辖包括地域管辖与级别管辖。地域管辖是指以人民法院的辖区和案件的隶属关系确定同级人民法院之间在各自的区域内受理第一审民事案件的分工和权限。级别管辖是指按照人民法院组织系统划分上下级人民法院之间受理第一审民事案件的分工和权限。

《最高人民法院关于审理商标民事纠纷案件适用法律若干问题的解释》

---

❶ 《最高人民法院关于审理涉及驰名商标保护的民事纠纷案件应用法律若干问题的解释》第6条规定："原告以被诉商标的使用侵犯其注册商标专用权为由提起民事诉讼，被告以原告的注册商标复制、摹仿或者翻译其在先未注册驰名商标为由提出抗辩或者提起反诉的，应当对其在先未注册商标驰名的事实负举证责任。"

❷ 2006年3月9日，在原告江西康美医药保健品有限公司与被告仙居县佳诺药剂厂、龙岩爱尔乐医疗器械商贸有限公司、教某如其他商标权权属侵权、侵犯知名商品特有包装、装潢纠纷案中，江西省宜春市中级人民法院判决认定原告"妇炎洁"洗液产品的未注册商标"妇炎洁"为中国驰名商标［（2005）宜中民三初字第24号］，此为司法认定第一例未注册驰名商标。2006年4月13日，在原告内蒙古蒙牛乳业（集团）股份有限公司与被告董某军、河南安阳白雪公主乳业有限公司商标侵权及不正当竞争纠纷案中，内蒙古呼和浩特市中级人民法院判决认定原告蒙牛乳业（集团）股份有限公司乳饮料上的"酸酸乳"未注册商标为驰名商标。

（法释〔2002〕32号）第6条规定："因侵犯注册商标专用权行为提起的民事诉讼，由商标法第十三条、第五十二条所规定侵权行为的实施地、侵权商品的储藏地或者查封扣押地、被告住所地人民法院管辖。前款规定的侵权商品的储藏地，是指大量或者经常性储存、隐匿侵权商品所在地；查封扣押地，是指海关、工商等行政机关依法查封、扣押侵权商品所在地。"该条规定了商标民事纠纷案件，包括驰名商标民事纠纷案件的地域管辖问题。

《最高人民法院关于审理商标案件有关管辖和法律适用范围问题的解释》（法释〔2002〕1号）第3条第3款、第4款规定："商标民事纠纷第一审案件，由中级以上人民法院管辖。各高级人民法院根据本辖区的实际情况，经最高人民法院批准，可以在较大城市确定1~2个基层人民法院受理第一审商标民事纠纷案件"。[1] 这一解释规定了商标民事纠纷案件，包括驰名商标民事纠纷案件的级别管辖问题。

2009年1月，为尽量统一司法尺度和纠正一些不规范的做法，最高人民法院颁布了《关于涉及驰名商标认定的民事纠纷案件管辖问题的通知》（法〔2009〕1号），要求"涉及驰名商标认定的民事纠纷案件，由省、自治区人民政府所在地的市、计划单列市中级人民法院，以及直辖市辖区内的中级人民法院管辖。其他中级人民法院管辖此类民事纠纷案件，需报经最高人民法院批准；未经批准的中级人民法院不再受理此类案件"。

这一通知主要是调整了驰名商标民事纠纷案件的级别管辖，但在提高级别管辖的同时，势必也会影响到驰名商标民事纠纷案件地域管辖。比如，原本四川各中级人民法院皆可认定驰名商标，现在调整级别管辖以后，只有成都市中级人民法院以及上级法院四川省高级人民法院才有认定驰名商标的权力，也即原本可以在四川省达州市中级人民法院管辖的驰名商标案件，现在必须到成都市中级人民法院审理。[2]

4.3.2 作为杠杆的商标资产

在2012年12月初的亚洲知识产权营商论坛上，有听众向"知识产权

---

[1] 需要说明的是，现在一些较大城市已经不止两个基层人民法院可以审理商标民事纠纷案件。比如截至2008年底，上海市黄浦区人民法院、浦东新区人民法院、杨浦区人民法院、卢湾区人民法院等四家基层人民法院均可审理第一审商标民事纠纷案件。

[2] 袁真富. 驰名商标异化的制度逻辑 [M]. 北京：知识产权出版社，2011：151-170.

估值"环节的演讲嘉宾提问:"在知识产权评估过程中,客户最容易犯的错误是什么?"Censere Group 行政总裁 Brett Shadbolt 和 Pluritas LLC 主管合伙人 Robert Aronoff 都不约而同地回答道,客户对他们的知识产权的价值,有时期望过高了。

然而不幸的是,一些期望不切实际的客户竟然得到了满足。曾经有商标权人将其未怎么使用过的注册商标评估为人民币 5000 万元。然后,这位商标权人将商标的价值"打折"后,作价入股,与一位投资人共同投资成立了一家公司,注册资本高达 6000 万元。当然,这位投资人投进去的可是真金白银,不过仍然是只占 30% 股权的小股东,而商标权人借助商标资产成功跻身为大股东。虽然这个案例有些偶然性,但也在某种程度上说明,知识产权模糊不清的价值反而可能有其独特的魅力。

不仅是商标权、专利权,甚至连"域名权"都可以作为知识产权"作价入股"。上海乐拍文化传播有限公司是上海首家以域名权出资的企业。在域名权可以出资的新政出台后,乐拍文化传播有限公司迅速完成了域名权的价值评估,并提出了增资申请,最终在工商行政管理部门的"绿色通道"中,公司的注册资本从设立时的区区 3 万元,增加到 1666 万元,其中以域名权出资 1163 万元。

域名也能值 1000 多万元,应该算是一个创新。虽然学术界对于域名是否属于知识产权的保护范围一直存有疑问,但在实践中,其价值在于投资人要认可,工商管理部门要认可。事实上,前述那个 8000 万元的大投资,在当地还是一个很成功的招商引资"大手笔"。

如果换一个角度去理解,不妨把这些案例视为知识产权的策略性利用。在这里,知识产权作为杠杆性资产,被充分地挖掘和利用起来。公司可以透过知识产权吸引到投资,甚至又透过知识产权掌控主动权;或者借助知识产权增资扩股,一下就增加了"公司的综合实力",并且不需要花什么现金,就像是一本万利的好事情。当然,作为投资人,则要警惕了:你投资的知识产权,真的像评估报告说的那么值钱吗?

不过,有些人利用知识产权价值评估难以确定的事实,对公司资产进行"乾坤大挪移",这是值得警惕的。有些公司的大股东,利用自己的控制权,先将公司的知识产权低价评估后卖给自己,过了不久,又将该知识产权高价评估后,当然是又高价卖给公司。这么折腾一下,公司的大量现金就哗哗地进了大股东的腰包。很难相信,在这么短短的时间内,这些知识产权的价值就迅速增长了——利用知识产权"一进一出",貌似"合法"

的套现才是真正的目的。❶

4.3.3 商标作价入股的问题

《公司法》曾规定，全体股东的货币出资金额不得低于有限责任公司注册资本的30%，但在2013年《公司法》进行了修正，即注册公司不再要求货币出资的比例，也不再限制出资的最低金额（特殊行业，还需执行相应的规定），由全体股东认缴并按照约定期限交纳出资。毫无疑问，那些以技术或版权为核心的"轻资产"公司可以更大限度地使用专利、商标、版权等知识产权进行注资或增资。听起来，这对股东是一个好消息，甚至有点像"免费"的午餐。但是，对于握有知识产权，特别是核心品牌商标权的股东而言，真的是这样吗？

国内一家研究机构为了促进专利的商业化和产业化，引进社会资本设立公司进行成果转化。为了体现专利的价值，自然是将专利权作价出资，投入新设立的公司里。这样，研究机构一分现金未付，也持有公司不少股权。可惜的是，这家公司终究经营不善，不仅没有为研究机构赚来一分钱，还被迫以宣告破产结束了专利产业化的梦想。

戏剧性的是，为了不让公司破产后专利落入他人之手，研究机构最后又不得不花了上千万元人民币，把曾经作价入股的专利买了回来。于是，这家研究机构在专利产业化的道路上折腾了一大圈，一分钱没有赚到，还亏了上千万元。

虽然这里讲的是专利，但换作商标道理也相同。这样一看，以知识产权作价入股，并非是一本万利的好买卖。当然，如果股东以根本没有什么价值的垃圾专利、垃圾版权或闲置商标作价入股，自然只会"稳赚不赔"，公司有营利可以获得股权收益，公司无利润也没有什么损失可言。事实上，对于有价值的商标权，聪明的股东反而会选择掏现金或实物，而不是把知识产权作价入股。特别是以专利产业化为目标而设立的公司，更要牢牢掌握这些专利的控制权，特别是所有权。

一旦把知识产权（包括商标权）作价入股，无论是以其所有权还是使用权出资，股东（权利人）再也不可能借助这些知识产权向公司收到使用许可费。相反，如果继续保留知识产权，除了股权收益，还可以持续收取知识产权的使用许可费。当然这里有一个前提，就是设立的公司需要用到

---

❶ 袁真富. 作为杠杆的知识产权 [J]. 中国知识产权, 2012 (12).

股东的知识产权。而以知识产权的所有权作价入股，更是完全丧失了对知识产权的控制。

因此，对于不差钱的股东，如果有选择，最好不要以知识产权（包括商标权）出资，扔到设立的公司里去。虽然有的股东是100%全资控制公司，但以知识产权出资仍然有风险，谁能保证将来一直拥有100%的股权呢？

而对于国有企业、高等院校和科研院所，还有一个更微妙的国有资产问题。它们的知识产权（包括商标权）当然属于国有资产的范围，如果作价入股需要转让给所设立的公司，还要受制于《企业国有资产法》《企业国有资产评估管理暂行办法》等法律文件在资产评估、转让等方面的严格约束。显然，与其作价入股，还不如许可更为方便。❶ 所以，虽然前面强调商标可以作为杠杆资产，但真的是否要作价入股，还是要因地制宜，具体事情具体对待。

4.3.4 商标融资的困境

以知识产权作为资本进行资金筹集的融资方式，呼声日渐高涨，似乎颇受推崇。而近年来，地方政府主管部门最为热衷所谓知识产权质押贷款等"金融创新"。在2014年上半年，山东泉林纸业有限责任公司以110件专利、34件注册商标等质押获得了一单79亿元知识产权质押贷款，这是迄今为止国内融资金额最大的一笔知识产权质押贷款。北京银行还专门推出"智权贷"，针对拥有未来版权、商标权、自有其他知识产权企业。知识产权融资的春天真的来了吗？

在地方政府主管部门的主导下，我国知识产权质押融资打上了中国特色的烙印，其共同特征是地方政府或具有政府背景的机构在知识产权质押融资上，采取财政补贴、担保支持等各种支持政策或措施，甚至直接介入了融资过程的一些交易环节。

总体上看，在各地政府部门的主导下，我国知识产权质押融资的市场化程度不高，过度依赖政府或政策支持，甚至政府部门成为知识产权融资的避风港，一旦产生坏账就由政府部门或者其下属的机构买单。在这种背景下，知识产权质押融资很难做大，比如，重庆开展知识产权质押融资试点工作四年多来，受制于各种因素仅放贷3亿多元。

---

❶ 袁真富. 作价入股的问题 [J]. 中国知识产权, 2014 (6).

事实上，如果没有政府部门的托底支持，银行参与知识产权贷款质押的积极性可能会更低。对于素来以抵押担保为融资先决条件的银行来说，知识产权质押带来了很大的障碍。诸如厂房、设备、土地使用权等资产，价值稳定、变现容易，流动性好，是银行最受欢迎的抵押物。而知识产权——特别是商标权——质押贷款，除了存在质押贷款的常规风险以外，还具有特殊的风险，尤其是估值风险、法律风险和处置风险。

知识产权价值评估永远是一个难解的老问题。尽管中国资产评估协会相继在 2008 年发布了《专利资产评估指导意见》、在 2010 年发布了《著作权资产评估指导意见》、在 2011 年发布了《商标资产评估指导意见》，但是，知识产权的价值显然充满了不稳定性，加上无形资产评估乱象丛生，连其评估价值能否得到银行承认都充满了疑问。

事实上，即使知识产权价值评估反映了它的真实价值，但中国的知识产权交易向来不活跃，不像房产那样容易找到买家。一旦贷款公司不能还贷，银行处置变现知识产权资产会变得比较困难。即使是商标权，也存在变现不易的问题。

评估难、变现难，再加上知识产权自身存在复杂的法律问题，因此，单纯的知识产权质押贷款，其实并不受银行待见。即使有一些银行愿意尝试知识产权质押贷款，但银行基于风险控制的考虑，也不可能像房屋贷款一样，为这类业务提供大规模的贷款，因为知识产权不是"硬通货"。

目前来看，我国知识产权融资平台单一，过度依赖银行。其实，在知识产权价值评估难以得到认可、知识产权变现并不方便快捷的现实背景下，企业想要依赖知识产权质押向银行贷款，即使有政府的大力支持，其难度也依旧巨大。

事实上，对公司而言，知识产权质押贷款也并非"钱"景喜人。一方面，程序复杂、成本较高，既要评估又要担保，还要支付不菲的评估费和担保费；另一方面，贷款额度低、期限较短。有的地方知识产权质押贷款额度最高不超过知识产权价值的 30%，这意味着即便公司评估的知识产权价值 1000 万元，也仅能获得 300 万元以下的贷款，这对有的公司形同鸡肋。

4.4 商标交易的风险管控

4.4.1 商标交易的风险调查

2006 年 4 月，重庆市拍卖中心受重庆市第一中级人民法院委托对重庆奥妮系列商标权进行拍卖，其中包括"奥妮"等23个商标及图形，涉及个人护理产品等多个行业。拍卖中，广州立白以3100万元的高价买走了"奥妮"商标，准备以此为契机，改变自己OEM的身份，推出自有品牌的"奥妮"洗发水产品。然而，2006年7月5日，奥妮集团（香港）有限公司（以下简称"香港奥妮"）发布一则声明，称其早在2004年就获得"奥妮"等系列商标20年的独占使用权，使用期限为2004年11月30日起的20年内：任何单位或个人未经香港奥妮授权，擅自使用该系列商标，会被追究法律责任。

根据《商标法》及相关司法解释，如果香港奥妮的声明内容确有其事，并且将"奥妮"商标的使用许可合同在商标局进行了备案，那么广州立白即使高价买来"奥妮"商标，也要受到香港奥妮独占使用权的限制，也就是说，花了巨资竟然不能使用"奥妮"商标。当然，如果"奥妮"商标的使用许可合同并未备案，而广州立白对此又不知情，那么香港奥妮依据合同所享有的独占使用权，依法不能对抗广州立白，也即不影响广州立白对奥妮商标的使用。所幸经过法院审理，香港奥妮声明所主张的事实未得到法院支持。但无论如何，香港奥妮的一纸声明还是将商标交易过程中的法律风险问题凸显出来了。

因此，商标转让、许可等交易（其交易形态如表4-4所示）看起来是非常简单的事情，其实里面的问题还是很多，即使像苹果公司这样的明星企业也栽进了iPad商标转让的旋涡里。2009年12月，苹果公司穿着马甲——英国IP Application Development公司（英文缩写恰恰是精心设计的"IPAD"），以现在看来低得令人难以置信的价格3.5万英镑，从中国台湾唯冠公司那里收购了在多个国家注册的IPAD商标，其中包括中国大陆注册的IPAD商标。要知道，在2009年7月，仅仅在这件事发生几个月前，苹果公司从汉王科技手中购买i-phone商标，就花费了365万美元！

然而，深圳唯冠提出自己在中国大陆注册的IPAD商标，台湾唯冠无权处置，拒绝将该商标转让给苹果公司。后来闹得沸沸扬扬的IPAD之争，苹果最终花了6000万美元，才重新从深圳唯冠那里得到IPAD商标。显然，苹果公司的马甲公司在签署商标转让协议时，要么没有调查清楚IPAD商标在中国大陆的商标权属，要么知道这个事实但没有写好或签好转让合同，比如没有让台湾唯冠把深圳唯冠拉到合同里签章认可。其实，苹果公司犯的低级错误很容易通过尽职调查来解决。

所谓尽职调查（Due Diligence），是指在公司进行投资、合作或购并等过程中，于交易前先对特定标的进行的调查程序。其目的系为确保双方协商或谈判基础的正确，内容则涵盖公司经营管理与实际运作的各个层面，只要交易双方认为重要或足以影响商业决策的事项，都可列为尽职调查的内容，主要包含财务面（financial due diligence）及法律面（legal due diligence）的调查、鉴价与风险评估。❶

传统的尽职调查涉及知识产权的情况较少，多从公司的有形资产着手，就动产、不动产、应收账款等项目加以评估。在涉及知识产权的买卖或使用许可过程中，很常见的情况是，人们只重视数字运算，而忽视一些同样重要（如果不是更重要）的问题，例如知识产权的真正权利人是谁？知识产权是否仍然有效？知识产权的许可具有独占性吗？这些属于尽职调查的问题，随着公司科技含量的加重以及知识产权的价值日益攀升和风险日益提高，在公司交易过程中逐渐受到重视。

表4-4　商标交易的形态

交易形态		内涵	备注
典型形态	商标转让	指权利人把商标的所有权移转给他人，并与该商标脱离所有权关系	—
	商标许可/授权	指权利人在保留所有权的前提下，授权他人在约定的时间和地域，以约定的方式使用其商标	—
	商标质押	指权利人以债务人或者担保人身份将其商标专用权作为债权人的担保，当债务人不履行债务时，债权人有权依照法律规定，以该商标专用权折价，或者以拍卖、变卖该商标专用权的价款优先受偿	—
附随形态	企业并购	指在企业合并和收购过程中，发生商标所有权或使用权的转移	本质上是商标所有权或商标使用权的转移
	OEM/ODM	在贴牌加工过程中，制造方获准使用委托方的商标	本质上是商标许可

---

❶ 汪家倩. 如何进行智慧财产的正当注意调查程序（IP due diligence）：以专利的正当注意调查程序（patent due diligence）为例 [J]. 万国法律杂志, 139.

续表

交易形态		内涵	备注
附随形态	合资合作	在合资合作中，将投资方或合作方提供的商标作为入股，或获得商标使用授权	本质上是商标转让或商标许可
	特许经营	在特许经营中，加盟商使用特许经营商的商标	—

作为知识产权交易的重要组成部分，商标的交易形态比较丰富，除了商标转让、许可和质押这些比较典型的交易形态之外，在企业并购、OEM/ODM、合资合作和特许经营等商业活动中，都可能存在商标的交易行为。不同的商标交易形式，存在各自不同的风险问题，但也具有一些共同的地方。以下从风险调查的角度，简要地列举一些商标交易中可能存在的常见的共同法律风险，以引起企业的注意，防止出现令人遗憾甚至追悔不及的结果，或尽量减少疏忽所带来的影响。

1. 商标是否核准注册

如果交易的商标根本没有注册，或者在到期时没有及时续展注册，或者已经被依法撤销，则没有法律上的权利可言，任何人都可以使用该商标，甚至会被他人注册，从而妨碍自己从商标交易中获得的所有权或使用权等权利。当然，假设未注册或未续展注册的商标是驰名商标或有一定影响的商品名称或外观（包装、装潢），还是可以享受《商标法》或《反不正当竞争法》的保护，不过，要主张驰名商标或有一定影响的商品名称或外观，并不是一件容易的事情。

有些情况下，商标虽然没有核准注册，但可能已经正式提出注册申请，属于正在申请程序中的商标。这样的商标存在两种结局。

（1）可能因为缺乏显著性、侵犯在先权利等法律障碍，最终没有获得核准注册。以前，有一些职业注标人拿着商标受理通知书，就开始四处叫卖商标，如果受让这种商标或签订许可使用合同，可能会面临巨大的损失，因为这种商标的法律状态是不稳定的。

为了防止社会上一些人把商标受理通知书当作商标注册的正式文本去误导他人，商标局从2006年9月正式将商标受理通知书改版，并添加"声明"条款："1. 本通知书仅表明商标局收到了申请人的商标注册申请书件，并将依法对其申请进行实质审查，以决定是否核准商标注册。2. 本通知书不表明所申请的商标能够获准注册，更不表明申请人已经取得了对该商标的专用权，也不作为免除或者减轻申请人使用未经核准注册商标所产生的法律责任的证据。"

值得注意的是，在再审申请人泰盛公司与被申请人业宏达公司等商标许可使用合同纠纷案［（2012）民申字第1501号］中，最高人民法院认为，法律法规对许可他人使用尚未获得注册的商标未作禁止性规定，商标许可合同当事人对商标应该获得注册亦未有特别约定，一方以许可使用的商标未获得注册构成欺诈为由主张许可合同无效的，不予支持。事实上，目前许多法院已经承认未注册商标可以转让、许可，但如此一来，受让人和被许可人的法律和商业风险就极其大，因此，一定要查清楚对方的商标注册情况，当然在签约时也要明确，交易商标必须是有效的注册商标。

（2）商标最终获得核准注册，当然是符合商标交易双方期望的结果。但是，从商标提出申请到商标核准注册的过程，有时并不平静，一旦遭遇异议人提出商标异议，就可能把商标核准注册的时间往后拖延很长一段时间，更重要的是，如果受让这样的商标，还会惹来一堆麻烦，例如为了应对商标异议而疲于奔命。

另外，需要引起注意的是，商标虽然核准注册了，但拿来交易的商标是否与核准注册的商标一致呢？根据《商标法》第56条："注册商标的专用权，以核准注册的商标和核定使用的商品为限。"与注册商标不一致的商标（特别是差异较大的），可能无法享有商标专用权，与之交易显然面临巨大的法律风险。

2. 对方是否有权处置商标

查明商标注册的真实性后，还要了解与公司交易的人有权利处置这个注册商标吗？它是不是这个注册商标的权利人（注册人或所有人），或者经过权利人特别授权的代理人。如果商标是共有的，他是否经过共有人的同意呢？公司可以通过查验商标注册证书、商标转让合同、交易授权书，或者查询商标公告或中国商标网，来了解交易商标的真正权利人是谁，目前谁有权利将商标转让、许可或质押等。

需要了解的是，除非许可合同允许，商标的被许可人（包括独占许可的被许可人）都没有资格将其授权使用的商标再次转让或许可，也不可以对其进行质押。

对于那些从注册人或前一权利人手中受让商标的人而言，如果只是拿着一份商标转让合同，并不能保证他有权利处置那个商标。因为对于转让注册商标经核准的，受让人自商标转让公告之日起才享有商标专用权，所以，商标转让合同可能生效了，但商标转让尚未公告，受让人还不是真正的商标权人。

在企业并购、特许经营等活动中，也不要想当然地认为，对方正在使用中的商标将一并转让或许可给自己。就像大名鼎鼎的劳斯莱斯汽车公司却不享有劳斯莱斯（Rolls Royce）商标的所有权，真正的权利人是劳斯莱斯飞机发动机公司，当大众公司花了天价收购快要破产的劳斯莱斯汽车公司后，价值连城的劳斯莱斯商标却不在收购的资产之中，最后被宝马公司花了比大众公司便宜得多的价钱买走了。所以，不要相信自己的主观判断，风险调查不能自由想象。

案例阅读

争夺劳斯莱斯

在 2011 年上海车展上，围绕劳斯莱斯豪华车而打造的"购车套餐"高达 1.5 亿元人民币天价，套餐由 4 部分组成，包括全镀金加长劳斯莱斯幻影、顶级翡翠、爱马仕铂金钻扣鳄鱼皮限量款包，以及瑞士公务机双人羊胎素生命之旅。在这个豪华套餐面前，其他超豪华车和拉风的超级跑车也不过是"浮云"而已。

但是，这辆劳斯莱斯幻影顶级豪华车，与 20 世纪初就诞生的劳斯莱斯，似乎没有什么血统关系。继承了劳斯莱斯真正血统的反而是大众倾注不少心血的宾利。事情还得追溯到 20 世纪 90 年代。

劳斯莱斯由于几十年来车型少有变化，自 20 世纪 90 年代后期开始在全球出现滞销，导致企业亏损，面临被出售的命运。自 1997 年 10 月劳斯莱斯将出售的消息宣布后，德国宝马和大众争相出价，最初是宝马获得了芳心。1998 年 3 月 30 日，维克斯集团宣布，德国宝马汽车制造公司将以 10 亿马克（约合 5.71 亿美元）的价钱，买下集团旗下的劳斯莱斯汽车制造公司。

时任大众总裁的费迪南德 - 皮耶希得知这个消息后勃然大怒，当时就表示还要加价。大众深知金钱并非唯一决定胜负的武器。皮耶希组织了摩根 - 士丹利投资银行、加文 - 安德森公共关系公司等世界第一流的顾问团，去游说维克斯集团的股东——他们才拥有最后发言权。大众是幸运的，由于宝马拒绝了维克斯集团希望提高报价的提议。在

1998年7月3日，维克斯集团决定以14.4亿马克把劳斯莱斯汽车制造公司卖给大众。

不过，宝马有一个强大的同盟军劳斯莱斯PLC公司——宝马拥有它10%的股份。这家公司主营航空航海发动机业务，看起来与汽车没有什么直接关系，但正是它掌握了大众致命的武器。其实，从名字上看就知道它与劳斯莱斯汽车有着不同寻常的关系：是的，它们在1973年以前是一家公司，之后分家了。根据1973年发动机和汽车两部分分家的合同，劳斯莱斯的名称权和商标权保留在劳斯莱斯PLC公司手中，而不是劳斯莱斯汽车制造公司，当然，后者还是拥有"飞翔女神"车标和水箱格栅（鬼面罩）的商标权。

最终，宝马用1.2亿马克（4000万英镑）买到了劳斯莱斯的汽车名称以及"RR"商标，这是整个交易中最有价值的精华财产。就这样，这场争夺战出现了汽车史上奇怪的僵持局面，大众汽车买下了"飞翔女神"车标和水箱格栅的使用权，但是没有办法制造"劳斯莱斯"牌的汽车。同样，宝马拿到了"劳斯莱斯"名称，却没有飞翔女神车标和水箱格栅的使用权。

宝马只用了大众出价的一个零头，居然就控制了劳斯莱斯的品牌，大众就这样被宝马卡住了脖子，它用10倍的价格只拿下了劳斯莱斯那陈旧的破厂房和劳斯莱斯一直雪藏的另一个汽车品牌"宾利"。

为了避免两败俱伤，大众和宝马最终达成一个和解协议。宝马同意大众生产劳斯莱斯直到2002年底，而大众也同意将飞翔女神雕像和水箱格栅商标转让给宝马。在2003年以后，大众买下的劳斯莱斯/宾利汽车部门只能生产"宾利"牌汽车。而宝马将建设一个新的基地来生产劳斯莱斯，而且只有它才能生产。

2003年1月1日，根据协议，最后一辆劳斯莱斯汽车驶出其生活了97年之久的英国克鲁（Crewe）工厂，这里再也不会有劳斯莱斯诞生。克鲁老厂门口那块 the home of Rolls-Royce（劳斯莱斯）and Bentley（宾利）的牌子将不复存在，而是换成了 the home of Bentley（宾利）!

由于原来生产劳斯莱斯的厂房和工人都留在了大众旗下的宾利，因而有一段时间，宾利的经销商会念念不忘地说一句话："宝马只买走了商标,除此之外都留在了宾利。"在劳斯莱斯商标争夺故事之后,还有一个戏剧性的小插曲:曾经是宝马总裁毕睿德在任时曾经与大众争夺劳斯莱斯,后来却又因为种种原因被大众挖走,主管宾利!

这场商标争夺战值得让人回味的是,让我们看到知识产权在权利归属上的复杂性。看看吧,劳斯莱斯汽车制造公司竟然没有劳斯莱斯商标?听起来像个笑话,却真实得让大众最终抱憾终生。

因此,在收购或控制一个公司前,必须对它的知识产权归属做一番细致的尽职调查,因为事情并不是像我们表面看到的那样。尤其是许多跨国公司都是通过总部来集中控制专利、商标等核心知识产权的所有权,如果它把其中一个子公司卖给你,你得当心了,你可能并没有买到这家公司的核心知识产权,不仅如此,当你继续生产这家公司原有的产品时,在收购价格之外,你很有可能还需要继续源源不断地给卖家付钱,这就是知识产权许可费。

资料来源:亚历山大·I. 波尔托拉克,保罗·J. 勒纳. 知识产权精要 [M]. 于东智,谷立日,译. 北京:中国人民大学出版社,2004:52;佚名. 宝马、大众争夺劳斯莱斯回顾 [EB/OL]. [2004-05-20]. http://www.newssc.org.

3. 商标在何地有效

权利人亮出的商标注册证的确表明他享有商标权。但需要警惕的是,还要查看这个商标注册的国家或地区是哪里。商标权的效力具有地域性,在中国注册的商标只在中国境内有效,在法国注册的商标只在法国境内有效。

如想取得中国境内的商标所有权或使用权,那么公司必须确认这个商标已经在中国核准注册。如果公司想使用这个商标在中国制造商品,同时还要出口到欧洲,那么这个商标除了在中国需要注册外,还需要在欧洲有关国家也取得商标注册,否则在出口时会遇到商标侵权的麻烦。

4. 商标注册何时到期

商标注册皆有期限,有效期为10年,不过,期满可以续展注册。关键的问题是,如果商标注册已经快要到期了,要督促商标注册人去完成续展手续。特别是在转让前(转让后续展就是受让人自己的事情了),或者在许可、质押期间,更要确保商标注册人的续展注册,以免损害自己的商业权益。

5. 商标指定使用项目为何

注册商标的专用权以核定使用的商品或服务为限。因此，了解商标注册时的指定使用的商品或服务项目是十分重要的，以避免权利人超出核定使用的范围，发放许可或从事转让，因为这可能引发商标侵权等问题，假如别人已经在权利人超出核定使用范围的那些商品或服务上注册了相同或近似的商标。

另外，也要查核自己需要使用的产品或业务范围，是否与对方商标注册所指定的商品或服务项目一致，如果公司需要实际使用的业务领域是"在线游戏服务"（属于第41类）上，但对方的商标注册在"计算机游戏软件"（第9类），那么公司无论是购买他的商标所有权还是使用权，显然都不太合适。因此，检查对方商标注册与自己业务的契合度，也是非常重要的调查内容。

6. 商标注册是否满足授权条件

商标注册需要满足显著性、非功能性，以及不属于禁用标志、不侵犯他人权利等一系列授权条件，因此，要对交易的商标进行评估，以免将来商标因为违反法律规定，或者侵害他人权利而被宣告无效。

比如，商标的显著性较弱对于商标保护的影响十分大，比如一些使用通用名称，或者使用日常用语的商标，并不能限制他人（包括竞争对手）的合理使用或正当表达。在美国曾经有一个案例，一商家将"Fish Fri"（字面上有"炸鱼、煎鱼"之意）的字样用于油炸食物的塑料混合粉末包装上，"Fish Fri"商标权人认为该使用行为侵犯其商标权。法院审理认为"Fish Fri"是说明性词语，"Fish Fri"商标仅仅在第二层含义的界限内才受到保护，被告使用Fish Fri词语不会引起消费者对商品来源的混淆，并未侵害原告使用在相关商品上的"Fish Fri"商标。原告不能就这一词语的第一含义主张专属权，排除被告的使用。因此法院判决被告胜诉。可见，商标的显著性强弱对于商标的保护范围或独占范围影响甚大。

7. 商标是否变成通用名称

根据《商标法》第49条第2款，注册商标成为其核定使用的商品的通用名称的，任何单位或者个人均可以向商标局申请撤销该注册商标。事实上，正如前述所讨论到的，像Escalator（自动扶梯）、Thermos（热水瓶）、Aspirin（阿司匹林）、Nylon（尼龙），原本都是著名企业的注册商标，后来都成了相关产品的通用名称。在我国，"优盘"（U盘）、"雪花"（面粉）等商标，都被商评委或人民法院认定为通用名称，丧失了专用权。

8. 是否存在相关的商业标志

前面提到为了有效保护商标，有的公司注册了防御商标和联合商标，有的公司把商标与商号（企业名称）、域名保持了一致。如果只是购买商标许可，倒不是太大的问题。如果公司是通过商标转让、企业并购等方式收购对方商标的所有权，为了避免将来存在相关商业标志导致市场混淆，甚至违反法律强制性规定，需要审核对方是否存在与交易商标有近似等关系的商业标志，并进一步考虑是不是需要把这些相关的防御商标、联合商标、商号或域名等商业标志，都一并移转过来，尤其是以下相关的商业标志。

（1）同类注册的相同或近似商标。包括与交易商标在相同或类似商品上注册的近似商标，以及在类似商品上注册的相同商标，应当一并转让。《商标法》第42条第2款规定："转让注册商标的，商标注册人对其在同一种商品上注册的近似的商标，或者在类似商品上注册的相同或者近似的商标，应当一并转让。"该条第3款规定："对容易导致混淆或者有其他不良影响的转让，商标局不予核准，书面通知申请人并说明理由。"可见，商标注册人必须一并转让前述近似商标（包括类似商品上的相同商标），是商标法上的强制性要求，否则转让要遇到法律障碍。

（2）跨类注册的相同或近似商标。包括与交易商标在不相同或不相类似商品上注册的相同或近似商标，商标法并未要求必须一并转让，但是，从商业谨慎的角度考虑，还是要评估，哪些类别的相同或近似商标，应当一并收购过来，避免将来业务混淆。比如，权利人有一枚商标分别注册在第12类汽车和第28类玩具上，最好在收购汽车上的商标时将玩具上的商标一并收购过来，不要在收购之后分属两家，否则将来玩具汽车要与公司的真正汽车在商标使用上发生冲突。

（3）与交易商标相同的商号。如果上海米其玩具有限公司将"米其"玩具商标卖给了你，但对方在商标出售后仍然叫米其玩具公司，终究是一个埋伏的炸弹。想象一下，如果对方还在做玩具，虽然用不了"米其"商标，但在玩具商品或其包装上仍然醒目地打上"米其玩具公司"，消费者会分得很清楚吗？

9. 商标是否存在许可、质押等限制

假设一个注册商标已经质押了，再转让给公司，显然不是一件好事情。因为一旦该商标所担保的债务不能清偿，质押权人（债权人）有权以该商标专用权折价，或者以拍卖、变卖该商标专用权的价款优先受偿。这

将导致公司花钱买来的商标最终会飞到别人的怀抱。

除了商标权质押外,存在商标之上的限制还有已有的许可协议,尤其是独占许可。根据独占许可的特点,除了被许可人以外,商标权利人不得向第三方发放许可,也不能自己使用该商标。如果已经存在独占许可的情形,则不允许公司再去向权利人获得第二个商标许可,否则得到的也是不稳定的许可,享有独占许可的被许可人很快就会前来干涉。

10. 商标是否存在争议

交易的商标是否存在诸如权属争议、撤销注册或宣告无效等争议?如果存在这些争议,对方将来完全可能失去对交易商标的所有权,甚至交易商标的注册都因撤销或无效而不复存在。值得注意的是,在一些商标合同纠纷案件中,如果没有明确约定,虽然商标注册人未披露商标争议事实,他也不需承担违约责任。

在上海银贻申公司诉四川五郎酒厂等商标权转让合同案〔(2009)沪一中民五(知)初字第177号〕中,双方当事人的商标转让合同签订后,在被核准转让之前,商评委作出了"争议商标(即转让合同所交易商标)予以撤销"的裁定,从而致使"藏漢糊涂 ZANG HAN HU TU"商标不可能再被核准转让给商标受让方上海银贻申公司(原告),上海银贻申公司遂基于合同目的不能实现等理由提出解除合同、返还转让款,并得到法院支持。但是,双方合同还约定:"在本合同签订之前,如果该商标存在许可、质押、合作等情形,甲方(商标转让方)必须向乙方(商标受让方)告知,不得隐瞒。"商标受让方上海银贻申公司据此指控商标转让方四川五郎酒厂,在签约时隐瞒了商标存在争议这一事实,故还主张商标转让方(被告四川五郎酒厂)应向其支付5万元违约金。

但法院认为:(1)所谓"隐瞒"应当是针对原告本不知道且合同相对方若不告知则不一定能从其他途径获知之情形。(2)商标争议这一法律状态并不当然导致转让不能,且不属于被告四川五郎酒厂能够控制的事由。因此,原告上海银贻申公司有关被告四川五郎酒厂隐瞒了商标存在争议这一事实系违约行为之主张不能成立,最后,法院对上海银贻申公司要求支付违约金的主张不予支持。

> **管理提示**
>
> **商标查询怎么做？**
>
> 做商标交易的尽职调查时，最基本的功课就是查询作为交易标的的商标信息，在中国，这只需要到商标局的官方网站查询就可以了。不过，查询商标信息，要多换几个角度，才不会顾此失彼。
>
> （1）要针对交易商标本身进行查询：将交易的商标标识本身作为检索项，检索该商标标识在中国的注册状况。通过此项检索可以了解该交易商标是否有效，是否属于转让人或许可人，是否有与之相同或近似的商标由转让人或许可人之外的第三人注册，以及在哪些类别或商品上进行了注册，等等。
>
> （2）要针对商标的权利人进行查询：以权利人名称作为检索项，检索该权利人名义下申请注册了多少件商标，以及这些商标的分布类别及指定商品或服务范围。通过此项检索，可以了解权利人是否存在与交易商标近似的商标申请或注册等信息。
>
> （3）要针对实际使用情况进行查询：不仅要对权利人列在交易清单上的商标进行检索，还要对其实际投入使用的那些标识是否都在交易清单上，以及这些实际使用的商标是否归属于权利人进行调查。如果权利人在转让或许可协议或者并购协议中，只是笼统地说将"某某产品"上所有的商标，或者将其拥有的所有商标，都转让或许可给公司使用而没有具体的商标清单时，更要针对其商标实际使用情况进行针对性的查询。因为所谓的"所有商标"可能连一件商标也没有，实际使用的所有商标也是买来的商标许可，要小心这样的骗局或圈套。

4.4.2 商标转让的雷区

在商标转让过程中，有些问题显得更为复杂，如果不了解法律规则，恐怕都没有想过要去做调查。一家跨国公司在中国收购了一个商标，一切都很顺利，结果在办理商标转让手续时，却被商标局给退了回来。根据《商标法》的规定，"转让注册商标的，商标注册人对其在同一种商品上注册的近似的商标，或者在类似商品上注册的相同或者近似的商标，应当一并转让"，而商标注册人恰恰还在相同商品上注册有其他近似商标。

当这家跨国公司要求商标注册人将这些近似商标转让给它时，商标注册人同意了，不过，这可不是免费的，公司得再付一些费用。但是，跨国公司希望是免费的，拒绝为这些它根本未打算使用的"近似商标"继续买单。关键是双方在合同中并没有约定怎么处理这种情形。于是，公说公有理，婆说婆有理。争议爆发了，商标买卖双方打起了合同官司。

与别人做商标买卖的交易自是要小心翼翼，那么与自家人做商标转让的交易呢？有的公司觉得，我们母子公司、关联公司之间转让商标，应该没有这么多问题吧。通常情况是自家人啥事儿都好商量，但是，怕就怕到时都没有人可以商量了。有的公司从关联公司那里把商标受让过来后，由于各种原因迟迟不办商标转让手续，结果呢，等到有一天，关联公司都不存在了（注销或关闭），再去办理商标转让手续时，可以想象会遇到什么麻烦，因为没有卖方来证明交易的真实性，有可能都无法办理商标转让了。

所以，自家人之间转让商标也得赶紧走转让程序，别一不小心把事情耽误了。值得注意的是，有的公司为了一枚心仪的商标（品牌），反而把程序走得太复杂了。"皮尔·卡丹"商标"一女二嫁"的旧闻就证明上海中服进出口有限公司（以下简称"上海中服"）的商标收购比想象中的复杂多了。

30多年前，当中国人推开窗看世界的时候，第一眼看见的牌子是"皮尔·卡丹"。在1979年，皮尔·卡丹最早把国外时装秀带进了中国。此后，"皮尔·卡丹"成为中国人心目中顶级、奢侈、身份的标签。不幸的是，这个品牌后来走到了要卖掉的落魄境地。

2009年8月，上海中服还沉浸在喜悦的情绪里，在和皮尔·卡丹度过了漫长的半年洽谈期后，双方终于签订了关于整体收购皮尔·卡丹的框架性协议。

但事情很快急转直下，上海中服得到消息，皮尔·卡丹先生在同年7月初即已签署商标转让协议，已经将皮具、针织服装、鞋、手套四类品种在中国的"皮尔·卡丹"商标，转让给了国内另一家温州企业——由孙小飞所掌管的卡丹路集团，商标转让总金额为3700万欧元，更令上海中服震惊的是，皮尔·卡丹已于同年9月收到3330万欧元，其中一笔600万欧元甚至早在5月就已交接。

这显然违背了上海中服的收购初衷。上海中服的董事长陈良宣称，"退一万步讲，如果到最后，要和别人一起收购皮尔·卡丹，那也还是不能接受的。"据媒体透露，孙小飞之所以打动皮尔·卡丹先生，和他曾递交的一份关于重振皮尔·卡丹品牌的报告有关。不过，之前孙小飞一直宣称也是要整体收购皮尔·卡丹，事隔 2 个月之后，整体收购变成了皮具类的收购。❶

对"皮尔·卡丹"这个已经落魄的"贵族"品牌，中国企业竟然竞相用高额代价来收购，而皮尔·卡丹先生似乎有"一女二嫁"的嫌疑。那么，到底谁真正买到了"皮尔·卡丹"？具体情况扑朔迷离，外人难以了解真相。

但拨开迷雾可以发现，上海中服所谓的整体收购皮尔·卡丹，并不是收购或入股皮尔·卡丹公司，而只是整体"收购皮尔卡丹商标在大中华区内［中国（含港澳台）和新加坡］所有商品上的商标所有权，保持原有代理商的代理权。"❷ 看起来，好像只是在收购商标，但上海中服好像弄得跟收购公司一样复杂。

可以说，上海中服就像去境外投资一样在办理政府批文和手续：2009 年 6 月底拿到了上海市商务委员会关于支持上海中服进出口有限公司收购法国皮尔·卡丹商标的函，同时向上海市和国家发展和改革委员会提出申报，并于同年 8 月 5 日拿到了国家发展和改革委员会的批文。不仅如此，上海中服还在法国巴黎的市中心八区为收购专门设立了子公司。其实，买个商标需要如此大费周章吗？像商标收购这样的"非资本项目"，哪里需要上报国家发展和改革委员会的批准。看起来，上海中服把自己给套住了，否则收购商标的动作应该会更快些。

当然，媒体的报道可能误读，如果上海中服真的是收购或入股皮尔·卡丹公司，那么在这相对漫长的收购过程中，的确要小心想要的商标会不会飞走。比如，在收购协议签署前后，被收购公司把自己想要的商标卖掉，那真是连煮熟的鸭子都飞了。因此，在收购谈判期间应该要求对方冻结商标转让，在签署收购协议时，更要确认目标商标还在对方手中，并且在收购协议签署后禁止对方自行处分，包括商标转让、许可等，以免收购一个没有目标商标的"空壳"公司。❸

---

❶ 李娟. 皮尔卡丹"一女二嫁"上海中服发出最后通牒［N］. 第一财经日报，2009 - 10 - 19.

❷ 孙晶. 上海中服：皮尔卡丹或将吃官司［N］. 羊城晚报，2009 - 10 - 22.

❸ 袁真富. 商标转让的雷区［J］. 中国知识产权，2014（8）.

4.4.3 商标许可的合同管理

上海冠生园食品总厂（以下简称"冠生园总厂"）是创立于1918年的老字号。自1985年以来，该厂曾经与18家企业签订了商标使用许可合同，连同其他形式，允许在商品包装上使用冠生园企业名称的共有34个项目。经过一段实践，它们认为这样做弊多利少，并确定了收缩策略，终止了一部分商标使用许可合同。

究其原因，当时冠生园总厂认为大致有三：（1）被许可人的公司素质不高，质量管理基础较差，产品质量达不到预期的要求；（2）被许可人与冠生园总厂合作的目的，就在于利用"冠生园"商标提高本公司在竞争中的地位，从而冲击冠生园总厂的市场；（3）许可使用合同中的某些制约条款得不到履行，一些被许可人不受约束，为所欲为，而冠生园总厂也鞭长莫及，从而利益受损。❶

可见，商标许可有利也有弊。总体上看，商标许可过程中的风险主要来自四个方面：（1）对商标许可人而言，面临着被许可人带来的风险，比如授权使用的产品发生质量问题、违约行为；（2）对被许可人而言，面临许可人带来的风险，比如虚假商标授权、违约行为；（3）许可人和被许可人共同面临的第三人带来的风险，比如第三人的侵权行为；（4）许可人和被许可人对许可合同的理解或未规定事项发生争议。

为了控制这些风险，签订完善的商标许可合同是一项有效的措施，它可以尽量避免或消除上述风险的存在，或者为已经发生的风险提供一个解决的渠道。商标许可合同牵涉的条款比较多，而且在不同的许可合同中又各有变化。下面将讨论一些常见的基本条款，并解读其中的风险及其控制。前面已经提到的共同风险，不再详细展开。

1. 定义条款

国内不少公司签订合同时，不太喜欢在合同前面写上一个定义条款，似乎合同里所有的术语或词语含义都非常清晰，不需要多余的解释。其实不然，正是因为一些关键的词语没有事先进行沟通，导致后来发生不可调和的分歧。比如，什么是非独占许可？到底是排他许可还是普通许可？再比如，授权地域写上"中国"，是仅指中国大陆，还是包括港澳台地区在内，这都是一个需要明确的问题。

---

❶ 冯大立，赵楠. 商标使用许可与企业发展 [J]. 经济经纬，1997 (2).

定义条款只是针对许可合同中的关键词语，而不是要求对所有的词语都作一番解释或说明。特别是在国际商标许可合同中，由于双方当事人所属地域不同、语言不同、法律不同，为防止合同执行过程中可能发生分歧，有必要对那些容易混淆的词语，如质量标准、净销售额、许可方式等，用定义的方式加以明确和具体说明。

2. 许可标的

许可标的即许可使用的商标，必须特别明确，除了描述商标名称、附上商标图样以外，最好还要列上商标注册号，以及核定使用的商品或服务项目，并在附件中附上商标注册证的复印件。

有的公司出于某些考虑，只许可注册商标的一部分，比如对文字图形的组合商标，只对外许可其中的文字部分。然而，这样的行为可能让被许可人在使用商标时，构成自行改变商标的违法行为，招致行政处罚或制裁。因此，许可他人的注册商标必须与申请注册的商标保持一致性，不要部分许可。事实上，部分许可会削弱商标标识形象在公众视野中的一致性。如果有的公司的确只想许可注册商标的一部分，可以把商标各部分另行分开注册，即把一枚商标分割成几枚商标申请注册，分别进行许可。

3. 许可方式

根据合同许可的程度或者被许可人在合同中的地位，可以将商标许可分为独占许可、排他许可与普通许可三种基本的类型，如表4-5所示。

所谓独占许可（exclusive license），是指许可人在合同约定的范围内，授权被许可人独占性地利用其商标权，许可人不仅不能再将同一范围的商标权授权给其他任何人，而且自己也不能利用合同约定范围内的商标权。可见，独占许可中的被许可人，甚至排斥了许可人自己的使用权。

所谓排他许可（sole license），也称独家许可，是指许可人在合同约定的范围内，授权被许可人独家利用其商标权，许可人不能再将同一范围的商标权授权给第三人，但是他自己可以利用合同约定范围内的商标权。排他许可与独占许可的差别在于，许可人自身能否利用被许可的合同约定范围内的商标权。

所谓普通许可（simple license or non-exclusive license），也称一般许可或非独占许可，是指许可人在合同约定的范围内，授权被许可人利用其商标权，与此同时，许可人不仅自己可以利用合同约定范围内的商标权，而且可以再将同一范围的商标权授权给第三人。

表 4-5 商标许可之间的差异

类型	被许可人	许可人	第三人
独占许可	√	—	—
排他许可	√	√	—
普通许可	√	√	√

在独占许可、排他许可与普通许可中，许可人和被许可人的合同权利与合同义务有显而易见的重大区别。许可人应当根据各种商业因素考虑，决定发放各种不同的知识产权许可形式。

如果商标使用不具有竞争性，可以发放普通许可。当然，即使发放独占许可，也可以通过分割使用的领域或地域，来发放多个独占许可。比如，商标注册在三个类别的商品上，可以在每一个商品类别上发放独占的商标许可。特许经营商发放给加盟商的商标许可，很多也是独占许可，因为每家连锁加盟店的经营辐射范围有限，特许商可以在不同的地理范围发放独占商标许可。

4. 许可范围

商标许可使用的范围包括使用的地理区域、商品或服务范围、使用的时间界限等方面。一件注册商标可能指定多个商品（或服务）项目，根据现行《商标法》，一件注册商标指定的商品项目还可以跨越多个类别。如果商标许可的范围并不想包括指定使用的所有商品项目，则应当在合同中加以明确。

事实上，有的被许可人的确并不需要全部的商品项目，因此，许可人还可以保留一些使用项目，以寻求其他感兴趣的被许可人。不过，从被许可人的角度，把一件注册商标的所有指定项目全部拿下来更有意义，以避免市场上出现混淆，冲淡商标与特定商品或服务的联系。

跨国公司在发放商标许可时，通常会在全球范围内划分不同被许可人的地理市场，比如在中国获得授权的公司只能在中国制造、使用和销售产品，不能出口到美国或欧洲等其他市场区域。这样做的目标是防止出现平行进口或灰色市场的状况。

假设宝洁公司的"飘柔"洗发水在中国和泰国都有授权独家生产商，但是"飘柔"洗发水在泰国只卖 15 元（折合人民币），而在中国售价 20 元，这个价格差足以诱使一些商人从泰国进口"飘柔"，到中国来低价销售。显然，平行进口会影响中国独家生产商的利益，引发不满，也会打乱宝洁公司划分的全球市场布局。这就是平行进口的问题。至于平行进口是否合法，比如这些商人可不可以把"飘柔"洗发水从泰国进口到中国，目前在我国法律上没有明确的说法，学界也是众说纷纭，莫衷一是，尽管司法实践上确有判决平行进口侵权的案例，但多数法院对待平行进口，持不侵权的宽容态度。

在这种情况下，要防止平行进口，许可方应当在许可合同内约定被许可人利用商标权的地理范围。不过，许可合同的这种约定只能拘束被许可人。假如第三人从被许可人处购买使用了许可商标的产品，再销售到许可合同约定地理范围之外的市场，许可人是无法通过许可合同进行制止的，因为第三人不受许可合同约束。

5. 许可使用费支付

商标许可使用费的支付方式由当事人约定，一般有以下四种方式：（1）一次总算一次总付，（2）一次总算分期支付，（3）提成支付，（4）提成支付附加预付入门费。约定提成支付的，可以按照产品价格、实施技术后新增的产值、利润或者产品销售额的一定比例提成，也可以按照约定的其他方式计算。提成支付的比例可以采取固定比例、逐年递增比例或者逐年递减比例。不同的许可费支付方式，对于许可合同各方风险各不相同，必须认真对待。

（1）一次总算的劣势：一次总算许可费，无论是一次总付还是分期支付，站在被许可人的角度，都比较难以接受，除非被许可人实力雄厚，对许可的商标是志在必得。因为一次总算的方式，使被许可人承担了全部的风险，一旦商标使用不能带来利润，被许可人将血本无归。对于许可人，其可能也难以预测自己的商标会带来多大的利润，一旦确定了一个较低的许可使用费，自己将来也后悔莫及。

（2）提成支付的缺陷：完全采用提成支付，许可人也比较难以接受，如果被许可人购买商标许可后，根本就没有实施权利，哪里存在提成呢？

（3）入门费+提成的优势：提成支付附加预付入门费的方式，对于许可双方来说都比较保险。一方面，许可人至少有入门费作为利益的保障，同时有提成作为后续的利润源泉；另一方面，被许可人不必一开始就支付大笔的许可费，只需缴纳相对较少的入门费，而提成的许可费，则由许可人与自己共同承担经营风险。

因此，在商标的许可谈判时，双方比较倾向于采用"入门费+提成"的付费方式。那么，提成计算的依据是按照销售额还是利润呢？

一件产品到底有多少利润？别说外人，有的公司自己也未必能算得清楚。有时，算下来不仅没有利润，反而还亏损。而销售额相对比较清楚，容易核查。所以，采取利润提成的方式风险比较大，入门费+销售额提成是值得鼓励的许可费支付方式。

无论如何，许可人要完全掌握被许可人的销售额，往往并非易事，因此，被许可人如何报告自己销售额，许可人如何查核被许可人的销售额，需要事先规定可操作性的方案。所以，怕麻烦的许可人，宁可开出低价也愿意一次算清许可费。当然，实务上许可费的支付，有很多变通的方式，需要根据具体情况具体考虑。

如果产品的销售量容易掌握的话，按照销售单位进行提成也是一个常见的选择。比如，许可他人在手表上使用商标权人的商标，则每售出一只手表就支付100元的商标使用费。同时，无论被许可人销售多少只手表，每年最低支付的使用费均不得低于150万元，这也是"入门费+提成支付"商标使用费的典型约定。

6. 商标权的维护

商标权的维护包括商标注册续展、应对商标争议、反对他人相同或相似商标的注册等内容。在谈判许可合同时，一定要约定好谁来负责商标权的权利维护，这个问题非常重要。如果因为约定不明确，导致无人履行续展手续，开展相关法律行动，商标权可能会因此被撤销或受到限制。千万不要以为许可人会很关心自己的商标权，有的情况下，如发生破产或者管理疏忽的情况下，商标权的维护可能被遗忘。

7. 瑕疵担保责任

被许可人有权要求许可人对授权的商标权提供担保，比如要求许可人保证有权许可商标，保证商标权的有效性，保证不存在有害于该商标许可的其他独占许可等。一旦权利出现瑕疵，并危及被许可人利益的，许可合同应当赋予被许可人解除合同并取得赔偿的权利。

8. 积极使用的义务

如果在许可合同中规定许可费的支付方式为入门费+销售额提成，并不意味着万事大吉了。对许可人来说，还需要配置相应的条款来保障自己的提成利益。尤其是规定被许可人负有积极实施、利用其商标权的义务。既然许可人的提成利益都寄托在销售额上，如果被许可人不积极实施、利用商标权，许可人获得提成利益的期望就会落空。

表面上看，被许可人花钱来取得商标许可，当然会积极实施、利用商标权，进行市场开发和营销。如果许可人有这种的想法，只能说是一厢情愿。因为被许可人是否积极利用商标，除了商标本身是否值得利用，还要受公司整体规划、品牌战略、竞争环境、财务能力等因素的制约。在后面我们可以看到，有的合资公司根本就没打算使用，甚至是有意削弱使用中方投入的商标。

许可人在发放商标许可时，如果不想只收取一点入门费，可以明确规定被许可人利用商标的一些细节问题，比如授权产品的产量、广告投入的多少等，并配以相应的违约责任和合同解除条款。当然，最佳的方案是约定"年度保底提成"条款，即不论被许可的商标使用状况为何，每年都必须最低支付多少金额的商标使用费。

如果许可人并不使用商标，规定被许可人积极使用的义务，还可以防止出现我国《商标法》第49条第2款禁止的"连续三年不使用的"情形，避免招致商标局撤销注册商标的制裁。

9. 质量监督

我国《商标法》第43条第1款规定："……许可人应当监督被许可人使用其注册商标的商品质量。被许可人应当保证使用该注册商标的商品质量。"因此，许可人在发放商标许可时，还要注意进行质量控制，并明确规定检验被许可人产品质量的方式、时间以及检验费用的承担。

尽管2013年修正后的《商标法》删除了原第45条❶的规定，但如果放松了质量控制，发生质量问题，将对许可人的商业声誉产生极坏的影响。因此，许可人对被许可人的生产能力、管理能力和技术水平等方面，需要作详细的考察，不要滥发许可，否则最后会得不偿失。

10. 侵害救济

商标一旦创造了声誉，经常会引来侵权。在许可合同执行过程中，如果发生第三人商标侵权，由谁来主张权利，由谁来承担维权费用，就会成为一个问题。

在我国，独占许可、排他许可和普通许可关系中的被许可人，在侵权诉讼中的地位并不完全一样。根据相关司法解释的规定，独占许可、排他

---

❶ 2001年修正后的《商标法》第45条规定："使用注册商标，其商品粗制滥造，以次充好，欺骗消费者的，由各级工商行政管理部门分别不同情况，责令限期改正，并可以予以通报或者处以罚款，或者由商标局撤销其注册商标。"

许可与普通许可中的被许可人的诉讼地位，可以在三个层次上予以区别。

（1）对于独占许可中的被许可人，可以单独向人民法院提起诉讼，或提出诉前禁令、证据保全的申请。

（2）对于排他许可中的被许可人，在许可人不起诉或不申请的情况下，可以自行向人民法院提起诉讼，或提出诉前禁令、证据保全的申请。

（3）对于普通许可中的被许可人，在许可人不起诉或不申请的情况下，也不可以自行向人民法院提起诉讼，或自行提出诉前禁令、证据保全的申请，而只有在许可人有明确授权时，才能提起诉讼和提出诉前禁令、证据保全的申请。

因此，许可合同（尤其是普通许可合同）中的被许可人，应当在合同中事先明确如何对待第三人的侵权问题。如果许可人对于排除侵权的意愿不高，那么在排他许可和普通许可合同中，应当规定许可人在不制止侵权的情形下，有积极配合被许可人主张权利的义务，比如积极声明不提起诉讼，或积极授权被许可人有权单独提起侵权诉讼。从被许可人的角度，无论是取得何种许可，最好都在许可合同中直接要求获得商标权人的独立提起诉讼的授权，以备不时之需。

资料链接

有关商标被许可人诉讼地位的司法解释

《最高人民法院关于审理商标民事纠纷案件适用法律若干问题的解释》（2020年修正）第4条规定：

"商标法第六十条第一款规定的利害关系人，包括注册商标使用许可合同的被许可人、注册商标财产权利的合法继承人等。

在发生注册商标专用权被侵害时，独占使用许可合同的被许可人可以向人民法院提起诉讼；排他使用许可合同的被许可人可以和商标注册人共同起诉，也可以在商标注册人不起诉的情况下，自行提起诉讼；普通使用许可合同的被许可人经商标注册人明确授权，可以提起诉讼。"

《最高人民法院关于商标侵权纠纷中注册商标排他使用许可合同的被许可人是否有权单独提起诉讼问题的函》[（2002）民三他字第3号2002年9月10日]指出：

> "注册商标排他使用许可合同的被许可人与商标注册人可以提起共同诉讼，在商标注册人不起诉的情况下，可以自行向人民法院提起诉讼。商标注册人不起诉包括商标注册人明示放弃起诉的情形，也包括注册商标排他使用许可合同的被许可人有证据证明其已告知商标注册人或者商标注册人已知道有侵犯商标专用权行为发生而仍不起诉的情形。"

11. 其他条款

商标许可合同中，还有很多条款需要清楚的规定，以免将来引起争执。

（1）保密义务：商标许可的细节，特别是许可费，应当保密。如果许可费被披露，有可能影响许可人开展下一次许可的主动权。

（2）税费问题：明确许可费的金额为税前还是税后的。

（3）争议解决方式：是诉讼还是仲裁，是在国内还是在国外仲裁。事实上，仲裁并不一定是最佳的选择，由于仲裁一裁终局的特点，一旦仲裁员的理解或意见与公司不一致，那么公司无法对仲裁裁决寻求类似不服一审判决而上诉的救济途径。

（4）标明被许可人信息的义务：根据《商标法》第43条第2款，经许可使用他人注册商标的，必须在使用该注册商标的商品上标明被许可人的名称和商品产地。但要提醒的是，许可人也要警惕被许可人在商业活动中突出宣传类似"来自某某公司（许可人）的品牌保证"的广告语或标注，否则相当于您在以公司的名义，为被许可人的商业信用作额外的背书。

（5）备案：商标使用许可合同，无论许可的方式为何，都应当报商标局备案。根据《商标法》第43条第3款："许可他人使用其注册商标的，许可人应当将其商标使用许可报商标局备案，由商标局公告。商标使用许可未经备案不得对抗善意第三人。"因此，备案与否对于被许可人关系重大。

（6）反不正当竞争问题：在商标许可合同出现捆绑销售或不合理的附加条件等情形，有可能违反《反不正当竞争法》等法律，构成无效条款。

（7）违约责任：哪些情况构成违约，如何计算违约金等细节问题应当明确，不要笼统地规定"违约一方应当承担违约责任"，否则很难执行违约责任。

还有很多合同条款，恕不一一列出。有的内容在后面关于商标许可的阐述中，还会专门提到，这里不再赘述。

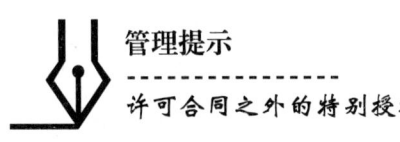

> **管理提示**
>
> *许可合同之外的特别授权书*
>
> 为了避免被许可人将来针对第三人提起侵权诉讼时，因提交许可合同而泄露价格信息、合作条件等商业秘密（如果不愿意披露的话），建议许可合同双方专门签署一个"特别授权书"，作为许可合同的附件，由双方签章。
>
> "特别授权书"只需记载许可双方主体信息、许可商标、许可范围（地域、领域）、许可方式、许可时间等必要的合同信息，并记载权利人授权被许可人有独立向第三人提起侵权诉讼的权利。将来被许可人发动侵权诉讼时，只需要提交这个"特别授权书"，即可向法院证明自己的独立诉讼地位。这样一来，被许可人不必（1）向法院以及被告披露完整的许可合同全本，或者（2）在提交许可合同全本时，特别要求被告及其律师对许可合同承担保密责任。

因此，无论是许可人还是被许可人，在商标许可谈判前，最好草拟一份符合自己期望的许可合同，并以此合同文本与对方开展谈判。当然，最终双方还得以其中一方的合同文本为蓝本，根据双方的谈判结果进行修改。不过，自己准备一份合同的目的是避免被对方的许可合同文本牵着鼻子走，而自己完全没有主张。应当了解，对方拿出的合同文本往往是对他最有利的，如果不了解其中的奥妙，可能会被套进去。自己起草一份合同后，就会知道哪些地方应该细细琢磨。

此外，我们还要提醒签订国际商标许可的公司，要找精通外语和商标法的专业人士仔细对照中文和外文两个版本的合同条款，因为外方往往凭借其优势地位，要求合同最终以外文版本的规定为准。个别狡猾的外商在中文合同中规定应该这样，但在外文合同中却规定应该那样，一旦发生争议，中方才发现两个版本的合同并不一致，但又要按照对外方有利的外文合同处理。

> **资料链接**
>
> **可口可乐公司的许可合同条款**
>
> 可口可乐公司在商标许可中经常使用的格式化条款，通常包括以下内容：
>
> 1. 承认我们公司对商标的所有权。我们尤其要求对方承认我们公司是该商标及与之有关的所有权利、权属和利益的唯一所有人。
>
> 2. 同意不挑战我们的专有权。在法律允许的情况下，我们要求对方同意决不挑战我们对商标的专用权。
>
> 3. 承认许可授权的限制。我们要求对方承认他们仅仅可以以被许可协议中明确列出的非常有限的方式使用该商标，除此之外，他们对该商标不拥有任何权利、权属和利益。
>
> 4. 因使用而产生的权利属商标所有人。
>
> 5. 通过使用方法来控制。我们要求所有商标的使用遵守一定的图文指南或标准。这保证我们的商标总是以一致和统一的方式出现。通常，这些图文指南与合同本身是分开的。对于签订几年的协议，图文标准在合同期内会几经变化。很重要的一点是，商标所有人不仅能够制定标准，而且能够单方面不断地修改标准，而被许可人必须遵守新的标准。在一些合同中，被许可人须在使用前提交图样来获得事先批准。
>
> 6. 公司有制定标准和规范的绝对权利。
>
> 7. 质量控制。在可口可乐公司，无论是饮料还是被许可的产品，我们都采取积极的措施确保商品符合我们公司的标准和规范。
>
> 8. 商品召回权。
>
> 9. 保险条款。有时候，我们公司在许可商标使用时要求被许可人购买保险来避免作为商标所有人可能承担的责任。
>
> 10. 控制涉及商标的诉讼。在有些国家，商标独占被许可人有权起诉侵权人，除非商标所有人在合同中另有规定。作为规定，可口可乐公司保留控制涉及商标诉讼的独占权利，包括有权决定是否起诉。商标太珍贵了，不能把它的命运控制在他人手上。
>
> 11. 诉讼中的协作义务。我们通常要求被许可人在公司涉及的任何商标诉讼案件中全面配合，并给予合理要求范围内的一切帮助。

> 12. 违约终止权利。如果被许可人不遵守合同条款，商标所有人有权终止合同。
>
> 13. 合同终止或期满后的停止使用。根据许可使用的性质，停止使用包括：修改营业执照上带有该商标的公司名称，去掉营业场所上的商标，更改公司使用的文具、设备，重新油漆货车和其他运输工具等。
>
> 14. 协助许可备案义务。有一些国家，如中国，要向政府部门进行商标许可备案。合同中须有条款规定被许可人有义务协助在商标所有人认为必要的文件上签字。同样，被许可人有义务协助商标所有人在许可终止或期满后撤销上述许可备案。
>
> 15. 禁止再许可。通常，商标许可中重要的一点是被许可人的身份。如果被许可人能够将其责任和义务通过合同再许可其他未知的第三方，商标所有人可能会无法实现其目的。因此，合同中总是包括禁止再许可条款。
>
> 这里只列举了可口可乐公司所要求的最普通的条款，并不完整，根据不同的情况会增加其他条款。
>
> 资料来源：詹姆斯·鲍朱尔．"Coca – Cola"商标价值最大化的战略和实践 [N]．中国工商报，2003 – 12 – 04．

4.4.4 断头许可的风险

自 1984 年以来，美国 Hooters 公司就已获得在全世界许可使用 HOOTERS 商标的专有权利，并在 HOOTERS 商标名下发展连锁餐馆——但坦帕、纽约和芝加哥除外，因为商标权人在这三地经营着 19 家 Hooters 餐馆。2001 年初，美国 Hooters 公司花了 6000 万美元，从 HOOTERS 商标的权利人手中购买了这枚商标。该公司董事会主席罗伯特·布鲁克斯说他们转手过来的"绝不是一块粪土，而是一块金子"。因为美国 Hooters 公司旗下的 Hooters 餐馆当时已有 250 家。布鲁克斯说："随着 Hooters 体系在美国本土及世界各地不断的发展，我们认为我们必须拥有这枚商标并能完全控制它。因为，它已成为我们的命脉。"❶

显而易见，如果美国 Hooters 公司不买下 HOOTERS 这个商标，一旦商

---

❶ 李远敏．价值六千万美元的商标 [J]．中华商标，2002 (4)．

标权人解除许可合同，美国 Hooters 公司损失的不只是一纸合约，更是公司近 20 年来持续不断的商业投入、营销努力和一手建立的商业声誉、市场份额。在此背景之下，购买 HOOTERS 商标，是消除不稳定的商业经营风险的必要保证。

不幸的是，香港鸿道集团旗下的加多宝公司，则没有美国 Hooters 公司这么好运。2012 年 5 月 12 日，广药集团发布公告称："根据中国国际经济贸易仲裁委员会仲裁裁决，广州医药集团有限公司收回鸿道（集团）有限公司的红色罐装及红色瓶装王老吉凉茶的生产经营权。"这纸裁决让加多宝公司丧失了王老吉商标的使用许可，从而使其陷入公司有史以来最大的品牌灾难。

王老吉的商标纷争在这几年闹得家喻户晓，人尽皆知。主要的故事梗概并不复杂：1995 年广药集团将红罐王老吉的生产销售权益租给了加多宝公司，而广药集团自己则生产绿色利乐包装的王老吉凉茶；1997 年，广药集团又与加多宝公司的投资方鸿道集团签订了商标许可使用合同；2000 年双方第二次签署合同，约定鸿道集团对"王老吉"商标的租赁期限至 2010 年 5 月 2 日到期。在 2002 年和 2003 年，广药集团原副董事长李益民收受鸿道集团董事长陈鸿道 200 万港元后，先后签署了《"王老吉"商标许可补充协议》和《关于"王老吉"商标使用许可合同的补充协议》，分别将商标租赁期延长至 2013 年和 2020 年。

经过 10 多年的经营，加多宝公司将红罐王老吉从一个区域品牌打造成一个家喻户晓的全国品牌，2008 年，加多宝公司为汶川大地震豪捐 1 亿元人民币，举世瞩目，更是助推王老吉品牌声誉扶摇直上。2011 年的红罐王老吉销售额据说超过 160 亿元人民币。不过，加多宝的好日子并未持续到 2020 年。从 2008 年开始，广药集团就与鸿道集团交涉，主张续签的补充协议无效，商标租赁期限已于 2010 年 5 月到期。2011 年 4 月，广药集团向中国国际经济贸易仲裁委员会提出仲裁请求，最终在 2012 年 5 月获得支持。

事实上，王老吉的商标许可从一开始就埋下了祸根。虽然在专利、商标等知识产权许可实践中，权利人可以按照不同的应用领域切分，从而发放多个独占许可。但像王老吉这样，以同一产品的包装形式及色彩（红罐/绿盒）作为独占许可使用同一品牌的分界，绝对是举世罕见，让不明内情的外人甚为费解。事实上，这么多年来，广药集团麾下的绿色包装王老吉不知沾了加多宝公司红罐王老吉的多少"光"。任凭加多宝在这厢一掷千金，卖力吆喝"怕上火，喝王老吉"（红罐王老吉广告语），人家在那厢只需轻轻一句"王老吉，还有盒装"，就把加多宝的营销努力，来了个乾坤大挪移。

但王老吉的"红绿之争"，都抵不上加多宝公司这次遭遇的所谓"断头许可"。所谓"断头许可"，就是商标权利人商标许可期满后不再续签许可协议。很可能出现这种情景，今天还是合法销售，明天就变成非法产品，因为已经失去了商标许可。

商标是无声的推销员，是开拓市场最佳的利器，更是商誉的最佳表彰，因此，在某种程度上，一些知名商标的价值远非专利或著作权可以比拟。因为随着商标的许可使用，企业的产品质量、服务信誉乃至企业文化等，都将沉淀在商标之上，进而建立起广泛的知名度、优良的美誉度，以及消费者的认知度和忠诚度，从而可以为企业带来无穷的商业利益和持续的成长空间。

在这个意义上，对于商标使用的被许可人而言，"断头许可"是一种极其残酷的结局。因为"断头许可"将让被许可人的前期市场投入和商业声誉投入都付之一炬，甚至"为他人作嫁衣裳"，让权利人或后来的被许可人不劳而获地接续前一被许可人打拼出来的市场份额。

事实上，即使加多宝公司赢得了这场仲裁，让王老吉商标许可延续到2020年，它终究还需要面对同样的问题：合同到期后，商标使用将何去何从？如果公司把品牌做得很大，将在下一次商标许可谈判中支付愈发高额的许可使用费，如果公司把品牌做的一塌糊涂，对商标使用人显然也不是什么好事儿。

把他人的商标当作自己的核心品牌加以推广，本身就是一个美丽的错误，因为无论你做得多成功，终究是为他人做贡献。事实上，使用他人商标，往往只能是权宜之计，绝不是长久之策。严重依赖别人商标作为自己经营支撑和营销支持的企业，必须了解商标许可的利与弊，避免"断头许可"带来的巨大市场风险。

加多宝公司最初可能需要王老吉这个相对知名的品牌开拓市场，但王老吉如今身价不菲的品牌价值——2010年11月，广药集团启动王老吉商标评估程序，彼时王老吉品牌价值也被评估为1080.15亿元——可能更多源于加多宝公司后续的商业努力，而非广药集团既有的品牌底子。

加多宝公司未必不知道"断头许可"的厉害，但它可能以为这一天到2020年才会到来，"世界末日"不应该是2012年。自从它与广药集团开始为王老吉打口水仗时，就已经开始多元化的努力，但是积重难返，轻易舍弃王老吉这棵摇钱树，绝非易事。更何况，要迅速打造另一个强势品牌，并非一朝一夕之功。

对于加多宝公司来说，最大的竞争对手竟是自己苦心经营多年的王老吉。在王老吉商标纠纷结果公布前夜，广药集团在其官网发布紧急招聘公告，称其子公司广州王老吉大健康产业有限公司紧急招聘3000名"快消人才"，这些人才涉及生产、运输、采购、财务、人事、法务、品牌、销售等环节，不排除广药集团收回红罐王老吉商标后，也推出红罐王老吉的可能性。

而加多宝公司则被迫走上了"去王老吉化"的道路。早在2012年春节前后，加多宝公司开始推出一面是"王老吉"，一面是"加多宝"的红罐凉茶。同时，在投放的电视广告中，加多宝着重突出"正宗凉茶加多宝出品"，就连"怕上火喝王老吉"的户外广告也修改为"怕上火喝正宗凉茶"。而在2012年4月，加多宝公司已经开始全面放弃"王老吉"，红罐冰茶上只有"加多宝"三个字。

加多宝公司面临的不仅是断头许可，广药集团认为自2010年5月至今，市面上所售的红罐王老吉，均属于侵权产品，因此，广药集团相关发言人对记者明确表示："将保留追究鸿道集团违规销售的权利，或会启动追索程序。"[1] 果然，在2014年5月，广药集团针对加多宝公司违法使用王老吉商标的侵权行为，向广东省高级人民法院提起诉讼，索赔高达10亿元人民币，后又将索赔金额变更为29.3亿元人民币。2018年，广东省高级人民法院一审判决加多宝公司赔偿广药集团14.4亿元，双方均不服此判决并提起上诉。最高人民法院撤销广东省高级人民法院的一审判决并发回重审。2023年7月，长达10年的"王老吉"商标侵权案有了新进展，广东省高级人民法院一审判决再次认定加多宝公司共同侵权并需赔偿广药集团3.17亿元，对此判决结果，加多宝公司表示会向最高人民法院提起上诉。

4.4.5 商标许可的后遗症

1. 加盟商的店面装潢处置

四处散落的便利店，已经是城市生活不可缺少的部分，甚至成为一些

---

[1] 袁真富. 商标许可的后遗症 [J]. 中国知识产权, 2012 (9).

影视作品和广告中随处可见的场景。随之而来的是，山寨版的连锁便利店同样屡见不鲜，而且由来已久。在上海火车站北广场附近，连笔者都亲眼看到过模仿"快客"原标识的快客便利店，在色调和门店标识的应用上几近雷同，甚至还在装潢上印上了 NO.2×××，令人感觉这是众多快客便利店的其中之一，基本上达到了混淆视听、傍名牌、搭便车的商业效果。

然而，有一种山寨便利店，它"以假乱真"的店面装潢及商标标识，却是货真价实地在商标权人授权后装修成这个模样的，但是山寨店面的经营并没有经过该便利店品牌的特许。其实原因很简单，这里曾经的确是经过某品牌特许的加盟便利店，但可能由于合同终止或者店面迁移，原来的加盟商家搬走了，不过，却完整地留下了店面装潢，后来迁入的经营者，倒是"偷懒"，直接用了前任商家的店面装潢。

这种情形并不少见，商标权人（便利店品牌经营者）没有让被许可的商家在合同终止或者店面搬迁后，拆除原来店面的装潢，从而给山寨便利店的形成制造了机会。

上海一家非常著名的品牌经营者，它给予一个商家的品牌（商标）授权证书已经过期两年了，但这个商家的店门口上仍然醒目地挂着"某某某"专卖店，直到记者去采访时，这个著名的品牌经营者才获知此事，并坦承在品牌授权终止后，缺乏后续的跟踪管理。与前面"借壳使用"的情形有所不同的是，这里商家并没有变化，只是仍然在"消极"地消费着已终止授权的品牌。

可见，商标许可并不是那么简单。很多商标权人可能会谨慎地评估商标许可的合作伙伴，精心地设计商标许可的合同条款，认真地监控商标许可的合同履行，以确保自己的商标利益。但是，他可能忘记了商标许可终止后的注意事项，这或许是商标许可与专利许可、著作权许可等有所不同的地方——商标权人在许可终止后，更需要高度注意一些潜在的风险或者不利之处。

2. 清仓期的约定

上海有一家从事服装品牌经营的企业，几年前它授权一家公司生产带有其商标的裤子，但是，授权合同终止都3年了，这家公司竟然还在卖标注其商标的货。为什么卖这么久呢，传说这家公司在合同终止前突击生产了10万条裤子。由于此前没有在合同中约定清仓期（清货期），到底这批在合同终止前（姑且这么认为吧）生产的裤子能卖多久？双方各执一词，不得已闹上了法院，最终商标权人赢得了官司。有趣的是，在执行调解的时候，法官还尝试性地询问商标权人，能不能让对方再卖几个月？

虽然清仓期应该是所有知识产权许可合同中都应该关注的问题，但考虑到商标承担着搜寻和识别商品的重要功能，相比而言更值得关注。不过，有些商标许可终止的后遗症，处理起来更加棘手，需要具有前瞻性的防范思维。

3. 商标相关的包装问题

王老吉品牌争议多少折射出同样的问题。当初广药集团许可香港鸿道集团及加多宝公司生产王老吉红罐凉茶时，合同只是明确了王老吉的商标许可，对于凉茶的包装装潢根本没有想过（通常在餐饮等品牌连锁特许经营的合同中，倒是将有关商标、店面装潢等标识的使用一揽子考虑了）。

然而，商品的包装装潢同样是极具视觉冲击力和识别性的商业标志，甚至不逊色于商标本身。后来，加多宝公司虽"被迫"还回了王老吉商标，却继续沿用以前红罐的包装装潢，仅仅只是用"加多宝"替换了"王老吉"，大体上保持了商品形象的历史连续性。广药集团对此当然持有异议，为了在收回商标许可的同时，顺便收回加多宝公司使用多年的红罐包装装潢，两家再次闹得天翻地覆。❶

2014年12月，广东省高级人民法院一审判决"红罐王老吉凉茶"包装装潢权益归属于广药集团。2017年8月，最高人民法院经审判认为，广药集团与加多宝公司对"红罐王老吉凉茶"包装装潢权益的形成均作出了重要贡献，双方可在不损害他人合法权益的前提下，共同享有"红罐王老吉凉茶"包装装潢的权益。至此，双方争议告一段落，但这对于从事许可的商标权利人而言，仍然是值得通过合同控制的风险点。

---

❶ 袁真富. 断头许可的风险 [J]. 中国知识产权，2012 (5).

第 5 章　业务链上的商标管理

阅读提示：

加强业务链上的商标管理

- ☞ 从产品研发之初，最好同步启动商标的设计选择和申请注册
- ☞ 即使还没有具体的新产品立项，也可以提前进行商标的战略性储备或布局
- ☞ 公司的商标注册要跟得上产品拓展和业务发展，跟得上品牌延伸和品牌扩张
- ☞ 无论是广告宣传，还是明星代言，都要强调商标的位置或布置
- ☞ 搭便车的埋伏营销越来越巧妙，有时还特意规避了侵权风险
- ☞ 互联网上的商标宣传与使用，也要防止引发法律纠纷
- ☞ 在赠品上使用商标，也得谨防商标侵权的发生
- ☞ 在产品包装、商标印制、产品销售等环节，都要控制商标问题的发生
- ☞ 商标问题已经成为上市公司的麻烦制造者
- ☞ 投资合作中既要警惕商标陷阱，也要关注合资企业使用商标作为字号的风险
- ☞ 不少关联公司之间，可能埋伏了潜在的商标隐患

5.1 整合商标注册与产品开发

5.1.1 商标规划介入产品开发

了解先注册后使用的规则后，进一步思考：商标注册申请启动的最佳时机在哪里？通常情形下，提出商标申请后，就可以将商标投入商业使用。于是，有人会问：在向市场投放产品的前后，我们再启动商标的注册申请如何？从现实情况来看，这可能还是太迟了。

根据我国《商标法》第 39 条的规定，注册商标自核准注册之日起发生效力，取得专用权，自此才享有排除他人在同一或类似商品/服务上未经同意而使用相同或近似标识的权利。在实务上，一个商标从注册申请到核准注册，往往需要一年左右的时间。因此，一般最安全的做法是在产品开发阶段即应进行商标申请工作，以使产品上市时即能使用取得注册之商标，避免发生类似"南极人"的商标纠纷。

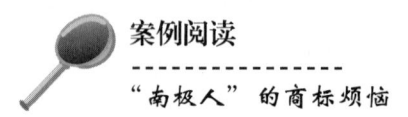

> **案例阅读**
>
> **"南极人"的商标烦恼**
>
> 在世纪之交的时候，保暖内衣曾经风靡一时，上海南极人企业发展有限公司（以下简称"南极人公司"）经过几年拼战，其"南极人"品牌成为保暖内衣中的明星，其形象如图 5-1 所示，1999 年销售 300 余万套，销售收入 6 亿多元人民币。"枪打出头鸟"，2000 年 10 月底 11 月初，全国百余家主要媒体突然登出一个消息："南极人"商标没有注册！
>
> 新华社的报道称，有 5 个厂家生产 6 种版本的"南极人"保暖内衣，它们的外观几乎没有什么差别，包装盒正面都由两个模特摆着近乎一样的动作造型，只不过有的男模特是光头，有的则长着一头秀发；都在相同的位置写着"南极人"字样，连字体都一模一样，"七层保暖、高分子复合"则是它们共同的标榜。有三种都写着"远红外"；包装盒背面的版式设计也惊人地相似。
>
> 但如果仔细观察，它们之间也有少许不同，比如包装的颜色有红有蓝，制衣材料从"棉+莱卡"到"棉+天丝莱卡"到"棉+氨纶"

不一而足；而销售价从 80 元到 300 元不等。这 5 家生产厂家分别是：上海南极人企业发展有限公司、南极人服饰有限公司、南极人制衣厂、上海永行服装公司、上海顺事利服饰有限公司。全国各地已有 5 家厂商都在打"南极人"商标，把各地几个产品的包装盒凑在一起，其包装盒外观差别不大：包装盒正面都由两个模特摆着近乎一样的动作造型（把葛优和徐帆的头像换成了别人的头像，其中男模特全是像葛优一样的光头），都在相同的位置写着"南极人"字样，连字体都一模一样……

图 5-1 南极人商标

有的报纸还大肆宣传"南极人"不受国家商标局保护，哪家企业都可以用"南极人"标示。有的报纸除文字外还配有插图，图中除葛优外还画了好几个光头男人，插话是："这光头谁也没注册，咱都可以留这头型……"这些文章很快就被成叠成叠地分发到了各地经销商手中，有的竞争对手甚至拿着报纸一路散发向顾客宣传："'南极人'没有商标，全国已有几十家'南极人'……"

这组文章发表后，南极人公司的销售业务受到严重影响：公司的数十份订单被取消；全国各地的 100 多家主要大商场的销售统计数据显示，产品销量骤减；全国各地的打假工作全面受阻；公司接到数百个消费者电话，询问或质疑公司商品的合法性……

事发后，南极人公司代理律师声称"国家商标局已同意南极人注册"，指责报上某些文章故意隐瞒了重要事实。

南极人公司于 1998 年 8 月 10 日向国家商标局申请注册"南极人"，1999 年 9 月 20 日，重庆强阵经贸公司提出异议，理由是他们已拥有"南极"注册商标，此后，重庆强阵经贸公司于 2000 年 1 月将"南极"商标转让给上海兆林实业公司。

南极人公司于 2000 年 1 月 13 日向商标局递交答辩状，2000 年 5 月 23 日又递上《关于加快"南极人"商标异议审理的申请报告》，2000 年 6 月 23 日再次递上十万火急的《关于加快"南极人"商标异议处理的再申请》。

2000 年 8 月 3 日，国家商标局终于下达了驳回"南极人"商标异

> 议准予"南极人"注册的裁定书，裁定异议人所提异议理由不成立，"南极人 nanjiren 及图"商标予以核准注册。
>
> 尽管如此，形形色色的"南极人"，已经把南极人公司的"南极人"保暖内衣，弄得真假难辨，使得识别正品"南极人"的方法不是看南极人商标，而是看外包装盒上有没有葛优、徐帆二人的半身肖像，这竟然成了南极人品牌内衣与其他产品的最大区别。
>
> "南极人"品牌出现这种混乱的局面，尽管南极人公司声称是某些不良的竞争对手在故意制造事端。但从商标法的角度，南极人的商标规划的确有值得思考的地方。
>
> 资料来源：胡喜盈，欧阳正汉．《反不正当竞争法》保护"南极人"[N]．经济参考报，2000-11-20；段世文，郭永刚．非仿造也非假冒 市面上出现6种"南极人"[N]．新华社，2000-10-29．

"南极人"在未获准注册前，就进行大量广告宣传，等其产品打开市场、销量大增时，有些报纸就宣传"南极人"商标没有注册，不受国家商标局保护，谁都可以打"南极人"牌子，致使全国各地数家厂商都打"南极人"商标，结果给市场造成了混乱。可见，即使商标注册申请与产品市场投放同时启动，也会发生法律风险，因为商标注册核准需要假以时日，在未核准注册的期间，该商标尚不受商标法保护，于是他人也可能在此期间竞相使用，让公司无计可施，无可奈何。

所以，公司应当整合商标注册与产品开发，不要等产品设计成熟，准备上市时，才想到设计或选取商标，才想到着手进行商标注册。如果公司在产品研发之时，或者在新产品开发方案制作之时，就意识到商标注册的问题，那么等产品上市时，注册商标可能已经拿到手中了。

更重要的是，如果提前做好商标注册的工作，可以避免他人（尤其是职业注标人或竞争对手）恶意的商标异议，防止商机被迫拖延。根据《商标法》，商标从申请到注册，要经过一系列的程序，包括提出申请、形式审查、审定公告、实质审查、核准注册、注册公告等环节，其中又可能衍生出包括限期补正、驳回申请、异议、复审甚至行政诉讼等程序，如图5-2所示，可能阻挡商标注册的异议程序就埋伏在初步审定公告后的这一环节。

图 5-2　商标注册申请流程

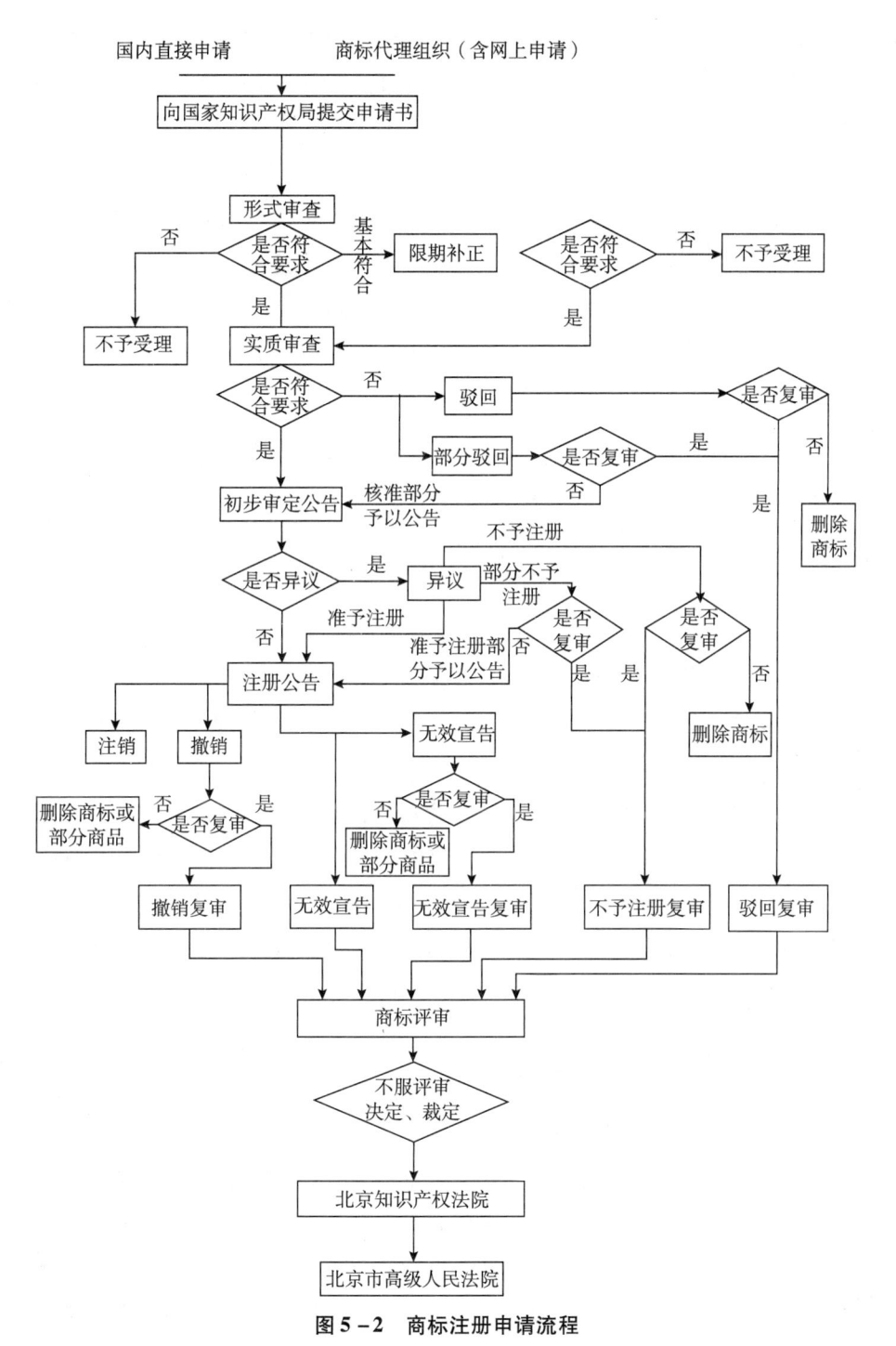

资料来源：https://sbj.cnipa.gov.cn/sbj/sbsq/zclct/200902/t20090205_623.html. 根据国家知识产权局职能分工适应性调整。

以前，商标注册申请初审公告后，任何人都可以提出异议，结果出现了一些单位和个人恶意异议，甚至有人通过撤回异议为条件向商标申请人索取财物。据报道，曾经有一位公民，一次就批量式地向商标局提出 50 个商标异议。于是就使 50 个正在等待确权的商标陷入了漫长的等待中。其中一个被提异议的公司，其商品因无注册商标被商场拒之门外，现已在仓库积压了价值上百万元的商品，公司领导急得上蹿下跳。于是，这家公司千方百计、四处托人与异议人交涉，希望花钱买得对方撤销异议，但要求写出字据。异议人却表示："我从不留字据，咱们到商标注册大厅，你一手交钱，我一手交撤销异议申请书。"❶

现行《商标法》对异议申请人的主体资格进行了调整：(1) 认为公告商标违反了《商标法》第 4 条、第 10 条、第 11 条、第 12 条、第 19 条第 4 款规定的，即可能侵犯公共利益的商标，任何人有权提出异议；(2) 认为公告商标违反了《商标法》第 13 条第 2 款和第 3 款、第 15 条、第 16 条第 1 款、第 30 条、第 31 条、第 32 条规定，即可能侵犯特定权利人利益的，则只有在先权利人和利害关系人才能提出异议。

尽管《商标法》的修正可以说已经把大量的职业"异议人"排除在外，堵住了他们的获利渠道，而且修正后的《商标法》第 35 条还明确规定，只要"异议"不成立，商标局即可给予商标注册，但是，商标申请的考虑从产品研发之初介入，仍然是有必要的。即使没有恶意异议人，商标局和一些可能近似的在先注册商标权利人，也未必同意公司的商标注册，驳回申请和商标异议仍然不可避免，并且还可能影响公司的品牌（商标）推广计划。

5.1.2 新产品的商标战略储备

2010 年 9 月，国际商标协会在上海举办的"企业品牌管理与创建圆桌会议"上，来自上海一家著名日化企业的法务人员发出了感叹：以前，市场部门拿过来十几个品牌名称，总能找到一两个合适的商标。现在，有时要从几百个名称中，才能找到一两个合适的。这里的"合适"是指经过商标检索之后，初步判断没有在先商标申请之障碍。商标选择越来越艰难，只因商标申请太多了，即使你绞尽脑汁、夜不能寐，结果想出来的商标，

---

❶ 姚芃. 商标异议：漫长等待成为企业难咽苦果 [N]. 法制日报，2004 - 11 - 24.

还是被他人申请在先的商标拦住了去路。

在这家日化企业发出感叹的 2010 年，我国商标注册申请量是 107.2 万件。而 2022 年我国商标注册申请量是 751.6 万件，增长速度惊人。截至 2022 年底，我国有效商标注册量达 4267.2 万件（包括国内外申请主体）。这些"大数据"的背后，不仅显示了中国商标申请量的野蛮增长，而且暗示了商标申请注册的障碍也越来越多。

因此，如果公司等到新产品快要上市时才去设计新的商标，恐怕就有些"为时已晚"，小心折腾到产品都上市了，公司还没有找到可以申请注册的心仪商标。在前些年，商标局的商标审查实在是太慢了——如果遇到有人提出商标异议，商标最终被核准注册的时间更是遥遥无期——一些公司甚至按捺不住直接花钱买一个别人已经注册的商标来使用，因为自己提交上去的商标申请不知道哪一年才能核准。

虽然现在商标局已经大大提高了商标审查的效率，并且现行《商标法》也为商标审查设置了审查时限，但是，提前进行商标设计才能更好地配合公司的产品上市，无论如何，从商标申请到核准注册，都需要不少时间。因此，在新产品立项开发时，埋头于创新的同时，不要忘记同步启动商标设计。

事实上，即使还没有具体的新产品立项，笔者也主张提前进行适当的商标储备或布局。既然在数以百万计的商标申请丛林中，设计与选择心仪商标的空间越来越小，难度越来越大，那么更要提前规划，根据公司自身的业务范围、产品定位、品牌属性、产品特质、发展趋势等，有针对性地不断"研发"新商标，并提交商标注册申请。尤其是对于那些不喜欢使用单一品牌名称的公司，商标"研发"更应当作日常事务，常抓不懈。

商标储备与防御商标、联合商标的注册具有不完全相同的目标。防御商标主要是防止他人在不相同或不相类似的商品上注册相同商标，联合商标是防止他人在相同或类似的商品上注册近似商标，本质上都是以防御他人使用为目的，而商标储备则是基于商业持续性发展的考虑。

对于那些喜欢在一系列商标中尽力保持一个固定识别特征的公司，商标储备或布局的迫切性，更是刻不容缓。苹果公司 I 字母打头的系列商标（iPod、iPhone、iPad 等）成名以来，大约带领了风潮，至少形成了某种刺激，很多公司都开始玩起系列商标（其实有时更像是系列产品名称），比如腾讯公司似乎在打造"微"系列：微信、微视、微云、微……（不过，"微博"应该不算是它的系列品牌）。但很不幸，这种商标策略很容易遇到麻烦。苹果公司在中国的 iPad 之争已经家喻户晓，腾讯的"微信""微云"也惹上了不同程度的商标麻烦。苹果公司先后花了 365 万美元和 6000 万美元，在中国买回了 iPhone 和 iPad 商标。

阿里巴巴于 2013 年 6 月 17 日推出互联网金融重磅产品"余额宝"，大红大紫，以至于大家翻阅财经新闻时，都已经对"余额宝"产生了审美疲劳，阅读过敏。"余额宝"的一鸣惊人，让"××宝"系列也风靡一时。在余额宝之后，媒体一直传言阿里巴巴将推出"余额宝"的姊妹篇"定期宝"。事实上，阿里巴巴虽然在第 36 类金融等领域申请了"支付宝"（2004 年 11 月）、"积分宝"（2011 年 4 月）、"余额宝"（2013 年 6 月）、"现付宝"（2013 年 10 月）等"××宝"商标，但还有很多"宝"类商标，阿里巴巴并没有抢到，尤其是"定期宝"。

反而是东方财富信息股份有限公司（以下简称"东方财富信息公司"），应该是在"余额宝"的刺激下迅速推出了类似的互联网金融产品"活期宝"，申请并储备了一大批"××宝"商标。在 2013 年 6 月 20 日它提交了"活期宝"商标申请（晚于余额宝两周左右），次日又提交了"定期宝"。2013 年 7 月 18 日，东方财富信息公司更是一鼓作气，当天一揽子申请了"信托宝""债券宝""指数宝""新股宝""期货宝""港股宝""美股宝""现货宝""私募宝"等众多"宝"类商标。当然，这些商标其实更像是新产品名称，自身显著性差，相互近似性强，能否成功注册，可另当别论。

看起来，东方财富信息公司在金融领域的商标储备方面后来居上。阿里巴巴自 2004 年 11 月在第 36 类金融等领域申请"支付宝"后，耽搁了八九年，才陆续取得"积分宝""余额宝""现付宝"等几只屈指可数的"××宝"商标，似乎并没有"××宝"储备或布局的系统计划。虽然阿里巴巴在 2013 年 6 月的"余额宝"商标申请先于产品上市，勉强遵循了"产品未动，商标先行"的原则，不过，其似乎就此停顿了同类金融产品的商标申请，直到 10 月才如梦惊醒似地衔走了一只"现付宝"商标申请。

而东方财富信息公司旗下天天基金网在 2013 年 6 月 26 日推出余额宝竞争产品"活期宝"之后，又在同年 8 月 21 日正式上线"定期宝"，不仅在金融产品类型创新上快了阿里巴巴一步，更是发挥了商标储备的效用，堵住了阿里巴巴类似产品取名为"定期宝"的可能性。❶ 最终，在 2014 年 2 月，阿里巴巴推出的是"余额宝 2 号"，没有使用"定期宝"之名。

---

❶ 袁真富. 商标的战略储备 [J]. 中国知识产权, 2014（2）.

> **资料链接**
>
> **头文字"I"的商标麻烦**
>
> 苹果公司（Apple Inc.）的成长史，似乎也是一部商标争议史。就像它推出的时尚电子产品一样，苹果公司的商标争议也总是不断引起关注。早在1980年，苹果公司就惹上了商标麻烦。当时的披头士成员乔治·哈里逊注意到一家杂志的苹果电脑广告，认为苹果电脑与披头士1968年成立的苹果唱片（Apple Corps.）可能发生商标争议。双方1981年达成协议，允许苹果电脑使用这个名称，条件是该公司限于在电脑业发展，披头士的公司则继续耕耘娱乐业。
>
> 2003年苹果电脑推出iTune，双方再生冲突，苹果唱片声称苹果电脑入侵了它的领域。经过一番诉讼，苹果公司与苹果唱片公司在2007年达成协议，苹果公司取得了"Apple"品牌的全部控制权，并授权让披头士的唱片公司继续使用某些商标。
>
> 让苹果公司陷入商标大战的，还有它的"I"系列商标。苹果公司对头文字"I"的商标有强烈的偏好，但这也埋下了不少商标隐患。iPhone和iPad商标已经证明了这一点。
>
> 2007年1月，苹果公司高调推出备受期待的新手机iPhone后，时隔仅一天，思科系统公司便将苹果公司告上法庭，宣称苹果公司使用iPhone侵犯了他们的商标权。事后，思科系统公司和苹果公司握手言和，根据协议，双方在全球范围内皆可在各自的产品上任意使用iPhone商标。而在国内，苹果公司面临同样的问题。汉王科技早在2004年就注册了"Iphone"商标，苹果公司不得不在2009年7月，花了365万美元从汉王科技买下iPhone商标。
>
> 而苹果平板电脑iPad才刚刚上市，就风波不断。深圳唯冠早在2000年1月就在第9类计算机、电视机等商品上申请了"IPAD"商标。如果不解决商标问题，苹果公司的IPAD进入中国将面临法律障碍。
>
> 苹果公司与深圳唯冠之间就IPad商标转让经历了漫长的争议和诉讼之后，最后不得不再次掏钱拿到这个商标，IPad这四个字母构成的商标最终被深圳唯冠卖出了6000万美元的价格——平均一个字母1500万美元。

> 作为一个国际性的大公司，苹果公司显然不会在商标问题上那么无知。从商标管理的惯例来看，苹果公司在启用一个新商标时，应该会在其目标市场国家或地区，进行商标检索，以确认其商标是否存在侵权争议。如果存在争议，要么就回避侵权换一个新商标，要么就去花钱买下来。
>
> 显然，苹果公司对头文字"I"的商标有着强烈的偏好和执着的追求，不会轻言放弃。稍微观察一下就知道，苹果公司使用和注册的商标，总是喜欢加一个前缀"I"。仅在中国它就已经申请注册了 IMAC、IPHOTO、ITUNES、IBOOK、IMOVIE、IPOD、IDVD、IPHONE、IWORK、ILIFE、IPAD 等商标，俨然一个"I"打头的商标大家族。尤其是其中的 ipod、iphone、ipad，更是苹果公司时尚电子产品中的三剑客。纽约 Kramer Levin Naftalis & Frankel LLP 的合伙人约翰·丹尼尔 (John Daniel) 说："'I'前缀是苹果一直正在开发的，如果失去它，苹果公司将是不幸的。"
>
> 苹果公司的"I"系列产品已经赢得了不计其数的粉丝，但也埋下了不少商标隐患，因为以 I 打头的商标不可能全部被苹果公司收入囊中，更不可能在全球所有国家都成功预先注册，因为这些商标的显著性不是特别强，又具有视觉冲击感，苹果公司想得到，别人同样也想得到。IPHONE 和 IPAD 已经证明了这一点。
>
> 幸运的是，苹果公司有钱去购买。但不幸的是，因为它是苹果公司，人家会坐地起价。如果苹果公司继续坚持头文字 I 的商标战略，很难保证下一个备受瞩目的 I 字头商标不会握在别人手里。
>
> 事实上，或许有一种可能，那些以抢注册商标为业的商标刺客，可能正在努力挖掘下一个头文字"I"商标，然后等着苹果公司上钩。因为苹果公司的"I"偏好，已经给它们指出了行动的目标。
>
> 资料来源：袁真富. 苹果公司：头文字 I 的商标麻烦 [J]. 中国知识产权，2010 (5).

5.1.3 品牌延伸的商标风险

法国的 BIC 公司，人称"文具用品老祖宗"，曾以生产 BIC 圆珠笔而著称于世。1989 年初，BIC 公司面对价格极其昂贵的香水市场，继续奉承其一贯的经营思想，出人意料地以"香水日用品"的产品定位，在巴黎推出了高品质、低价格的 Parfums BIC（巴芬碧可）香水，引起实业界的震惊。不过，BIC 公司以香水日用品化的市场定位策略，获得了市场的认可，在巴黎上市半年后，又进入美国、新加坡和日本市场。

所谓品牌延伸策略，指一个品牌从原有的产品或服务延伸到新的产品或服务上，借用现有品牌在某一行业的市场上已经形成的知名度和美誉度，向相关行业或跨行业的产品或服务上进行品牌移植。品牌延伸依靠现有品牌的良好形象及消费者的认可，带动共享现有品牌的新产品的销售。

这一策略早在 20 世纪初就盛行于欧美发达国家，世界许多的著名公司就是靠品牌延伸实现其快速扩张的。美国著名经济学家艾·里斯曾说："若是撰述美国过去 10 年的营销史，最具有意义的趋势就是延伸品牌线。"在国内，品牌延伸已成为公司推出新产品、进入新领域的重要武器。

不过，有的人认为品牌延伸不等于品牌扩张，如图 5-3 所示。品牌延伸（Brand extension）仅仅是指凭借成功品牌在相同市场上推出改良产品或全新的产品。例如，海尔在电冰箱领域培育品牌成功后便进入其他白色家电产品领域。而所谓品牌扩张（Brand stretching），是指现有品牌进入完全不相关的市场。例如，雅马哈早先是日本一家摩托车生产厂商，后来进入音响、钢琴、电子琴等领域。❶ 不过，我们这里把品牌扩张都归入广义上的品牌延伸。

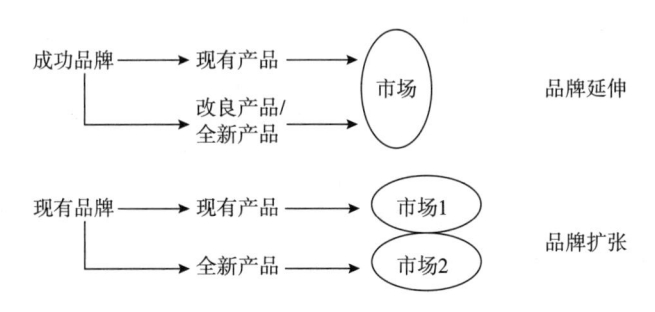

品牌延伸（Brand extension）≠品牌扩张（Brand stretching）

图 5-3　品牌延伸与品牌扩张的差异

不过，品牌延伸未必都会成功，甚至还会有副作用。比如，模糊核心价值和定位，稀释品牌资产，就是品牌延伸的风险之一，它削弱了原有品

---

❶ 张平淡．品牌，你知道如何延伸吗？[EB/OL]．[2006-09-12]．http：//www.globrand.com.

牌（商标）与原有产品的紧密联系，干扰一贯的品牌定位，导致品牌受损。比如，美国 Scott 公司生产的舒洁牌卫生纸，本是卫生纸市场的头号品牌，但随着舒洁餐巾纸的出现，消费者的心理发生了微妙的变化，延伸产品可能引发消费者的心理冲突，对原品牌产生负面影响。美国广告学专家曾经幽默地评价"舒洁餐巾纸与舒洁卫生纸，究竟哪个品牌才是为鼻子策划的？"结果舒洁卫生纸的头牌位置很快被宝洁公司的 Charmin 牌卫生纸所取代。❶

作为中国高端白酒形象代表的茅台酒，自 21 世纪初也开始走"亲民路线"，全力打造"茅台啤酒，啤酒中的茅台"。做高贵白酒的茅台集团竟然开始卖价格相对便宜的啤酒？这可不是假冒商品，而是货真价实的"茅台系"。不过，茅台啤酒似乎不算太成功，反而是在 2023 年 9 月，茅台集团与瑞幸联手推出的"酱香拿铁"引发市场轰动，这款"美酒+咖啡"的组合当时是炙手可热的"抢手货"，首日销量就突破了 542 万杯，首日销售额更是突破了 1 亿元人民币。茅台集团从白酒跨越到啤酒似乎还可以理解，但三九集团推出"999"牌啤酒，就有点儿让人感到"莫名其妙"和"不伦不类"。"999"商标是三九胃泰起家，品牌经营非常成功，但延伸至啤酒，莫非想先以啤酒伤胃，再以三九胃泰疗胃？

曾以经营房地产见长的恒大集团也探索过品牌延伸。2013 年 9 月，作为恒大集团投资的全资子公司，恒大矿泉水集团成立。2013 年 11 月 9 日，恒大足球队坐镇广州天河体育场，迎来与韩国首尔 FC 亚冠最终回合决赛，当天亮相亚冠决赛的恒大足球队身穿全新队服，胸前广告不再是"恒大"二字，而改为"恒大冰泉"。随着恒大足球队的夺冠，恒大冰泉犹如横空出世，一鸣惊人，释放出巨大的品牌效应。同年 11 月 10 日，恒大冰泉借亚冠盛典，乘势推出这款高端矿泉水。2014 年 1 月，恒大冰泉创下了铺货 30 天销售 57 亿元的行业奇迹；5 月，恒大冰泉已出口全球 28 个主要国家。这样的火爆销量不得不归功于"恒大"这个名字和亚冠夺冠的热潮，让他一上市即获得史无前例的关注度和曝光率。

自恒大集团推出恒大冰泉后，在第 32 类商品上模仿注册"恒大冰泉"商标的就不少于 5 例。不过，"恒大冰泉"似乎早有商标准备，恒大地产集团有限公司于 2013 年 10 月 22 日提交了"恒大冰泉"及图、"恒大冰泉 EVERGRANDE SPRING"及图两个商标注册申请，注册在第 32 类：包括

---

❶ 李海龙. 品牌延伸制胜的 7 大法则 [J]. 中国中小企业, 2003 (11).

纯净水（饮料）、果汁、果汁汁水（饮料）、矿泉水（饮料）、植物饮料、汽水、水（饮料）、无酒精果汁、蒸馏水（饮料）、起泡水。2013年11月5日，又提交了"EVERGRANDE SPRING"的商标注册申请，注册类别为第32类。2014年3月7日，恒大地产集团有限公司再次提交了"恒大冰泉"的商标注册申请，注册使用商品包括第32类下一些之前未注册的商品。

从恒大集团的多次商标注册情况来看，其对于"恒大冰泉"的商标取得是十分迫切的。然而，"恒大冰泉"真正的威胁并不是来自后来者跟风的商标模仿申请。真正的现实是，在恒大集团尚未取得"恒大冰泉"商标注册的时候，就已经跑出来一个"恒大"商标的权利人对"恒大冰泉"宣战。

2014年10月14日，江西恒大高新技术股份有限公司（以下简称"江西恒大"）在其官网上发布对其"恒大"商标开展维权行动的声明，称香港上市公司恒大集团旗下产品"恒大冰泉"对其构成了侵权行为。

江西恒大的声明并不是空穴来风，它真的拥有注册商标"恒大"，注册号为6931816，注册使用商品为第32类：包括啤酒、豆类饮品、可乐、奶茶（非奶为主）、植物饮料、纯净水（饮料）、蔬菜汁（饮料）、无酒精果汁饮料、乳酸饮料（果制品，非奶）、饮料制剂。江西恒大拥有的"恒大"商标当时处于有效状态。

据了解，江西恒大已有意与他人合作设立矿泉水企业，拟生产"恒大"矿泉水。看来，这场"恒大"之争似乎越来越白热化了。2014年9月29日，江西恒大向南昌高新技术产业开发区人民法院提起诉讼，状告恒大长白山矿泉水有限公司（恒大矿泉水集团旗下公司）商标侵权，该案已经被立案受理。

对此，恒大集团相关人士表示："作为全球闻名的品牌，恒大冰泉商标独一无二、完全合法，根本不存在任何商标侵权行为。江西恒大的作为属于恶劣的不正当竞争，严重危害消费者利益和恒大集团的合法权益与品牌，我司将依法维权，追究到底。"恒大集团表示，作为区分商品来源的商业标识，"恒大冰泉"商标所使用的商品来源唯一，知晓度高，不会造成消费者混淆或误认。

从房地产跨越到矿泉水领域的恒大集团，虽然让"恒大冰泉"在商业上取得了骄人的战绩，但在法律上能否赢得胜利者的微笑，恐怕难言轻松（截至本书出版前，尚未检索到该案的判决结果）。而这种状况的发生，正是因为公司的商标注册没有跟上公司的产品拓展和业务发展，没有跟上公司的品牌延伸和品牌扩张，已经在前面多次提及，但"恒大冰泉"的是是非非，再次给致力于或有志于多元化经营的公司发出了警告。

5.2 广告营销的商标风险

5.2.1 品牌传播中的商标意识

1. 广告宣传的商标强调

不仅是产品包装，广告宣传中也要突出商标的位置。经常会发现有些花了巨资做广告的公司，似乎并没有打算宣传自己的商标，因为它们一直竭力强调的是产品本身的名字。在过去，国内一些公司常把产品名称当作商标（品牌）来宣传，如云南盘龙云海的"排毒养颜胶囊"、北京红星酿酒的"二锅头"。

如果公司忽视商标的宣传，而大肆宣扬产品名称，自然是一种舍本求末、舍大求小的策略，就只能为其他跟风者们作嫁衣，做了免费的市场启蒙。这些公司在广告中反复唠叨的是产品的成分、功能和效果，而商标所占的比例很小，于是有许多广告虽然很清楚地描述了产品本身，却让消费者找不到或记不住这是什么品牌的产品。这几乎相当于也在为竞争对手的同类产品作了免费推广。

而许多商标意识强烈的公司，在广告中走的却是相反的路径，它们一直在广告中传递品牌信息，甚至品牌形象，而不是仅仅把产品本身亮出来。比如宝洁公司喜欢在电视广告中使用语言来推销产品，强调产品的优越性。在30秒的广告中往往要用100个以上的词语，而其品牌名称平均要出现三四次。[1] 很多国际著名公司均有明文政策，要求广告行销部门如何在广告、包装或所有公司文宣中正确使用商标，IBM公司甚至对其事业合作伙伴如何使用IBM标志亦有详细的规范，并要求其事业合作伙伴遵循。[2]

因此，笔者建议，公司在投放广告时，在宣传产品性能优势、消费诉求等的同时，不要忽略了品牌或商标的宣传。公司的商标管理人员可以建

---

[1] 佚名. 常改常新 尽善尽美：宝洁公司的品牌道路 [J]. 中国农垦, 2005 (6).

[2] 吴小琳. 企业的商标管理 [J]. 智慧财产权管理季刊, 1995 (7).

议营销部门在广告的设计上多留一些空间展现公司商标，长期如此，有助于增进消费者的了解，增加公司商标的价值。

如今，花费重金邀请明星为品牌代言，已经是品牌推广的重要手段。不过，请明星代言的重点是宣传品牌（商标）及其产品，而不是宣传明星本人。遗憾的是，不少明星的星光都遮蔽了品牌，消费者记住了明星的身影，却忘记了对品牌的关注。品牌代言反倒变成了明星自身的形象宣传片。

2. 明星代言现场的商标布置

事实上，从在明星出席品牌活动的现场如何安排商标的位置，就可以直接检验出公司的商标意识。众所周知，不少娱乐新闻都来自明星出席的各种各样、形形色色的品牌代言活动，并制造了大量的新闻报道和新闻图片。但是，娱乐新闻的标题通常是这样的："现身上海代言某品牌蔡依林骑摩托车不会拐弯"，"周迅代言某品牌百万服饰西班牙曝光"……总而言之，媒体在报道明星的行踪时，都关注"是否有偷情""是否怀孕了""是否基情了"之类的八卦话题，并不会向粉丝交代，其实也不关心明星究竟在替什么品牌代言，甚至会刻意地回避品牌名称。

原因很简单，媒体有自己的广告利益，不会因为这条娱乐新闻，而免费给明星代言的品牌作宣传。不过，很多新闻报道会有现场照片，电视新闻更是少不了现场画面。这就是展示商标的大好机会，无论是明星的着装、话筒，还是背景的布置、品牌标识的大小，或者是记者可能的拍摄角度和远近，都需要从品牌宣传的角度充分考虑。

有的公司却把大好机会白白浪费。比如，有的公司在代言活动现场，布景上只有一个形影单吊的品牌标识。记者的镜头稍微一转，就避开了品牌，只照到明星。在"刘德华代言鞋界品牌运动迷彩倍显活力"的报道配图中，只能看到刘德华的身影，如图 5-4 所示，虽然开了明星代言品牌的新闻发布会，媒体也作了报道，但新闻发布的效果没有更好地显现出来。

而有的公司很善于在明星出席的活动现场布置品牌标识，现场布景上遍布大大小小的品牌名称，无论是远距离拍摄，还是近距离特写，都难以逃开品牌名称。比如，媒体报道蔡依林与王力宏代言某品牌摩托车，尽管只字不提 YAMAHA，但登出来的照片传达了 YAMAHA 的品牌信息，如图 5-5 所示。此外，品牌标识不仅显著地镶嵌在明星手握的话筒之上，甚至闪烁在女明星的玉臂酥胸之间，令人无法回避。当然，让明星的肉身充当

品牌的展示平台，估计是要额外付费的。❶

图 5-4　忽略商标表达的布景　　图 5-5　强调商标宣传的布景

5.2.2　品牌推广的商标风险

2005 年，华美食品公司因聘请知名艺人孙悦作形象代言人，而由策划公司设计了"华美月饼悦来越好"的广告语，在公司内部宣传会议上少量使用。2005 年 8 月，东莞市悦来食品有限公司（以下简称"悦来公司"）向东莞市中级人民法院起诉称，其使用的广告语侵犯其"悦来越好"商标专用权，要求法院判令其停止侵权，并赔偿经济损失 50 万元。经过一番关于原告诉讼主体资格的争议后，2007 年 9 月，东莞市中级人民法院作出一审判决，认为华美食品公司构成侵权，须赔偿悦来公司 4 万元。2008 年 8 月，广东省高级人民法院最终作出终审判决，认定华美食品公司不构成侵权，并撤销了东莞市中级人民法院的一审判决、驳回悦来公司的诉讼请求。

广东省高级人民法院的判决书中认定，"华美月饼 悦来越好"广告语，是在特定背景下与华美食品公司的"华美"商标一齐使用的；并且该广告语中也没有包含对方商标中的图形及拼音字母部分，加上"悦"字的字形与对方的商标中的字形也不同，因此很明显，其广告语与对方商标并没有相同或相近似，不构成侵权。历时逾 3 年之久的广告语侵权案终于尘埃落定。❷

百事公司的营销活动也有类似纠纷，不过在最终的诉讼结果上，它没

---

❶ 袁真富. 商标的位置 [J]. 中国知识产权，2013 (3).
❷ 尹仁祥. 广告语侵权案华美月饼胜诉 [N]. 信息时报，2008-10-21.

有华美食品公司那么幸运，而是迎来了一个先喜后悲的相反结局。

2005年夏天，一个由F4、谢霆锋、古天乐等众多明星加盟的广告在国内各电视台火热上演，众星捧月推出的百事可乐"蓝色风暴"产品也随之深入人心。这种"蓝色风暴"包装的百事可乐迅速摆上了各地的饮料柜台。根据公开资料显示，百事公司在中国投入"蓝色风暴"系列产品的广告耗资亿元，为此进行促销的奖品有2亿件，奖品总价值达20亿元。但正是因为这款包装，百事公司旗下的上海百事可乐饮料有限公司被浙江蓝野酒业有限公司（以下简称"蓝野公司"）以"商标侵权"告到了法院。

早在2002年5月，蓝野公司就在商品分类第32类上申请注册了"蓝色风暴"商标，如图5-6所示，并于2003年12月被核准注册，指定使用在啤酒、麦芽啤酒、水（饮料）、蔬菜汁、矿泉水（饮料）、水果饮料（不含酒精）、花生牛奶（软饮料）、可乐、酸豆奶等商品项目上。而截至双方发生争议时，百事公司并未被核准注册"蓝色风暴"商标。

图5-6 浙江蓝野酒业有限公司的注册商标

但2005年9月，蓝野公司法定代表人梁某华突然接到湖南长沙浏阳工商局的电话，说正在调查该商标的侵权案。而在2005年11月3日，浙江省丽水市质量技术监督局认为蓝野公司生产的蓝风牌蓝色风暴啤酒涉嫌冒用等，对107箱（每箱24瓶）蓝色风暴啤酒予以查封、扣押。2005年11月4日，浙江省丽水市质量技术监督局作出了（丽）质技监封字〔2005〕第B1104号解除登记保存（封存）（扣押）决定书，因蓝野公司提供了蓝风牌蓝色风暴商标注册证，故对扣押的产品予以解封。

梁某华这才注意到百事可乐的产品包装上赫然"刮"起了"蓝色风暴"。据了解，百事可乐的该款产品销售几乎遍及全国各地。

在杭州、南京、福州、成都、重庆、广州、深圳、北京等地的市场进行了长达数月的取证后，蓝野公司在2005年12月正式向杭州市中级人民法院提起诉讼，认为上海百事可乐饮料有限公司未经商标注册人的许可，在同种商品上使用了相同的商标，侵犯了商标所有人蓝野公司的商标专用权，要求上海百事可乐饮料有限公司赔偿300万元。

2006年4月5日开庭审理时，全球饮料巨头百事公司面对叫阵，气势非凡，不仅没有被动防守，反而主动进攻，认为百事公司对被诉侵权的商标"蓝色风暴"有在先使用权。"早在 20 世纪 90 年代中期百事公司就启动了'蓝色风暴'计划,与蓝野公司的'蓝色风暴'商标毫无联系。"上海百事可乐饮料有限公司代理人主动出击。

据其代理人介绍,早在 1996 年,百事公司为以蓝色包装替换原先红、白、蓝相间的包装,启动了"蓝色风暴"计划(Project Blue),并投入 5 亿美元,租用印有百事图案的法国协和飞机进行全球巡回宣传。至于 Project Blue 为何翻译为"蓝色风暴"计划,他认为这是一些特定翻译形成的,国内也有众多媒体对此次活动报道也是这样翻译的。

"Project Blue 就能翻译成'蓝色风暴'计划吗?我对此存在很大异议。"蓝野公司代理人表示,媒体报道为"蓝色诱惑""蓝色突围""蓝色风暴"等,只是基于百事蓝色基调上的一种引申义。百事公司反复强调 Project Blue 就是"蓝色风暴",无非是要强调百事公司对"蓝色风暴"有在先使用权。

在庭上,蓝野公司总经理梁某华举证痛陈已遭百事公司亿元广告伤害。"正因为百事公司'蓝色风暴'的强大宣传攻势,竟让我这个商标的拥有者反而变成了'李鬼',"他透露,"我生产的'蓝色风暴'啤酒曾被质检部门以涉嫌冒用其他品牌为由扣留过。"他认为,百事公司对"蓝色风暴"商标的大面积侵权,已使其以后对"蓝色风暴"品牌相关产品的市场拓展举步维艰。百事公司"蓝色风暴"主题活动的广泛铺开实际已对蓝野公司声誉和销售产生了影响。❶

该案最终还是经历了一些曲折。杭州市中级人民法院(2005)杭民三初字第 429 号民事判决认为,由于百事公司在其产品上使用"蓝色风暴"标识并非商标使用,同时百事公司的行为不构成对公众的误导,也不会造成公众的混淆,因此,没有支持蓝野公司的诉讼请求。但浙江省高级人民法院〔(2007)浙民三终字第 74 号民事判决书〕判决百事公司构成商标侵权,并赔偿蓝野公司经济损失人民币 300 万元人民币。

透过此案,至少我们已经看到大公司也有失误的时候。在当代社会,商标注册数量呈爆炸式增长,很多优美的符号已经被注册成为商标。因此,公司在策划广告方案或营销方案时,必须检查其中可能存在的知识产

---

❶ 徐鹏飞. 浙江民企状告百事可乐 [N]. 中国知识产权报,2006-03-01;佚名. 蓝色风暴广告侵权案昨日开庭 百事可乐反守为攻 [N]. 东方早报,2006-04-06.

权问题。比如重点宣传的那些广告用语、口号、图标等是否别人已经享有著作权或商标权。

谨慎的做法是在使用某个简短有力的宣传口号或广告语之前,应当评估一下是否可能发生包括商标侵权在内的法律风险,比如这个宣传口号或广告语是否已经存在商标权,自己的使用方式和表现形式是否构成对其商标权的侵犯?

当然,正如前面谈到的,公司设计的简短有力的宣传口号或广告语,可以申请注册商标,甚至进行版权登记(如果具有独创性的话),以防止别人的商业性模仿。

案例阅读

当广告碰上敏感权利人

路易·威登一向属于维权"敏感型",它曾在上海成功起诉了一家房地产公司构成不正当竞争,因为在该公司的楼盘广告中女模特不幸手挽了一只 LV 手袋,如图 5-7 所示。

图 5-7 带有 LV 手提包的户外楼盘广告牌

上海一家房地产公司在街头耸立起一块 300m×60m 的户外楼盘广告牌,其中近三分之一的比例是一个女模特,而问题就出现在模特手中的那款 LV 包上。房地产公司因此被路易·威登告上了法院。法院认为房地产公司通过"LV"手提包的知名度来提升其广告楼盘的品位,是故意利用路易·威登的资源,不正当地获取利益,因而构成不正当竞争。由于一款带有 LV 标志的路易·威登手提包(注意不是单纯的

LV 标志）出现在广告中，卖房的和卖包的竟然就产生了不正当竞争。所以，要提醒那些演员，千万不要穿戴名牌上广告，否则可能有麻烦。

最近，具有同样敏感意识的权利人是中国运载火箭技术研究院（以下简称"运载火箭研究院"），它拥有长征系列运载火箭 CZ-2F 运载火箭图形的注册商标。宝马公司在 2010 年第 11 期《看天下》杂志上发布的一则宝马汽车平面广告中使用了 CZ-2F 运载火箭的形象，运载火箭研究院指控其利用运载火箭知名度吸引相关公众的注意力，借此提升其产品的社会知名度和市场竞争力，构成了不正当竞争，这一诉讼请求基本获得了北京市丰台区人民法院的支持。

宝马公司并不寂寞，运载火箭研究院还基于相似的案情，在丰台区人民法院同时起诉了蒙牛公司。但宝马公司和蒙牛公司都不是运载火箭研究院的第一个"靶子"。在 2010 年底，因为北京华旗资讯公司在广告上将"CZ-2F"运载火箭发射图案作为背景使用，运载火箭研究院将其诉至法院。同样是丰台区人民法院认定构成不正当竞争。

三个案情相似的案件都在丰台区人民法院管辖，显然不是什么"纯属巧合"，至少后两个案件的管辖是精心选择的诉讼策略。虽然华旗资讯公司的败诉给了运载火箭研究院维护"品牌形象"的信心，但在宝马公司和蒙牛公司两案管辖上的有意选择，似乎也揭示了运载火箭研究院有些信心不足，至少对在其他法院的诉讼前景存在担心，不轻易在其他法院再"小试牛刀"。

资料来源：袁真富. 敏感的知识产权人 [J]. 中国知识产权，2012（1）.

5.2.3 广告的副产品

几年前，在 CCTV 热播的赶集网代言广告中，大嘴明星姚晨乐呵呵地赶着一头驴子去赶集，其代言口号是："赶集网，啥都有！"可能是这驴子太可爱，结果不仅抢了微博女王姚晨的镜头，甚至还抢了代言品牌的镜头。许多观众记住了姚晨"赶驴"，却忘记了姚晨"赶集"。在中央电视台广告的狂轰滥炸下，最终砸出来一个花边产物"赶驴网"。

当时，"赶驴网"的百度指数迅速上扬，据说一些论坛里出现了一批迷茫的观众在问为啥搜不到"赶驴网"？竞争对手嗅到了商机，百姓网眼疾手快，立即抢先注册了拼音域名的赶驴网（ganlvwang.com），并且针对

"赶集网，啥都有！"的口号，针锋相对地提出："赶驴网，啥没有？"这惹得赶集网 CEO 杨浩涌在其微博上呛声："同行没必要如此竞争。"此外，还有人迅速在第 38 类、第 42 类等与互联网或信息服务有关的一些类别上，提出了"赶驴网"的商标注册申请，目前已经获得了核准注册。

媒体评论说，这可谓"有心赶集没赶成，无心赶驴成就驴"。但是，凭空冒出一个"赶驴网"，完全是赶集网不可预知、不可控制的副产品，它不可能提前去布局一个"赶驴网"的商标和网站。如果赶集网事先知道广告中的那个小毛驴如此引人关注，会牵出一个赶驴网，应该早就毙掉这个广告了。但幸运的是，毕竟不是"赶集网"这个商标落入了他人之手，只是赶驴网这个广告副产品被人抢走了。

面对赶驴网这个副产品，赶集网应该还有些超脱和淡然。赶集网 CEO 杨浩涌曾经发微博称："过了几年，有谁还记得这个赶驴网？"当然，这或许只是无可奈何之下的自我安慰。❶

5.2.4　比较广告中的商标问题

广告一词源于拉丁语"注意""诱导"，具有"广而告之"的意思。实际上，广告是一种对广告受众具有强烈刺激作用和说服力的宣传形式，其目的在于促进各种社会团体或者个人广泛地进行观念与信息的交流。从宏观上讲，广告可分为非营利性的公益广告和以营利为目的的商业广告。作为商业广告的一种，比较广告已实实在在地出现在我国的广告市场上，例如，"宁城老窖，塞外茅台"即为一条比较广告。比较广告是指广告主通过广告形式将自己的公司、产品或者服务与同业竞争者的公司、产品或者服务进行全面或者某一方面比较的广告。❷ 与一般的商业广告相比，比较广告不仅能够给广告受众传递关于其商品或者服务的一般信息，而且能够告诉广告受众关于与广告主具有竞争关系之经营者的比较信息。❸

在比较广告使用了他人的商标是否构成侵权，在国际上既无完全相同的规定，也无完全一致的结论，而是因国家的不同而不同，因具体问题的

---

❶ 百姓网抢注赶驴网 赶集央视广告为他人做嫁衣［EB/OL］.［2011-02-23］. http：//www.315online.com/news/wangluofuwu/110693.html；姚晨捧红"赶驴网"为人做了嫁衣裳［EB/OL］.［2011-02-25］. http：//ent.ifeng.com/idolnews/mainland/detail_2011_02/25/4848658_0.shtml.

❷ 菲律宾广告委员会 1991 年制定的《广告职业标准法》第 3 条第 14 项的规定。

❸ 曹新明. 比较广告之法律问题探微［J］. 法商研究，1999（5）：94-98.

不同而不同。例如，韩国商标法规定，在比较广告中使用竞争对手的商标可能不构成商标侵权，但如果比较广告虚假地表示"广告主的产品优于商标所有人的产品，或者有可能使消费者对进行比较的两者的产品产生混淆"，那么这样的比较广告即构成商标侵权。马来西亚商标法则明确规定，使用注册商标的比较广告，构成对该注册商标的侵害。❶

目前在我国法律上，没有明确地规定比较广告中的商标侵权问题，但公司为了避免法律风险，可以参照国外的一些立法规范，约束自己的比较广告行为。在1997年10月欧洲议会和委员会通过了开放比较广告的97/55/EC指令。该指令从以下八个方面对比较广告进行了规范：（1）必须确保比较广告不能误导消费者；（2）作比较的商品或服务必须针对同样的需要或具有相同的用途，不允许将不相干的商品或服务随便比来比去；（3）必须就商品或服务的主要的、有关的、可核实的及有代表性的特征包括价格进行比较；（4）不得在市场上造成广告主与竞争对手之间的混淆，也不得产生两个公司的商标、商号或其他区别性符号及商品或服务之间的混淆；（5）不得诋毁或者贬低竞争对手的商标、商号或其他区别性符号及商品或服务，否则就构成不正当竞争行为；（6）原产地不同的商品之间不具有可比性；（7）不得从竞争对手的商标、商号或其他区别性标志中谋取不正当利益；（8）不得直接使用对应模仿的方式，如"夏奈尔类香水"这样的语言。❷

有人提出，比较广告中的商标使用如果要构成合理使用，至少应当具备以下条件：（1）内容应当是真实的，不具有欺骗性。由于这种广告的作用在于给商品或服务做宣传，因此广告的内容必须符合事实，否则就会造成混淆，甚至产生不良影响；（2）使用时不会贬损被引用商标所有人的信誉，使用者不得故意借该商标进行讽刺和嘲弄；（3）这种使用不会淡化被引用的商标，如果引用该商标会有使公众将该类商品或服务与该商标联系在一起的可能性，即有导致商标淡化的趋势，该广告也应当被禁止。❸ 这些建议都是值得参照的商业规范。

当然，如果他人的注册商标是一个常用词，而且广告主的使用也是一般意义上的，就不会构成商标侵权。例如某广告主发布了一则自行车广

---

❶ 曹新明. 比较广告之法律问题探微 [J]. 法商研究, 1999 (5)：94-98.
❷ 黄晖. 驰名商标和著名商标的法律保护 [M]. 北京：法律出版社, 2001：203-205.
❸ 刘瑞霓. 如何界定商标的合理使用 [J]. 中华商标, 2002 (3).

告，即"某某自行车是你永久的朋友"。这一则自行车广告提及"永久"这个普通形容词，不是商标，因此不构成对"永久"牌商标的侵权。如果硬要说该广告主是为了将其自行车当成"永久"牌自行车的朋友，让人们将"某某自行车"与"永久"牌自行车联系在一起，或者暗示人们广告主的自行车与"永久"牌自行车具有相同的质量，要求广告主承担侵权责任，也就有失公允了。❶

5.2.5 埋伏营销的商标风险

1. 埋伏营销：非赞助商的营销努力

诺贝尔经济学奖获得者赫伯特·西蒙说："随着信息时代的到来，有价值的不是信息，而是你的注意力。"❷ 2010年南非世界杯在还没有鸣哨时，各大公司已经开始做起"足球"文章，打响了"世界杯"的营销战，以期获得消费者的注意力。英特尔前总裁葛鲁夫说："获得注意力就是获得一种持久的财富。"然而，不幸的是，百事公司还没有通过世界杯获得什么"注意力"，就已经接到了国际足联的警告。

百事公司在国内一家网站上开辟了"百事足球嘉年华"的专题，并对读者提问："本次百事赞助世界杯一共签约了几名国际球星？"但南非世界杯的官方赞助商是可口可乐，而非百事可乐。国际足联发来律师函要求百事公司立即删除网页上误导性词语并公开道歉。在国际足联看来，这种误导性陈述极有可能误导公众，并侵犯官方赞助商的权益。

百事公司的这种行为，正是一些重大活动，尤其是体育赛事主办方深恶痛绝的埋伏营销。当1984年洛杉矶奥运会组委会主席彼得·尤伯罗斯，创造性地将奥运会和商业紧密结合起来之时，埋伏营销几乎同时就出现了。

1984年第23届洛杉矶奥运会通过与企业订立赞助协议、出售电视广播权等措施，使洛杉矶奥运会成为"第一次赚钱的奥运会"。自此，奥运会不仅给运动员提供了施展才能的机会，也给企业提供了推广品牌的平台。一些跨国公司深谙体育营销价值，经常一掷千金赞助大型活动，每逢奥运会举行，便会倾力争夺赞助权。

但是，也有相当一部分头脑灵活的公司，并未花费数千万美元去争当

---

❶ 曹新明. 比较广告之法律问题探微 [J]. 法商研究，1999 (5)：94–98.
❷ 李萍. 话说媒介品牌竞争力 [J]. 新闻前哨，2005 (9)：18.

奥运会的指定赞助商，却也搭乘奥运会的便车，同样达到了借助奥运会提高品牌知名度的目的。作为一种营销策略，埋伏营销是指一些公司不支付赞助费用，却通过各种营销活动，将其与一些重大活动（通常是体育赛事、文化活动等）建立某种联系。❶ 埋伏营销又称为伏击营销、偷袭营销、隐性市场、隐性营销或者寄生营销（parasitic marketing），主要发生在重大活动的临近期间及其进行期间。

从狭义上讲，埋伏营销仅指一方通过直接的努力削弱或侵袭竞争者通过赞助而获得的与一个重大活动的官方关系。从广义上讲，除了直接和有意地引起公众误导外，埋伏营销还指企业在未经授权或同意的情况下，试图通过创造某种联系，来利用特定活动的商誉、名誉和声望。❷ 这里的所谓"联系"（association）可能是赞助关系，也可能是另外的合同、合作或其他支持关系。

2. 千变万化的埋伏营销

如今，埋伏营销无所不在，并且花样百出，不断创新，以至于难以穷尽列举。不仅与奥运会纠缠不清，更把触角伸向了更为广泛的重大体育赛事或文化科技活动，比如世界杯足球赛、世界博览会等，让活动主办方或赞助商防不胜防。

（1）以活动标志为切入点

重大活动的标志在广义上包括那些可以直接传递活动信息的活动名称、徽标、口号、会歌、吉祥物，甚至象征性建筑等。埋伏营销的行为人在利用这些活动标志时，往往会以貌似公益的方式出现，比如打出"迎奥运，促文明"的公益性口号；或者以改头换面的方式加以使用，比如宣传"激情2008""加油2008"等让人立即联想到2008年奥运会的口号。

有的公司甚至反向利用活动标志来搭乘便车。2002年盐湖城冬奥会的官方赞助商Anheuser–Busch（百威啤酒的生产商）支付了5000万美元后，获得了使用"Olympic"及五环标志的权利。然而，当地一家小公司Schirf Brewery却在其送货卡车上标注"Wasutch Beers. The Unofficial Beer. 2002

---

❶ GARRIGUES C. Ambush marketing：A threat to global sponsored events？[J]. British Spanish Law Association newsletter，2004.

❷ SCHMITZ J K. Ambush marketing：the Off–field competition at the Olympic games [J]. Northwestern Journal of Technology and Intellectual Property，2005，3（2）.

Winter Games."❶ Schirf 没有使用"Olympics"或者五环标志,然而毫无疑问,它已经把自己和冬奥会联系起来了。❷

(2) 以活动内容为切入点

在世界杯期间,很多公司的广告画面上充斥着足球的场景,即使它只字不提世界杯,观众还是会联想到世界杯。有的公司针对奥运会、世界杯的赛事活动,开展有奖竞猜等活动。有的公司还会创造一个自己的活动和赛事来开展埋伏营销。例如,2002 年世界杯期间,埋伏营销老手耐克公司举办了一个五人制的足球比赛,并展开了广告大战。虽然阿迪达斯是那届世界杯的独家体育用品赞助商,但是当时的一项调查显示,70%的被调查者认为耐克公司是赛事的官方赞助商。❸

(3) 以活动门票为切入点

有些公司通过门票促销来开展埋伏营销行动,比如购买其商品后可以抽奖赢得重大活动的门票。在北京奥运会前夕,个别非奥运会赞助公司就打出了"门票牌",进行奥运会营销的推广活动,宣称"参加公司的促销活动就有望获得奥运会门票"。

(4) 以活动参与人为切入点

有的公司绕开重大活动的主办方,直接通过赞助活动的参与人,比如参加奥运会的体育明星或代表队来开展埋伏营销。在 2002 年盐湖城冬奥会上,一场场冰球比赛成为耐克公司的"独家产品秀",从冰鞋到手套再到球棒、头盔等,只要是观众看到的冰球运动员身上所穿戴的东西,全部由耐克提供。尽管耐克赚足了眼球,但是耐克并不是官方赞助商。❹

(5) 以活动观众为切入点

在 1996 年的亚特兰大奥运会上,耐克在观众进入赛场的交通要道分发帽子,让赞助商锐步(REEBOK)公司大吃一惊。❺ 这种埋伏营销的策略是借助活动的现场观众来达到搭便车的目的。埋伏营销行为人把公司的品牌和标识印在自己的产品或者饮料、零食、T 恤上,在距离比赛或活动场

---

❶ SAVER A D. Ambush marketing: steals the show [EB/OL]. [2008-08-20]. http://www.brandchannel.com.

❷ 不过,在《悉尼 2000 奥运会(标志和形象)保护法》《伦敦奥运会和残奥会法》等法律中,类似 2002、game 这样的词语或数字,在特定情形下已经属于受法律保护的标志。

❸ 张平淡. 埋伏营销:"埋"而不"伏"[N]. 电脑商报,2004-07-12.

❹ 姚远. 角逐奥运还是退出奥运 [N]. 中国经营报,2003-10-27.

❺ Ambush Marketing: War Minus the Shooting [J]. The Economist, 2006: 62.

馆不远的地方，免费发放给观众，让观众把公司的品牌带入场馆，并可能因此出现在电视转播的屏幕上。有的埋伏营销行为人为吸引注意，还可能在比赛现场安排一个肥胖的观众，一直有意地、显著地挥舞公司的产品标志。❶

（6）以活动场地为切入点

在重大活动场所及其四周，埋伏营销行为人最为活跃，比如在赛场外面和邻近地区，以及通往赛场的路上设置自己的广告牌和品牌标识，这样也能引起观众的注意。1996年耐克并没有成为亚特兰大奥运会的TOP合作伙伴，但它在奥运赛场附近的大型公园里，租了一个停车场，搭建了"耐克小镇"的主题公园，请签约体育明星前去作秀，同时开展各种声势浩大的活动，与竞争对手奥运会指定赞助商锐步公司展开竞争，结果它反倒成了最大的赢家，美国老百姓都认为它就是奥运会的赞助商。❷

（7）以官方赞助商为切入点

有的公司则与赞助商合作，移花接木，同样搭乘了重大活动的便车。2004年12月，三大奥运会赞助商中国银行、VISA国际组织及联想集团共同合作，发行了支持北京奥运会的中银联想VISA奥运信用卡。而民生银行联合VISA推出的"奥运福娃卡"以及招商银行联手三星、VISA推出的奥运信用卡风头也不弱。民生银行、招商银行都不是2008年北京奥运会赞助商，它们通过联合与自己没有竞争关系的赞助商，达到了与竞争对手、奥运会赞助商中国银行相同的目的。

（8）以新闻传媒为切入点

每逢体育盛会或其他重大活动，电视、广播、报刊以及网站，都会推出影响广泛的特别报道或者专题栏目。与这些传媒合作，同样可以获得很好的品牌宣传效果。在1984年洛杉矶奥运会上，虽然富士是官方赞助商，但竞争对手柯达却采取巧妙的"偷袭"手段，赞助转播奥运会的美国国家广播公司，成为该媒体转播美国径赛实况的赞助商，神不知鬼不觉地搭乘了奥运会的顺风车。❸

3. 难以禁绝的埋伏营销

在赞助商眼中，这些大行其道的埋伏营销不仅是一件让人愤怒的事

---

❶ VENKATESWARAN V, VENKATARAMAN S. Ambush marketing [EB/OL]. [2008-08-20]. http://www.indianmba.com.

❷ 汪若菡. 联想奥运"007计划"[N]. 21世纪经济报道，2004-04-01.

❸ 姚远. 角逐奥运还是退出奥运[N]. 中国经营报，2003-10-27.

情,更是一种对经济利益的实质性威胁,因为赞助商预期的独占性的赞助效益受到了减损。而活动主办方则担心埋伏营销会削弱企业从事赞助活动的动力和信心:既然不付钱也能得到同样的效果,那么为什么它们要花钱赞助呢?国际奥委会的迈克尔·佩恩(Michael Payne)说:没有任何组织比奥运会的组织者更直接地受到埋伏营销的冲击。❶

的确应该同情一下活动的主办方与赞助商。北京奥运会组委会举办2008年奥运会花费了193.43亿元。2012年伦敦奥运会在赛前预计要花费40亿英镑,每个大赞助商将分担超过5000万英镑的费用。如果埋伏营销损害了赞助商的利益,使其对活动赞助变得索然无趣,那么奥运会等活动主办方在经费上可能会捉襟见肘。因此,国际奥委会等活动组织者一直坚定地站在反埋伏营销的行列中。

在国际奥委会、赞助商等利益团体的推动下,重大活动的主办国都制定了严厉的制止埋伏营销的政策,其中通过立法扩大知识产权的保护范围和保护程度是最为重要的措施之一。比如,现在非赞助商无论以何种形式,都不能带有明显或潜在的商业目的使用任何登记备案的标志——不仅是奥运会、世博会这些显著的标志,还包括类似"上海2010"这样的词语组合。

此外,活动组织方还通过合同约束、行政干预、行业自律和舆论谴责等措施来制止埋伏营销。❷ 比如,作为活动主办方与门票持有人(观众)的格式合同,《北京2008年奥运会持票须知》第2.4条规定:"门票不能被转售或交易。除非北京奥组委事先书面批准,门票不能被用于任何政治、宗教、商业、广告或促销目的(比如作为比赛奖品等)。"该条款可以控制以活动门票本身为切入点的埋伏营销活动。其第5.3条规定:"未经授权……禁止在场馆内分发促销品或带有企业标识的任何产品。"这就是所谓的"清洁场馆"原则,可以用来禁止非赞助商在场内进行促销。

再如,国际奥委会要求所有运动员在加入所在国家(地区)的奥运会代表队时,都必须书面承诺在奥运会期间,不为非奥运会赞助企业做广告。在与企业签订代言协议时,运动员应明确说明奥运会期间其形象广告

---

❶ CURTHOYS J, KENDALL C H. Ambush marketing and the Sydney 2000 Games (Indicia and Images) protection act: a retrospective [J]. Murdoch University Electronic Journal of Law, 2001, 8 (2).

❷ 具情内容请参见袁真富. 知识产权与公共领域在反隐性市场上的利益平衡 [J]. 法学, 2009 (9): 120-129.

权要按国际奥委会的相关规定执行，否则，将来可能陷入被动——要么是因履行与企业的合同，无法参加奥运会；要么是为了参加奥运会，不得不违反与企业的合同。因此，在 2008 年 8 月 1 日至 8 月 27 日，非北京奥运会赞助商无法使用奥运会参赛运动员的形象。❶

如果回顾一下 1984 年以来的各种埋伏营销可以发现，很多当时是合法的埋伏营销，到现在可能已经变成非法的了，因为法律环境发生了改变。尤其是那些试图利用与奥运会、世界杯等相关的标志的埋伏营销，基本上已经受到了主办国法律的约束。

但是，要阻止埋伏营销非常困难，过分强制执行可能产生负面影响。2006 年德国足球世界杯期间，荷兰百发力（Bavaria）啤酒公司向荷兰球迷分发了印有 Bavaria 字样的橙色皮短裤。但为了安抚那届世界杯的官方赞助商百威（Budweiser）啤酒公司，荷兰球迷被官方要求脱掉这些服装。因此很多球迷不得不穿着内裤看完了比赛，由此引起的抗议反而给百发力带来了更大的宣传效应。

值得注意的是，过于严厉的反埋伏营销政策也让一些善意的公司不能理解。2008 年 8 月北京奥运会开幕前夕，中国财政经济出版社在其网站打出"奥运加油，中国加油"字样。北京海淀工商分局以侵犯奥林匹克标志专有权为由，罚款 10000 元。出版社认为自己纯为表达爱国情怀和对北京奥运会的良好祝愿，没有任何商业目的，向法院提起了行政诉讼。

4. 埋伏营销：创意中发展

反埋伏营销的政策虽然严格，但埋伏营销绝不会消失。支持埋伏营销的人认为，赞助商并不能因为赞助而买断所有引起公众关注的权利。而且，恰当的埋伏营销还有助于营造良好的气氛和热闹的场面，从而提升重大活动的整体价值和社会影响。如果正确理解和恰当实践，埋伏营销将是非赞助商的商业武器仓库中一件符合道德规范的重要竞争工具。到现在，埋伏营销已经发展为一种蓬勃的产业，在专业人士的策划下，埋伏营销不仅越来越隐蔽，有时还变得非常有创意。

只要不直接利用重大活动受保护的标志、作品和其他设计，不违反主办方设置的合同条款，埋伏营销就能够合法存在。比如，表达世博会元素

---

❶ 黄宇. 奥运期间选手代言有限制 奥组委全力防范隐性市场 [N]. 北京娱乐信报，2007 - 06 - 14；佚名. 奥运期间最易产生隐性市场 [N]. 中山日报，2007 - 12 - 03.

的符号太多，埋伏营销者已经找到突破口。上海地铁上现在反复播放着和酒的视频广告，画面上不时跳出一字短句："2008年8月8日，我和你；2010年5月1日，和世界在一起。"显然，广告只字不提世博会，但却处处暗示世博会。

与和酒的广告比起来，百事公司搭世界杯便车的手段似乎太业余了，它直接使用了世界杯的标志，并误导了公众，给国际足联抓住了把柄。而大量的埋伏营销，恰恰显得十分隐蔽。但百事公司与可口可乐公司在世博会上的较量，仍然可圈可点。

2007年12月，可口可乐公司宣布成为上海世博会饮料领域的全球合作伙伴后，2009年7月，百事公司以一种"巧妙"的方式挤进了世博园区，作为上海世博会美国国家馆的全球合作伙伴，它获得了在美国馆内独家提供饮料的排他性权益，一举打破了可口可乐公司在世博园区非乳类饮料供应上一家独大的局面。因此，埋伏营销防不胜防。

埋伏营销防不胜防，而且难以简单地归于非法。何况，即使对于非法的埋伏营销，执行起来也困难重重。至2010年1月，也只有196起侵犯世博会标志的案件受到了处理，更多的形形色色的埋伏营销，显然还没有受到制止。事实上，连四处泛滥的假海宝，世博管理局都不一定管得过来，更别说那些埋伏营销活动了。

赞助商更需要自己努力，来保证自己的商业成功。浙江一家民营企业曾投入巨额资金获得北京奥运会的赞助商资格。但奥运会结束后，这家公司发现花出去的真金白银，并没有给公司的品牌推广带来多大的回报。这家公司的老板逢人便说奥运会组委会不负责任。事实上，直到奥运会结束后，这家公司甚至都没有组建过一支针对奥运会营销的专门团队。这家公司的老板一直以为，既然花这么多钱成为赞助商了，公司品牌推广的事情肯定是由奥运会组委会"推着走"了。如果抱有这样的想法，那就更会给创意十足的埋伏营销留下更大的商业空间。❶

5.2.6 互联网上的商标使用风险

1. 域名注册中的商标使用

域名是互联网络上识别和定位计算机的层次结构式的字符标识，与该计算机的互联网协议（IP）地址相对应，具有指引功能和标识功能。像

---

❶ 袁真富. 埋伏营销的暗战 [J]. 中国知识产权，2010 (5).

"www.ipidea.cn"就是一个域名，其中最有显著性的是"ipidea"，它就像一个网上商标，发挥着不同域名之间的区别作用。

自从互联网诞生以来，抢注他人的商标作为自己的域名，一时成为风潮。不过，需要提醒的是，如果恶意抢注他人的商标，特别是驰名商标作为自己的域名，将遇到很大的法律风险。世界知识产权组织（WIPO）发布的报告显示，2013年WIPO受理的商标域名抢注案件有所减少，但涉案域名数量创下历史新高。在2013年，WIPO的仲裁与调解中心共受理2585件商标域名抢注案，比2012年的2884件要少。但由于一些商标所有人将多个抢注的域名并入同一案件申诉，2013年涉及抢注的域名数量达6191个，为历年之最，2012年增加22%。统计数字显示，零售业、时尚业和金融业是商标域名抢注的重灾区。

《最高人民法院关于审理涉及计算机网络域名民事纠纷案件适用法律若干问题的解释》（法释〔2001〕24号，2020年修正）第5条第1款，对恶意抢注的具体表现概括为以下几个方面："（一）为商业目的将他人驰名商标注册为域名的；（二）为商业目的注册、使用与原告的注册商标、域名等相同或相近的域名，故意造成与原告提供的产品、服务或者原告网站的混淆、误导网络用户访问其网站或其他在线站点的；（三）曾要约高价出售、出租或者以其他方式转让该域名获取不正当利益的；（四）注册域名后自己并不使用也未准备使用，而有意阻止权利人注册该域名的；（五）具有其他恶意情形的。"

同时，该司法解释第5条第2款规定："被告举证证明在纠纷发生前其所持有的域名已经获得一定的知名度，且能与原告的注册商标、域名等相区别，或者是有其他情形足以证明其不具有恶意的，人民法院可以不认定被告具有恶意。"

因此，如果域名使用他人商标，存在恶意或其他不适当的行为，则可能构成商标侵权或不正当竞争。比如，故意注册与驰名商标或著名商标相近似的域名，而自己对该域名并不享有任何正当的权利或具有合法的理由。当然，如果对方的商标（即使是驰名商标）是一个普通的词汇或者通用的名称，或者自己的商标拼音或商标英文碰巧与其相同或相似，那么只要自己注册这个域名，存在合理而且充足的理由，一般不会产生商标侵权的问题。

原告石家庄福兰德事业发展有限公司于1997年3月申请注册了"PDA"商标用于电脑产品上，而被告北京弥天嘉业技贸有限公司于1998

年 10 月注册了 PDA.com.cn 的域名,其网站上主要介绍和销售其他厂家的掌上电脑产品。原告发现后,认为被告侵犯了其商标专用权,并构成不正当竞争,遂诉至法院;而被告辩称 PDA 是掌上电脑的通用名称,自己注册该域名只是为了在网上销售该产品,根本不知道这是原告的商标。法院最后认为,PDA 作为掌上电脑的通用名称,不能特指原告的产品,且原告的商标不属于有一定影响力和知名度的商标,因此可以排除公众会误认网站与商标所有人存在特定关系的可能,因此法院认定被告将"PDA"注册为域名不构成商标侵权,驳回原告的所有诉讼请求。

尤其值得注意的是,虽然北京国网公司因大量囤积注册他人著名商标(比如 dupont.com.cn,ikea.com.cn)为域名,而屡次被包括杜邦、宜家等公司告上法院,并且被判决败诉。但是,在 snow 域名的争夺战中,却获得了胜利。1998 年 3 月,国网公司注册了域名"snow.com.cn",随后其将该域名优先升级为"snow.cn"。2003 年 11 月 6 日,域名争议解决中心根据华润雪花啤酒有限公司的投诉对"snow.cn"作出(2003)贸仲域裁字第 0067 号裁决,裁决转移域名"snow.cn"给华润雪花啤酒有限公司。

不过,法院最终没有支持华润雪花啤酒有限公司,而是支持了国网公司,主要的理由之一就是:涉案域名的主要部分为"snow",而"snow"的基本含义为"雪、雪花",该词语系通用名词。华润雪花啤酒有限公司提出国网公司无正当理由注册使用涉案域名,缺乏足够的依据。可见,一个显著性较高的商标,对于遏制域名抢注也是十分有利的,反之则不然。

2. 电子邮件地址中的商标使用

由于电子邮件地址@的前半部分(用户名)是非常个性化的标识,真正代表组织机构的只可能是电子邮件地址@后面的域名部分,因此使用他人商标或其他商业标记作为电子邮件地址@的前半部分,一般不会给商标权人造成任何损害,可以主张合理使用。比如,当人们收到从 Microsoft@song.com 发来的邮件,绝不会以为电子邮件来自 Microsoft 公司,而只会以为是 song 公司一个名叫 Microsoft 的人发来的电子邮件。❶

不过,如果有人把他人的商标当作邮件地址的前半部分(用户名),并将该邮件使用在商业活动中,则有可能构成不正当竞争。比如 Microsoft@song.com 的所有人,四处散发商业邮件,自称是微软的独家代理商,那么此时的邮件地址,可作为不正当竞争行为的一个表现形式。

---

❶ 熊敏琴. 商标权权利限制之研究 [D]. 上海:上海大学,2004.

3. 搜索优化中植入他人商标的风险

用户在网上寻找某个特定的网站时，除非这个网站非常有名，否则很少有人通过记忆域名来寻找，尤其是根本就不知道这个网站的详细网址时。目前，通过搜索引擎来寻找目标网站，是一个广为使用的方式。当搜索到目标网站后，如果认为将来会经常访问的话，有的人会将其添加到收藏夹中。总之，通过背诵域名来记忆网站访问的途径，是比较少见的方式。

Google 是目前世界上最强大也是使用得最广泛的搜索引擎。随便在 Google 搜索栏里敲一个什么词，然后点击搜索，就会得到几百上千项甚至数十万项的查询结果。一般情况下，人们只会对前几个或最多前几页的结果感兴趣。如何让自己的网站从浩如烟海的网站中脱颖而出呢？对于期望通过电子商务支持业务增长的公司而言，这个问题更加具有商业意义。

既然如此，网站的搜索引擎优化就显得相当的重要。所谓搜索引擎优化（Search Engine Optimization，SEO），是与搜索引擎定位（Search Engine Positioning）和搜索引擎排名（Search Engine Ranking）相同性质的一种工作，它是通过了解各类搜索引擎如何抓取互联网页面，如何进行索引以及如何确定其对某一特定关键词的搜索结果排名等技术，来对网页进行相关的优化，使其提高搜索引擎排名，从而提高网站访问量，最终提升网站的销售能力或宣传能力的技术。❶

每个搜索引擎的工作原理都不同，有的是按 META 值，有的是根据页面内容，有的按页面标题，还有的将这些方法综合运用，以排名网站的顺序。搜索引擎优化通过利用搜索引擎对不同站点之间进行排名的规则来帮助某个站点在搜索引擎上的排名尽可能靠前，增加被访问的概率。

作为搜索引擎优化的一种策略，可以在网站有价值的地方放置关键字。突出关键字是吸引搜索引擎注意的一个最重要的因素，比如一个销售杀毒软件或提供杀毒服务的网站，可以在网页 Title 以及 meta 等处放置"软件""杀毒软件""软件销售""病毒""免费杀毒"等语词，甚至在网站页面中隐藏包含上述语词。当用户搜索这些语词时，这个网站就会出现在搜索结果中。

但是，一个需要杀毒软件的用户，在很多时候不会漫无目的地在网上键入"杀毒软件"来搜索，而是直接键入"瑞星""金山毒霸""360"等

---

❶ 殷振华. 什么是搜索引擎优化？［EB/OL］.［2006 - 09 - 22］. http：//www.niallpon.com.

著名的杀毒软件的公司或产品名称,来检索比较这些杀毒软件,或获取相关的信息。那么,如果你是一个新进入杀毒软件行业的公司,用户根本就不知道你的名称,自然不可能通过搜索你的品牌或公司名称来了解你。

于是,一些非商标所有人在其网站的搜索引擎优化中植入他人商标,尤其是他人的驰名商标,甚至植入大量的驰名商标,当人们使用这些驰名商标作为搜索词语的情况下,他的网站就有可能更多地出现在搜索结果中,并且在搜索结果中排列更靠前的位置上,而对于公众而言,他们点击并且访问这些网站地址的概率就越大,相应地,网站的商业机会也越大。

比如,提供杀毒服务的网站,在自己的搜索引擎优化中放置"瑞星""金山毒霸""360"。于是,寻找"瑞星"的用户也检索到了这家网站,寻找"金山毒霸"的也检索到了它,寻找"360"的仍然检索到它。这里面就会出现商标侵权或不正当竞争的问题。

在我国,这种类似的案件还比较罕见,但国外已经有了判例。在花花公子企业有限公司诉卡尔文名牌设计公司案(Playboy Enterprises, Inc. v. Calvin Designer Label),法院支持原告的请求,对被告在其网站META标记中使用原告的"Playboy"和"Playmate"商标作出了禁止的决定。法院认为被告使用原告的商标非法利用了原告商标良好的商业信誉和公众知名度。在尼顿公司诉放射监视仪器有限公司案中(Niton Corp. v. Radiation Monitoring Devices, Inc.),法院认为被告在其网站的META标记中复制并置入原告网站的"元标记"关键词,致使登录到原告网站的消费者被错误地链接到被告的网站上,所以法院判定被告构成侵权。❶

当然,如果在网站搜索引擎优化中,植入他人的商标,具有正当的使用意图,而且既没有造成混淆,也没有造成商标的淡化,则可以构成商标的合理使用。❷ 比如,假设你是一家专卖"金山毒霸"软件的公司,在自己的网站META中是可以使用"金山毒霸"之类的语词,但前提仍然是不得让用户误认你是金山毒霸公司的网站,或具有金山毒霸公司未承认的某种商业联系,否则还是存在较大的法律风险。

4. 搜索推广中植入他人商标的风险

搜索推广服务是基于搜索引擎技术推出的一种网络推广服务方式,该服务允许客户通过设定关联到其网站的关键词来影响搜索关键词与该网站

---

❶❷ 刘贵增. 美国元标签应用与商标权冲突之分析及许可建议[J]. 知识产权, 2005(3).

网页的技术相关度，从而使得该网站在搜索结果中排序优先。目前，搜索推广也可称之为"竞价排名"，百度作为中国最大的互联网搜索服务提供商，其搜索推广服务是其主要的营收来源之一。下面以百度为例，介绍搜索推广的主要流程和涉及的商标问题。

(1) 百度的搜索推广服务流程简述❶

通常情形下，百度的搜索推广服务流程如下描述。

1) 购买搜索推广的单位或个人（以下简称"客户"）需要先向百度支付一定金额的预存款和服务费［比如，在 2012 年需要交纳最低 5000 元（预存款）+600（专业服务费）=5600 元］，在百度开通账户。

2) 客户在百度后台挑选并购买关键词（价格不等，根据百度客户对特定关键词的购买竞争情形而定），百度将该关键词与该客户的网站相关联。

3) 当在百度搜索的用户（百度称之为买家）搜索使用的关键词是百度客户购买的关键词时，在搜索的结果列表中，该百度客户网站的推广信息（包括网页标题、网页描述和网址链接）优先显示在用户面前（排名靠前），通常在该关键词的搜索结果列表的最上方或者右边一栏，如图 5-8 所示。目前百度会给客户网站的推广信息标注"推广"或"推广链接"标识（也称为之"赞助商链接"），并给搜索结果列表的最上方的推广信息增加浅色的灰底背景。

图 5-8 百度客户推广信息的显示位置

---

❶ 需要说明的是，百度的搜索推广服务模式有可能随着时间推移、商业竞争或法律政策等原因而发生调整，因此，这里介绍的百度搜索推广服务模式只代表百度过去存在过的一种服务模式，仅供参考。

4）当用户点击一次该推广信息并跳转至百度客户推广的网站或网页时，百度将按照关键词的购买价格，从客户的预存款中扣减。这正是搜索推广作为一种按效果付费的网络推广方式的重要体现，即按照搜索推广给企业带来的潜在客户点击计费，没有点击不计费，如图5-9所示。

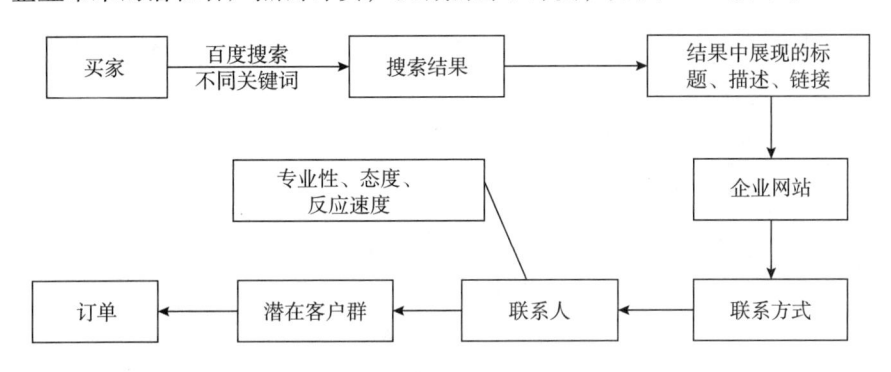

图5-9 企业通过百度搜索推广带来客户转化

资料来源："百度推广"的推广邮件。

（2）百度搜索推广服务中的商标利用风险

在百度的搜索推广服务过程中，客户有可能在以下三个层面利用到他人的商标（尤其是同行业知名商标）名称，而这又让一些商标权人感到非常不满。目前，百度提供的搜索推广服务，已经遭到商标权人多次起诉，指控其侵犯商标权及不正当竞争。但是，在这些商标侵权及不正当竞争纠纷中，法院对于提供搜索推广服务的百度的法律地位的认定，虽然偶有反复，但似乎较多案件相对一致地否认了其广告发布者的法律地位，甚至认为百度是信息检索技术服务的中立者而未科以侵权责任。不过，法院对于使用百度搜索推广服务的客户，却不吝于判决商标侵权或者构成不正当竞争。

1）百度客户购买的关键词是商标权人的商标。

购买搜索推广服务的百度客户可以在百度后台自主设置关键词，而且可以无限量地挑选并购买关键词。该关键词可能是公有领域的词汇，也可能是他人享有商标权的商标，这就产生了商标上的争议。比如，一家化妆品网站的客户可能选择"护肤品""眼霜"等作为搜索推广的关键词，也可能选择"OLAY"作为搜索推广的关键词，虽然这家化妆品公司与"OLAY"的商标权人均没有任何隶属或商标授权等关系，但用户在百度一旦搜索"OLAY"，该客户的网站推广信息将排在搜索结果的前面或右方。"OLAY"的商标权人可能会为此感到不满。

在百度的搜索推广服务中，关键词仅仅起到与客户网站推广信息起关联作用，使百度在用户搜索该关键词时，主动将客户的网站推广信息优先排列在前。但百度客户在百度后台选择输入并购买的关键词并不会直接显示在网站推广信息中。比如，当你在百度中搜索"iPad"时，会出现以下一个推广信息，如表5-1所示，显然该客户在关键词中购买了"iPad"，但搜索结果的网站推广信息并不存在"iPad"的字样。

表5-1 百度搜索推广显示的信息示例之一

搜索说明	搜索推广信息
2012年5月22日18：40，在百度空白网页搜索框中，输入"iPad"进行搜索	卡布休儿童平板电脑 多元智 海量学习内容 坚固耐摔 9.7英寸 IPS屏 大人也能用 三大权威认证 400-6535-800 货到付款 order.sibrary.com.cn

在史三八不正当竞争案中，法院认为，伊美尔美容院与史三八美容院同属于美容医疗行业的经营者，两者具有竞争关系。伊美尔美容院与"史三八"三字无任何关系且理应知道"史三八"是史三八美容院的字号，但伊美尔美容院却擅自将该三字作为关键词参加"百度竞价排名服务"，导致欲了解史三八美容院有关信息的消费者在百度搜索引擎中搜索"史三八"三字时，却找到了伊美尔美容院网站的链接，进而误导消费者进入伊美尔美容院的网站。

伊美尔美容院的这种行为势必降低消费者对史三八美容院的访问量，反而提高了消费者对伊美尔美容院的访问概率，显然挤占了史三八美容院在互联网领域的市场利益，也会使史三八美容院在市场中投放的广告效应降低，从而使史三八美容院在市场竞争中处于不利地位。伊美尔美容院主观恶意明显，严重违反了市场竞争中的诚实信用原则，构成了不正当竞争，应当承担侵权的法律责任。❶

在入选"2022年中国法院50件典型知识产权案例"的海亮公司诉荣怀学校案中，荣怀学校一方通过有偿购买，在360搜索引擎后台的推广账户中设置了多个含有"海亮"字样的关键词进行竞价排名。二审法院认为荣怀学校一方对涉案关键词显性使用的行为（搜索结果中显示"海亮"字

---

❶ 冯刚. 关键词竞价排名服务提供者的法律责任问题 [J]. 中国知识产权, 2010 (11).

样的关键词使用行为）构成商标侵权和不正当竞争。但对涉案关键词进行隐形使用的行为（搜索结果中未直接体现"海亮"文字的情形）不构成商标侵权和不正当竞争。最高人民法院再审审查后认为，其隐形使用的行为不能排除后台关键词设置行为与前端展示结果之间具有相当因果关系，因此，构成不正当竞争行为。

2）百度客户作为搜索结果的推广信息使用商标权人的商标。

在百度客户作为搜索结果出现的网站推广信息中，可能直接公开使用他人的商标或近似商标。比如，2012年5月22日18：00，在百度上搜索"iPhone 4s"时，会出现以下搜索推广信息，其中使用了与"iPhone 4s"近似的"Phone4s"，以及与"苹果"近似的"苹菓"。网站推广信息作为一种搜索结果，其呈现方式主要包括三个要素：标题、信息描述和链接网址，如表5-2所示。使用他人商标的位置主要是推广信息的标题和信息描述部分，当然也不排除在链接的网址中包括他人的商标。无论如何，商标权人对推广信息中擅自使用自己商标可能会感到不满，尤其是当这些推广信息所推广的是假冒商品或服务时，更是如此。

表5-2　百度搜索推广显示的信息示例之二

百度搜索推广显示的信息	推广信息的构成说明
推广链接	搜索推广服务的标识
Phone 4s - 电信天翼购苹菓 4S 最……	推广信息的标题
Phone 4s 天翼手机网购苹菓 4S 入网送话费，合约机裸机都可享受超值优惠	推广信息的内容描述
www.hicdma.com	推广信息的链接网址

在港益电器诉广州第三电器厂商标侵权案中，广州第三电器厂既在关键词中使用了"绿岛风"商标，又在推广信息中使用了该商标。一审法院认为：首先，广州第三电器厂作为生产与港益电器同类产品的企业，在搜索推广中使用"绿岛风"关键词显然出于"搭便车"的目的，其希望互联网的使用者（潜在的客户）在搜索"绿岛风"这一关键词时可以找到其网站的链接，并在网站链接中采取"绿岛风——广州第三电器厂"这样的表述方式，希望混淆消费者对于"绿岛风"商标的出处的认识。其次，当互联网使用者通过Google搜索引擎输入"绿岛风"搜索到被告第三电器厂的链接时，会对港益电器的注册商标的出处产生混淆与误认。因此，被控侵权行为应视为商标法意义上的商标使用行为，并构成商标侵权。

3）百度客户在推广信息所链接的网站上使用商标权人的商标。

当用户点击推广信息，将进入百度客户所链接的网站（或网页）。而百度客户可以在该推广信息所链接的网站网页中使用他人的商标，比如在网站的网页 Title、网页内容及相关网站的宣传界面等地方，明确公开使用"OLAY"。

需要注意的是，很多时候，被链接网站的网页标题与推广信息中的标题并不一致。比如，表 5-2 中的推广信息标题是"Phone 4s - 电信天翼购苹菓 4S 最……"，但点击进入后，被链接网站的标题为"iPhone 4s 隆重上线 - 天翼手机网"。通过前面的分析可以看到，虽然在百度搜索推广服务中可能会在关键词、推广信息及其链接网站中利用到他人的商标，但对于用户而言，能看到别人商标的场合仅限于推广信息及被链接网站。

在大众搬场诉百度等商标侵权及不正当竞争案中，一审法院认为：接受"竞价排名"服务的网站未经原告大众交通公司许可在其经营搬场业务的网站网页显著位置突出使用了"上海大众搬场物流有限公司""大众搬场"等字样作为其企业字号，使相关公众产生了误认，侵犯了原告大众交通公司享有的"大众"注册商标专用权。

同时，根据《反不正当竞争法》的有关规定，接受"竞价排名"服务的第三方网站在自己的网站上擅自使用"上海大众搬场物流有限公司"等字样，引人误认为其是原告大众搬场公司的网站，构成擅自使用他人企业名称的不正当竞争行为。此外，上述网站在自己网页上使用"上海大众搬场物流有限公司""大众搬场"等字样构成针对原告大众搬场公司的虚假宣传的不正当竞争行为。❶

5. 其他新兴网络应用的商标问题

近年来，微博、微信等社交网络平台日益发达，甚至已经成为人们须臾不可分离的一种生活方式。与此同时，不少企业也开始利用微博、微信进行品牌营销和产品推广，不过，这里也蕴含了商标侵权的风险。通过微博、微信发布制假信息，销售假冒商标商品，当然构成商标侵权，自不待言。有的公司还将他人的商标注册成为微博用户名或者微信名（特别是微信公众号或订阅号名称），这自然存在商标侵权或者不正当竞争的风险。

同样，在 App 软件中使用他人的商标同样存在侵权风险。App 是英文

---

❶ 上海市第二中级人民法院（2007）沪二中民五（知）初字第147号民事判决书。

Application（应用）的简称，由于 iPhone 智能手机的流行，现在的 App 多指移动设备（包括平板电脑、手机和其他移动设备）上的第三方应用程序。目前比较著名的 App 商店有 Apple 的 App Store、Android 的 Google Play Store、诺基亚的 Ovi store 等。App Store 模式的意义在于为第三方软件的提供者提供了方便又高效的软件销售平台，适应了手机用户们对个性化软件的需求，从而使得手机软件业开始进入了一个高速、良性发展的轨道。

但是，如果企业的 App 软件的名称或者软件图标使用了他人的商标或者 LOGO，侵权问题就会突显出来。2009 年 5 月，豪华钟表厂商卡地亚（Cartier International）就在美国法院对苹果公司提出起诉，指控苹果公司发布的应用软件产品私自使用了它的商标设计。卡地亚表示，苹果公司通过 iTunes 商城出售的应用软件使用了卡地亚的商标，该软件可以让用户在 iPhone 和 iPod Touch 上显示时间。卡地亚表示，它从未授权苹果在其软件上使用酷似其手表的图案。❶ 后来此案以苹果公司从 App Store 撤下侵权软件而宣告和解。

5.3　生产销售中的商标管理

5.3.1　产品包装上的商标位置

曾经有一段时间，笔者喜欢买瓶橙汁带到课堂上解渴，而且长期感情专一地只喝某款橙汁。然而，作为一个长期讲授商标法及商标管理的人民教师，笔者很长一段时间都不知道这瓶橙汁是什么牌子，后来特意留意了一下，现在竟也忘记了。这可不是笔者愿意矫情地对我国饮料界的食品安全背书，买什么牌子都无所谓。

事实的真相是，这瓶橙汁包装上的商标长得太不醒目了，笔者每次从货架上精确定位这款橙汁的主要依据，不是它的品牌（商标），而是它的包装装潢。这里并不是说商标无足轻重，恰恰相反，这就是问题所在：商标的位置太不显著了。

长期以来，一些产品的商标被挤在包装上的一个小角落蜷缩着，占据的面积也小得可怜，让消费者难以感受到它的存在，甚至有时被淹没在包

---

❶ 名表制造商卡地亚起诉苹果 iPhone 应用侵权 [EB/OL]. [2009-05-23]. http://tech.sina.com.cn/t/2009-05-23/10263118853.shtml.

装上红红绿绿、五彩斑斓的画面之中。如果不凑近看，都不知道印的是什么。幸好这个商标的周围，可能还包围着四个字"注册商标"，甚至比商标本身还要清晰，否则消费者还以为就是个装饰。形成强烈反差的是，诸如"黄酒""牛肉干"之类的产品通用名称，在包装上却写得非常大。

这些公司可能还没有理解什么叫商标。日本学者小野昌言、江口侠夫在其所著《商标知识》一书中指出："如同一个人的脸象征一个人一样，商标作为商品的脸，成为某一企业特定商品的象征，代表着商品的信誉和评价。"众所周知，随着商标的使用，公司的产品质量、服务信誉，乃至公司文化等，都将沉淀在商标标识之上，并赖以建立起广泛的知名度、优良的美誉度，以及消费者的认知度和忠诚度。

因此，在产品包装上最不应吝啬给予商标空间，相反，商标应当置于最显眼最夺目的地方，其大小也应当合适，甚至应当比商品通用名称所占的面积还要大些，不要小得如同可有可无的点缀。观察一些重视商标的公司产品就会发现另一种景象。在可口可乐公司的包装上，英文的"coca-cola"和中文的"可口可乐"波浪形飘带图案特别的醒目，在包装上占据非常显眼的位置，首先映入消费者眼帘的就是它们的商标，具有极大的品牌冲击力，如图 5-10 所示。

图 5-10　包装上显著的"可口可乐"标志

需要说明的是，《药品说明书和标签管理规定》（2006 年国家食品药品监督管理局令第 24 号）第 27 条第 2 款规定："药品标签使用注册商标的，应当印刷在药品标签的边角，含文字的，其字体以单字面积计不得大于通用名称所用字体的四分之一。"这个规定竟然限制地规定了药品商标使用的位置、大小或面积，尤其是不得大于通用名称。这算是一个有关商标使用的特例（而且是以行政规章的方式确定的），有其特殊的行业背景，不作深究。

5.3.2　商标印刷的规范管理

凡与商品配套一同进入流通领域的带有商标的有形载体，均属商标标识，包括注册商标标识和未注册商标标识。商标印制，包括以印刷方式制作商标标识，也包括以印染、制版、刻字、织字、晒蚀、印铁、铸模、冲压、烫印、贴花等方式制作商标标识。根据《印刷业管理条例》和《商标印制管理办法》，从事商标印刷经营活动的，应当到市场监管部门办理营业执照，再持营业执照向所在地设区的市级人民政府出版行政部门申领印刷经营许可证。根据《印刷业管理条例》第10条的规定，个人不得从事出版物、包装装潢印刷品印刷经营活动。因此，个体工商户不得从事商标标识印刷经营活动。

承印商标标识时，要遵守《印刷业管理条例》和《商标印制管理办法》，要履行相应的核查义务，要建立商标印制业务登记档案和商标标识出入库台账并要存查两年。

承印未注册商标标识时，承印人应查验委托人的合法营业证明或身份证明，并审查其是否违反《商标法》第10条的规定和是否标注了"注册商标"字样或商标注册标记。

承印注册商标标识时，则不仅要查验委托人的合法营业证明或身份证明，还要查验其商标注册证明及其授权委托书，并要查验所印制的商标样稿是否与商标注册证上的商标图样相同，许可使用注册商标的是否标明了被许可人的企业名称和产地。❶

5.3.3 经销商的商标控制

从商标权人的角度，经销商也存在许多需要进行商标管理的行为。实际情况自然是千变万化，前面章节已经谈到过，要警惕经销商抢注公司的商标（如果未在国内注册或未在海外注册）。在这里再谈谈以下问题。

1. 店面招牌上的商标使用

专卖店（Exclusive Shop）是专门经营或授权经营某一主要品牌商品（制造商品牌和中间商品牌）为主的零售业态。很显然，专卖店通常享有在其店面招牌上显著使用所卖产品品牌的权利。不过，如果品牌厂商与专卖店的合同到期后，还是要注意查核这家"前专卖店"是否仍然在沿用带有自己商标的店面招牌。

而在现实生活中，我们经常会看到，一些品牌商品的经销商虽然不是授权的专卖店，仍然将其所销售商品的商标作为自己的店面招牌使用。有的经销商甚至还照抄品牌厂商的店面装潢。比如，在昆明、重庆都出现了山寨苹果专卖店，这些"苹果专卖店"和正规苹果零售店几乎一模一样：

---

❶ 黄璞琳. 印制商标标识要遵守哪些规定？[EB/OL]. 璞琳说法，2016-09-13.

玻璃外墙、浅色的木制展示桌、各种苹果热销商品的样机，另外还有整齐有序的配件，店员们穿着统一的苹果蓝色T恤。此外，就连一些只卖苹果配件的零售店，也在店面招牌上强调自己是"苹果授权经销商"。这些未经许可的，甚至存在虚假宣传的商标（及包装、装潢）使用或滥用行为，可能会有商标侵权或者不正当竞争的嫌疑。

商标权人应当定期清理，否则这些不当甚至非法使用的行为，会把自己真正的品牌专卖店体系搞得越来越混乱。首先，如果商标权人和这些经销商有直接的合同关系，那么可以在合同条款中约定经销商哪些商标使用行为是可以的，哪些使用行为是不可以的。其次，如果商标权人与这些经销商没有直接发生合同关系，那么也要依据《商标法》或《反不正当竞争法》及时发函制止，特别是针对那些带有虚假宣传的使用行为。需要说明的是，如果经销商销售的是真品，那么它在店面招牌等位置或以其他方式显著地使用你的商标，是否还属于商标侵权，在国内司法实践中还存在较大的争议，但也不乏成功诉讼的案例。因此，如果要针对这些情形提起诉讼，必须根据具体的案情谨慎地评估。

事实上，原国家工商行政管理局曾就与此类似的情形发过通知：《关于禁止汽车零部件销售商店、汽车维修站点擅自使用他人注册商标的通知》（工商标字〔1995〕第195号），该通知写道："一些地方的汽车零部件销售商店、汽车维修站点，未经商标注册人认可，擅自在店铺的招牌上使用某些中外汽车企业的注册商标，并且将其放置在醒目的位置上，如使用'奔驰''吉普'等文字或图形商标。这种将他人注册商标用于商业目的的行为，客观上会使消费者误认为该店铺的经营者与商标注册人存在某种联系，自觉不自觉地侵犯了商标注册人的商标专用权。"但是该文件后来被废止了。

在成都市中级人民法院审结的一起商标侵权案中，成都一经销商于2010年成为"真藏五粮液"酒产品的全国经销商。2012年8月，五粮液集团有限公司发现该经销商在其开设的形象店招牌上标注了"五粮液"文字商标以及图形商标，遂起诉至法院，要求其赔偿损失、消除影响。成都市中级人民法院认为，经销商将"五粮液"文字组合、"真藏五粮液"文字组合以及图案使用在"真藏五粮液"形象店的店招上，其目的在于吸引公众注意，而非就其所售的酒类产品向公众予以合理说明。上述行为属于商标法意义上的商标使用行为，法院遂判决被告构成商标侵权，赔偿经济损失3万元，并登报刊登声明消除影响。

为了寻求合理的途径来解决这类问题，米其林公司也在国内提起了系列诉讼，长春市中级人民法院同样认定擅自使用他人注册商标的店招侵权，这些案例无疑为商标权人处理类似案件提供了较好的借鉴（见下文中的"案例阅读"）。

> **案例阅读**
>
> **未经授权在店招上突出使用他人注册商标被认定侵权**
>
> 米其林集团是全球轮胎科技的领导者。米其林集团在中国享有在轮胎等商品上注册的"米其林""MICHELIN"以及轮胎人图形等商标的专用权。2010年，米其林集团总公司发现被告吉林富龙轮胎经销有限公司（以下简称"富龙公司"），在未经米其林公司授权的情况下，擅自在其店面招牌上突出使用"米其林"标识。米其林公司以被告侵犯其在轮胎上注册的"米其林"商标为由起诉至长春市中级人民法院。
>
> 长春市中级人民法院审理后认为：富龙公司在未经米其林公司授权的情况下，擅自在其店面招牌上突出使用"米其林"注册商标的行为，属于《商标法》（2001年修正）第52条第5项规定的"给他人注册商标专用权造成其他损害"的情形，应当承担侵权责任。为此作出（2013）长民三初字第1号民事判决，判令被告富龙公司停止侵权、赔偿损失并消除影响。
>
> 法院判决认定侵权的理由包括：
>
> 第一，富龙公司在店面招牌上使用"米其林"是商标法意义上的突出使用行为。第二，被告在商标法意义上突出使用"米其林"目的是利用"米其林"商标的知名度和商标权人的商誉获得利益。第三，富龙公司的使用行为容易造成相关公众的混淆和误认。第四，富龙公司未经许可在商标法意义上突出使用"米其林"给注册商标专用权造成损害。商标用于商品和服务上，表明了商品和服务与其提供者之间的联系，这种联系不仅仅表明了商品和服务的来源，而且使消费者可以根据作为来源的经营者的商誉对商品和服务的品质产生合理判断。商标法对注册商标专用权进行保护，其所保护的不仅仅是由文字、图形、字母、数字等或其组合而成的可视性标志，而是以此为手段达到真正保护标志背后所承载这种联系性的目的。所以任何可能导致消费

> 者对这种联系性产生混淆和误认的行为都是对注册商标专用权造成损害的行为。富龙公司未经权利人许可，在商标法意义上突出使用"米其林"注册商标，这种行为利用商标背后所承载的商品与商品提供者之间的联系性，可能造成相关公众的混淆和误认，认为富龙公司与商标权人之间存在某种联系，富龙公司可能是商标权人的授权店或者连锁店，提供米其林的专业服务，使消费者可能根据米其林商标的知名度和商标权人的良好商誉，对富龙公司的经营行为及其所销售的商品产生错误的信赖，同时也给米其林公司的注册商标专用权造成了损害，应当属于《商标法》（2013 年修正前）第 52 条第 5 项规定的给他人注册商标专用权造成其他损害的情形，应当承侵权责任。
>
> 该判决送达双方当事人后，各方均未上诉，现已生效。
>
> 资料来源：夏志泽，金英杉．未经授权在店招上突出使用他人注册商标被认定侵权 [EB/OL]. [2014-09-01]. http://www.wanhuida.com/tabid/146/ArticleID/1834/Default.aspx.

2. 产品分装或组合时的商标使用

经销商为了促销或者其他目的，在销售过程中有可能将商标权人的产品进行拆分包装，比如将大袋包装的品牌大米分装了若干小袋后出售；或者将商标权人的产品进行组合包装，比如将两瓶品牌葡萄酒放在一个新的大包装内组合销售。这时，如果在产品分装或组合后的新包装上，经销商自行印制了商标权人的商标，是否属于商标侵权或者其他违法行为，并不能一概而论。比如，如果产品分装或组合后，已经相当于重新加工或者制造了新产品，这可能更容易被认定为商标侵权。反之，则有可能被认定为合理使用。当然，这只是一个抽象的判断，需要具体情况具体分析。

作为商标权人则要小心产品分装或组合的情形发生，因为这可能会带来公司品牌或产品识别的体系混乱，甚至会在此过程中发生不可控制的质量控制风险。因此，一方面，要透过销售合同等方式防止这类情形的发生；另一方面，特别是在合同无法约束的情形下，更要认真分析相关情形，评估是否构成商标侵权，从而决定是否采取法律行动，以保护自己的品牌利益。

3. 经销商自主品牌的擅自标注

有的经销商很明白，自己销售品牌厂商的产品，只是"为他人作嫁衣裳"，为长远利益计，必须打造自己的自主品牌，于是，个别经销商在自己销售的品牌产品上，擅自加贴或标注自己的品牌（商标），从而借品牌产品的销售和使用，同时宣传经销商自己的品牌。比如，甲经销商在销售乙公司生产的 A 品牌的洗发水时，将自己注册在洗发水商品上的 B 商标加贴在 A 品牌洗发水上，使 A 品牌的洗发水上同时有两个注册商标并列。毫无疑问，这种不恰当行为可能构成商标侵权，作为品牌厂商可以在经销合同上禁止这类行为，到时可以选择以合同违约或以商标侵权作为诉讼请求的基础。

4. 经销商的字号问题

经销商（包括代理商）作为一个经营实体，有的是以企业或公司的名义出现的，那么经销商叫什么名称，取什么字号，一般不应该受到商标权人（品牌厂商）的干涉。不过，现实中，有的经销商在自己的企业名称中，把品牌厂商的商标用作自己的字号，作为商标权人的品牌厂商这时就必须小心了。因为品牌厂商与经销商只是一时的合作关系，同时，经销商还有自己独立的利益诉求，如果经销商的字号也用公司的商标，很容易在市场上造成混乱，消费者或其他经营者可能会误以为该经销商是隶属于品牌厂商的企业，或者双方存在密切的投资或控股等关系。

5.3.4　赠品上的商标使用

时尚杂志界大约是最喜欢送赠品的行业，从化妆品、太阳眼镜到皮夹、旅行包等，各式各样，并且精致诱人，以至于网上还专门出现了"×月最新时尚杂志附送赠品信息汇总""×月时尚杂志赠品信息全搜罗"。不知道那些买杂志的人，是喜欢杂志内容呢，还是纯粹为了赠品。

事实上，赠品促销是最为常见的促销手段之一，它抓住的是消费者想要优惠的普遍心理，比如，买咖啡送只杯子，买电脑送个手提包。而消费者在购买大件商品或贵重商品时，也习惯捎上一句："有赠品吗？"如果没有赠品来安抚一下消费者顿时干瘪的钱包，搞不好这宗交易都可能要泡汤。

作为市场营销的策略之一，"赠品促销"是在产品、服务营销或销售时向消费者赠送产品或礼品，大多用于吸引消费者购买新产品、弱势产品或者奖励顾客的重复购买或增加消费量，等等。怎么选择赠品有其营销上的策略和技巧，好的赠品能够有效提升商品附加值，甚至能够成为差异化竞争的重要手段。

赠品有许多类型，比如，可以是赠送自己促销的产品本身，比如买两袋食品赠一袋相同的食品；也可以是其他厂商的小额商品，比如时尚杂志附带赠送知名品牌的小瓶化妆品。但是，很多品牌厂商喜欢根据促销商品的定位、消费人群特点以及商品关联性等，定制类似优盘、开瓶器、名片夹、手环等赠品用于促销，而不是采购他人已经投放市场的商品，因为定制赠品可以印上自己的品牌名称、LOGO 或者广告语。毫无疑问，品牌厂商不会轻易放过赠品作为媒介传播品牌的机会。

当赠品上印有品牌或 LOGO 时，商标侵权问题就不容忽视。如果公司提供的赠品本身就是采购进来的侵权商品，自然难逃侵权命运。《北京市高级人民法院关于审理商标民事纠纷案件若干问题的解答》（京高法发〔2006〕68 号）明确指出："搭赠是销售的一种形式，因此搭赠侵犯注册商标专用权商品的行为是商标侵权行为，搭赠人应承担停止侵权的责任；明知或者应知所搭赠的商品是侵犯注册商标专用权的商品的，还应当承担损害赔偿责任。"

2008 年 1 月，江苏省扬州市一家服饰专卖店从外面购进了 62 只皮包，开展"买一赠一"的促销活动，买一件羽绒服即赠送一只皮包，皮包上印有"JINLILAIPIJU"字样，附属的吊牌上标注有"goldlion""金利来"等字样，这些皮包经鉴定为假冒产品。最后，当地工商部门依据《商标法》及其实施条例对当事人作出了罚款 4000 元的行政处罚。

不过，很多公司更多的是担心定制赠品上的商标风险问题。让我们假设一下，如果金帝巧克力促销时赠送一只可爱的"玩偶"，安利保健品促销时赠送一个"保温杯"，而这些玩偶、保温杯都是品牌厂商向某些生产厂商定制或委托加工的。那么，在这些赠品上标注品牌厂商的品牌或 LOGO，会不会有侵权之虞？因为品牌厂商也许在这类赠品所属的商品上没有注册商标，而恰恰又有其他厂商注册了相同或近似的商标。

如果在玩偶、保温杯等赠品上仅仅只标注了"金帝""安利"字样，是不是商标法意义上的"商标使用"？是不是指示玩偶、保温杯等商品来源（而非促销的巧克力、保健品等商品）的商标性使用？恐怕会有一些争论。

日本大阪地方裁判所曾经在 1987 年 8 月判决的"BOSS"商标案中认为："附着 BOSS 商标的 T 恤衫只不过是为了促进电子乐器销售的附赠品，并且只限于向购买电子乐器的购买者无偿发放，本身根本不是独立交易的对象，从其发放的形态看，未来也没有在市场上流通的可能性，因此不属于商品，只不过是作为商品的电子乐器的广告品罢了。"❶ 按照此案中法院的意见，连赠品都不被视为"商品"，而是"不能独立交易的广告品"，因此，更难以认定"BOSS"在赠品上之使用属于商标性使用。

在欧洲商标法实践上，商标所有人以为宣传其饮料产品所制作和免费发放的服装作为证据，从而主张在服装上使用了该注册商标。OHIM 明确指出，在为其饮料产品宣传所制作和发放的服装上使用商标，不能认定为其在服装上使用了注册商标。❷

按此逻辑，如果有人在玩偶、保温杯等商品上合法注册了"金帝""安利"等商标，金帝巧克力和安利保健品是不是也可以主张，其在玩偶、保温杯等赠品上对"金帝""安利"的使用，不属于商标使用，进而主张不构成商标侵权？不过，前述国外的案件并不是商标侵权案件，而是因商标不使用而引发的撤销商标注册纠纷案件，因此，判断赠品上的标识使用是不是属于侵权意义上的商标使用，显然无法直接从中借鉴结论。事实上，笔者认为，这种情形下，构成商标侵权的风险仍然是巨大的。

大多数情形下，构成商标法意义上的"商标使用"是构成商标侵权的基础。《商标法》第 48 条明确指出，"本法所称商标的使用，是指将商标用于商品、商品包装或者容器以及商品交易文书上，或者将商标用于广告宣传、展览以及其他商业活动中，用于识别商品来源的行为。"因此，避免自己的品牌用于赠品上构成商标法意义上的"商标使用"，是规避商标侵权的关键所在。为了不构成"商标使用"，在与艾默生公司刘某刚、舍弗勒公司陈某两位同行简单探讨后，我们提出以下七个可以考虑的建议。

（1）避免在赠品上单独标注品牌名称或 LOGO。这种情形比较容易被认定为"用于识别商品来源"的"商标使用"行为。

（2）在赠品上标注品牌名称或 LOGO 时最好带上促销商品名称。比如，在玩偶赠品的吊牌上标注"金帝巧克力"（字体最好一样大小），显然，即使人家在玩偶类商品上注册有"金帝"商标，也难以主张"金帝巧克力"标识是对玩偶商品的来源指示或商标使用。

（3）如果空间允许，可以将促销商品（如巧克力、保健品）的包装图

---

❶ 李扬. 注册商标不使用撤销制度中的"商标使用"界定：中国与日本相关立法、司法之比较 [J]. 法学，2009（10）.

❷ 李静冰. 注册商标不使用撤销诉讼中的证明责任 [J]. 中华商标，2011（2）.

片，同时在赠品所标注品牌名称或 LOGO 的前后或上下，一并印上，如此更能清晰地向消费者传递明确的信息：赠品上的品牌名称或 LOGO 所指示的商品并不是赠品本身。

（4）在赠品上明确标注"赠品"或"非卖品"或类似字样，这样可以降低或避免与赠品所竞争商品上的"雷同"商标发生所谓混淆或误导的可能性。

（5）在不影响品牌宣传效果的基础上，可以将赠品生产商的品牌名称或 LOGO，同时印在赠品上，与促销商品的品牌并存。当然，要确保生产商印上去的品牌名称或 LOGO 不存在侵权的问题。更重要的是，不要让消费者将生产商的品牌或 LOGO，当作公司促销品牌的子品牌或姊妹品牌，或者产生相反误认。

（6）如果赠品或其包装的空间允许，可以将促销品牌厂商的公司名称显著标注，更能与赠品所竞争商品上的"雷同"商标，明确区分出不同的商品来源。

（7）如果公司名称包含了所要传播的品牌名称，可以不需单独印制品牌名称或 LOGO，直接印上"×××公司惠赠"即可。尤其是该品牌已经被他人注册并使用在赠品所属商品上时，如此使用更具安全性。

还有一个值得注意的现象，如果公司定制或采购了一批赠品后，这些赠品的生产厂商，可能会反过来在展会、广告、电子商务平台或公司官方网站宣称：我们的产品是"可口可乐赠品""五粮液定制礼品"，或者其他类似的宣传。如果公司不喜欢这样"被宣传"的话，最好一开始就要在采购合同或委托加工合同中，写上禁止这类宣传的条款。当然，更是必须通过合同禁止生产厂商擅自销售带有公司品牌"赠品"的行为。❶

5.4 投资合作的商标陷阱

5.4.1 上市公司的商标风险

上市是许多公司及其投资人的梦想。百度公司赴美国上市创造了 8 位亿万富翁，50 位千万富翁，甚至还传出公司前台工作人员也成为百万富翁的"一夜暴富"神话。不过，近年来，一些公司的上市之路并不平坦，不

---

❶ 袁真富. 赠品的商标管理 [J]. 中国知识产权，2014（9）.

断遭遇知识产权问题的纠缠。知识产权已经成为公司上市的"麻烦制造者"。

1. 信息披露的风险

这些知识产权麻烦大多根源于上市公司的信息披露。"证券市场的灵魂在于信息公开披露制度。"虽然直到现在,仍有一些上市公司在年报中对知识产权只字不提。但随着知识产权日益成为上市公司核心竞争力的重要体现和无形资产的重要部分,一些科技型上市公司,特别是那些创业板公司,对知识产权信息披露往往重视有加。朗科科技在2009年156页的年报中,"商标"一词出现了48次,"专利"一词更是出现了358次,频度之高令人惊奇。

但信息披露是一柄双刃剑,上市公司可以借此增强投资信心,带来投资利益,也可能因此惹火烧身,麻烦不断。由于缺乏制度上的系统规范,或者出于公司利益的考虑,甚至出于对知识产权的无知,因此很多上市公司在披露知识产权信息时都存在问题,违反信息披露真实性、准确性、完整性和及时性原则的情形并不少见。

现在信息披露已经带来了知识产权"外患",有些信息披露方面的硬伤甚至会产生非常严重的后果,因为很多人正在盯着公司。现在,盯着上市公司知识产权信息披露问题的,至少有两类人值得提防,一类是竞争对手,另一类是维权的权利人。

尤其值得注意的是,很多手握知识产权的权利人,并不急于控告侵权人,而是在等待他们上市的时刻。一些商标权人专门瞄准公司上市的敏感时刻,突然发动商标侵权诉讼。真是明枪易躲,暗箭难防。

上市公司相对透明的财务数据,也给权利人向其主张赔偿,特别是巨额赔偿提供了便利或依据。2004年,经营注册资金只有两万元、经营场所不足5平方米的"山东红河饮料经营部"的私营企业主林某,将上市公司红河光明告上佛山市中级人民法院,称其"红河红"啤酒再次侵害了"红河"商标权,红河光明被一审判令赔偿原告天文数字般的"1000万元",原告主张巨额赔偿的依据就是来自红河光明公开披露的年度报告。有趣的是,林某曾经向红河光明提出过私了,开价50万元转让"红河"商标。心高气傲的红河光明拒绝了。幸运的是,此案最后被最高人民法院提审后,最终将1000万元的赔偿骤降至2万元。

因此,那些倚重知识产权的上市公司,在重视知识产权信息披露的同时,更要警惕信息透明的烦恼。一方面,要加强知识产权管理,规范信息披露行为，防止落人口实，授人把柄。另一方面，更要学会如何处理上市前后的知识产权危机，避免被竞争对手和维权人玩弄于股掌之间。[1]

2. 商标关联交易的风险

上市公司身陷知识产权麻烦，其实不是"新闻"。10年前，母公司利用商标高价套现或抵减对上市公司的欠款，通过信息披露公开之后，一定会惹来争议一片。从1998年到2004年，上市公司五粮液向母公司五粮液集团上缴高达6.62亿元的商标使用费；三九集团向上市公司三九医药转让"999"和"三九胃泰"商标抵欠款6.2亿元；上市公司厦华电子以3.27亿元受让大股东厦华电子"厦华"系列商标，抵减大股东欠款后仍需支付现金1.75亿元。母公司通过知识产权运作，把上市公司变成了挣钱机器，以致一些上市公司与母公司上演起知识产权争夺战。

3. 收购上市公司的问题

国内也发生过一个有趣的故事。2001年，万向三农公司击退新疆德隆和中粮集团，拿到上市公司承德露露26%的股权，成为仅次于露露集团持股比例的第二大股东。2006年3月，承德露露以自有资金3.19亿元定向回购露露集团持有的12101.4万股国家股（占总股本的38.9%），并予以注销，与露露集团解除关系。而万向三农公司凭借持有的8088.6万股，占总股本的42.55%，一跃成为公司第一大股东。然而，承德露露同样没能取得其核心业务品牌"露露"的商标所有权。尽管露露集团退出了股东地位，却在商标等知识产权问题上牢牢地束缚了承德露露。

理所当然的交易就发生了，2006年11月，承德露露向露露集团购买了后者持有的"露露"商标共计127件、专利73项及域名、条形码等无形资产，这笔交易的价款是3.01亿元人民币。通过这次交易，承德露露才彻底摆脱了露露集团的控制。

5.4.2 警惕合资中的商标陷阱

在上海迪士尼建设之前，全球共有五座迪士尼乐园运营，分别是美国加州洛杉矶迪士尼、美国奥兰多迪士尼、日本东京迪士尼、法国巴黎迪士尼和中国香港迪士尼。从经营模式看，分别采用美国本土的自主经营、日本的授权经营，和法国、中国香港的合作经营。无论哪种模式，迪士尼公司都将知识产权牢牢掌握在自己手中。2009年10月20日，在郑州举行的

---

[1] 袁真富. 上市公司遭遇知识产权明枪暗箭 [J]. 中国知识产权, 2010 (7).

首届中国（郑州）国际动漫论坛上，美国迪士尼动画公司三维动画总监凯文·盖格发表的主题演讲就是"加工生产提供服务，知识产权决定一切"。

迪士尼正是这样做的。据了解，在合作经营模式中，香港迪士尼每年需支付给美国迪士尼高额的管理费和特许费。这些高额特许费被当作经营性开支，而其正是香港迪士尼项目曾长期亏损的根本原因。不过，即使迪士尼项目经营不善，美国迪士尼仍然凭借知识产权收取可观的特许费；如果项目产生利润，美国迪士尼还会以知识产权投入获得43%的股权收益。

这种在合资合作中，除了股权收益之外，跨国公司还通过商标、专利等知识产权杠杆获得高额利润的做法，是屡试不爽的手法，有的人斥之为"剥削"。因为很多跨国公司通过知识产权许可这个杠杆，不知不觉从合资或合作企业手中拿走了大部分利益，甚至使合资或合作企业连连亏损，而自己仍然赚得盆满钵满。

这凸显出一个事实，那就是很多跨国公司（或许是绝大多数）都会利用知识产权长袖善舞，从合作者那里夺走太多的利益，以至于合资或合作企业"不是加工厂，胜似加工厂"，因为品牌不是自己的，是跨国公司（作为外方股东）许可使用的；技术也不是自己的，是跨国公司许可使用的。

在讨论中国公司的品牌战略时，许多报刊都曾经提到在合资或合作中，中国公司辛辛苦苦建立的著名品牌经常被外方有意识地淡化使用，直至退出江湖，短短几年之内就被洋品牌取而代之。作为"典型"被宣传的常常有：在饮料行业，原来所谓的"八大名牌"，六个都因为与可口可乐公司、百事公司合资而销声匿迹；在洗衣粉行业，广州肥皂厂的"洁花"牌香皂与美国宝洁合资后，又很快被"海飞丝""潘婷"取而代之。在合资或合作的过程中，这些故事不胜枚举，而且令人同情。

最为经典的故事是"美加净"和"露美"的失而复得。20世纪90年代，上海家化以2/3的固定资产，以及"美加净""露美"两个销售额达3亿元的品牌与一家国际著名的跨国公司合资，当时"美加净"牙膏在中国可以说是家喻户晓，其年销量6000万支，产品出口量全国第一。然而，外方公司却以控股为手段，将"美加净"和"露美"束之高阁，打入"冷宫"，致使消费者对这两个品牌越来越陌生。在合资后，没有了"美加净"和"露美"的支撑，上海家化的销售额一年中锐减54%。通过这次沉痛的教训，上海家化终于认识到知识产权的重要性，花重金"赎回"了这两个商标。

这些故事的历史大多比较久远，但是直至今天，它们的翻版还在上演，因此，其中的启示还没有过时。早在1996年2月，杭州娃哈哈公司就与达能签署商标转让协议，将"娃哈哈"商标转让给达娃合资公司，幸好因为种种缘故，商标局竟然一直未予核准，使得宗庆后在2007年那场"达娃之争"中惊险胜出。否则，娃哈哈这个品牌同样会落入达能之手，继而可能重蹈覆辙。

这些故事可能还不好冠以"剥削"，更适合称为"陷阱"。然而，我们对于"陷阱"注意了，警惕了，防范了；而对于"剥削"，我们还缺乏足够的认识。对于跨国公司这些"洋凤凰"，很多国内公司和地方政府还在孜孜不倦地"筑巢引凤"，却丝毫没有觉察到"引狼入室"的风险。

事实上，跨国公司的知识产权剥削模式，套路并不复杂。常见的做法是，跨国公司和中国公司合资成立一家公司，跨国公司也乐于合资公司使用自己的专利、技术秘密，特别是商标等知识产权，但是它不会将这些知识产权的所有权转让给合资公司，而是许可给合资公司使用。甚至在合资公司经营过程中所推出的新品牌或使用的新技术的知识产权所有人同样是外方的跨国公司。不信的话，到商标局官方网站查询一下目前中外合资公司使用品牌的商标注册人是谁就知道事情的真相了。有趣的对比是，在合资过程中，跨国公司却乐于中国公司将其知识产权转让给合资公司，就像希望娃哈哈转让一样；但并不喜欢使用中国公司的知识产权尤其是商标，就像把"洁花"打入冷宫，置之不理一样。甚至有的跨国公司还希望把合资公司的知识产权转让给它自己独享。这个对比似乎已经暴露了某些跨国公司的阴谋。

当然，"天下没有免费的午餐"，合资公司使用跨国公司的知识产权，必须支付价格不菲的商标许可费等知识产权许可费。如此一来，跨国公司对于合资公司至少享有双重利益，首先拿到的是知识产权许可费，然后是股权收益，如果它还搭售设备和关键部件的话，还可以获得第三重利益，甚至更多重的利益。

有的合资公司支付知识产权许可费后，可能已经没有利润，甚至亏损了，就像香港迪士尼一样，此时中方作为股东，一分钱利润分配也没有享受到。这就是所谓知识产权剥削了。而且，由于外方在股权上占据控制地位，或者合资公司严重依赖外方的知识产权，很多时候中方被迫接受这种被剥削的事实。

不仅仅是合资，在并购过程中，中国公司稍不留神也会被"剥削"，而且沉浸在"扬我国威"的喜悦中浑然不觉。近年来，中国公司海外并购高潮迭起，在金融海啸中更是"逆势抄底"。然而，有的公司收购的只是外国公司的工厂，同时还帮助人家解决了就业难题，并没有获得更有价值的品牌、专利等知识产权。相反，作为收购方的中国公司，还得继续购买人家的专利技术或商标许可。

真应了老作家臧克家的那句话："有的人活着，他已经死了；有的人死了，他还活着。"前半段话是中国公司在合资公司中拿不到利润或拿极少利润的写照，后半段话则反映了外国公司卖掉子公司后仍能从中国公司源源不断拿走利润的景象。

迈克尔·皮瑞曼在美国《每月评论》2003年1月刊登了一篇文章《知识产权的政治经济学分析》，他抨击知识产权是西方资本集团借用国家力量保护，维持其垄断地位和对发展中国家进行剥削，从而阻止资本利润率下降的一种实用手段和伎俩。时任上海大学知识产权院院长陶鑫良教授曾经指出：随着中国成为全世界重要的制造业基地，跨国公司已经无法在制造规模及成本控制上遏制中国公司的发展，只能凭借知识产权优势、知识产权侵权诉讼来构筑新的贸易壁垒，以牟取巨额商业利益、占据更多的市场份额。

因此，跨国公司紧握知识产权不放手，丝毫不值得奇怪。因为跨国公司已经把知识产权提升到了非常重要的地位，因此，中国公司必须了解跨国公司的知识产权游戏规则，才能避免陷阱，不受剥削。

跨国公司在每一个可以利用知识产权实现剥削的环节，都毫不手软。一些中国公司或许并非不懂跨国公司的知识产权剥削模式——其实这已经是业内众所周知的秘密，它们默默地忍受着"剥削"，负重前行，可能是因为没有选择，核心技术、知名品牌都不在自己手中。事实上，我国已经有公司对跨国公司的这种知识产权操作模式戒备于心了。

但是，那些投身于中外合资和海外并购的国内公司，那些为招商引资尤其是为引来"洋凤凰"而不遗余力的地方政府，是否都已经认识到了跨国公司这些知识产权"剥削"的所谓商业模式，我们仍然留存疑问。❶

5.4.3 字号使用商标的谨慎许可

笔者不止一次遇到讨论如何解决类似的问题：在投资、合作等过程

---

❶ 部分内容原载袁真富. 警惕知识产权剥削 [J]. 中国知识产权，2010 (2).

中，商标权人许可对方或共同成立的第三方（新设立的公司），使用其商标作为公司名称中的字号，现在因为种种原因合作已经终止或者商标权人从新设立的公司中退出了，如何处理那个公司名称中的字号？

事实上，要更改公司名称并非易事，就是那些驰名商标的权利人，都对未经许可使用其商标作为公司字号登记的"侵权人"，常常感到无计可施，更何况是此种情形下公司名称当初还是经过授权（或默许）才登记的。

上海药房股份有限公司（以下简称"上海药房"）旗下的老字号"徐重道"就遇到这个问题。国家食品药品监督管理局在 2012 年 9 月通过其官方网站曝光了一批中药饮片生产企业涉嫌用化工色素金胺 O 进行染色，用铝盐和镁盐加重，并在药材中掺假的违法行为。上海药房股份有限公司亳州徐重道中药饮片厂（以下简称"亳州厂"）不幸登上"黑榜"。这本是一家亳州的公司，但因为冠了"上海药房"的名称，并且其字号中有"徐重道"三字，差点殃及上海药房。虽然上海药房承认对亳州厂有徐重道品牌授权和冠名使用授权行为，但又极力撇清两者关系，但这恰恰暴露了上海药房在商标许可（甚至公司名称冠名）上的粗心做法。据知情人士透露，亳州厂原本应该是上海药房多年前的一个投资合作项目，后来不知何故退出了合作，但亳州厂却得以设立，并持续经营至今，不过，上海药房似乎已经将它遗忘了，直至这次东窗事发，才开始着手清理这个当初留下来的后遗症。

5.4.4　关联公司的商标隐患

就像热恋中的情侣一样，关联公司有时资产不分你我，你的商标就和我的一样，随便享用。不过，一旦恋人分手，为财产闹上法庭的可不少。类似的商标纠纷同样多，因此，可得小心：不少关联公司之间可能埋伏了商标交易的隐患。

上海有一个颇具知名度的人士，分别投资开设了两家公司（暂且称作 A 和 B），后来出于某种原因，他将其中一家公司 B 卖给了别人。当别人接管公司 B 后，继续按照公司 B 原有的方式使用其品牌。而这个品牌恰好是这个知名人士的名字，分别由其名字的中文和拼音组成。在公司被收购不久，该知名人士提出了两个问题：第一，这个品牌的中文和拼音部分由公司 A 和公司 B 分别提出的商标注册，因此公司 B 只拥有拼音商标，继续使用公司 A 的中文商标，侵权了。第二，这个品牌是他的名字，无论中文还是拼音部分，公司 B 都不能再使用了，否则侵犯姓名权。

且不评论姓名权的问题，单单第一个问题就暴露了关联公司的商标麻烦。当公司 A 和 B 都由一个人控制时，自家兄弟，情同手足，商标相互随便用。现在公司 B 已经是"卖"出去的外人了，只是它自己还没有适应"外人"的角色，仍然沿用以前的品牌、包装等，从来就没有意识到：股东变了，一直使用的品牌竟然也得跟着变。

这个故事归根结底是没有尽职调查惹的祸。因此，公司收购时商标的尽职调查很重要，目标公司所使用的商标，是不是都是它自己注册的呢？不能想当然。但是，国美电器所遇到的"三联"商标之争，简直堪称戏剧性。

曾被誉为中国"国企改革一面红旗"的郑州百文股份有限公司（以下简称"郑百文"）在中国证券行业经历了两次"声名大噪"：第一次是作为国企的"先进典型"隆重上市，第二次是作为"世界上最烂的垃圾股"而差点成为中国首家破产的上市企业。郑百文股票在 2001 年 3 月 27 日暂停上市后，经过企业重组和业务整合，郑百文承接了三联集团公司从事家电零售经营的全部业务和相关资产，结果后来又埋下了一个商标"炸弹"。还好这个商标"炸弹"没有让这只股票像前两次那样"声名大噪"。

2003 年 1 月 27 日，三联集团与郑百文签订商标许可使用合同，合同约定："三联集团公司许可郑百文在家电零售领域无偿使用'三联'服务商标；商标无偿许可使用期限为合同生效之日起至商标有效注册期满止（包括续展的期限）；三联集团公司承诺不再以任何形式在家电零售领域使用或许可他人使用'三联'商标；三联集团公司应在'三联'服务商标有效期届满时负责进行续展，并承担续展的费用，双方还在该合同第六条第三款中特别约定，如果三联集团公司拟放弃'三联'服务商标的所有权，应事先通知郑百文，并在郑百文同意的情况下，无偿将'三联'服务商标转让给郑百文。"

2003 年 7 月 18 日，郑百文股票恢复挂牌交易，同年 8 月 22 日，郑百文顺理成章地变更为三联商社股份有限公司（以下简称"三联商社"）。看起来，大股东三联集团公司对郑百文（后来的"三联商社"）的商标支持还是很大的。

不过，好景不长，2008 年 2 月 14 日，三联集团公司持有三联商社的 2700 万限售流通股的股权经济南市中级人民法院执行程序拍卖，国美电器成为实际控股股东。同年，三联集团公司就将"三联"商标转让给山东三联家电有限公司,曾经的"亲儿子"三联商社旋即提起诉讼,要求按合同无偿获得"三联"商标。

这时,三联集团公司翻出当初的商标许可使用合同,把案件的焦点引向了合同"鉴于"条款的理解。原来,这个合同暗含"机关",约定了两个"鉴于"条款:"一、许可人(三联集团)是'三联'服务商标的商标权人;二、许可人是被许可人(三联商社)的第一大股东,积极支持被许可人的发展。"合同中一向不受待见的鉴于条款,这时竟然发挥了力挽狂澜、扭转乾坤的作用。

2011年6月,济南市中级人民法院一审判决,驳回原告三联商社的所有诉讼请求。法院认为:"当事人对合同条款的理解有争议的,应当按照合同所使用的词句、合同的有关条款、合同的目的、交易习惯以及诚实信用原则,确定该条款的真实意思。……郑百文无偿获得涉案商标的使用权是基于三联集团公司对其控股关系和支持其发展的目的。同理,涉案商标无偿转让给三联商社也应基于三联集团公司对其控股。当三联集团公司持有的三联商社的股权被法院强制拍卖并丧失三联商社第一大股东地位后,本案商标许可使用合同中'鉴于'条款二的前提和基础已不存在,合同目的无法实现。"2011年12月,山东省高级人民法院终审维持原判。

至此,三联商社与三联商标擦肩而过。不过,三联商社随后发布公告称:该案的判决结果并不影响原商标许可使用合同的有效性,法律上不影响公司继续使用"三联"服务商标;"三联"商标纠纷对公司名称"三联商社股份有限公司"的现时使用以及用公司商号"三联商社"进行开设新店以及其他商业行为不构成法律影响。

读完这份公告,似乎有种感觉:三联商社即使不能称作"虽败犹荣",也至少是"虽败犹胜"了。但是,没有商标权,在某些情形下仍然难免掣肘。当然,反过来看,山东三联家电有限公司这个三联商标买家,的确不像其他商标权人那么舒坦,因为基于早先关联公司的关系,三联商社虽然没有"三联"商标,似乎有较多合理甚至合法使用"三联"字样的空间——这何尝不是关联公司之间当初商标资产操作不当,给各方带来的难以消除的商标隐患。❶

---

❶ 袁真富. 关联公司的商标隐患 [J]. 中国知识产权, 2013 (7).

第 6 章 商标诉讼攻防策略

阅读提示:

强化商标经营利用的规范管理

- 通过专业人员和监控渠道发现侵权线索
- 提起民事诉讼之前要进行谨慎的评估
- 明确自己的诉讼目标,更利于诉讼策略的制定
- 选择谁来当被告,也要有那么一点点战略性的思考
- 选择适当的诉讼地点、时机和事由,对于诉讼也比较重要
- 如何提高获赔数额?需要在证据上下功夫,在技巧上做文章
- 面对警告函既要冷静处理,更要积极采取因应之策
- 借助诉讼程序和抗辩事由,来防御权利人的侵权之诉
- 发起针对原告的诉讼挑战,反击对方的商标侵权指控
- 除了应对诉讼,可能还需要作出预防性的安排
- 和平解决商标侵权争议,往往对各当事方都大有裨益

开篇案例

红冠公司的"诉讼营销"?

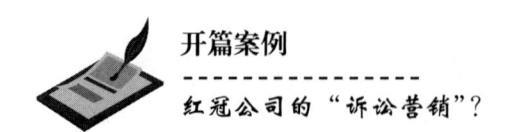

2013年5月15日,大公网财经频道官方微博戏称:"今天是红色罐子的节日。"因为这一天,加多宝公司将为"红罐"而迎战两场官司:一是与广药集团争夺"王老吉"红罐包装装潢的权利归属,二是与红冠公司就"改名广告"商标侵权问题对簿公堂。

这两年来,加多宝公司与广药集团为了"王老吉"商标许可以及"王老吉"红罐包装装潢的权利归属,在媒体上吵吵闹闹,已经让人有些审美疲劳了。不过,事情并未结束,半道里杀出一个"红冠"饮料。这都是加多宝公司那则"改名广告"惹的祸。

由于广药集团收回了加多宝公司对红罐"王老吉"商标的使用权,自2012年6月起,加多宝公司铺天盖地发布所谓"改名广告":"全国销量领先的红罐凉茶改名加多宝"。广药集团为此起诉加多宝公司虚假宣传,因为"王老吉从来没有改名"。2014年1月底,广州市中级人民法院下达诉中禁令,裁定加多宝公司等立即停止使用"全国销量领先的红罐凉茶改名加多宝"或与之意思相同、相近似的广告语。

加多宝公司绝对做梦也没有想到,对这则"改名广告"严重不满的,还另有其人。2013年5月8日,红冠公司在广州召开新闻发布会,宣布加多宝公司的改名广告涉嫌侵犯"红冠"商标权益,状告加多宝公司侵权并索赔1亿元。

加多宝公司的广告语"全国销量领先的红罐凉茶改名加多宝",看起来应该进入语文题库,因为它的内涵充分考验人类的理解能力。先是广药集团认为其中的"全国销量领先的红罐凉茶"指代的就是红罐"王老吉",接着是红冠公司认为其中的"红罐"措辞存在问题:"'红冠'与'红罐',除了一个字不相同外,普通话和广州话的读音完全相同,汉语拼音的书写也一致。加多宝公司投放的改名广告,使消费群体误认为'红冠'饮料已改名为加多宝,令红冠公司之前的广告投入及销售努力都付诸东流。"

经过这番断章取义的理解后,红冠公司立马被包装成一个"受害者"。"正宗红冠凉茶从未改名 加多宝面临1亿索赔"的新闻,旋即挂上了红冠公司的官网。据说,加多宝公司的一位内部人士这样表达他的看法:"借机炒作,非常无聊。"不过,红冠公司掺和王老吉之争,也可说是向加多宝公司的营销理念"致敬"。

加多宝公司是事件营销的高手。2008年汶川大地震，加多宝公司捐款1亿元，一战成名。包括最近几年，就加多宝与王老吉之争，加多宝公司不断制造新闻事件，让"加多宝"品牌在短期内迅速家喻户晓，似乎看不到离开"王老吉"对它有什么严重影响。毫无疑问，2013年5月8日红冠公司一本正经召开发布会，大张旗鼓状告加多宝公司，也是一次典型的事件营销，更准确地说是"诉讼营销"，再通俗一点说就是"诉讼炒作"。

诉讼营销就是借诉讼之名，吸引媒体和公众关注，进而提升品牌的知名度。知识产权领域的诉讼营销，最近几年如雨后春笋般不断地冒出。笔者通过几起疑似诉讼营销的案例，以非专业人士的角度，总结了几个诉讼营销要点，以供参考，权当笑料：第一，通常要找大公司诉讼；第二，一般要提出天价索赔；第三，要找个通俗易懂的诉讼理由；第四，要有给力的宣传报道；第五，要制造可持续讨论的新闻话题；第六，要把握舆论导向。

只要掌握了以上秘籍，诉讼营销保证不愁。不过，究竟会收获"美名"还是"恶名"，这可要看运气了。广大网民早已练就了火眼金睛，不太好忽悠了。从最近"红冠"诉讼引发的微博评论来看，红冠公司似乎没有取得预期的效果。

资料来源：袁真富. 诉讼营销攻略[J]. 中国知识产权，2013（5）.

6.1 商标诉讼的趋势与特点

6.1.1 商标案件数量日渐增多

根据最高人民法院发布的中国法院知识产权司法保护状况年度报告，2013年，全国地方人民法院共新收商标民事一审案件23272件。2021年，全国地方各级人民法院共新收商标民事一审案件124716件，同比上升59.62%，是2013年新收商标案件的5.36倍。虽然在2022年，全国地方人民法院新收商标民事一审案件112474件，同比下降9.82%，但从近几年的发展趋势上看，全国商标案件的数量整体上在快速增长。2022年，上海市法院共受理一审商标民事纠纷案件9408件，而同期受理一审知识产权民事案件40402件，一审商标民事纠纷案占比为23.3%，这表明商标侵权现象仍然比较突出。同时，有社会影响力的商标侵权及不正当竞争案件不断增多。

6.1.2　天价索赔案件不断涌现

从国内近年来爆发的商标侵权案可以看到，商标侵权案件不断涌现天价索赔，甚至在有的案件中，法院判决也支持了天价赔偿，这也反映了商标的价值日益得到体现和认可。

2018年7月，广东省高级人民法院就广州医药集团有限公司诉广东加多宝饮料食品有限公司、浙江加多宝饮料有限公司、加多宝（中国）饮料有限公司等商标侵权纠纷案作出一审判决，判决被告赔偿经济损失及合理维权费用共计14.4亿元人民币。后被最高人民法院二审裁定发回重审。2023年7月，广东省高级人民法院再次判决被告共同侵权并需赔偿广州医药集团有限公司3.17亿元。

2019年6月，南京市中级人民法院就小米科技公司、小米通讯技术有限公司诉中山奔腾公司等侵害商标权及不正当竞争纠纷案作出一审判决，认为被告中山奔腾公司的侵权行为具有明显恶意，情节极为恶劣，所造成的后果亦十分严重，应当适用惩罚性赔偿，故判决被告中山奔腾公司等赔偿原告经济损失5000万元及合理开支41万余元。

2019年12月，杭州市中级人民法院就杭州联安安防工程有限公司诉小米通讯技术有限公司、小米科技有限责任公司等侵害商标权纠纷案作出一审判决，认定小米通讯技术有限公司、小米科技有限责任公司因使用他人已注册商标"米家"，构成商标侵权，判决小米通讯技术有限公司赔偿给原告联安公司1200万元，同时还需要承担原告的维权开支10万余元，小米科技有限责任公司应就680.38万元赔偿金额承担连带责任。

2019年8月，济南市中级人民法院就腾讯公司起诉深圳市小飞鱼移动科技有限公司、深圳市风铃动漫有限公司等商标侵权及不正当竞争纠纷案作出一审判决，认定三被告生产、销售的"腾讯首款无线蓝牙耳机"产品侵犯了腾讯公司享有的"腾讯"文字与"腾讯图形"注册商标专用权，小飞鱼移动科技有限公司和风铃动漫有限公司需赔偿腾讯公司经济损失等共计2000万元。

2021年6月，江苏省高级人民法院就拉菲罗斯柴尔德酒庄与南京金色希望酒业有限公司、南京拉菲庄园酒业有限公司等被告商标侵权及不正当竞争案作出一审判决，判决各被告赔偿经济损失及合理支出共计7917万元。

2022年8月，江苏省高级人民法院就德禄产业与发展有限责任两合公司与德禄家具（上海）有限公司等商标侵权及不正当竞争案作出二审判决，认定被告属于恶意侵权且情节严重，对原告5000万元的赔偿主张予以全额支持。

6.1.3 打假维权形势不容乐观

目前来看，我国侵犯商标权的假货还是比较泛滥，并且假货的生产、销售也呈现出专业化趋势，导致打假维权的形势不容乐观。以下是当前打假维权过程中一些值得关注的特点。

（1）侵权广泛化。假货的侵权活动，早已从线下发展到线上，不仅淘宝等网络交易平台或购物网站充斥着假货，而且大量的假货生产商开始利用微信等新的手段从事侵权商品的定制、销售活动。

（2）地域集聚性。假货生产、销售已经按行业等特点形成了区域集聚。这既有历史长期发展的因素，比如当地有生产该产品的历史，生产技术及技术人员留在当地，有足够的条件可以制造假货；也有跟风生产的因素，因此一旦某地假货开始冒头，就要严厉打击，防止假货跟风。

（3）制假产业链。一些地方已经形成了制假的产业链，而且分工细致，相互配合，甚至分享信息。而制假产业链的发展，又会进一步加剧当地假货的猖獗以及假货的地区集聚。

（4）侵权隐蔽性。这些隐蔽性表现在：一是制售分离，即生产工厂和销售门店相互分开隔离，导致查找造假的生产源头困难。二是货标分离，即假货在最终发货前与假冒的商标标识分离，不到最后一刻不贴标，直至发货时才将商标贴到货物或其包装上。三是电子商务、快递等物流业的发展使得造假行为更加隐蔽，难以查明源头。

（5）处理难度大。一些假货故意规避法律，使法律适用困难，处理难度加大。比如，将他人知名商标跨类注册后进行使用，将他人外文商标的中文名作为企业字号使用，将他人知名商标直接或经过变形后注册成为域名使用，使用高度相似的产品外观甚至组合几款产品的外观，以知名品牌的汉语拼音作为商标使用甚至进行商标注册申请等。表面上看，这些情形似乎都可以在现行法律框架下得到解决，其实有时在实践中处理起来还是比较困难，既有举证责任的问题，也有法律适用的问题，尤其是最终处理结果未必令人满意。一些制假者正是利用知识产权的灰色地带，肆无忌惮地制假售假。

（6）打假成本高。前述因素的影响，导致调查假货来源、打击假货窝点的难度增大，耗时更长，花费更高。尤其是网上假冒信息繁多，识别和查处的效率受到影响。❶

6.1.4　商标刑事案件占比较大

2021年3月1日施行的《刑法修正案（十一）》对侵犯知识产权犯罪作了重大修改，为提升知识产权司法保护水平提供了有力支撑。2021年，全国地方各级人民法院新收侵犯知识产权刑事一审案件6276件，其中，新收侵犯注册商标类刑事案件5869件，在全部侵犯知识产权罪案件中占比高达93.51%；2022年，全国地方各级人民法院新收侵犯知识产权刑事一审案件5336件，其中，新收侵犯注册商标类刑事案件4971件，在全部侵犯知识产权罪案件中占比高达93.16%。这表明当前涉商标知识产权刑事犯罪行为较为高发。

6.1.5　商标案件社会影响较大

近年来，众多知名的商标案件相继登上新闻头条，比如苹果公司、IP申请发展有限公司与唯冠科技（深圳）有限公司"IPAD"商标权权属纠纷案，广药集团与加多宝公司围绕"王老吉"商标的一系列商标侵权及不正当竞争案件，可谓举国瞩目。

而占某生与特斯拉汽车公司就"TESLA"商标的确权及侵权纠纷系列案、杭州妙影微电子有限公司诉北京小桔科技有限公司"嘀嘀"商标侵权纠纷案、微云软件（上海）有限公司诉深圳市腾讯计算机系统有限公司将互联网存储服务软件命名为"微云"涉嫌侵害其"微云"注册商标权的商标侵权纠纷案、佛山市海天调味食品股份有限公司与佛山市高明威极调味食品有限公司侵害商标权及不正当竞争纠纷案等，都在国内掀起一阵阵新闻报道高潮。

---

❶ 本部分的观点主要参考了美国艾默生电气集团中国区知识产权总监刘永刚先生的演讲内容，在此致谢。

管理提示
利用行政保护程序打假的部分建议

中国在知识产权保护上实行的是"行政保护+司法保护"的双轨制，这是中国特色。因为大多数国家除了海关存在行政执法以外，没有像中国建立这样广泛而庞大的知识产权行政执法体系。2013年，我国行政执法机关共处理了侵犯知识产权和制售假冒伪劣商品案件26.2万件，移送司法机关4550件，捣毁窝点5441个。因此，利用行政程序保护商标权是一个有效的途径。

不过，在利用行政执法程序时，除了法律上的程序要求，还有如下建议可供参考。

(1) 注意给产品防伪，便于行政执法部门认定或识别假货。

(2) 可以联合同行甚至竞争对手，共同打击假货生产商，因为不少假货生产商，会同时生产同类产品的不同品牌。

(3) 可以联合产业链的上下游，共同打假。比如，一些认证机构的商标会同时被假冒，公司的供应商的商标也可能同时被假冒。

(4) 要过滤最有价值的打假目标，不要滥用行政资源清扫市场，尤其是刑事打击资源。

(5) 打击商标侵权，不要只盯着市场监督部门执法；如果能挖出侵权人还有其他行政违法或资质问题，可以寻求其他执法机关的帮助，实现"曲线救国"。比如，借助网站管理部门或其他行政执法部门关闭侵权网站或关闭域名解析功能，通过质量监督执法部门查处有质量问题的假货。

(6) 借助行业协会或者其他机构的研讨会和合作渠道等，与执法部门多打交道。

(7) 采取合适的方式向执法人员提供培训或宣传有时也很关键，因为不同执法机构的不同人员在业务素质和执法能力上差异较大。

(8) 向执法部门寄送感谢信，同时委婉提出更高要求，也是增进执法合作的方式，甚至可以减少地方保护主义。

(9) 选择专业权威和经验丰富的中介服务机构，也是重要的保证。

资料来源：东方知识产权俱乐部，"企业打假操作实务及行动策略"沙龙，2013年10月。以上建议系从沙龙讨论中提炼而出的部分内容。

6.2 商标侵权诉讼攻击的策略安排

6.2.1 如何发现商标侵权

及时发现商标侵权行为并及时有效地打击，是公司品牌利益得以可持续发展的保障。那么，如何发现他人的商标侵权行为呢？各个公司当然有不同的做法，这里只能提供一些基本的思路供参考。

1. 内设或外聘监控侵权的人员

一些具有规模的公司，都建立有自己专门负责打击侵权的机制，甚至有自己专业的打假队伍。有的公司专门安排了负责打假的人员，有的公司则训练营销人员参与打假，还有的公司甚至聘请专门的中介机构，如商业调查公司或者律师事务所，提供专业的调查侵权的服务。多数情况下，公司主要是借助自己的营销网络来发现、识别商标侵权的线索。

对于肩负打假重任的人员，无论是外聘的还是内部的，都应当对其进行适当的打假培训，比如了解知识产权的基本知识，初步判断侵权行为，以及固定侵权的证据。如果商标侵权知识都不了解，很难想象他会出色地完成任务。也许他会持续不断地汇报一堆并不需要的信息，或者作出了打草惊蛇的举动，妨碍公司策略性的打假计划。

2. 掌握发现侵权的渠道

有些发现商标侵权的渠道是基于比较主动的监视行为，有些则是基于比较被动的发现过程。从保护商标权的角度，公司不能只是消极地发现侵权，等到市场上假货已经泛滥成灾时，才惊醒过来。如果那时市场已经被假货搞得乌烟瘴气，品牌商丧失了基本的商品信誉，消费者可能会拒绝购买这个品牌的商品，不管它是真货还是假货。此时此刻，公司可能已经错过了打击侵权行为的最佳时机，因此，主动出击，把侵权活动扼杀在摇篮中，通常是最好的选择。

发现商标侵权的渠道有很多，公司可以通过各种渠道监视和收集侵权线索，下面列举一些常见渠道。

- 展览会：通过巡查展会，有可能找到商标侵权的展品。
- 广告：广而告之的宣传行为，很容易被发现侵权线索。
- 客户调查：如果公司的客户在进货数量或数额等方面发生了异常的变化，则值得调查一下是不是假货参与了竞争。

- 商标公告监控：有的仿冒者试图通过申请近似的商标来实现经营的合法化。监控商标公告，或许能顺藤摸瓜发现商标申请人的商标侵权行为。
- 竞争对手监视：竞争对手也会使用公司的商标，特别是模仿使用公司的商标。
- 购物网站查询：许多快速消费品公司已经把淘宝、天猫、京东、抖音等网站或平台列入商标侵权日常监控的对象。
- 搜索引擎查询：定期查询一下百度，也会发现商标侵权的线索，特别是在百度推广的显示区域。
- 侵权举报奖励：在产品包装或公司网站上注明举报热线电话，可能会收到热心消费者的线索举报。
- 消费者投诉：消费者投诉产品有质量问题，可能发现被投诉的产品其实是假货。
- 售后服务：有时消费者会将假货拿来维修，从而提供了商标侵权的线索。
- 官方渠道：在工商执法或海关监管过程中，也可能发现侵犯商标权的产品。

6.2.2 诉讼与否的评估

1. 民事诉讼还是其他救济途径

发现了商标侵权行为，如何去制止它？法律为权利人提供了许多的选择和路线。不过，每一种选择都有其利弊得失，也各有其技巧策略，公司需要谨慎地作出决定。以下是常见的制止侵权的途径，可以看到民事诉讼只是救济途径之一。

（1）自行制止侵权行为

作为一种可能的路线选择，自行制止商标侵权只是一种私力救济的方式。发现侵权的公司可以让律师或法务人员发函警告侵权人，希望对方立即停止生产、销售，并回收市场上的侵权产品，并威胁如果不停止侵权，权利人将采取相应的法律行动。

为了避免陷入不必要的诉讼大战，或者为了消除不知情的非恶意侵权（如经销商的善意销售行为），公司采取向侵权人寄发简单的警告函的方式，可以将无心的善意侵权快速平息下去，以提高维权效率，减少维权成本，缩小侵权所带来的损失和负面影响。

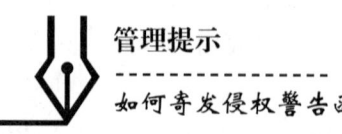

> **管理提示**
>
> **如何寄发侵权警告函**
>
> 商标权人在正式提出诉讼之前，如果期望和平解决争议，可以事先向侵权人寄发侵权的警告函或警告信（Notice letter），试探和解的可能性。如果能够与侵权人进行和解谈判，以授权、合作等方式和平收场，并能达到自己期望的目的，自然最为妥当。如果对方并无和解的诚意，甚至毫无反应，则考虑启动诉讼程序。
>
> 但要注意的是，寄发警告函之前必须切实做好诉讼前的调查取证工作，否则侵权人收到侵权警告后，可能立即有所防御，导致不易取证，甚至转移证据的局面。侵权警告函的写法可以根据不同情况灵活处理，口气可以强硬，也可以缓和。商标侵权警告函一般应写明以下内容：
>
> （1）商标权人的商标标识，包括核定使用的商品或服务等注册情况；
>
> （2）对方产品或服务侵害了商标权，希望对方停止某种侵权行为；
>
> （3）希望对方在何时就此作出答复；
>
> （4）如果对方不作答复，商标权人可能采取的措施等。

（2）请求行政机关查处

依据《商标法》第60条的规定，对于商标侵权行为，权利人可以请求工商行政管理部门处理。工商行政管理部门处理时，认定侵权行为成立的，责令立即停止侵权行为，没收、销毁侵权商品和主要用于制造侵权商品、伪造注册商标标识的工具，违法经营额5万元以上的，可以处违法经营额5倍以下的罚款，没有违法经营额或者违法经营额不足5万元的，可以处25万元以下的罚款。对5年内实施两次以上商标侵权行为或者有其他严重情节的，应当从重处罚。

通过工商行政管理部门处理侵权，最大的不利就是不能直接获得侵权赔偿，尽管处理侵权的工商行政管理部门根据当事人的请求，可以就侵犯商标专用权的赔偿数额进行调解，但这种调解不具有强制性。另外，在一些地方，可能存在地方保护主义，使行政执法很难满足权利人的愿望。

不过，依靠工商行政管理部门打击商标侵权，还是存在许多优势的：

- 相对于权利人到法院诉讼，处理侵权行为更为快速有效；

- 处罚程序上较为简便，有利于案件尽快处理结束；
- 只要求权利人提供商标侵权的基本证据，减轻了案件的举证责任；
- 基本上不需要权利人承担费用，减轻了公司的负担；
- 可以从行政查处中获得更充足的证据，使用于未来的侵权赔偿诉讼中。

（3）采取海关保护的措施

很多侵犯商标权的产品都会通过海关进出口。如果侵权商品出口，则会影响权利人的海外市场；如果侵权商品进口，则会影响权利人的国内市场。❶ 但很多公司往往忽视了采取海关保护商标的措施，失去了在海关控制侵权商品进出口的机会。商标海关保护的模式有两种。

一是依申请保护。指商标权利人发现侵权嫌疑货物即将进出口后向海关提出申请，海关根据商标权利人的申请扣留侵权嫌疑货物。依申请保护模式又被称为"被动保护"模式，因为在这一模式下，海关不会主动采取制止侵权嫌疑货物进出口的措施。

二是依职权保护。指海关在对进出口货物的监管过程中，若发现进出口货物涉嫌侵犯已在海关总署备案的商标的，将主动采取扣留和调查处理措施。由于在依职权保护模式下，海关有权主动采取制止侵权货物进出口的措施，因此这一模式又被称作"主动保护"模式。应当注意的是，依职权保护模式仅适用于商标权利人事先将其商标向海关总署备案的情形。

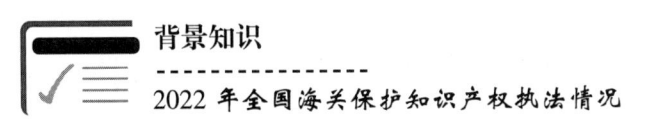

> **背景知识**
> ----
> **2022年全国海关保护知识产权执法情况**
>
> 海关总署在2023年4月25日对外公布了2022年全国海关保护知识产权执法情况，同时公布了十大典型侵权案件。据统计，2022年，全国海关共采取知识产权保护措施6.46万次，实际扣留进出口侵权嫌疑货物6.09万批、7793.85万件。查扣侵权嫌疑货物主要呈现以下特点。
>
> （1）查获侵犯商标权货物数量仍居首位。海关查扣侵权货物的知识产权类型包括商标权、专利权、著作权、奥林匹克标志专有权等，

---

❶ 需要注意的是，中国海关对与出口和进口货物有关的商标权都要实施保护。而其他很多国家的海关并不对出口产品进行商标保护。

> 其中扣留涉嫌侵犯商标权的货物高达 7632.31 万件，占全部扣留数量的 97.93%；扣留涉嫌侵犯奥林匹克标志专有权的儿童玩具、纪念品、钥匙链、运动鞋等货物 182 批、10684 件，奥林匹克标志专有权保护更加有力。
>
> （2）侵权查发主要集中在东部沿海地区。扣留侵权嫌疑货物数量排名前十位的海关分别为：深圳、宁波、杭州、上海、厦门、广州、武汉、成都、黄埔和天津等海关，其中 8 个海关位于东部沿海地区。中西部地区及内陆地区海关执法力度不断加大，成都海关扣留侵权嫌疑货物 254.76 万件，首次跻身全国前十。武汉、西安、呼和浩特等海关在扣留侵权批次和数量方面同比均有较快增长。
>
> （3）跨境电商等新业态领域执法成效显著。海关在跨境电商渠道扣留侵权嫌疑货物 2.1 万批、402.3 万件，扣留批次和数量在非货运渠道执法的占比进一步提升，分别由 2021 年的 23.53% 和 22.70% 提升至 35.73% 和 50.39%。海关共扣留以市场采购贸易方式出口侵权嫌疑货物 670 批、2720.31 万件，在货运渠道执法中的占比分别为 31.71% 和 38.89%。
>
> （4）查获主要涉及电子电器、文具办公等商品类别。海关查获的侵权嫌疑货物以电子电器、文具办公、儿童玩具、烟草制品等为主，其中，电感、电容、集成电路等电子电器 1594.62 万件；铅笔、圆珠笔等文具办公用品 1334.72 万件；游戏卡牌等儿童玩具 1243.39 万件；香烟、卷烟纸等烟草制品 1189.75 万件。

（4）启动民事诉讼程序

提起民事诉讼是处理商标侵权较为激烈的方式。不过，有的权利人出于多种因素考虑，并不愿意提起民事诉讼。比如，一向重视食品安全的婴幼儿食品公司，即使发现假货，也会寻求市场监管部门执法甚至刑事打击的措施加以制止，而未必会诉诸民事诉讼，就是担心诉讼曝光后影响消费者的信心，因为有的消费者会忧虑自己购买的也是假货，干脆转投竞争对手的产品。

（5）采用刑事打击措施

刑事打击是对侵权人最有震慑力的手段。目前，我国《刑法》规定了三种商标犯罪，即假冒注册商标罪，销售假冒注册商标的商品罪，非法制造、销售非法制造的注册商标标识罪。如果侵权人的商标侵权行为触犯了《刑法》的规定，并达到了刑事犯罪的标准，权利人可以向公安机关报案，启动刑事诉讼的程序。由于我国民事诉讼的赔偿大多较低，甚至不足以弥补诉讼支出，更无法遏制侵权人的违法活动，因此，有些大公司更倾向于直接采取刑事打击的手段，而放弃了民事诉讼的救济途径。

> **资料链接**
>
> **做好打假的准备：来自一线的经验**
>
> ……当然，也存在一些妨碍（假冒注册商标犯罪）刑事案件侦查的因素。现场查处，执法人员可是根本不知道老板在哪，也许老板不会在现场，行政执法部门也没有足够的授权现场对涉嫌假冒人员刑事拘留。另外，执法部门可能也不是很支持，也没有足够的知识、经验，毕竟知识产权的违法犯罪行为在国内不断转型。还有执法资源的不足，包括没有明确的法律的依据、找不到过去的销售记录、怎样评估查获的商品价值、怎样估计非法经营额、什么叫严重的情节，这些都使得过去的刑事案件很不容易推动。
>
> 但是，经过培训的执法人员第一次就要做对，例如面对举报人，我们第一次和他们见面要问什么呢？这些都是很重要的。假冒商品的供应商、制假设备的维修工是谁，制假生产设备用的是220V的电，还是360V的电？我们曾经锁定了一个小村子，知道制假者在里面，但是举报人都不敢进去，不知道到底是哪一户，最后是通过公安找供电部门，找到了一家，它有380V的电，而且使用的电量很高，当时就认为它是非常非常可疑的。最后就针对这一家进去查的，结果的确就是它。另外，制假生产的班次、交货的工具、车牌号，甚至里面有几个工人、有没有保安、有没有养狗，这些都是事前要摸清楚的。
>
> 但是，有一个案例，我让我的一个顾问去问派出所，问主管部门相关信息，全部问的都是有用的。等问完，我问顾问还有没有问题，他说没有。我开始问，这个老板身高、体重、体貌、特征、有没有胡子、讲话是什么口音，手机的铃声、是什么牌子。为什么要问这些？因为当我们进去以后，没有办法认清这个人是谁，那就打他的手机，看谁的会响。所以，当我问完这些问题后，举报人跟我们讲：我认识这个老板两年，我都还没有这么清楚地了解他的细节。最后，举报人弄

> 清楚这些回来以后才告诉我们。还有，我们要带足设备，做好计划。
>
> 在这样的情况下，我们掌握到，这个老板叫何某龙，24 岁，160 公分高，短头发，有点胖，讲话声音很高，使用摩托罗拉的手机。老板的姐姐，姓郑，是一个机修工，来自河南。每天九点钟以后，会用一个小的白色卡车来做事。他们没有销售记录，但是有一个工人带着一个小本，上面记着每天销售多少，看老板给他的钱对不对。所以呢，最后，还要了解制假地平面图，甚至车辆一头朝这，另一头朝那，为什么？你要跟踪制假者的时候，他老会看后视镜，跟踪的人就会暴露出来了……
>
> 资料来源：来自张为安 2006 年 5 月 18 日在华东政法学院的演讲，全文请见中国知识产权法网（http://www.cniplaw.net）或中国知识产权管理网（http://www.lawking.cn）。

2. 可否提起民事诉讼

公司在发现涉嫌商标侵权行为后，首先评估是否构成商标侵权，比如：

- 商标是否近似？
- 商品是否类似？
- 是否构成混淆？
- 驰名商标能否认定？
- 驰名商标能否跨类保护？
- 对方是否属于合理使用？
- 对方是否存在先用权的情形？
- 对方是否属于平行进口或窜货等灰色地带，等等。

此外，"打铁还需自身硬"，除了实质性地判断是否构成商标侵权，还要谨慎地评估自己能否或是否适合提起诉讼。至少需要关注以下问题。

- 自己是否具有诉讼主体资格？如果公司只是系争商标的被许可人，而且只是普通许可的被许可人，公司作为原告的诉讼主体资格就有问题。
- 自己的商标权利是否稳定？如果商标显著性太弱，或者存在其他瑕疵，比如已经成为通用名称，此时起诉对方侵权可能"自食恶果"：商标注册可能被宣告无效或撤销。

- 是否属于涉及两个注册商标之间的冲突纠纷？如果是的话，则涉及《最高人民法院关于审理注册商标、企业名称与在先权利冲突的民事纠纷案件若干问题的规定》（2020年修正）第1条第2款规定："原告以他人使用在核定商品上的注册商标与其在先的注册商标相同或者近似为由提起诉讼的，人民法院应当根据民事诉讼法第一百二十四条第（三）项的规定，告知原告向有关行政主管机关申请解决……"❶

- 能否承受系列诉讼或争议的纠缠？一旦诉讼开启，双方可能相继发动系列诉讼战，被告完全可能寻找诉由来反击原告的诉讼，比如提起商标注册无效宣告程序、起诉商标权人构成不正当竞争等。

> **管理提示**
>
> **是否诉讼的商业考量**
>
> 2003年7月9日，北京星光大道影视制作有限公司（以下简称"星光公司"）提出了"星光大道"商标的注册申请，用于第41类的"组织竞赛（教育或娱乐）""组织表演（演出）"等服务项目上。在该商标初审公告期间，中央电视台向商标局提出了商标异议。中央电视台的理由是：作为国家副部级事业单位，"星光大道"是中央电视台1999年开播的"星光无限"栏目的一个子栏目。后来"星光无限"改版为"星光大道"，拥有观众已超过10亿人次，属于"使用在先并有一定影响的商标"。换言之，中央电视台认为星光公司抢注了本应属于它的商标。
>
> 但是，无论是商标局、商评委还是后来审理该案的法院都认为，中央电视台提供的现有证据只能表明，其"星光大道"栏目开播于2004年10月9日，晚于星光公司申请"星光大道"商标的申请日（2003年7月9日）。相反，星光公司提交的证据可以证明在中央电视

---

❶ 在实践中，一些商标权人滥用其注册商标专用权，将注册商标超出核定使用的范围用于其他类别的商品或者服务，或者在同一商品上组合使用两个注册商标，或者将注册商标的图形等变形使用，改变其显著特征等。凡此种种使用方式，已不属于商标法保护的商标专用权范围，由此引发的民事纠纷，根据《最高人民法院关于审理注册商标、企业名称与在先权利冲突的民事纠纷案件若干问题的规定》，人民法院应予受理，并作出是否构成侵权的裁决。

> 台的"星光大道"栏目开播前，该公司于2003年就已经将"星光大道"作为青年演员表演大赛的相关名称及标识进行了使用。因此，难以认定星光公司申请该商标注册的行为具有主观恶意，抢注中央电视台"星光大道"商标的理由不成立。
>
> 事已至此，中央电视台已无力回天。那么，是不是该星光公司向中央电视台讨公道的时间到了呢？如果星光公司这么做的话，那它纯粹是自愿放弃合法"搭便车"的商业优势。想一想，中央电视台一直都在播这个节目，免费给其宣传"星光大道"（当然中央电视台可没有这"助人为乐"的主观意愿），这是多大的广告价值啊！星光公司捧着个金饭碗，不会傻到自己把它给砸了。其实，就是它告中央电视台侵权又能赔偿几个钱呢。
>
> 事实上，星光公司就是想告侵权，也未必能够稳操胜券。万一法院一句模糊的"服务不类似"，或者"中央电视台无恶意"，或者"双方品牌可共存"，就让它顿时哑口无言。当然，星光公司好像没有去告中央电视台。不过，这几年也没有听说星光公司运作过什么"星光大道"比赛、演出之类的商业或娱乐项目。或许，星光公司还在等待商业机遇。
>
> 资料来源：袁真富. 为他人作嫁衣裳 [J]. 中国知识产权，2013（9）.

6.2.3 商标侵权诉讼的目标

在发动商标侵权诉讼之前，应当明确自己提起诉讼的目的为何，比如，是为了增加市场份额，还是争取许可使用费，并需要评估自己的这些目标能否通过商标侵权诉讼得以达成。下面简单介绍一些常见的商标侵权诉讼目的。

（1）制止侵权活动。有的公司发动商标侵权诉讼，并不在意能否拿到赔偿，关键是要借机清扫市场，制止侵权活动，消除无序的仿冒竞争。

（2）获得侵权赔偿。有的公司发动商标侵权诉讼，其基本目的是获得可观的侵权赔偿。

（3）争夺市场份额。有的公司发动商标侵权诉讼，是为了将竞争对手挤出市场，独占天下。

（4）配合商标交易。有的公司进行商标侵权诉讼或以诉讼相威胁，只是迫使对方屈服，让对方高价购买商标，或者接受商标许可。

（5）消耗被告资源。商标侵权诉讼会给被告造成或大或小的干扰，并消耗其时间成本、经济资源。尤其是海外商标侵权诉讼，动辄数十万美元，乃至上百万美元的律师费，让一些中小企业胆战心惊，疲惫不堪，在经济上难以招架。

（6）损害被告形象。商标纠纷有可能成为媒体报道的焦点，被告可能因此深受其害，不仅有损长期树立的商业形象，而且可能动摇客户的信心。

（7）借机广告宣传。发动商标侵权诉讼的公司，有时经过巧妙运作，能够从媒体的报道中获益良多，至少借机作了广告宣传。

（8）实现商业合作。有的公司利用商标侵权指控，逼迫被告与其开展合作，并接受其苛刻的商业条件。

（9）震慑侵权人。侵权诉讼是一个强烈的信号，可以给已有的或潜在的侵权人施加压力，有效减少自己的维权成本。特别是针对仿冒严重地区，通过一两场法律诉讼，尤其是刑事诉讼，往往可以起到杀鸡儆猴的效果。

（10）认定驰名商标。在前些年，驰名商标被当作广告资源使用，因此，不少公司打官司的目的不只是解决侵权问题，更主要是借助诉讼认定驰名商标。由于2013年修正的《商标法》不再允许将驰名商标用于商业宣传，因此，为认定驰名商标而提起诉讼的情形可以说大为减少。

商标诉讼的目的当然并不仅限于此。除了上述一些商业目的外，商标权人还可能根据具体的个别化的商业考虑，比如，为干扰竞争对手上市，而发动商标侵权诉讼。作为原告，公司应当考虑金钱和时间的预算，应当对诉讼的成本与收益进行理性分析，不要盲目行动。公司必须自问：诉讼目标到底是什么？诉讼策略是否与其目标一致？采取这些诉讼手段必须支付哪些额外的成本？它可以产生什么样的利益？

6.2.4 谁来做你的被告

1. 选择被告的基本考虑

商标侵权人大致有制造商、销售商、进口商等若干类型，每种类型的侵权人规模又有大有小，或国有，或民营，或外资……面对各色各样的可诉对象，权利人也仍然有一番决策的过程。权利人应当向谁主张权利？是全线出击，一网打尽？还是重点突出，各个击破？

如果侵权人极少的话，公司全线出击尚有可能；如果侵权人数众多，恐怕同时出击，一网打尽就比较困难了。存在多个侵权人时，公司选择诉讼对象要从以下几个方面考虑，确定侵权诉讼的优先顺序，伺机而动，重点突破。

（1）选择起诉对自己经营影响最大的公司。要分析评估各个侵权人的侵权程度，将对自己生产经营影响最大的侵权人作为诉讼对象的首选，以清扫和收复市场。

（2）选择起诉竞争威胁最大的竞争对手。即使该竞争对手目前对自己的影响不大，但是，如果它是一个成长性较好的公司，或者可以预见该公司在资源、运营等方面足以在将来构成重大竞争威胁，也得尽快考虑消除它的侵权行为。

（3）选择起诉有赔偿能力的公司。这样方便执行，否则赢了官司却赔了钱。

（4）选择起诉大企业，特别是跨国公司，说不定还能一战成名。如果小公司能够击败跨国公司，将会大大提高声誉，也会从赔偿金或和解中受益。

（5）选择起诉可以多地管辖的公司，尤其是将其作为共同被告，以选择自己心仪的法院管辖。

不过，需要提醒的是，选择大公司打官司固然比较容易获得赔偿，也容易声名鹊起，但这些大公司在专利诉讼中的反击能力，往往也非常强大，也有实力和财力来进行诉讼对抗。因此，有时候选择一些弱小的被告，反而容易旗开得胜，并可确立打击知识产权侵权的胜诉先例，以影响后续的侵权诉讼案件。

2. 起诉制造商还是销售商

面对制造商和销售商，应该优先打击哪一个呢？有的公司喜欢打击制造商，从源头上控制商标侵权行为。有的公司喜欢打击销售商，控制传播渠道，扼制制造商。因此，没有一个固定的模式。如果根本找不到狡猾的制造商在哪里，那么打击销售商只能是唯一的选择。

比如，在浙江一家公司发动的商标侵权诉讼中，原告在全国各地状告销售商，为什么不告制造商呢？因为原告认为，同仿冒的制造商打官司，如果制造商拖几年，那么它的产品已经通过销售网络扩散到全国各地，到时可能已经无法收拾局面。而很多侵权制造商就是赚一天算一天，并不在乎将来的命运。所以，原告这时不是先去堵源头，而是先去堵销售渠道，因为要先打掉几个大的批发商，抢时间控制销售渠道。

另外，很多销售商是比较容易瓦解的侵权人，特别是那些规模较大、声誉良好的销售商。因为这些销售商都不愿意因为卖商品而惹上官司，与其多一事不如少一事，一旦受到诉讼的威胁，可能马上就把侵权商品撤柜，如果有同样的替代产品，不如直接换一个商品来销售，为什么要陷入诉讼的纠缠里呢？有的销售商在被告上法庭之后，还会要求制造商付钱请律师处理官司，否则它直接撤货下柜，缴械投降。

在法国鳄鱼发起的与新加坡鳄鱼的连环侵权诉讼案件中，两家在北京市第二中级人民法院和上海市第二中级人民法院正面交锋的商标侵权纠纷，因久未决出胜负，法国鳄鱼遂调整诉讼策略，开始直接攻击新加坡鳄鱼的销售商。

2004年8月，法国鳄鱼起诉上海虹桥百盛商贸公司长沙分公司销售新加坡鳄鱼服饰构成商标侵权；2004年9月，法国鳄鱼诉武汉武商集团世贸广场购物中心销售新加坡鳄鱼服饰构成商标侵权；2004年11月，法国鳄鱼诉北京西单赛特商城销售新加坡鳄鱼服饰构成商标侵权；2005年4月，法国鳄鱼诉湖南友谊阿波罗股份有限公司友谊商店销售新加坡鳄鱼服饰构成侵权。这些案件中法国鳄鱼都一再胜诉，不仅间接证明了新加坡鳄鱼构成商标侵权，而且严重打击了新加坡鳄鱼服饰的销售合作伙伴，尤其是经销商。这一系列的诉讼里面，法国鳄鱼在选择诉讼对象上，蕴含了非常多的策略和技巧。

3. 选择被告的战略性思考

香港演员刘嘉玲曾在上海打了一场轰动全国的肖像权纠纷案。1992年，被评为"香港十大明星"的刘嘉玲随香港电影公司到上海拍摄电影《岁月风流》。7月的傍晚，拍戏间隙的刘嘉玲到南京路游览，发现一家名叫"雅丽丝"的广东汕头化妆品公司未征得她的同意，擅自在其产品包装和产品广告宣传上用了她的肖像，并在上海的第一百货商店和华联商厦大搞促销活动。

该明星一怒上诉法庭。要在上海起诉远在汕头的化妆品公司，必须让上海的销售商陪个绑，作为汕头化妆品公司的共同被告被起诉，才能将管辖地稳稳地放在上海。这其实是原告选择管辖的一种常见的诉讼技巧。

于是华联商厦和第一百货商店（以下简称"两店"）都被列为被告。当时，两店是多年来雄踞全国百货业销售额前10位的"龙头老大"。在此案开庭不久的1993年3月22日，两店就策划推出了反制措施："全国十一家商业巨头联手拒销印有香港影星刘嘉玲肖像的一切商品"。

此案在法律和商界开辟出两个战场，形成了商界与法律界对峙的紧张场面。当时上海利华公司从 1992 年 3 月中旬起将在我国内地全面销售"力士沐浴露"。该公司曾耗巨资聘请刘嘉玲在墨西哥为该产品摄制了广告片，结果该产品一上市即遭商界联手拒销。"躺着中枪"的受害者利华公司开始积极斡旋。几番周折后，1993 年 3 月 30 日，刘嘉玲在上海与两店老总谈判，随后宣布与两店和解，并对两店撤诉。❶

即使在诉讼如此普遍的今天，有的销售商，特别是初次成为被告的公司仍然无法"情绪稳定"，不能"泰然处之"。因此，选择谁做被告，也要谨慎地评估，要防止出现前述类似的事件，让公司的商业利益受到冲击。

有一次，上海一家调味品公司发现了江苏某家公司的产品仿冒了它的商标。毫无疑问，出于对上海市法院司法水平的信任，这家公司想在上海状告侵权人，因此，找个销售商来作陪就是顺理成章的事情。在寻找"冤大头"之前，笔者给这家公司的法务讲起了刘嘉玲肖像权案背后的商业反击战，虽然现在不至于发生全国连锁零售业联合封杀这家公司产品的情形，但难保不会得罪对方而招致产品下架的制裁，而且可能将诉讼的压力传导给公司的销售部门，引起来自内部的诘问。

总之，不要因为一件诉讼，与自己的客户或者潜在客户（特别是那些连锁的零售超市）发生对立，甚至把它们送到被告的怀抱。最终，这家调味品公司选择了一间刚刚开业而且是非连锁的小型超市作为共同被告起诉。有趣的是，案件审理尚未结束，这家超市派来的代理人（内部员工）就表示他们公司已经准备转型，退出零售业了。看起来，这个选择非常正确。可见，选择谁来做被告，有时也要有那么一点点战略性的思考。❷

> **资料链接**
> -----------------
> **大公司的商标福利**
>
> 对于知识产权诉讼，有些时候，在判决没有出来之前，没有人能够猜中结局。尤其是在商标侵权诉讼中，关于原告与被告两方的商标

---

❶ 是人，就要捍卫自己的尊严：港星刘嘉玲肖像权纠纷案回眸 [EB/OL]. [访问日期不详]. http://www.shendalaw.com/chinese/sdjs-3-1.asp?id=67&imgid=1&tao=1.

❷ 袁真富. 谁来做被告 [J]. 中国知识产权，2014 (3).

是不是近似、商品是不是类似、会不会发生混淆或误认，本身就是充斥着不确定的主观判断。而此时此刻，如果你状告的还是鼎鼎有名的大公司，那么，猜中结局的难度就更大了。很多案件的结果好像都证实了这一点。

北京蓝光电梯公司（以下简称"北京蓝光公司"）曾指控韩国LG株式会社在电梯产品上使用的"LG及图"商标，与其注册的"LG及图"商标近似，而将后者告上法院，并提出1亿元的天价索赔，然而并没有获得一审法院的支持。其中法院认为两个商标不相同不近似的理由之一是：北京蓝光公司的LG为汉语拼音字母，而韩国的LG为英文字母，是两种不同的语言文字，虽然写法相同，但发音不同。当然，判决不侵权的依据还有其他一些考量因素——比如对于大宗商品，购买者不会轻易混淆电梯的生产者，但是前述理由还是有些不太令人信服。

在有些情形下，感觉受到侵权威胁的大公司，还会等不及商标权人发动侵权诉讼，就急切地先把自己弄进了法院：以原告身份提出请求确认不侵权之诉。红太阳公司在第12类汽车商品上，于2004年申请并于2007年获准注册了4233581号⭐和4425670号（大运DAYUN）商标，江淮集团、江淮股份从2005年起在其生产的汽车上使用了椭圆形加五叉星标识⊕。在收到红太阳公司侵权警告的律师函后，江淮集团、江淮股份向合肥市中级人民法院提起确认不侵犯注册商标专用权诉讼，而合肥市中级人民法院果然以双方商标不构成近似为由判决商标不侵权，安徽省高级人民法院也在二审中维持一审判决，让江淮集团、江淮股份如愿以偿。

在这些案件中，涉嫌侵权的都是大公司。如果把这些案件中的原告与被告调换一下位置，再以同样的案情诉讼到法院，结果还会是这样吗？或许完全相反。

事实上，可能有一种值得注意的倾向，法院似乎对大公司抱有天然的善意，一旦认定大公司根本没有搭便车的恶意后，往往自动降低商标近似及混淆的认定标准。有些人向来是不惮以最坏的恶意，来揣测判决背后的"关系与腐败"，然而我愿意相信，事实上也确信，绝大多数判决应该是法官真心的判决。

也许，这就是大公司的商标福利。

资料来源：袁真富. 大公司的商标福利 [J]. 中国知识产权，2013（10）.

6.2.5 到哪里去起诉

从地域管辖上讲，根据《最高人民法院关于审理商标民事纠纷案件适用法律若干问题的解释》（法释〔2002〕32号，2020年修正）的规定，因侵犯注册商标专用权行为提起的民事诉讼，由商标侵权行为的实施地、侵权商品的储藏地或者查封扣押地、被告住所地人民法院管辖。所谓侵权商品的储藏地，是指大量或者经常性储存、隐匿侵权商品所在地；查封扣押地，是指海关、工商等行政机关依法查封、扣押侵权商品所在地。对涉及不同侵权行为实施地的多个被告提起的共同诉讼，原告可以选择其中一个被告的侵权行为实施地人民法院管辖；仅对其中某一被告提起的诉讼，该被告侵权行为实施地的人民法院有管辖权。

不要以为在哪里打官司效果都一样。选择一个有利的诉讼地点，也是诉讼成功的一个重要因素。在实践中，由于被告住所地是固定不变的，因此选择不同的侵权行为地，成为改变管辖地的一个很好的策略。很多公司在律师的帮助下，通过对侵权行为的调查和取证，都愿意选择向非被告住所地的侵权行为地法院，特别是向原告所在地法院起诉，以减少案件受到的外界干扰。

在知识产权领域，通过捆绑起诉销售商来选择管辖地（通常是原告所在地或者原告律师执业所在地），是比较司空见惯的现象，甚至连"策略"都谈不上了。比如，权利人在当地的大商店里购买到侵权产品，然后把侵权产品的制造者和销售者作为共同被告，一并在当地提起诉讼。当然，诉讼地点的选择并不随心所欲，必须合乎法律的规定。

选择管辖地的原因，主要是基于以下考虑因素：

（1）审判水平更高。选管辖地就是选法院。像北京、上海、广州、深圳等一线城市的法院，因为法官素质相对较高，每年又阅案无数，显然审判水平更高，相对更靠谱。

（2）防止地方保护。选择被告的住所地起诉，很可能会受到地方保护主义的干扰。特别是被告在当地是纳税大户时，在那里诉讼就更容易受到地方保护主义的阻力。因此，在有条件的情况下，选择非被告住所地的法院管辖，以降低或消除地方保护的影响，原告通常更为放心。

（3）沟通便利。如果代理案件的律师与案件受理法院（尤其是承办法官）能够保持良好的沟通，特别在程序上给予法律允许范围内的便利，显然更为适合在此地起诉。但要强调的是，这里讲的沟通便利，不是指基于贿赂或腐败而获得的沟通便利。

（4）交通方便。如果公司把远在千里之外的被告拉到本地或自己方便的地方诉讼，无疑会大大降低诉讼成本。因为这样不仅出庭方便，文书传递方便，而且还可以节省不菲的差旅费和时间成本，占尽地利人和。另外，也可以增加被告的经济成本和时间成本，有时这会成为促使对方和解的一个因素。

（5）法院其他有利因素。在一些有争议的、新类型的案件中，各地法院的判决可能并不一致。同时，各地法院在赔偿标准、审理速度上，可能都存在较大的差异。因此，选择在判决倾向、赔偿标准或审理速度上有利于权利人的法院起诉，自然会期待更好的诉讼结果。事实上，有的律师会通过研究以往的案例，找出不同法院对待某类案件的态度，从而选择有利于自己的法院进行诉讼。

不过，必须提醒的是，尽管权利人通过转移诉讼管辖地，可能获得了有利的判决结果，但如果被告不在案件审理法院的本地，判决在被告的住所地可能很难执行，或者很不方便执行。所以，不要一律排斥在被告的住所地诉讼。

6.2.6 在什么时候起诉

起诉时机的选择在不同案件中是不一样的，但基本的原则是不可仓促行事。有的权利人往往一发现有侵权行为，便立即提起侵权诉讼，而在诉讼中又常常因为证据不足，或自己的权利存在瑕疵，或对方根本不侵权，给自己造成被动，以致酿成更大损失。因此，起诉一定要慎重，要选择好时机。

在许多情况下，侵权产品的出现可能并不会立即影响到商标权人的经济效益。此时，商标权人不必急于提起诉讼，而应当把诉讼前的准备工作尽量做充分。诉讼前的准备工作有很多，以下列举几个方面。

1. 根据案件证据准备情况确定起诉时机

（1）需要准备哪些证据

有的原告起诉以后，才发现一些关键的证据竟然没有原件，只有复印件。有一个关于美国律师的笑话，大意是，即使律师在庭审中不幸睡着了，但当他醒来时，第一句话始终是"NO"。是的，面对证明效力如此不堪的复印件，被告的代理人无论换作是谁都永远不会在质证时放过说"NO"的机会。最关键的是，法官也不敢相信。

因此，在向法院提交诉状之前，原告应当进行必要的证据准备，或者可以预期在起诉后的举证期限内，能够提供足够的证据。从证明内容的角度，证据大致可以分为以下四类。

1）证明权利人及权利范围的证据。这些证据通常包括：

- 主体身份的资格证明。自然人的为身份证，企事业单位的为营业执照或事业单位登记证。
- 商标权利证书，证明商标的权属状况、权利主体等。
- 商标许可合同及其备案证明材料。证明自己是被许可人，与案件存在直接利害关系。

2）证明侵权人身份的证据。这些证据通常包括：

- 侵权人的工商登记或其他登记资料，包括法定代表人、营业场所及地址等信息。
- 侵权人的身份证明。

3）证明侵权行为的证据。这些证据通常包括：

- 侵权物品的实物、照片。
- 侵权物品的广告宣传材料。
- 侵权物品的销售发票、购销合同。
- 侵权活动的公证文书等。
- 证明侵权行为地的证据，这是确定管辖法院的依据。

4）证明侵权损害赔偿的证据。这些证据通常包括：

- 商标许可合同：以合同约定的许可使用费作为请求赔偿的依据。
- 证明损失状况的财务审计报告。
- 权利人销售量减少的证据。
- 侵权产品销售量的证据。
- 调查、制止侵权行为的合理费用等。

（2）如何收集侵权证据

在发现侵权活动时，收集固定证据的方式有很多。通常，在商标侵权诉讼中，证据的收集主要有以下渠道。

1）自己努力收集证据

诉讼中的绝大多数证据是由当事人（或其律师）自己收集的。比如购买侵权产品，并索取正式的发票。有些公司除了聘请律师协助处理侵权事宜外，还会委托一些专业的调查公司去收集证据。

2）公证机关收集证据

目前，通过公证机构对侵权行为采取证据保全措施，在诉讼中被运用得越来越普遍。因为公证证据的证明力和有效性高于未公证的证据，除非有相反证据，法院一般都会认定公证证据的有效性。

3）利用行政执法收集证据

通过市场监督管理部门等行政机关的行政查处，可以获得权利人不便获得的证据，比如一些合同、账簿、侵权数量等材料。另外，行政机关作出的侵权处理决定，本身就是证明侵权行为的可靠证据。

4）申请海关查扣侵权货物

商标权人可请求海关实施商标权保护。权利人如发现侵权嫌疑货物即将进出口的，可以向货物进出境地海关提出扣留侵权嫌疑货物的申请，借助海关对被扣留的侵权嫌疑货物是否侵犯商标权所进行的调查及认定来保留相关证据。

5）请求法院保全或调取证据

根据我国《民事诉讼法》，如果公司向法院起诉后，认为证据可能灭失或者以后难以取得，可以向法院申请保全证据。另外，对于当事人及其代理人因客观原因不能自行取得的证据，或者人民法院认为审理案件需要的证据，人民法院应当调查收集。申请法院调取的证据通常分为三类：第一，保全被控侵权产品；第二，调查被控侵权单位的财务账册，以便确定赔偿额；第三，调取被控侵权人存在侵权的证据。

我国《商标法》规定了在商标侵权案件中，均可以申请诉前证据保全。依《商标法》第66条规定："为制止侵权行为，在证据可能灭失或者以后难以取得的情况下，商标注册人或者利害关系人可以依法在起诉前向人民法院申请保全证据。"

2. 制订并完善诉讼方案后再起诉

一些谨慎的公司会在正式起诉前，认真聆听律师的意见，或者要求律师出具法律意见书，甚至要求律师出具诉讼策略分析报告。从审慎的角度，一份诉讼策略分析报告，至少要明确以下问题：

- 起诉对方的事实依据是什么？是否有足够的有效的证据支持？
- 起诉对方的法律依据是什么？除了法律、行政法规、部门规章、地方性法规或地方规章、其他规范性文件、司法解释或政策以外，还包括最高人民法院发布的指导性案例或其他对本案有影响的案例。

- 起诉对方的诉讼理由是什么？比如，到底是以商标侵权，还是以不正当竞争起诉，或者两者一并提出，都需要考虑清楚，这关系到诉讼成败。
- 起诉对方会带来什么法律风险？要充分预见可能出现的各种状况和结果。①自己是否存在法律风险。比如，上海有一家公司的商标是由AA+BBBB两部分构成的，其中AA部分它取得了商标注册，但BBBB部分是江苏一家公司的注册商标。现在上海公司想起诉浙江一家公司侵权使用它的AA商标，但又担心一旦大动干戈，浙江公司会不会联合江苏公司来起诉自己侵权使用BBBB商标。②对方是否会抓住自己的法律把柄。比如，权利人为了维权在自家官网上的表述超出了商标侵权指控范围，不适当地诋毁了侵权人，一旦起诉对方商标侵权，对方可能反过来起诉权利人构成商业诋毁。③对方能否宣告无效自己的商标，诸如此类，兹不详述。

当然，从诉讼方案制订和执行的角度，权利人不仅要回答以上问题，还可能包括以下内容：①诉讼请求的设计方案；②事实和理由的组织方案；③证据提交方案；④风险应对方案；⑤诉讼代理方案；⑥案件流程控制方案；⑦费用预算方案；⑧其他应当具备的内容。❶

3. 诉讼时机选择的策略性考虑

当然，在选择诉讼时机的问题上，还有很多策略性的考虑。比如，出于更大收益的考虑，有的公司发现侵权人后，并不急于起诉，而是放水放鱼，静观其成。等到这些侵权公司发展到较大规模后，才发起诉讼，收网捕鱼，不仅给侵权公司以沉重打击，而且能获得更多赔偿。不过，对于核心品牌而言，放任对方长时间侵权可能并不明智，可能会冲击权利人正常的市场秩序。

此外，有的公司等到被告公司准备上市之前，才发动商标侵权诉讼，干扰其融资计划；有的公司挑选在影响较大的展览会开幕前，向被告公司发起商标侵权诉讼，干扰被告的客户与其下单签约。凡此种种，不胜枚举。

6.2.7 选择什么诉讼理由

当提起诉讼时，应当起诉对方什么？也就是说，如何选择有利的诉讼

---

❶ 张健．如何制作诉讼策略分析报告？［EB/OL］．［2014-11-03］．http：//mp.weixin.qq.com/s?__biz=MjM5MDA2MTEwMA==&mid=201281703&idx=1&sn=688cd73ac42f5caf7f77b3c7c3743318&scene=4&uin=MjY4NTc1ODQ2MA%3D%3D&key=b73ebb8.

理由？如何提出侵权指控？表面上看起来，既然是商标侵权行为，当然是告商标侵权。其实，并不尽然。

一件商标除了商标权外，还可以享受到多种知识产权的保护。比如，商标是一件具有独创性的作品，还可以得到著作权法的保护；商标是未注册的，还可以主张知名商标的特有名称保护；商标使用引起不正当竞争的，还可以起诉对方不正当竞争。现行《商标法》第 58 条专门规定："将他人注册商标、未注册的驰名商标作为企业名称中的字号使用，误导公众，构成不正当竞争行为的，依照《中华人民共和国反不正当竞争法》处理。"

有时候，权利人往往会针对一个侵权行为，提起较为复杂的权利主张和侵权指控，比如指控对方同时侵犯商标权、著作权以及构成不正当竞争。这样做的目的，一方面是为了周延地主张权利，因为有时案情虽然明了，但如何定性，各方的意见并不一致，尤其是法院的态度可能与当事人的期望不一样。所以，权利人可能把能沾边的权利请求都提上去。另一方面也可能是出于迷惑对方的目的，让对方摸不透自己真实的侵权指控，使得对方对每一种权利主张，都必须认真对待，并寻求相应的证据和对策，显然可以尽可能地消耗对方的资源。

选择或采取不同的诉讼理由，作为诉讼的一种转移策略，有时还可以打破案件的僵局。比如，在一个商标案件中，原告起诉被告的商标使用侵犯了自己的商标权，但是在诉讼中发现被告已经先行进行了商标注册，根据商标注册申请在先原则，此时原告明显处于不利的状态。然而仔细分析，被告注册的这个商标是一个图形商标，而这个图形商标的著作权恰恰是属于原告的。如果原告主张被告侵犯著作权，可能比起诉侵犯商标权，更具有威慑性和胜诉希望，并可能因此夺回自己的商标。此即以侵犯著作权之诉"围魏救赵"，支援商标侵权之诉。

管理提示

制止商标侵权：从源头开始

制止商标侵权，并不一定要等到对方已经使用了商标后才开始行动。商标法已经赋予了权利人在他人申请注册商标时，就提出反对的权利。根据《商标法》第 33 条，对初步审定的商标，自公告之日起 3

> 个月内，权利人可以提出商标异议。
>
> 　　即使对于已经注册的商标，根据《商标法》第45条，自商标注册之日起5年内，在先权利人或者利害关系人可以请求商标评审委员会宣告该注册商标无效。对恶意注册的，驰名商标所有人不受5年的时间限制。

6.2.8　主张什么责任

在提起诉讼时，根据《民法典》和《商标法》，作为原告的公司至少可以提出以下主张。

1. 要求停止侵害

停止商标侵权行为，是基本的民事责任承担方式。为了更好地消除商标侵权行为带来的损害，根据《商标法》第65条的规定，如果商标注册人或者利害关系人有证据证明他人正在实施或者即将实施侵犯其注册商标专用权的行为，如不及时制止将会使其合法权益受到难以弥补的损害的，可以依法在起诉前向人民法院申请采取责令停止有关行为和财产保全的措施。即所谓诉前禁令。同样，公司在向人民法院提起商标侵权诉讼时或者诉讼中，也可以提出先行停止侵犯注册商标专用权的请求。即所谓诉中禁令。无论诉前禁令还是诉中禁令，都是要求法院在作出判决之前，责令侵权人停止商标侵权行为。

2. 要求赔偿损失

我国《商标法》对于生产者和销售者的赔偿责任采取了区别对待的原则，即销售不知道是侵犯注册商标专用权的商品，能证明该商品是自己合法取得并说明提供者的，不承担赔偿责任。

根据《商标法》第63条的规定，侵犯商标专用权的赔偿数额，按以下方法的先后顺序确定：

（1）按照权利人因被侵权所受到的实际损失确定；

（2）实际损失难以确定的，可以按照侵权人因侵权所获得的利益确定；

（3）权利人的损失或者侵权人获得的利益难以确定的，参照该商标许可使用费的倍数合理确定；

（4）权利人因被侵权所受到的实际损失、侵权人因侵权所获得的利益、注册商标许可使用费难以确定的，由人民法院根据侵权行为的情节判决给予 500 万元以下的赔偿。

现行《商标法》在第 63 条引入了惩罚性赔偿："对恶意侵犯商标专用权，情节严重的，可以在按照上述方法（即前述第（1）~（3）种方法）确定数额的一倍以上五倍以下确定赔偿数额。赔偿数额应当包括权利人为制止侵权行为所支付的合理开支。"

此外，《商标法》第 63 条第 2 款的规定还减轻了权利人在赔偿主张上的举证责任："人民法院为确定赔偿数额，在权利人已经尽力举证，而与侵权行为相关的账簿、资料主要由侵权人掌握的情况下，可以责令侵权人提供与侵权行为相关的账簿、资料；侵权人不提供或者提供虚假的账簿、资料的，人民法院可以参考权利人的主张和提供的证据判定赔偿数额。"

如何在诉讼中提高法院判赔的赔偿数额？这需要在证据上下功夫，同时也要采取一些诉讼技巧。以下是一些不全面的建议。

（1）尽力证明被告侵权的恶意。比如，发出侵权警告后仍在持续侵权，签署和解协议后再次侵权等。

（2）尽力证明被告侵权的持续时间长、侵权范围广、侵权影响大。比如，在不同时间、不同地点，对被告的侵权行为多次公证。

（3）尽力调取客观可靠的证明被告侵权规模的证据，比如，调取涉案商品在海关的进出口数量，再以行业平均利润率作为计算依据，计算出被告的获利情况。

（4）分解商标侵权事实。比如，针对被告不同系列、不同规格、不同型号的产品，分别提出多个商标侵权诉讼案件。这些案件判赔的金额累积起来，通常会比以一个案件起诉所判赔的金额更高。

（5）善于运用合理的赔偿计算方式。有时，原告以貌似合理的计算方式，能够算出自己的损失或对方的获益是一个天文数字，这有可能逼出对方主动交出财务数据，以表明自己的获利远远低于原告的计算金额。这反而有利于法院以被告的财务数据确定较高的"法定赔偿额"。

（6）提出合理的许可费参照。对于的确存在商标许可的权利人，其既要签署规范的商标许可协议，并体现商标许可的使用费或其支付方式，还要保留与使用费支付相关的凭证、往来邮件等。

（7）在以往的和解协议中埋下高额赔偿的种子。考虑到不少侵权人都有重复侵权或继续侵权的行为，因此，在就第一次侵权行为签署和解协议时，为防止重复侵权或继续侵权，可以约定较高数额的损害赔偿数额，以提高对方侵权成本，起到威慑作用，也能提高日后诉讼的获赔金额。

> **管理提示**
>
> **律师费可以由侵权人承担吗?**
>
> 很多公司都在询问,在商标侵权诉讼中,因委托律师而支付的律师费用,能否主张由侵权人来承担。《最高人民法院关于审理商标民事纠纷案件适用法律若干问题的解释》解开了这个谜团。其第 17 条明确规定:"……制止侵权行为所支付的合理开支,包括权利人或者委托代理人对侵权行为进行调查、取证的合理费用。人民法院根据当事人的诉讼请求和案件具体情况,可以将符合国家有关部门规定的律师费用计算在赔偿范围内。"
>
> 不过,并不是支付的所有律师费用,法院都会判决由被告来承担。比如,支付给律师 50 万元的费用,可能法院只判决侵权人承担 3 万元的律师费用。因此,如何向法院证明支付的律师费是属于合理的开支,是说服法院在判决侵权赔偿中更多地支持律师费的关键。但是,在侵权赔偿整体不高的背景下,要想大幅提高法院对律师费的支持力度,显然也不是太现实的事儿。

3. 要求消除影响

由于商标侵权可能给商标权人带来负面的影响,比如质量低劣的假冒商标产品,将会让消费者对正宗的产品也敬而远之。因此,商标权人可以请求法院判令侵权人通过登报声明等形式,消除侵权行为所带来的负面影响。

至于权利人能否要求侵权人赔礼道歉,《北京市高级人民法院关于审理商标民事纠纷案件若干问题的解答》(京高法发〔2006〕68 号)认为:"注册商标专用权是一种财产权,因此在商标侵权案件中,不应判令侵权人承担赔礼道歉的民事责任。"目前,北京法院对请求被告公开赔礼道歉的,一般不予支持。[1] 上海等地的法院似乎也持同样的见解。

---

[1] 参见"拉科斯特衬衫股份有限公司诉北京华时仓储销售公司侵犯注册商标专用权案",北京市第一中级人民法院(2003)一中民初字第 3582 号民事判决书;"(日本)本田技研工业株式会社等诉曹亚文等侵犯注册商标专用权纠纷案",北京市第二中级人民法院(2003)二中民初字第 06284 号民事判决书;"天同高圣投资管理有限公司诉天同基金管理有限公司等侵犯注册商标专用权案",北京市第一中级人民法院(2004)一中民初字第 8421 号民事判决书。

6.3 商标侵权诉讼的防御

6.3.1 如何处理侵权指控

1. 保持冷静对待的态度

目前，包括商标在内的知识产权侵权指控作为一种商业竞争手段，已经成为现代商业活动中不可或缺的内容，因而即使公司谨慎从事，一些知识产权侵权指控照样会殃及公司。一些知识产权权利人发起侵权诉讼，就是期望打击被告这个竞争者，或许是为了损害被告的公司形象和商业信誉，或许是为了动摇被告客户和合作伙伴的信心。此时，法庭不过是市场的延伸，司法也是商业竞争的有效工具。

在商标侵权诉讼开打前，权利人发出的侵权警告函有可能满天飞。被告该怎么办？首先要"安定军心、探明敌情"。事实上，很多所谓的侵权指控都不会进入诉讼程序，而进入诉讼程序的侵权纠纷多数都会以和解结束。

侵权警告并不表明公司真正存在侵权行为，因为，总有一些不怀好意的商标权人，挥舞商标权的大棒，以侵权相威胁，四处恐吓他人。因此，公司接到警告函后，依法据理力争，可能会免除不必要的经济支出。

因此，面对日益增多的商标侵权纠纷，公司无论如何都应当保持冷静的态度，既不要回避事实，任人摆布，也不要全身投入，将所有财力、人力都投入商标诉讼战争中，中了别人设下的圈套。否则，即使赢得诉讼，也是"捡了芝麻，丢了西瓜"，实际损失可能更大。

总之，在应对商标侵权纠纷时，被告既要保持冷静清醒的态度，认真分析对方的意图何在，又要依据法律规则，凭借各种资源，积极寻找因应之策。只有如此，才能把握应对商标侵权纠纷的进程和节奏，做好或进或退的各种准备。事实上，许多侵权指控可能只是子虚乌有，即使指控属实，也可能力挽狂澜于既倒，将损失降低到最低限度。

2. 如何处理侵权警告函

那么，针对侵权警告函，公司如何采取行动呢？

一些警告函由于只是起到威胁或恐吓作用，因而对具体的侵权问题，通常语焉不详。此时，接到警告函的公司在回应商标权人时，可以采取如下回应：

- 要求商标权人提供商标注册有效性的证明或指明其具体保护范围。
- 要求商标权人具体表明何种权利内容受到侵害。

- 要求商标权人具体指明自己涉嫌侵权之产品或服务等。

对于内容明确的警告函，可以考虑以下举措。

(1) 深入了解对方的真实意图。通过调查对方的身份以及以往的诉讼经历、新闻报道，探明其指控的目标为何，从而针对性地采取策略措施。比如，如果对方并不自己生产相关产品，则对方的目的很可能只是索取商标许可费或者趁机转让商标，那么以和解方式解决侵权争议的可能性就比较大。

(2) 不要急于回应。有的警告函会下达"限×日内回复"之类的通牒，不过，一般不要立即缴械投降，急于答复对方，否则往往会在谈判中处于不利地位。当然，也不能对此不理不睬，特别是在公司内部一定要快速反应，积极寻求因应之策。

(3) 程序上给予适当回应。对于警告函，可以给予适当的积极回应，并与对方保持良好沟通。若是置之不理或沟通失败，可能引发不必要的诉讼或造成故意侵权嫌疑，进而造成公司的损害及赔偿金额的增加。不过，对警告函的回应，最好以程序上的回应为宜，比如，向对方表示需要时间求证，但切忌在此时回答与案件直接相关的任何重要问题。

(4) 接触专业律师。商标侵权的认定以及应对，并不像想象的那么简单，最好寻求专业知识产权律师的帮助，在律师的专业建议下，制订合理的解决方案，并采取适当的应对措施。虽然这需要支付一些甚至是不菲的律师费或咨询费，但是，专业的事情交给专业的人去做，才能更好地维护自己的利益。

当然，面对内容明确的侵权警告函，仅仅在程序上回应远远不够，正如下面谈到的，还有更多的行动需要跟进。

6.3.2 面对侵权指控的行动

一旦收到权利人的侵权警告函，或者已经收到起诉状后，除了满足诉讼程序上的要求，公司要采取的法律行动还有很多。以下是一些可供选择的参考建议。

(1) 初步评估是否侵权。收到警告函后，公司应当立刻展开防守策略的研判，初步根据警告函的内容，咨询知识产权律师，对商标注册是否存在或有效、商标侵权是否成立、合理抗辩事由是否存在等作出分析。如果对方的商标应当被宣告无效，或者自己的产品或服务并不侵权，则可以反馈书面不侵权的法律意见。

(2) 停止明显的侵权活动。如果初步分析后认为公司可能涉嫌侵权，最好不要出具任何书面法律意见，以免成为诉讼中的把柄，但此时公司应当做好停止侵权活动的准备，甚至立即停止明显的侵权活动。

（3）调查侵权的来源。公司应当调查涉嫌侵权的产品或服务是来源于自己的经营活动，还是来自供应商等其他厂商，从而采取不同的策略来处理侵权事宜。如果是由于公司员工不当行为引发的纠纷，以后应当加强商标管理，重构风险控制流程；如果是外部采购的产品引发的纠纷，可以函告对方自己不是适当的被告，或者邀请侵权产品的供应商共同处理侵权事宜。

（4）初步评估诉讼的不利结果。比如，内部评估自身的侵权规模和获利是多少，停止侵权带来的损失是多少，评估认定侵权会给自己的经营活动及对外合作带来多大的影响，评估对方掌握的赔偿证据有哪些，评估诉讼可能招致赔偿的金额范围，等等。

（5）考虑是否谈判解决争议。如果商标侵权无可避免，公司可以考虑与对方磋商授权许可或商标转让等事宜。

（6）做好诉讼的准备。除了聘请律师、制订诉讼方案以外，还要处理好与商标侵权指控相关的不利信息。比如，有的公司在自己官网上虚夸产品生产规模、销量或者加盟店、经销商的数量、分布地域等，这些信息有可能被对方公证以后，提交法庭作为支持其较高赔偿额的证据。

（7）请求确认不侵权。如果经过谨慎的分析后，公司仍然认为对方的商标侵权指控不实，并且对方未撤回其侵权指控，有可能导致自己的生产经营受到影响，可以考虑主动向法院提起诉讼，请求确认商标不侵权。

6.3.3 诉讼程序上的争辩

在商标侵权诉讼中，作为被告的公司首先要善于把握诉讼程序，根据案件的进程，从程序上回击对方的侵权指控。以下简单介绍一些被告可资利用的与原告相周旋的法律程序。

1. 管辖权异议

商标侵权纠纷案件不是任何法院都可以受理。商标侵权民事纠纷第一审案件，一般由中级以上人民法院管辖，但各高级人民法院可以根据本辖区的实际情况确定若干基层人民法院管辖。比如上海的浦东新区、杨浦区、徐汇区、普陀区等基层人民法院就有权受理商标侵权第一审案件。被告应当审查原告起诉的法院是否满足知识产权案件级别管辖的规定。

此外，被告更要关注原告起诉的法院在地域管辖上是否有权受理此案。比如，根据《最高人民法院关于审理商标民事纠纷案件适用法律若干问题的解释》（2020年修正）第6条的规定，因侵犯注册商标专用权行为提起的民事诉讼，由商标侵权行为的实施地、侵权商品的储藏地或者查封扣押地、被告住所地人民法院管辖。被告要根据这些法律规定，审查受理商标侵权纠纷的法院是不是适格的法院。

如果受理原告起诉的人民法院不属于有权管辖此案的法院，被告可以及时提出管辖权异议。一方面可以避免对方利用管辖法院，进行地方保护；另一方面改变管辖法院，有可能减少自己的诉讼成本，并提高对方诉讼成本。当然，有些被告在诉讼过程中提出管辖权异议，是为了拖延诉讼时间，以做好充分的应诉准备或者另有其他打算。

需要注意的是，管辖权异议要满足法律规定的条件：①当事人只能对第一审民事案件的管辖权提出异议，对第二审民事案件不得提出管辖权异议；②提出管辖权异议的时间应在提交答辩状期间，逾期提出的，人民法院不予审议。

2. 主体资格异议

在商标侵权诉讼中，对侵权行为有起诉权的仅限于特定的权利人。根据我国《商标法》第 60 条的规定，对侵犯注册商标专用权的行为，商标注册人或者利害关系人可以向人民法院起诉。因此有权提起商标侵权诉讼的主体包括两类，一类是商标注册人，另一类是商标侵权纠纷中的利害关系人。根据《最高人民法院关于审理商标民事纠纷案件适用法律若干问题的解释》（2020 年修正）第 4 条第 1 款的规定，此处的利害关系人，包括注册商标使用许可合同的被许可人、注册商标财产权利的合法继承人等。

在前面已经提到，商标许可合同中不同类型的被许可人，其诉讼地位也不同。《最高人民法院关于审理商标民事纠纷案件适用法律若干问题的解释》（2020 年修正）第 4 条第 2 款明确规定："在发生注册商标专用权被侵害时，独占使用许可合同的被许可人可以向人民法院提起诉讼；排他使用许可合同的被许可人可以和商标注册人共同起诉，也可以在商标注册人不起诉的情况下，自行提起诉讼；普通使用许可合同的被许可人经商标注册人明确授权，可以提起诉讼。"

因此，在商标侵权纠纷中，作为被告一方的公司，如果发现原告不适格，比如普通使用许可合同的被许可人未得到商标注册人的明确授权，则应当提出异议，从而在程序上消灭对方的诉权。当然，被告也可以提出充分的证据，证明自己不是适格的被告，从而脱离诉讼的纠缠。

3. 回避申请

《民事诉讼法》第 47 条规定："审判人员有下列情形之一的，应当自行回避，当事人有权用口头或者书面方式申请他们回避：（一）是本案当事人或者当事人、诉讼代理人近亲属的；（二）与本案有利害关系的；（三）与本案当事人、诉讼代理人有其他关系，可能影响对案件公正审理的。审判人员接受当事人、诉讼代理人请客送礼，或者违反规定会见当事人、诉讼代理人的，当事人有权要求他们回避。审判人员有前款规定的行为的，应当依法追究法律责任。前三款规定，适用于书记员、翻译人员、鉴定人、勘验人。"第 48 条规定："当事人提出回避申请，应当说明理由，在案件开始审理时提出；回避事由在案件开始审理后知道的，也可以在法庭辩论终结前提出。被申请回避的人员在人民法院作出是否回避的决定前，应当暂停参与本案的工作，但案件需要采取紧急措施的除外。"

在商标侵权纠纷中，如果作为被告一方的公司，得知本案的审判人员存在前述法律规定的情形，应当依法提出回避申请，以避免审判人员对案件可能造成的不公平裁判。当然，在实践中，提出回避申请的机会极少。

4. 诉讼时效

我国《民法典》第 188 条第 1 款规定："向人民法院请求保护民事权利的诉讼时效期间为三年。法律另有规定的，依照其规定。"商标权作为民事权利之一种，在诉讼时效的规定和适用上，仍然应与《民法典》保持一致。根据《最高人民法院关于审理商标民事纠纷案件适用法律若干问题的解释》（2020 年修正）第 18 条规定，侵犯注册商标专用权的诉讼时效为三年，自商标注册人或者利害权利人知道或者应当知道权利受到损害以及义务人之日起计算。商标注册人或者利害关系人超过三年起诉的，如果侵权行为在起诉时仍在持续，在该注册商标专用权有效期限内，人民法院应当判决被告停止侵权行为，侵权损害赔偿数额应当自权利人向人民法院起诉之日起向前推算三年计算。

如何认定"知道或应当知道"的心理状态？知道侵权行为是指知道有侵权行为的事实发生。这是权利人主观上的状态，别人很难证明。所谓"应当知道"是法律上的一种推定。它是针对权利人客观方面而言的，是指某一侵权行为一旦发生，在一定条件下，不论权利人是否知道，都视为其应当知道有侵权事实发生。

在商标侵权纠纷中，作为被告的公司，应当调查对方的起诉是否超过诉讼时效。如果超过诉讼时效的抗辩理由成立，对方的侵权指控将会被法院驳回，被告公司因此可以免除承担侵权赔偿的责任。

5. 证据异议

在某种程度上讲，打官司就是打证据。证据是指能够证明民事案件真实情况的各种事实，也是法院认定有争议的案件事实的根据。《民事诉讼法》第66条规定："证据包括：（一）当事人的陈述；（二）书证；（三）物证；（四）视听资料；（五）电子数据；（六）证人证言；（七）鉴定意见；（八）勘验笔录。证据必须查证属实，才能作为认定事实的根据。"

证据应当满足"三性"的要求：合法性、关联性和真实性。合法性是指证据必须符合法律规定的条件，不为法律所禁止，才能够作为诉讼证据。比如，证据的收集要合法，不能以非法的手段收集证据等。而关联性是指证据对特定的案件事实有证明作用和价值。真实性则是指证据必须符合案件的事实情况，不是伪造的。

被告在商标侵权诉讼中，要仔细分析研究原告所提供的证据，检视其是否具有合法性、真实性和关联性，并积极开展于己有利的证据收集工作，做到知己知彼，心中有数，以便进行有的放矢的质证。

比如，根据《最高人民法院关于民事诉讼证据的若干规定》（法释〔2019〕19号）第16条的规定，"当事人提供的公文书证系在中华人民共和国领域外形成的，该证据应当经所在国公证机关证明，或者履行中华人民共和国与该所在国订立的有关条约中规定的证明手续。中华人民共和国领域外形成的涉及身份关系的证据，应当经所在国公证机关证明并经中华人民共和国驻该国使领馆认证，或者履行中华人民共和国与该所在国订立的有关条约中规定的证明手续……"如果原告的证据形成于国外或境外，而又未能满足前述要求，被告可以据此要求法院对该证据不予采信。

证据对于一场诉讼的成败，起着十分关键的作用。如果能够否定原告的证据，不但可能降低商标侵权的程度，降低侵权赔偿的数额，而且甚至可能赢得不侵权判决的胜利。

6.3.4 找到侵权抗辩事由

发生商标侵权纠纷后，被指控侵权的公司也可以综合运用法律上的各种侵权抗辩事由。在司法实践中，被告所主张的侵权抗辩事由，呈现出多样化和复杂化趋势。这里笔者简单介绍一些比较常见，而且于法有据的抗辩事由。

1. 正当使用抗辩

商标的正当使用，是指在法律允许的范围内，善意正当地使用与他人商标相同或相近似的文字、图形或其他标识。

《商标法》第59条第1款规定："注册商标中含有的本商品的通用名称、图形、型号，或者直接表示商品的质量、主要原料、功能、用途、重量、数量及其他特点，或者含有的地名，注册商标专用权人无权禁止他人正当使用。"第2款规定："三维标志注册商标中含有的商品自身的性质产生的形状、为获得技术效果而需有的商品形状或者使商品具有实质性价值的形状，注册商标专用权人无权禁止他人正当使用。"

当被指控商标侵权时，能否主张正当使用，需要具体问题具体分析，不仅要考虑被告的使用意图、使用方式和使用效果等，有时还要考虑原告注册商标的显著性和知名度、被告使用注册商标的历史因素和使用现状等特定因素。从商标法理上讲，商标正当使用之表现，可谓纷繁复杂，具有非常丰富的内涵，并不限于《商标法》第59条的规定。后面主要介绍几种常见的类型，如表6-2所示。

表6-2　商标正当使用的情形

类　型		说　明	例　示
商业性的合理使用	叙述性合理使用❶	产品描述中的合理使用	如果商家在说明、描述其产品或服务的质量、原料、功能等特性时，使用了与他人注册商标相同或相似的符号，很可能构成商标的合理使用	使用在第9类电视机等商品上的"CHDTV"商标，是厦门华侨电子企业有限公司的注册商标。由于"HDTV"即"high definition television"（中文含义为"高清晰度电视"）的字头缩写，是电视机产品的国家标准名称。因此，四川长虹电器股份有限公司在其生产的高清晰度电视机产品的显著位置使用"长虹""CHANGHONG"等注册商标，以"HDTV Ready"标示该产品为高清晰度电视机，不会造成消费者的误认误购，其行为属于（现行《商标法》第59条）所述的正当使用行为❷

---

❶ 叙述性合理使用是指非商标权利人在商标词汇的第一含义（基本含义、原有含义）上作叙述性使用。

❷ 《国家工商行政管理总局商标局关于"HDTV Ready"文字使用问题的批复》（商标案〔2003〕131号）。

续表

类 型		说 明	例 示
商业性的合理使用	叙述性合理使用	地名标示中的合理使用	由于大多数地名属公共领域的词汇，法律对此类商标的保护相对较弱。当使用人使用地名商标时仅意在标示产地或地理来源，则该行为不应被禁止	"金华火腿"商标是浙江省食品有限公司的注册商标，但"金华特产火腿""××（商标）金华火腿"和"金华××（商标）火腿"属于《商标法》第59条所述的正当使用方式。不过，在实际使用中，上述正当使用方式应当限于文字排列方向一致，字体、大小、颜色也应相同，不得突出"金华火腿"字样❷
	指示性合理使用❶	平行使用	这是指在自己的商品或服务上不显著地正当使用带有先前商标的商品或服务	比如将英特尔的CPU作为零部件，"ThinkPad"笔记本在销售中使用"Intel"是为了标明CPU的来源，并不侵犯英特尔的商标权
		服务指示	这是指在为消费者提供服务时，指明介绍服务内容而合理地使用了他人的商标	比如，新东方学校在"TOEFL系列教材""TOEFL听力磁带上"突出使用了"TOEFL"字样［为美国教育考试服务中心（ETS）的注册商标］，目的是说明和强调出版物的内容与TOEFL考试有关，以便于读者知道出版物的内容，并不会造成读者对商品来源的误认和混淆，构成合理使用❸

---

❶ 《国家工商行政管理总局商标局关于"金华火腿"字样正当使用问题的批复》（商标案字〔2004〕第64号）。

❷ 指示性合理使用是从顾及一般公众了解与产品或服务的有关信息角度对商标权所作的限制，其意思在于允许第三方合理地提及商标专用人的产品或服务。

❸ 北京市高级人民法院审理新东方学校侵犯著作权和商标专用权纠纷上诉案，（2003）京高民终字第1393号民事判决书。

续表

类型		说明	例示
非商业性的合理使用	滑稽模仿和言论自由	这里是指以幽默、滑稽和讽刺的方式，刻意模仿他人的现有商标	比如在相声、电影中使用"可笑可乐"（模仿"可口可乐"）
	正常评论、研究中的合理使用	如果报刊或者著作当中，引用商标进行诸如商标命名之类的研究或者评论，除非超越了新闻自由和学术自由的界限，并构成贬损或丑化等行为，一般属于商标合理使用	比如在《商标命名研究》一书中，为分析和说明的需要，引用了大量的商标

（1）通用名称的正当使用

作为在一定范围内被普遍使用的特定商品种类的名称，通用名称可以分为两类：一是规范的商品名称，如在国家标准、行业标准以及专业工具书、辞典中载明的商品名称；二是约定俗成的商品名称、普遍使用的表示某类商品的通用名称或商品名称的简称。

是否属于通用名称，原则上应当以其在全国范围内是否为相关公众所通常认识为判定标准。但我国幅员辽阔，由于历史传统、风土人情以及历史环境等因素，某些商品（如土特产）的市场较为固定，其仅为特定区域范围内的相关公众所通常认识。因此，仅在特定区域内通用的商品名称也可以认定为通用名称。如在徐某强诉吴某江商标侵权案中，原告为"杜搭"注册商标专用权人，但根据被告提供的证据，在原告、被告商品的主要销售地——桐乡乌镇，杜搭酒有其独特含义，系三白酒在当地的一种通用别称。因此，法院认定，在被告的商品包装上对于厂家名称、商标和字号的使用均较为明显的情况下，其使用"杜搭"属于正当使用，并不侵犯原告的注册商标专用权。❶

---

❶ 浙江高院课题组．关于商标侵权诉讼抗辩事由的调研［EB/OL］．[2014 - 02 - 19]．http：//www.zwmscp.com/a/caipanbaogao/20140219/13584.html.

（2）地名的正当使用

地名包括行政区划的地理名称、自然地理区域的名称等。我国《商标法》允许部分地名作为商标注册，比如：①不属于县级以上行政区划的地名；②不为公众知晓的外国地名；③地名具有其他含义的，即使是县级以上行政区划的地名或为公众知晓的外国地名；④作为集体商标、证明商标组成部分的地名。涉及地名商标正当使用抗辩的案件主要有以下几种。

1）景区地名的商标正当使用

云南大江旅游漂流有限公司（以下简称"大江公司"）于2003年8月21日获得"南盘江"注册商标，核定服务项目为第39类，范围包括旅行陪伴、旅客陪同、安排游艇旅行、观光旅游、安排游览、旅行座位预订、旅行预订和旅游预订。2004年2月2日、3月8日和3月15日，昆明风情国际旅行社有限公司（以下简称"风情国旅"）在《今日旅游广告》中三次登载相同内容广告，标题为"'野蛮'之南盘江激情漂流二日游"。大江公司认为风情国旅侵犯其注册商标专用权，诉至法院。二审法院终审认为，南盘江是云南省的一条河流，属地理名称。地理名称不能被某一生产者或经营者独占或垄断，商标权人在选择地理名称作为商标时，并不能阻止他人在原有一般叙述意义上对该地理名称的使用，也不能限制他人为了指示商品或者服务而使用地理名称。该案中，风情国旅在通过广告方式对其经营的旅游线路进行介绍时，在广告的显著位置标明了其公司名称，对旅游目的地使用了惯常的表述方法表明，既未夸大，也未虚构、歪曲事实，目的是对其提供的旅游服务作客观表述，在此情况下使用"南盘江"这一地理名称是不可避免且正当的。❶ 原告大江公司最终败诉。

2）地理标志地名的正当使用

地理标志是指标示某商品来源于某地区，该商品的特定质量、信誉或者其他特征，主要由该地区的自然因素或者人文因素所决定的标志。在涉及地理标志和地名商标冲突的商标侵权纠纷案件中，被告通常的抗辩理由就是其对地名的使用属于对地理标志的使用，属于正当使用，并不构成商标侵权。如在浙江省食品公司诉永康火腿厂等侵犯"金华火腿"商标侵权纠纷案中，法院审理后认为，虽然原告系"金华火腿"注册商标专用权

---

❶ 地名商标的正当使用及侵权判定标准：云南大江旅游漂流有限公司与昆明风情国际旅行社［EB/OL］．［2009-12-28］．http：//www.gy.yn.gov.cn/Article/jczt/zscy/200912/16911.html.

人，但永康火腿厂经原国家质量技术监督局批准，有权使用"金华火腿"原产地域产品名称。永康火腿厂不但在其火腿外包装显著位置标明了自己的"真方宗"注册商标、企业名称、厂址、联系方式等信息，而且在火腿表皮上标注的"金华火腿"下端标明了"原产地管委会认定"，上端亦标有"真方宗"字样。从上述使用方式可以认定，永康火腿厂标注"金华火腿"的目的是表明原产地域产品，不构成对原告"金华火腿"注册商标专用权的侵害。❶

（3）对其他包含商品特点的词汇的正当使用

在平分厂诉不凡帝范梅勒公司侵犯"浓浓"商标侵权纠纷案中，法院审理后认为，"浓浓"一词本身的显著性不强，且在第一含义上，普通消费者容易将其理解为描述奶制品含奶量高、奶香浓郁的一个普遍使用的形容词，系对产品特点的一种描述，故被告在其糖果包装上系以合理的标注方式使用"浓浓"词汇，属于正当使用。❷

2. 权利冲突抗辩

（1）以核准注册的商标抗辩

根据2008年发布的《最高人民法院关于审理注册商标、企业名称与在先权利冲突的民事纠纷案件若干问题的规定》，对于原告以他人使用在核定商品上的注册商标与其在先的注册商标相同或近似为由提起诉讼的，人民法院应当告知原告向有关行政主管机关申请解决。因此，若被诉侵权行为系被告在核定商品上使用其注册商标，人民法院在立案阶段应不予受理，或者在受理后裁定驳回起诉，并告知原告向有关行政机关申请解决。但是，如果被告以改变显著特征、拆分、组合等方式使用其注册商标，或者超出了核定商品的范围，那么被告就此主张的商标权抗辩就不能成立，人民法院应根据商标侵权判定规则，认定被诉行为是否构成对原告注册商标权的侵犯。

（2）企业名称权（字号权）抗辩

1）以在先登记的企业名称权抗辩

在被告的企业名称登记时间先于原告注册商标专用权取得时间的情况

---

❶ 浙江省高级人民法院课题组. 关于商标侵权诉讼抗辩事由的调研 [EB/OL]. [2014-02-19]. http://www.zwmscp.com/a/caipanbaogao/20140219/13584.html.

❷ 地名商标的正当使用及侵权判定标准：云南大江旅游漂流有限公司与昆明风情国际旅行社 [EB/OL]. [2009-12-28]. http://www.gy.yn.gov.cn/Article/jczt/zscy/200912/16911.html.

下，如果被告规范使用其企业名称，或者根据行业惯例简化使用企业名称，根据保护在先权利原则，被告以享有在先企业名称权进行商标侵权抗辩的，应认定其成立。

2）以在后登记的企业名称权抗辩

对于被告企业名称登记时间晚于原告商标核准注册时间，而在被告登记企业名称时，原告注册商标的知名度较小，被告取得和行使企业名称权的行为在主观上并无攀附原告商标商誉的故意，在客观上规范使用企业名称的行为也不会导致相关消费者混淆误认的，被告以合法取得和行使企业名称权为由进行不侵权抗辩的，完全可能得到支持。但被告突出使用字号，并造成相关消费者混淆误认的，可能还是会被认定构成商标侵权。❶

（3）以享有其他知识产权抗辩

如果被告在原告商标注册以前，其使用的系争商标已经享有在先的著作权和外观设计专利权，并且原告的注册商标确系剽窃、抄袭被告的在先作品，或原告在相同或类似商品上注册的商标（尤其是立体商标）确系对被告在先外观设计专利的恶意抄袭、模仿，此时被告可以在侵权诉讼中以此为由进行抗辩，并且完全可能得到支持。

3. 在先使用权抗辩

在 2013 年修正的《商标法》施行以前，我国商标法上没有普遍地承认商标的在先使用权，只是有限地承认了服务商标在特定情形下的在先使用权。2014 年《商标法实施条例》第 92 条规定："连续使用至 1993 年 7 月 1 日的服务商标，与他人在相同或者类似的服务上已注册的服务商标相同或者近似的，可以继续使用；但是，1993 年 7 月 1 日后中断使用 3 年以上的，不得继续使用。"如果被指控侵权的公司所使用的服务商标属于上述情形，则可以主张在先使用权，以对抗对方的商标侵权指控。

根据《国家工商行政管理局关于服务商标继续使用问题的通知》（工商标字〔1994〕第 216 号），服务商标继续使用时，使用人须遵守下列规定：（1）不得扩大该服务商标的使用地域；（2）不得增加该服务商标使用的服务项目；（3）不得改变该服务商标的图形、文字、色彩、结构、书写方式等内容，但以同他人注册的服务商标相区别为目的而进行的改变除

---

❶ 地名商标的正当使用及侵权判定标准：云南大江旅游漂流有限公司与昆明风情国际旅行社 [EB/OL]. [2009 – 12 – 28]. http://www.gy.yn.gov.cn/Article/jczt/zscy/200912/16911.html.

外；（4）不得将该服务商标转让或者许可他人使用。如果使用人违反前述规定的，视为侵犯他人商标专用权，由有关部门依照《商标法》等法律法规的相应规定予以处理。

2013年修正后的《商标法》第59条第3款首次全面确立了商标的在先使用权规则："商标注册人申请商标注册前，他人已经在同一种商品或者类似商品上先于商标注册人使用与注册商标相同或者近似并有一定影响的商标的，注册商标专用权人无权禁止该使用人在原使用范围内继续使用该商标，但可以要求其附加适当区别标识。"由此可见，主张商标的先使用权，还是需要满足许多条件，并且即使抗辩成立，将来的使用仍然有较大限制，尤其是只能"在原使用范围内继续使用"。

此外，2014年修订后的《商标法实施条例》第92条还规定：已连续使用至商标局首次受理新放开商品或者服务项目之日的商标，与他人在新放开商品或者服务项目相同或者类似的商品或者服务上已注册的商标相同或者近似的，可以继续使用；但是，首次受理之日后中断使用3年以上的，不得继续使用。

4. 权利用尽抗辩

所谓权利用尽，是指带有商标的产品合法地销售后，商标权利人无权禁止他人在市场上再次销售或使用该产品。权利用尽原则虽然未在我国商标法上有明确的条文规定，但普遍被学术界和司法界接受。

一些品牌厂商最头疼的窜货行为，在电子商务时代愈加明显，打破了其对销售地域的划界和控制。但是，经销商的窜货行为很难被追究侵权责任，就在于权利用尽原则的保护。所谓窜货，是指经销商跨过自身覆盖的销售区域而进行的销售活动。目前，法院基本上不支持窜货属于商标侵权的主张，因为销售的都是真品，而不是假货。因此，窜货主要依靠合同控制，以及采取一些技术手段（如识别码）来监控、制约和防止。

此外，平行进口也可以寻求权利用尽原则的保护。如果权利人主张涉嫌侵权的商品是被告从海外代购、进口销售的商品，并且该商品本身也是权利人制造或授权他人制造，并投入市场的商品，被告完全可能不承担任何民事责任。目前大多数法院似乎不太支持平行进口的商品构成商标侵权。

值得注意的是，国内近年来有极少数案件，将被告未经商标权人许可而进口销售真品的行为，也认定为商标侵权行为（甚至不正当竞争行为）。不过，这些少数支持平行进口构成侵权的案件，在案情上往往有其特殊性。比如，在绝对有限公司、保乐力加（中国）贸易有限公司、苏州隆鑫源酒业有限公司侵害注册商标权及不正当竞争纠纷案〔（2013）苏中知民初字第0175号民事判决书〕中，被告进口的"绝对伏特加"商品磨去了原产品本身固有的识别码。

江苏省苏州市中级人民法院审理后认为，涉案绝对伏特加原产品识别码是表示该商品特定信息的标识，包括了生产日期、生产批次、产品生产地与销售地等信息，其作为商品的另一标识已与该商品融为一体，构成了这种商品的完整性。在此情况下，经营者磨去产品识别码，其主观上有隐匿商品来源的恶意，客观上不仅破坏了商品的整体性，导致商品关键信息丢失，而且实质上给消费者和商标权利人造成了双重损害：一是影响了商标的识别功能，侵害了消费者对商品来源及产品信息的知情权，导致消费者对真实商品来源及销售渠道产生疑惑、误认或混淆；二是妨碍了商标权利人对产品质量的追踪管理，干扰了商标权利人控制产品质量的权利，致使商标权人商标权益受损。故就此判断，该磨码行为亦应属于2001年《商标法》第52条第5项规定的"对他人的注册商标专用权造成其他损害的"情形，构成商标侵权。

6.3.5 反击侵权指控

被别人告上法庭时，在传统上都会使外界产生不好的联想，因为一般人都对被告有一种先入为主的负面印象。因此，很多公司总是不太愿意一直坐在被告的位置上，它们需要反攻，发起针对原告（或侵权指控人）的挑战，反击对方的商标侵权指控。其目的除了扭转被动的局面外，有时是打压对方咄咄逼人的气势，甚至迫使其坐到谈判桌前，促成双方的和解谈判。

1. 请求宣告无效或撤销其商标注册

在商标注册核准过程中，至少受制于以下因素，会让一些不符合法律规定的商标也获得了核准注册：①商标近似、商品类似的判断标准，本身存在客观上的不确定性和模糊空间；②审查人员的工作经验、业务水平不同，对有关法规的认识理解、掌握尺度不同；③在商标检索上有可能出现漏检（特别是图形商标）的情形。

即使原告的商标在核准注册时满足商标授权的实质条件，也可能在核准注册后使用过程中违反了商标法的规定或者不再满足商标法的要求而招致撤销。比如，当注册商标已经成为商品的通用名称时，当注册商标无正当理由连续 3 年停止使用时，都可以请求撤销该商标注册。

既然如此，在商标侵权诉讼中，作为被告的公司，如果认为原告的注册商标不符合法律规定的授权条件，或者违反了《商标法》的规定，可以通过法定程序请求宣告该注册商标无效，或者请求撤销该注册商标。

2. 请求确认不侵犯商标权

在最高人民法院颁布的《民事案件案由规定》（法发〔2020〕346 号，2020 年修正）中，确认不侵犯专利权纠纷、确认不侵犯注册商标专用权纠纷、确认不侵犯著作权纠纷已经作为独立的民事案由列入其中。在现实世界里，有些商标权人四处散发侵权的警告函，威慑竞争对手及其客户，但并不打算诉诸法庭，而是通过其他途径辨明商标侵权的是非、协商解决争议的办法。如此一来，受到侵权警告但又无辜的公司却背上了侵权的黑锅，并且无处争辩是非，陷入被动的境地，不仅商业信誉严重受损，而且大量客户因担心侵权问题纷纷流失。为了变被动为主动，受到侵权警告的公司可以提起诉讼，请求确认不侵犯注册商标专用权。这已成为它们脱离侵权嫌疑泥潭的重要法宝。

2003 年，中国社会科学出版社就费德里克·沃恩（英国）有限公司（以下简称"沃恩公司"）投诉该社出版的"彼得兔系列图书"侵犯沃恩公司商标权争议，而以沃恩公司为被告向北京市第一中级人民法院提起"请求确认不侵犯商标权"诉讼。北京市第一中级人民法院在当年 6 月 10 日受理此案，这是法院受理的国内首例请求确认不侵犯商标权的案件。北京市第一中级人民法院在此案中认为，被控侵权人提起确认不侵权之诉应当具备如下三个条件：①权利人已向其发出了侵权警告，而被控侵权人不承认自己的行为构成侵权；②权利人无正当理由延迟向人民法院起诉或向有关知识产权行政管理部门投诉；③权利人的此种延迟行为可能对被控侵权人的权益造成损害。同时认为，对于已被行政机关处理和进入行政诉讼程序的侵权纠纷不能再行提起确认不侵权诉讼。

2010 年 1 月 1 日，《最高人民法院关于审理侵犯专利权纠纷案件应用法律若干问题的解释》（法释〔2009〕21 号）开始实施。该司法解释第 18 条规定："权利人向他人发出侵犯专利权的警告，被警告人或者利害关系人经书面催告权利人行使诉权，自权利人收到该书面催告之日起一个月内或者自书面催告发出之日起二个月内，权利人不撤回警告也不提起诉讼，被警告人或者利害关系人向人民法院提起请求确认其行为不侵犯专利权的诉讼的，人民法院应当受理。"这是我国司法解释首次对确认不侵权之诉作出明确规定。虽然这是针对确认不侵犯专利权之诉的，但确认不侵犯商标权之诉也可以借鉴参考。

3. 起诉原告侵犯知识产权

对于拥有自主知识产权的被告而言，如果发现指控自己商标侵权的原告，其产品也有侵害自己商标权、专利权、著作权等知识产权的情形时，可以迅即向原告提出知识产权侵权指控，通过自己的知识产权反击对方，达到互相制衡的目标。常见的情形是，原告可能把被告享有著作权的作品拿去申请注册为商标，这时当原告起诉被告商标侵权时，被告可以反过来起诉原告著作权侵权。

不过，尽管起诉原告侵犯自己知识产权具有相当强大的威慑力，对改善侵权的负面形象助益甚巨，但是，向原告发起知识产权侵权诉讼时，不能盲目和冲动，应当有理有据。否则，不仅达不到预期目的，反倒浪费时间和金钱。

4. 提起商标权属诉讼

在中国，一些商标权人的商标其实来路不正，可能是其作为代理人，抢注了被代理人的商标标识。如果被代理人与代理人之间先签署有代理协议或经销合同，并且在这些合同中约定了系争商标的权利归属，那么，如果代理人在商标注册后，以商标侵权为由来起诉被代理人，这时作为被告的被代理人可以凭借合同约定，向法院提起商标权属诉讼，要求确认原告的注册商标应当归自己所有。

5. 提出不正当竞争之诉

有的权利人喜欢在发现商标侵权后，向经销商或者消费者发布声明，或者在报刊、网络上郑重声明，以谴责对方的商标侵权诉讼行为。但是，一些权利人经常超越合法的界限，开始对侵权企业的其他方面进行攻击，反而把自己拖进了商业诋毁的不正当竞争诉讼中。比如，在一起商标侵权纠纷中，商标权人在起诉前先后向其经销商、用户发送了两份声明，在没有任何法律和事实依据的情形下，指责被告的产品是"假冒伪劣产品"，并在声明中歪曲被告的生产资质、生产条件等事实，导致被告反过来起诉其商业诋毁，最终促使双方握手言"和"，分别撤回商标侵权诉讼和不正当竞争诉讼。

此外，有的公司发动商标侵权指控乃至诉讼，可能是无中生有，或别有深意，其目的不在于赢得诉讼，而在于打压竞争对手，比如毫无根据地散播被告侵权成立的信息，借此打击被告。此时，被告可以向原告提起不正当竞争之诉，以消除自己因被控侵权带来的不良影响，挽回自己的商业信誉。不过，如果原告只是单纯地散播正在起诉被告这一事实，目前被告似乎还没有办法起诉原告构成商业诋毁。

6. 起诉对方构成垄断行为

我国《反垄断法》第 68 条特别提到："经营者滥用知识产权，排除、限制竞争的行为，适用本法。"事实上，《反垄断法》的许多条款都可以适用于知识产权领域。比如，《反垄断法》第 17 条规定："禁止具有竞争关系的经营者达成下列垄断协议：……（四）限制购买新技术、新设备或者限制开发新技术、新产品"，该条可以禁止专利权人限制被许可人购买新技术、新设备或者限制开发新技术、新产品，诸如此类，兹不详述。

因此，如果公司认为商标权人利用侵权指控或侵权诉讼，强迫、威胁自己签订或接受不公平的协议、条件，或者从事其他限制竞争的活动，构成垄断行为的，可以援引《反垄断法》等法律的规定，向对方提起垄断之诉。

7. 提出不利于对方的其他诉讼或请求

考虑到反击对方商标侵权指控的主要目的在于压制对方的诉讼攻势，或者提供交易的法律筹码等，因此，凡是不利于对方的类似诉讼或请求，都可列入考虑范围，并不限于前述情形。只要能够有效地打击和遏制对方咄咄逼人、毫不让步的气势，扭转自己比较被动的状态，为改变自己的谈判地位增添重要筹码，即是成功的反击。其实，用什么权利或理由反击并不重要，重要的是，有时候必须找到一个武器反击一下。

6.3.6 如何降低侵权赔偿额

1. 设法降低侵权赔偿数额

被告首先要清楚《商标法》上对于商标侵权赔偿数额的适用方法和计算方式，并了解"权利人的实际损失""侵权人获得的利益"应该如何界定和计算。然后，尽可能地在诉讼中降低赔偿数额。

- 质疑原告赔偿证据的效力，这是最直接的否定对方赔偿依据的方法。
- 质疑原告对实际损失的计算依据。
- 质疑原告对侵权人获益的计算依据，包括阐明被告的获利不能完全

作为原告损失赔偿的依据。❶

● 质疑原告的合理开支。包括质疑对方的律师费、差旅费、公证费是否合理，以及是否属于多个案件应当分担的开支。

● 证明被告使用商标的善意，比如被告主张自己也经购买获得了商标使用许可。

● 主张原告未使用或使用较少，以主张对方的赔偿主张，尤其是巨额赔偿主张不成立。

● 避免招致惩罚性赔偿。这主要是要证明自己不属于"恶意侵犯商标专用权，情节严重的"行为。

● 积极协商和解解决，有的被告不惜以登报声明消除影响，来换取少赔甚至不赔的和解协议。

2. 不承担赔偿责任的抗辩

在法庭上，被告当然可以找到各种理由随便主张（甚至胡乱主张）不承担赔偿责任。不过，《商标法》明确规定了两类不承担赔偿责任的情形。因此，这里只谈两种于法有据的不承担赔偿责任的抗辩事由。

（1）注册商标未使用的抗辩

《商标法》第 64 条第 1 款规定："注册商标专用权人请求赔偿，被控侵权人以注册商标专用权人未使用注册商标提出抗辩的，人民法院可以要求注册商标专用权人提供此前三年内实际使用该注册商标的证据。注册商标专用权人不能证明此前三年内实际使用过该注册商标，也不能证明因侵权行为受到其他损失的，被控侵权人不承担赔偿责任。"该条规定与商标法上的连续 3 年不使用撤销制度相衔接，主要是为了打击了恶意抢注行为。如果被告经过调查，查明原告的注册商标在起诉前 3 年内均未实际使用，完全可以提出不承担赔偿责任的抗辩。

（2）销售商的合法来源抗辩

近年来，在商标侵权诉讼中，商标权人直接起诉大量位于侵权链条末端的销售者的情况越来越普遍。《商标法》第 64 条第 2 款规定："销售不知道是侵犯注册商标专用权的商品，能证明该商品是自己合法取得并说明

---

❶ 曾任最高人民法院知识产权庭庭长的孔祥俊指出："要贯彻商标权保护的比例原则，如运用好商标近似、商品类似、混淆等弹性因素，使商标权保护的强度与商标的显著性程度、知名度高低等相适应，使损害赔偿额与商标在侵权中的贡献率相适应，即（既）使商标权得到应有保护，又不使保护过度和受害人获得额外利益。"见孔祥俊. 新修订商标法适用的几个问题（上）[N]. 人民法院报，2014-06-18.

提供者的，不承担赔偿责任。"据此，销售者要免除侵权赔偿责任，不仅要举证证明被诉侵权商品具有合法来源，而且应当不知道销售的产品是侵权产品。只有同时满足上述条件，销售者才能免除赔偿责任。

《商标法实施条例》第79条进一步规定："下列情形属于商标法第六十条规定的能证明该商品是自己合法取得的情形：（一）有供货单位合法签章的供货清单和货款收据且经查证属实或者供货单位认可的；（二）有供销双方签订的进货合同且经查证已真实履行的；（三）有合法进货发票且发票记载事项与涉案商品对应的；（四）其他能够证明合法取得涉案商品的情形。"从案件审理情况来看，销售者为证明所售侵权产品具有合法来源通常会提供增值税专用发票、进货发票、购货合同、销售清单、收货清单、付款凭证、供货单位证明以及购货经办人证言等证据。被告在提交前述证据时，除了要满足真实性、合法性和关联性，还要特别注意这些证据是否形成完整的证据链，是否具有较强的证明力。

需要注意的是，被告作为销售者如果能够提供合法来源，只是能够免除赔偿责任，而停止销售的责任还是必须承担。《商标法》第60条第2款后半段规定："销售不知道是侵犯注册商标专用权的商品，能证明该商品是自己合法取得并说明提供者的，由工商行政管理部门责令停止销售。"《商标法实施条例》第80条进一步明确规定："销售不知道是侵犯注册商标专用权的商品，能证明该商品是自己合法取得并说明提供者的，由工商行政管理部门责令停止销售，并将案件情况通报侵权商品提供者所在地工商行政管理部门。"

6.3.7 围绕诉讼的预防性安排

商标侵权诉讼是一个风险较高、前景不好预测的法律游戏。任何受到侵权指控的被告，在诉讼过程之中，甚至诉讼来临之前，都必须认真地对待这些问题：如果侵权成立将会怎么办？如何降低商标侵权诉讼带来的负面影响？而解决这些问题的方式，除了继续应对诉讼之外，还应当根据实际情况，作出预防性的安排。下面是一些常见的措施。

1. 暂停产品销售或服务提供

如果被告经过商标侵权评估，认为商标侵权的风险较大，那么，可以考虑暂停侵权产品的销售或服务提供。停止销售受到指控的侵权产品或者暂停相关的服务，可以降低败诉后可能的赔偿数额。

2. 取得客户支持

有的商标权人在诉讼结果尚不明朗时，就开始给被告的客户找麻烦，比如发出侵权警告或通知，要求或暗示其不要销售或使用"侵权产品"。为避免卷入侵权诉讼，一些客户有时宁愿放弃销售或使用被控侵权的产品。

被告如果无法做到停止销售，对产品不侵权又充满信心，则应当及时与客户进行沟通，说明事实，寻求共识和支持，设法安抚客户的情绪和信心。必要时可以签署商标不侵权以及若侵权将向客户提供补偿的保证书，并承诺如果客户被起诉侵权，被告愿意派出律师支持应诉，并承担一切法律上的责任。

3. 更换新的商标

被告无法停止产品销售或服务提供，其实很容易给出解决方案，暂时更换使用新的商标，甚至暂时不使用系争商标。当然，更换的商标可以是一个全新的商标，也可以是在原商标基础上进行了一些改变，但要避免近似商标的侵权风险。

"嘀嘀打车"被诉商标侵权后，很快就更名为"滴滴打车"。不过，这种更名方式好像有点掩耳盗铃，因为更名的"滴滴"与他人的"嘀嘀"还是构成近似商标，如果"嘀嘀打车"能够构成侵权，"滴滴打车"同样存在侵权风险。

4. 利用剩余市场

作为一个策略性的考虑，可以将侵权产品制造、销售、使用的地域，转移至商标权人未取得商标注册的国家或地区，即不受对方商标保护的剩余市场。由于商标权具有地域性，如果在其他国家或地区，原告没有取得商标注册，则在这些地方使用其商标，不会构成侵权。

针对知识产权侵权诉讼而采取的策略或措施，在诉讼实践中千变万化，又因时因地而各有不同，笔者无法揭其全貌。比如争取诉前或诉中的侵权和解、通过公司并购消灭侵权争议等措施，都可以认为是因应知识产权侵权诉讼的策略安排。

5. 和原告合作

如果被告铁定侵权无疑，又没有适当的反制措施和谈判筹码，那么只有花钱消灾了，可以主动停止侵权，并寻求和解，甚至直接成为原告的客户，成为原告商标的被许可人，或者成为原告品牌产品的代理人或经销商。总之，如果打不过原告，那么就加入它。没有永远的朋友，也没有永远的敌人，商业就是这样。

6.3.8 商标侵权的和解

1. 为什么会达成和解

知识产权诉讼最终达成和解（包括调解结案），是再正常不过的事情。根据最高人民法院发布的《2020年中国法院知识产权司法保护状况》所披露的数据显示，在2020年，全国法院知识产权民事一审案件平均调解撤诉率达到68.45%。2020年，上海知识产权法院以调解或者撤诉方式结案1555件，在审结的一审案件中占比为39.57%。

知识产权诉讼的当事人通常各执己见，往往剑拔弩张，为什么还会达成和解呢？诉讼和解有多方面的原因，包括和解基本可以实现诉讼目标、受制于被告对抗性诉讼反击的压力、诉讼过程的复杂性以及诉讼结果的不确定性等。

当然，诸多调解结案的诉讼，委实离不开承办法官"晓之以理，动之以情"的耐心劝解，甚至"威逼利诱"。对于阅案无数的法官而言，要找出值得接受调解的理由，可谓信手拈来。有时甚至只需援引此前类似案件的判决结果，并通过其中穿透而来的阵阵不乐观情绪，就可以直接消灭原告把诉讼进行到底的士气。

和解绝非坏事，只要不碍于主要诉讼目标的基本实现，即使有所牺牲（比如，原告通常会牺牲部分甚至全部赔偿诉求），和解结案也算值得，因为和解结案在执行方面最为顺畅。事实上，和平解决知识产权争议，往往对争议各方都大有裨益。

- 诉讼本身只是一个市场策略而非最终目的，商业目标实现，自然达成和解。
- 诉讼结果的不确定性，让双方都存在败诉风险，谁也不能保证是最终的赢家。
- 诉讼成本开支太高，不如投入研发创新或营销活动。
- 诉讼时间较长、程序复杂，牵扯企业正常的生产经营。
- 和解创造双赢，通过谈判交换商业利益。

……

2. 预先准备和解方案

从发生商标侵权争议开始，一直存在和解的可能性。有的商标权人并不愿意走上法庭，因为花费时间、损耗金钱、程序复杂，而结果又未必能够符合预期。因此，他们在发出侵权警告函的同时，也期待能够以停止侵权、发放许可甚至商标转让等方式解决争议。

当然，在一些不十分明朗的商标侵权争议中，双方经过多次对话可能也难以取得共识，在交涉破裂之后，双方还是走上了法律诉讼之路。有时候，商标权人诉讼开始时，满怀信心，态度强硬，也比较难以达成和解。不过，和解的希望并不会因为诉讼的启动而随之破灭。相反，随着诉讼的不断进展、各自利益的博弈，双方基于各种考虑，在诉讼结束之前随时可能达成和解。

既然如此，商标侵权争议的各方应当时刻做好和解的准备，包括判断和解的时机、期望和解的条件、初拟和解的方案等，唯其如此，才能在需要和解谈判的时候，显得胸有成竹，有条不紊。

不过，无论是法官主持下的调解，还是原告与被告在庭外的和解协商，通常都经过数轮艰辛的谈判和你来我往的讨价还价。无论是作为原告，还是作为被告，如果对案件的背景不够了解，对业务不太熟悉，如果没有预先准备好解决方案，完全有可能在最终达成的调解或和解方案中有所疏忽和遗漏。

因此，在考虑和解谈判前，最好事先（尤其是在开庭前）拟定一个和解谈判的框架性方案，特别要清楚哪些是不可放弃的条件或要求，以及如何清楚周延地陈述自己的诉求。不要高估自己的记忆力，经过一番紧张和反复的谈判，在签署和解协议后可能才发现，有的不可放弃的条件或要求还没有写上去。

当然，更要清楚的是，和解不是判决，它不仅可以解决当下的争议，此前的和未来的、已经可见的和尚不可见的、自己的和关联方的与本案密切相关的争议，双方可以考虑是否一揽子解决。当然，双方条件提得太高、太宽、太过分，也是不利于和解成功的。

3. 一揽子解决相关争议

商标侵权争议如何和解，并无规则可循，只能因时因事，因地制宜。当然，在考虑或协商和解时，最好一揽子解决相关的争议。

（1）免除其他的相同侵权事实

被告可能在多种不同系列、不同规格、不同型号的产品上，使用了原告的商标，但是，作为一种诉讼策略，原告可能只是起诉了一个系列、一种规格或一款型号的产品。此时协商和解时，被告绝对不要只解决本案中争议的侵权行为。否则，和解之后，又会有一波商标侵权诉讼等着。因此，必须一并解决所有相同性质的侵权事实。

（2）消除可能发生的新诉讼

在一件商标侵权案件开庭期间，原告公司的总经理不太会保守秘密，在庭审过程中一怒之下，对被告宣称："你等着，我们还要告你们侵犯著作权。"这其实是一个商标案件，当然，这是一个图形商标。

因此，在最后调解时，即使一度僵持不下，被告也始终坚持要求原告必须书面承诺，不仅要撤回本案中的商标侵权诉讼，还得保证不得就同一系争商标向被告及其销售商提出任何知识产权诉讼（包括著作权诉讼）。被告拒绝妥协的原因在于，它用以交换原告撤回商标侵权诉讼的法律筹码只有一个，必须抓住机会堵住所有可能的法律攻击。

（3）免除关联公司的侵权责任

上海的A公司因为在文化创意类产品上使用了原告七幅漫画作品，而被法院判决赔偿35万元。要知道这七幅漫画作品其实是同一个简单卡通形象的系列造型设计，平均一幅作品被判赔5万元人民币，在中国当前赔偿力度普遍不大的司法实践中，已经算得上"巨额赔偿"了。A公司后来也爽快地支付了赔偿。但是，A公司的爽气并没有换来平安。

时隔一年后，它又被原告告进了法院，而且是因为同样的漫画作品，同样的侵权产品。不过，严格讲，原告这次起诉的不是同一个被告，而是之前被告A公司的关联公司B。其实，从法律上讲，A公司和B公司似乎也不属于"关联公司"，从工商登记信息来看，两家公司在名称（包括字号和行业描述）、法定代表人、股东构成、注册地址、产品品牌等方面，完全找不出任何法律上的联系，但实际上，它们又的确是同一家公司披的两个"马甲"，同一个老板，同一个运营团队，同一个实际办公场所。之所以如此运营，据说公司老板的定位是，A公司主攻特许加盟店，B公司主攻批发市场。

事实上，诚实的A公司在被判决侵权后，不仅立即履行支付了赔偿金，而且全面停产了侵权产品，并删掉了A公司网站上的侵权产品介绍。不过，A公司忘记了自己还有另一个"马甲"B公司，虽然B公司也停产了侵权产品，但B公司网站上仍然有这个侵权产品的介绍页面。原告正是公证了这个网页，并将A公司"再"次送上了法庭。

显然，A公司在执行赔偿时，没有趁机和原告讨论一下B公司的责任豁免问题。最后，B公司不得不再次支付了3万元的赔偿金，换回一纸和解协议。这个时候，B公司想起了还有一个"马甲"C公司，于是，在协议中要求原告"不再追究此前 B 公司及 A 公司、C 公司使用原告作品（而且不限于本案涉及的七幅不同造型的漫画形象）的责任"。❶

前述案例虽然是关于著作权的，但是，其暴露出来的风险点恰恰也值得商标侵权诉讼的当事人在和解协议谈判和签署时警惕。

> **案例阅读**
>
> **和解协议的疏漏**
>
> 这并不是商标侵权的案件，但是，实在值得引以为鉴。
>
> 在朱先生第二次起诉大华（集团）有限公司（以下简称"大华公司"）、上海世联房地产顾问有限公司（以下简称"世联公司"）侵犯著作权后，被告的代理人显然觉得自己被坑了一次，被告坚持认为此前的和解已经圆满解决。
>
> 话说原告朱先生是一幅肖像摄影作品的著作权人，被告一大华公司为宣传其开发的"水岸生活馆"楼盘，委托被告二世联公司设计制作了一幅广告。该广告后来刊登在《新闻晨报》上，原告朱先生于 2006 年 9 月向上海市第二中级人民法院起诉两被告。后于 2006 年 11 月与两被告达成和解。
>
> 和解协议的主要内容大意如此：被告世联公司在为大华公司制作和发布"水岸生活馆"楼盘广告过程中，未经许可使用了原告朱先生拍摄的一幅肖像摄影作品，并刊登在 2006 年 7 月 13 日《新闻晨报》B7 广告版上。经友好协商，现已达成谅解：一方面，两被告尊重并确认朱先生的著作权以及作品涉及人物的肖像权，承诺不再继续使用系争作品，并愿一次性支付人民币叁万捌仟元（¥38000.00），作为经济补偿；另一方面，原告朱先生承诺在收到被告所支付补偿款后，向上海市第二中级人民法院撤诉[案号为（2006）沪二中民五（知）初字第 288 号，以下简称"288 号案"]，并不再就该作品向两被告追究任何责任。
>
> 但是，在该和解协议履行完毕后，原告朱先生又向两被告发起了侵权诉讼，指控的事实为大华公司自 2006 年 7 月 20 日起，在上海市岚

---

❶ 袁真富. 诉讼和解方案的疏漏 [J]. 中国知识产权，2014（11）.

皋路中山北路桥墩下竖立了长5米、宽3.35米的广告牌，该广告未经原告许可使用了前述肖像摄影作品。这次户外广告牌引发的著作权案件与前述《新闻晨报》广告引发的著作权案，所涉及的摄影作品完全相同，广告内容基本相同，广告商品都为真华路1099号的水岸生活馆。

于是，两被告不高兴了，声称其在288号案中已就系争摄影作品的使用行为与原告达成了和解，原告无权就被告使用该作品的行为再提起诉讼。但一审法院仍然判决两被告连带赔偿原告朱先生经济损失人民币10000元，以及赔偿原告合理开支人民币2000元。

二审法院认为，首先，在288号案中的侵权行为是大华公司和世联公司在《新闻晨报》刊登的广告中使用了其摄影作品，而该案中的侵权行为是在岚皋路中山北路桥墩发布的广告中使用了其摄影作品，两案所针对的侵权行为不同。其次，上诉人大华公司未能证明，2006年11月协议书签订时，被上诉人朱先生知晓大华公司和世联公司除在《新闻晨报》刊登的广告中使用涉案摄影作品外，尚有其他侵权行为的存在。故结合2006年11月协议书的内容，二审法院得不出上诉人所称的，该协议书所述经济补偿是作为上诉人大华公司此前使用涉案摄影作品的一揽子补偿的结论。最终，二审法院驳回上诉，维持原判。

事实上，这是一起普通的摄影作品著作权侵权案件，在著作权侵权的认定上并不复杂。但值得玩味的是，被告与原告曾经在另一案件中，就同一摄影作品的广告使用行为签订了和解协议，却仍然被判侵权。表面上看起来，被告大华公司比较冤屈，为宣传同一楼盘，使用了同一摄影作品，只不过刊登在不同的广告载体上，却要在支付了一次补偿款后，还要继续支付一次赔偿款。

其实，被告的失误就在于，在和解协议中没有周全地涵盖所有的相同使用的侵权行为。从审慎的角度，被告的代理人在签署和解协议前，应当调查了解被告为宣传"水岸生活馆"，在哪些媒介上做过广告，是否只使用了一次原告的摄影作品。即使时间有限，来不及对前述事实进行调查和核实，也可以在签订和解协议时，要求原告豁免被告此前其他任何使用系争摄影作品的侵权行为，尤其是基于同一宣传对象和目的的广告使用行为。

> 但被告的代理人可能太自信了,以为一句原告"不再就该作品向两被告追究任何责任",就可以解决所有的争议。殊不知,在拟定的和解协议中,只是把侵权的事实限定于"在未事先征得甲方同意的情况下,使用了朱凡先生拍摄的一幅沈予方先生肖像摄影作品,并刊登在2006年7月13日《新闻晨报》B7广告版上"。因此,该和解协议难以说明原告已经放弃了对被告其他相同性质侵权行为的诉权。
>
> 另一个案件的案情可谓极其近似,被告出版的图书因为抄袭了原告的作品,与原告达成和解并支付了赔偿。不过,原告很快又提起了诉讼,原来上次原告起诉的是被告出版的该图书的中文版,而这次原告要解决的是图书的韩文版和日文版,事实上,将来还有德文版和法文版的问题。据说,在原告第二次就同一图书的不同版本起诉侵权后,被告的负责人对公司的法务大发雷霆,直斥其办事不力。
>
> 资料来源:袁真富. 诉讼和解方案的疏漏 [J]. 中国知识产权, 2014 (11).

4. 以商业手段解决商标争议

当韩国现代进军中国市场时,中韩合资北京现代汽车有限公司董事长亲自拜访"现代"商标的所有人章鹏飞,以重金买下其注册的"现代"汽车商标,从而消除了现代汽车在中国市场上的商标危机。所以,对待商标问题,不要只想着用法律手段(如请求宣告商标无效、指控商标侵权)去解决,因为法律手段未必是最好的选择,它所消耗的成本未必比收购商标、取得商标许可来得更节省。

附录　企业商标管理指南

第1章　商标管理总则

1.1　宗旨

为明确企业商标的设计、注册、使用、管理的职责，规范商标的使用，保护企业无形资产，树立和维护企业信誉，保证商品质量，加强知识产权的管理，根据《中华人民共和国商标法》及《中华人民共和国商标法实施条例》等法律法规，制定本商标管理指南。

1.2　内容

本指南包括了企业商标管理的方针、要求、资源管理、运行控制、合同管理、检查、分析和改进。

1.3　适用范围

本指南适用于企业内部和外部与商标相关的经营活动全过程。

1.3.1　本指南所称之商标，包括在中华人民共和国境内已经申请注册的商标，在我国香港、澳门、台湾地区申请注册的商标，在国外申请注册的商标。包括尚未申请注册的商标，也包括与商标相关的企业名称、广告语等商标标识。

1.3.2　企业的商标专用权受国家法律保护，任何组织、个人不得侵犯。凡本企业（包括企业总部、分公司及各地的分支机构，下同）的员工（含合同制员工、临时工，下同），均应遵循本指南的指引。

1.4　商标管理方针

a) 企业商标管理方针为：

防范商标法律风险，提升市场竞争优势。

b) 由总经理批准，发布实施。

c) 方针为商标管理目标的制定提供总体框架。

d) 通过培训、教育、宣传等方式，向全体员工宣贯知识产权管理方针。

e) 企业根据内外部环境的变化，组织评审商标管理方针的适宜性，必要时进行修改。

1.5 商标管理体系要求

1.5.1 总体要求

a）企业应识别所涉及的商标标识，如商标、商号，广告语，及其他法律法规规定的与商业标识相关的权利等。

b）企业按标准要求建立商标管理机构，相应的管理制度和工作职责，形成文件，加以实施和保持，并持续改进。

c）法务部门牵头，依据方针目标的要求及其展开分解落实的策划、实施、检查、改进的管理要求，各相关部门负责实施，实施过程形成的文件应落款可追溯，并有效运行和控制企业生产经营活动中各环节的商标运用、管理和保护。

d）定期开展检查、分析、评价，确保持续改进，对已出现和潜在的不符合商标管理要求问题，采用纠正和预防措施，对商标管理体系进行及时调整、修订和完善，实现管理目标。

1.5.2 文件要求

a）企业商标管理体系文件包括形成文件的商标管理方针和目标、商标管理内部控制制度、商标管理记录，并按企业文件管理的规定要求对文件进行管理。

1）企业的文件可采用如下媒体形式或类型：纸张、磁盘（带）、光盘、照片或样件、其他电子媒体或它们的组合。

2）文件应按企业文件管理的规定进行管理，对文件的发布、标识、更改、使用、保存、废止进行控制，以保证体系的有效实施。

b）企业根据自身需要，建立商标申请、维护、管理及奖励、保密方面的管理内部控制制度，并按要求进行管理。内部控制制度按企业文件管理的规定要求进行管理。根据执行情况进行定期跟踪、评价，确保制度控制的有效性。

c）企业记录商标管理活动，为商标管理体系有效运行提供客观依据，记录应有部门和记录人落款，确保过程实施的可追溯性，并按记录管理要求进行管理。

1）记录填写应做到及时、准确、内容完整、详细、字迹清晰，易于识别和检索。

2）记录可以采取文字（表格）、照片、电子媒体等形式。

3）记录的形成、使用、保管、废弃应按企业的记录管理规定要求进行管理。

1.5.3 管理制度

企业应当建立商标管理制度，根据需要可以涉及但不限于以下内容：

（1）商标管理的目标；

（2）商标管理的部门及职责；

（3）商标注册的流程管理；

（4）商标印制的管理；

（5）商标使用、许可和转让管理；

（6）商标相关的保密工作；

（7）商标的教育培训；

（8）商标权益的保护；

（9）商标的档案管理；

（10）商标战略的制定等。

第2章 商标组织与资源管理

2.1 商标管理部门

2.1.1 最高管理者

企业最高管理者是企业商标管理的第一责任人。其主要职责如下：

（1）实施商标管理决策；

（2）建立和完善企业商标管理体系，确保为实施质量管理提供适宜的组织机构，配备必要的资源；

（3）建立和健全企业商标管理责任制，落实职能，并授权管理商标事宜；

（4）贯彻国家有关商标管理工作的方针、政策、法令、法规，制定企业商标管理方针和目标，并使之在全体员工中理解贯彻。

2.1.2 商标管理领导小组

企业设立商标管理领导小组（或商标战略委员会），由最高管理者担任负责人，商标管理领导小组成员由相关部门领导或主管联合组成。

2.1.3 法务部门

企业最高管理者任命法务部门（或知识产权部门）作为企业商标的归口主管部门，负责商标的资产及相关法律事务的日常管理工作，对最高管理者负责。并负有如下职责：

（1）负责协调各业务单位完善商标管理相关的架构职责；

（2）负责商标相关的管理制度起草、法律事务的执行与监督；

(3) 负责商标的打假维权及相关事务工作；

(4) 负责商标相关的合同管理，包括商标相关合同文本的制定、审核和归档；

(5) 负责商标相关的信息资源管理；

(6) 负责企业员工商标教育与培训等。

2.1.4 市场部门

市场部门负有如下职责：

(1) 负责企业商标相关标识或其他产品标识的设计；

(2) 负责企业商标标识的使用标准；

(3) 负责企业商标（品牌）的广告宣传；

(4) 协助在市场营销、宣传过程中发现商标侵权线索等。

2.1.5 制造部门

(1) 负责企业商标产品的制造；

(2) 负责商标产品的质量管理，负责制定商标产品质量标准及协调实施等。

2.1.6 采购部门

(1) 负责商标标识印制的采购；

(2) 负责商标标识印制的质量和标准监管；

(3) 商标标识的订单发送、收货验收、保管、库存；

(4) 负责采购中的商标风险识别及合同控制等。

2.1.7 销售部门

企业销售部门有责任和义务规范和完善流通过程中的各项商标管理工作，并主要负有如下职责：

(1) 负责本企业产品销售流通过程中的商标使用集中管理，包括但不限于相关票据流转、对账、盘点及核销等；

(2) 负责对企业产品销售市场的商标状况信息采集汇总，并提交法务部门审查分析，提出必要的商标保护或风险规避方案；

(3) 负责对企业销售市场进行商标监控，对产品信息、展会信息、展会宣传采取相应的商标保护措施。

2.1.8 财务部

(1) 负责商标管理工作经费的管理；

(2) 负责建立商标管理工作经费监督管理和评估机制，加强经费使用监督和管理；

（3）在财务票据及其往来中，体现企业商标标识，以作为销售、广告宣传等凭证等。

2.1.9 其他部门

行政、人事、信息（档案）、售后服务（客户服务）等其他部门，应当根据本部门的职责和企业的需要，协调、配合、支持企业的商标管理工作。

2.2 资源管理

2.2.1 人力资源

（1）总则

a）明确规定从事商标管理的专、兼职人员的能力要求，明确从教育、培训、技能和经历方面判断其能力是否符合要求。必要时可寻求外部专业机构支持，确保从事商标相关工作的人员满足商标管理要求。

b）对不同岗位人员应有不同的能力需求，应使其能力与岗位职责要求相适应。

c）对人员能力的判断应从其接受教育的程度，培训效果，技能水平，个人职务和岗位经历等综合考虑，选拔能胜任本职工作的人员从事管理和作业活动。

（2）意识、能力和培训

a）识别和确定与商标工作相关的人员所必需的能力。

b）通过培训等方式确保员工（包括领导）具有一定的商标意识，鼓励员工为实现商标管理目标作出贡献。

c）提供培训机会或职业教育，使有关人员具备相应的商标知识、技能和经验。

d）通过理论考试、技能考核、业绩评定，评价参加过培训的人员所具备的能力，并确定培训的有效性。

e）保持教育、培训、技能和经验的跟踪记录。

（3）商标培训内容

法务部门应当定期组织对企业员工进行商标教育培训。

a）对普通员工的商标意识培养，重点加强对与商标相关法律法规、基本常熟的宣传教育。

b）对管理层、部门负责人、主要业务骨干的培训教育（重点加强对商标制度的功能和作用、商标基本常识、国际国内发展趋势、对企业重要性以及如何实施有效商标管理等）。

c）对企业商标管理部门及其工作人员的培训（如聘请商标专家到企业开展短期培训讲座、选派人员参加商标管理培训、进修深造、到外地优秀企业考察等）。

2.2.2　财务资源

a）企业应设立商标工作经费，确保商标管理活动的有效运转。

b）企业商标工作经费主要用于商标宣传教育和培训、商标信息分析、商标获取和保护，商标咨询服务、商标许可贸易、商标纠纷处理和员工奖励等。

c）企业按商标经费管理规定加强经费使用监督和管理，确保各类商标费用的规范使用。同时对年度经费使用实施绩效评估，为下一年度经费预算、经费使用调整、完善经费使用管理提供依据。

2.2.3　信息资源

a）企业商标信息包括内部信息和外部信息，其收集和维护管理应由法务部门或档案部门归口管理。

b）信息资源管理。

1）根据企业的产品、行业等情况识别商标信息的需求。

2）识别并获得内部和外部的商标信息来源。

3）将商标信息转换为对企业有用的知识，并传达给相关人员。

4）利用数据、信息和知识确定并实现企业的商标方针和目标。

5）评估商标信息运用所产生的收益，以促进与加强商标信息和知识的管理。

6）建立企业商标信息数据库，并有效维护和及时更新。

c）信息分类。

1）内部信息包括：企业自身的商标、企业名称、广告语、LOGO等各类商标及相关信息（以下简称"商标信息"），具体包括：

①商标设计与申请注册资料，包括商标设计或转让合同、商标注册证、商标注册申请受理通知书、商标申请代理合同等。

②商标相关合同，尤其是商标转让、商标许可、商标印制合同。

③其他相关合同，包括定牌加工合同、采购合同、销售合同、代理合同等。

④产品销售材料，包括产品实物或照片（须商标能够显著识别）、店面装潢照片或设计图纸、销售发票、商品的产量或销售量、相关的财务报表。

⑤产品广告宣传资料，包括产品手册、电视广告、平面广告、报刊广告、网络广告、促销活动材料等，以及广告制作、广告代理合同、广告投入发票等。

⑥商标维权相关的资料，包括驰名商标认定记录、相关工商行政部门的侵权处罚决定书、民事裁判文书、和解协议、侵权警告函、消费者的举报或投诉材料等。

⑦其他材料，比如有关商标的新闻报道，有关的奖项或排名证书等。

2）外部信息包括：有关商标的法律、法规、规章和政策措施，竞争对手及其产品商标信息，供应商及其产品的商标信息等。

d）信息保存要求。

1）商标信息的档案管理应遵循维护资料的完整、真实、安全、统一存档、便于利用的原则。若发生人员变动应及时做好商标档案交接工作。

2）对于合同、发票、广告等资料，应当尽可能地清晰地表明时间、商标标识（尤其是图形），以满足诉讼等行政或司法程序的需要。

3）对于商标相关的入档材料，应当尽可能保留有相关的原件。

4）对于商标相关的入档材料，凡是涉及合同的，应当有产品经销商、商标印制方、广告制作或代理方等合同相对方以及本企业的正式签章，并标注日期。

第3章 企业商标的权利管理

3.1 商标设计管理

3.1.1 商标设计的法律原则

企业在设计推出新的商标前，必须考虑商标的可注册性。商标设计应符合国家商标法律的要求，不违反社会公序良俗，便于本单位的产品和服务的对外宣传，有利于促进本单位驰名商标的战略实施。在商标设计阶段，相关人员应采取严格的保密措施，不得将相关信息对外披露。

a）企业在设计推出新的商标前，必须同时考虑商标的可注册性。申请注册的商标应符合《中华人民共和国商标法》相关规定：

1）选择和设计的商标一般优先选择具有可视性的标志，尽管中国商标法在2014年5月以后允许注册声音等其他非可视性标志。

2）选择和设计的商标应当具有法律上的显著性。通常情形下，凡是商标标识的内容或含义与其所指示的产品（或服务）的质量、主要原料、功能、用途、重量、数量及其他特点，关系越远的则显著性越强，关系越近的则显著性越弱。

3）选择和设计的商标不得属于商标法禁止注册或使用标志。

4）选择和设计的商标不得与他人在先的商标权、版权、专利权、企业名称权、姓名权、肖像权等相冲突。

5）选择和设计的商标如果属于颜色商标或三维标志，不得具有功能性。

3.1.2 商标的显著性

选择和设计的商标，特别是企业的主打品牌和重要商标，应当具有法律上的显著性，即最好选择和设计与企业产品的特点或含义无任何联系的词语、图形等作为商标。

主打品牌或重要商标，应当尽量避免使用描述性商标，即描述产品某些特点、功能等方面的商标。

子品牌或副品牌可以考虑使用一些显著性较低的商标，但应当与主打品牌结合在一起一并使用。

3.1.3 商标权利的完整性与合法性

a）选择和设计的商标，尤其是图形和三维商标，必须确保企业具有完整的版权。

b）任何通过广告征集、委托设计、员工设计等方式从外部或内部获得的商标标志，都应当与相关主体签署该商标标志的版权转让协议，并约定保密责任和违约责任等。

3.1.4 商标权利冲突

a）企业在选择和设计商标时，应当注意避免侵犯他人的商标权，著作权等在先权利或者其他合法权益。如果是从外部获得的商标（比如委托设计），也应当要求商标设计方作为出不侵权的承诺或保证。

b）企业在选定商标后，应当进行商标检索，对他人已经取得注册或者已提出注册申请并已公告的商标进行查询，以避免与他人已经注册的商标相同或近似。

c）选择和设计的商标，尤其要避免与他人的驰名商标（特别是同行业的驰名商标）发生相同或近似的情形，否则容易带来商标法上的争议或纠纷。

3.2 商标注册管理

3.2.1 商标权利化

企业使用的任何品牌（包括子品牌），以及企业字号、简短的广告语、品牌简称或别称或其他具有标识意义的图形、文字等符号，都可以考虑申请商标注册，以最大化保护企业的商标权益。

3.2.2 现有商标检核

企业必须检核正在使用或准备使用的商标，是否已经核准商标注册或提交了商标注册申请。

定期检核已注册或提交注册申请的商标，其指定的使用范围是否已足够覆盖企业现有及未来的业务范围。

3.2.3 商标储备

企业可以定期进行商标储备，根据企业的产品特质、战略规划等实际情况，定期设计或选择一些标志进行商标注册，用以储备将来使用。

3.2.4 防御性注册

a）企业可以将与自己商标（主要是核心或重要商标）相近似的一些标志，在相同或类似的商品或服务上进行商标注册，以避免他人注册。

b）企业可以在类似或相关联的商品上注册自己的核心或重要商标，以避免他人注册使用。

c）企业的字号或主要品牌，还可以有针对性地进行域名注册，以避免他人抢注。

3.2.5 商标国际注册

a）企业在对外贸易过程中以及将要进军国外市场，应根据需要适时地向其他国家或者地区（主要是商品制造地、销售地、商标许可区域），申请注册商标或申请商标国际注册。

b）企业在进行商标设计时，应了解各国的风土人情，研究不同地域的文化背景，避免在外国注册商标遇到文化障碍。

3.2.6 商标注册维持

a）企业如因经营需要，变更注册人名义、地址或法律规定其他注册事项的，应在办理完相应的工商登记手续后向商标局提出变更注册申请。

b）注册商标的有效期为 10 年。在有效期限届满前 12 个月内，企业应当向商标局办理续展手续。如果商标到期前未办理续展，应当在期满后 6 个月的宽展期内，及时提出续展申请。

c）企业应定期进行商标稽核，对已淘汰使用的注册商标提交决策层是否放弃商标续展。

3.3 商标使用管理

3.3.1 注册商标使用的合法性管理

a）使用注册商标，可以在商品、商品包装、说明书或者其他附着物上标示"注册商标"或者注册标记。注册标记包括㊟和®。使用注册标记，应当标注在商标的右上角或者右下角。

b）在注册商标的使用过程中，应做到印制的商标标识或实际使用的商标标志，与核准注册的商标标识一致，不得擅自改变其组合与图案。

c）如果无法做到实际使用的商标标识与核准注册的商标标识保持一致，则不得在实际使用的商标标识上标示"注册商标"或者注册标记。

d）注册商标必须在国家商标局核定使用的范围内使用，不得超出核定使用的商品或服务范围使用注册商标。

e）如果需要扩大注册商标的使用商品或服务范围，应当在扩大使用的商品或服务上，提交新的商标注册申请。在注册商标未核定使用的商品或服务范围使用该注册商标时，不得标示注册标记。

3.3.2 未注册商标的管理

a）企业一般只在以下情形使用未注册商标：

1）商标不具有显著性无法注册；

2）商标正在申请注册过程中；

3）商标只是临时性使用等。

b）临时性使用的未注册商标经过一定时间的使用后，已具有相应的知名度时，必须立即申请商标注册。

c）不具有显著性的商标，经过使用产生了显著性和识别性后，应当立即申请商标注册。

d）对未注册商标，不得标示注册标记。

3.3.3 商标使用规范

a）在使用商标时，应将商标置于显著、突出、核心位置，使其发挥商标的识别功能。

b）企业应强化企业内外商标使用规范。商标使用规范包括商标标志的元素构成、大小比例、字体形式、颜色背景以及商标标志所处的位置、与周围符号的间距、是否标明注册标记等内容。

c）企业在生产、经营过程中不得将"驰名商标"字样用于商品、商品包装或者容器上，或者用于广告宣传、展览以及其他商业活动中。

d）企业应当注意规范代理商、经销商、制造商的商标使用行为，以符合企业的商标管理规范。

3.3.4 广告宣传的商标管理

a）企业在策划广告方案或营销方案时，应当检查所使用的宣传口号或广告语是否存在知识产权问题，尤其是否与他人的注册商标发生冲突。

b）企业可以对设计出的宣传口号或广告语申请商标注册或版权登记。

3.3.5 商标交易管理

a）商标交易包括商标转让、许可和质押。除此之外，在企业并购、OEM/ODM、合资合作和特许经营等商业活动中，也可能存在商标的交易。任何涉及商标交易的情形，都必须就商标问题进行详细的合同规范，并保障商标的价值回报，保证商标的权属清晰。

b）企业在商标转让许可、商标权质押、商标权投资等情况下，应及时委托有资质的资产评估机构对注册商标的价值进行评估。

c）在商标交易前，企业应当调查对方的商标状况，包括但不限于：

1）商标是否校准注册？

2）商标是否拥有完整的版权、商标权等权利？

3）商标权利人是否真实？

4）商标在何地有效？

5）商标的指定使用项目是否满足需要？

6）商标是否存在质押等限制？

7）商标是否存在商标异议、商标争议等？

8）是否存在相关的商业标志？

9）其他有关的问题。

3.3.6 商标许可管理

a）企业以外的任何人，包括子公司、关联企业和其他企业，需要使用企业的注册商标的，应当与企业签订商标使用许可合同。企业（许可人）应当就前述商标使用许可，在许可合同有效期内向商标局报送备案材料。

b）商标许可合同最好包括但不限于以下条款。

1）定义条款。针对许可合同中的关键词语或细节，进行清晰的解释或说明。比如质量标准、净销售额、许可方式等。

2）许可标的。许可标的即授权使用的商标，除了描述商标名称，附上商标图样以外，最好列上商标注册号，以及核定使用的商品或服务项目，并在附件中附上商标注册证的复印件。

3）许可方式。通过包括独占许可、排他许可与普通许可三种基本的类型。

所谓独占许可（Exclusive License），是指许可人在合同约定的范围内，授权被许可人独占性地利用其商标权,许可人不仅不能再将同一范围的商标权授权给其他任何人,而且自己也不能利用合同约定范围内的商标权。

所谓排他许可(Sole License),也称独家许可,是指许可人在合同约定的范围内,授权被许可人独家利用其商标权,许可人不能再将同一范围的商标权授权给第三人,但是他自己可以利用合同约定范围内的商标权。

所谓普通许可(Simple License or Non - Exclusive License),也称一般许可或非独占许可,是指许可人在合同约定的范围内,授权被许可人利用其商标权,与此同时,许可人不仅自己可以利用合同约定范围内的商标权,而且还可以再将同一范围的商标权授权给第三人。

4)许可范围。包括商标使用的地理区域、商品或服务范围、使用的时间界限等方面。

5)许可使用费支付。包括支付方式和使用费金额。

6)商标权的维护。包括商标注册续展、应对商标争议、反对他人相同或相似商标的注册等内容。

7)瑕疵担保责任。比如要求许可人保证有权许可商标,保证商标权的有效性,保证不存在有害于该商标许可的其他独占许可等。

8)积极使用的义务。规定被许可人负有积极实施、利用其商标权的义务。

9)质量监督。明确规定检验被许可人产品质量的方式、时间,以及检验费用的承担。

10)侵害救济。如果发生第三人商标侵权,规定由谁来主张权利,由谁来承担维权费用。

11)保密义务。商标许可的细节,特别是许可费,应当保密。

12)税费问题:明确许可费的金额为税前还是税后的。

13)争议解决方式。是诉讼还是仲裁,是在国内还是在国外仲裁。

14)标明被许可人信息的义务,尤其是标明被许可人的名称和商品产地。

15)商标许可备案。商标使用许可合同,无论许可的方式为何,都应当报商标局备案。

16)违约责任。哪些情况构成违约,如何计算违约金等问题应当明确,并尽量明确违约金的金额或明确的计算方式。

17)其他条款。根据许可实践和谈判结果拟定相关的合同的条款。

c)企业应当监督被许可方商标的使用行为,保证商标标识被规范使用。企业的质量检测和商标管理部门必须对被许可方的产品进行检测监督，保证使用企业商标的产品质量。

3.4 商标保护管理

3.4.1 商标侵权行为识别

根据《商标法》《商标法实施条例》以及相关司法解释的规定，侵犯商标专用权的行为主要有以下几种：

（1）未经商标注册人的许可，在同一种商品上使用与其注册商标相同的商标的；

（2）未经商标注册人的许可，在同一种商品上使用与其注册商标近似的商标，或者在类似商品上使用与其注册商标相同或者近似的商标，容易导致混淆的；

（3）销售侵犯注册商标专用权的商品的；

（4）伪造、擅自制造他人注册商标标识或者销售伪造、擅自制造的注册商标标识的；

（5）未经商标注册人同意，更换其注册商标并将该更换商标的商品又投入市场的；

（6）故意为侵犯他人商标专用权行为提供便利条件，帮助他人实施侵犯商标专用权行为的；

（7）在同一种或者类似商品上，将与他人注册商标相同或者近似的标志作为商品名称或者商品装潢使用，误导公众的；

（8）将与他人注册商标相同或者相近似的文字作为企业的字号在相同或者类似商品上突出使用，容易使相关公众产生误认的；

（9）复制、摹仿、翻译他人注册的驰名商标或其主要部分在不相同或者不相类似的商品上作为商标使用，误导公众，致使该驰名商标注册人的利益可能受到损害的；

（10）将与他人注册商标相同或者相近似的文字注册为域名，并且通过该域名进行相关商品交易的电子商务，容易使相关公众产生误认的；

（11）给他人的注册商标专用权造成其他损害的。

3.4.2 商标打假机制

a）企业应当建立侵权监控与打假机制，对负责的工作人员进行打假培训，使其了解商标基本知识，如何初步判断侵权行为，如何固定侵权证据等。

b）企业应当培训销售人员、售后人员、代理商、委托制造商等如何识别、发现和报告商标侵权行为，并建立相应的奖励或表彰机制。

c）企业可以建立消费者举报机制，鼓励消费者对假冒商品进行举报，并给予一定的奖励。

3.4.3 商标侵权处理

a）企业发现他人正在实施或者准备实施侵犯商标权的行为，可以向有管辖权的法院申请诉前禁令，要求行为人立即停止有关行为，必要时可向法院申请财产保全。

b）对于已经发生的侵权案件，企业可以自身需要采取以下措施进行处理：与侵权方协商处理、报请工商行政部门查处、对侵权方提出诉讼等。

c）企业可以向海关总署申请商标备案，若发现侵犯商标的货物可能将被进口或出口，可以向海关提出采取保护措施申请，海关可以依据法行使权利扣留侵犯嫌疑的进出口货物，从而及时、有效地保护企业的合法权利。

3.4.4 商标信息监控

a）企业应对商标局发布的商标公告（商标初步审定公告、商标注册公告、商标转让公告、商标使用许可合同备案公告、商标注销公告、商标撤销公告等）进行定期监控。发现与自己企业商标相同或近似，或者监测到可能有损企业利益的商标信息，应及时采取包括商标异议、商标争议等法律手段，维护企业合法权益。

b）他人对本企业已经申请并经商标局初步审定的商标提出异议的，企业应当在收到商标局的相关文书后，在答辩期限内提出答辩意见。他人对本企业已注册的商标提出商标争议的，应当依法积极答辩或应诉。

3.5 商标标识的印制管理

3.5.1 管理办法与职责要求

a）企业应当制定商标标识的印制管理办法，详细规定具体的商标印制流程、规范，以及相关的权利义务。

b）商标标识印制须由采购部门专人负责，其职责是：

1）负责配合企业监督商标标识的印制；

2）负责审核承印单位的资质；

3）与承印单位签订商标标识的印制合同，监督合同的履行；

4）负责商标标识的印制质量等。

3.5.2 商标印制的管理

a）企业委托他人印制商标及相关的产品标识，必须签署正式的商标印制协议，并尽可能从订单管理、生产管理、流通管理、质量管理及违约责任等角度，进行详细的规范。

b）企业委托印制机构印制注册商标标识，应依法律规定出具委托书和商标注册证复印件，对相关的资料存档保留。

c）印刷完毕的商标标识必须经企业检验合格后方可使用。对印制出来的商标标识和数量予以查验，对印制质量不合格的，应在企业商标管理人员的监督下予以彻底销毁，并办理交接和登记手续。

3.5.3 被许可人的商标印制

a）确需由被许可人负责印制商标标识的，应在商标许可合同中明确规定印制商标标识的义务和责任。

b）凡许可使用、授权使用企业商标的被许可人，在每一种不同的标识印制前，其图样都必须取得企业的许可。标识印制后应将样稿和印制的包装留样交企业备案。

c）被许可人的产品标签、彩袋、彩膜、纸箱、纸盒、宣传画及其他需要标注注册商标标识的物品必须经过企业审核方可印刷。

3.5.4 商标标识的生产与发放

商标标识及相关产品标识必须按企业下达的计划生产，按规定程序领取，未经批准不得擅自发放。商标标识由专人保管，对废、次商标的销毁要有记录，任何人不得私自处理商标标识。

第4章 企业业务经营的商标管理

4.1 产品研发、制造与商标管理

a）在新产品立项或开发初期，必须审核是否对新产品使用新的商标。如果沿用已有注册商标，则须审核该注册商标的核准使用范围是否已经涵盖该新产品。

b）如果新产品要使用新的商标，则应同步启动商标设计工作，并及时提交商标注册申请。

c）对于新设计的商标，企业内任何知晓该商标名称的员工都应当予以严格保密。

d）在委托他人生产时，企业应当进行严格的管理商标标识，防止商标标识外流。对生产方未使用完的商标标识要及时收回，或在企业监督下销毁。

4.2 采购、供应与商标管理

a) 企业在采购过程中，应对涉及商标的产品要求供应方提供商标权属证明，并进行交由法务部门或商标法律顾问确认。

b) 在采购合同中约定知识产权条款，明确供应方涉及商标等知识产权的法律责任。

c) 在采购合同中，由供应方作出其供应的商品不侵犯他人知识产权的保证。

d) 供应方提供零部件的商标标示，应当不得影响企业品牌的识别及宣传。

e) 为他人供应商品，应当以适当的方式宣示商标标识。

4.3 市场营销、销售与商标管理

a) 在市场营销、销售过程中，应当遵循前述商标使用等管理规范。

b) 在营销过程中需要投放广告的，所有的广告宣传资料在发布之前应由法务部门或法律顾问审核。

c) 新产品或新品牌上市前，应当对相应的商标进行检索，确认是否存在商标障碍，并采取措施消除潜在的或明显的法律障碍。

d) 应当根据前述的管理规范，监控竞争对手或市场上的侵权行为，并积极采取措施，以保障企业的市场利益。

e) 市场营销、销售应当遵循信息资源管理的要求，注意保存好相关的广告、宣传等凭证，并符合法律上的证据要求。

4.4 投资、合作与商标管理

a) 企业可以用商标作价入股，以商标使用权出资的，需要签订商标许可协议，要注明许可的方式（独占、排他或普通许可的方式）；以商标所有权出资的，要办理商标权转让手续。

b) 在与他人共同投资开办的新企业中，是否将本企业的商标作价入股，是否在所投资新企业字号中使用企业的商标，均涉及本企业的核心商标利益，必须咨询法务部门或法律顾问的意见，并由最高管理者作出决策。

c) 合资、合作期间开发的新品牌，须明确这些品牌的商标权属。

d) 须明确合资、合作期满后的商标权益分配问题。

e) 对于经销商或加盟店，应当禁止其在企业名称中使用本企业的商标或字号。

第 5 章 附则

5.1 本指南主要是建议性质，具体实施时必须具体结合企业的产品情况、战略规划、行业特点以及资金预算等实际情形，并咨询法务或律师意见，进行相关决策和执行。

5.2 本指南在执行过程中，须制定更为细致的制度以规范商标管理工作。

5.3 本办法未尽之规定，以最大限度保护本企业注册商标为原则处理。